Mobile und drahtlose Informationssysteme

Springer-Verlag Berlin Heidelberg GmbH

Franz Lehner

Mobile und drahtlose Informationssysteme

Technologien, Anwendungen, Märkte

Mit 166 Abbildungen

Springer

ISBN 978-3-540-43981-3 ISBN 978-3-642-55626-5 (eBook)
DOI 10.1007/978-3-642-55626-5

Bibliografische Information Der Deutschen Bibliothek
Die Deutsche Bibliothek verzeichnet diese Publikation in der Deutschen Nationalbibliografie; detaillierte bibliografische Daten sind im Internet über <http://dnb.ddb.de> abrufbar.

Ursprünglich erschienen bei Springer-Verlag Berlin Heidelberg New York 2003

SPIN 10887682 42/3130-5 4 3 2 1 0 – Gedruckt auf säurefreiem Papier

Vorwort

Die Zukunft des Internet ist mobil! Mobile Informationssysteme umfassen alle Formen der Nutzung von mobilen Endgeräten, insbesondere PDAs und Handys zu betrieblichen Zwecken. Die dynamische Entwicklung auf diesem Gebiet und die zunehmende Integration in das Internet haben ein völlig neues Anwendungs- und Geschäftsfeld entstehen lassen, das vor allem durch die erwarteten Marktpotenziale von hoher Relevanz ist. Unternehmen, die in der „Wireless Economy" erfolgreich bestehen wollen, müssen sich daher umfassend mit den Rahmenbedingungen und den eingesetzten Technologien auseinandersetzen.

Nach dem enormen Aufschwung des Internet, der nicht zuletzt auf die Kommerzialisierung zurückzuführen ist, bahnt sich im Bereich mobiler Anwendungen eine dem E-Commerce vergleichbare Entwicklung an. Mobile Commerce wird von manchen sogar als Teilgebiet des E-Commerce verstanden. Diese Einordnung ist aber weder ganz richtig noch eindeutig möglich, da Mobile Commerce zum einen als Spezialisierung, Erweiterung oder besondere Ausprägung des E-Commerce verstanden wird, zum anderen jedoch besondere Merkmale aufweist, die M-Commerce als unabhängiges und neues Anwendungsgebiet qualifiziert. Eine Konvergenz ist durch die zunehmende Internetanbindung aber erkennbar. Unabhängig von der akademischen Frage der richtigen Klassifikation oder Einordnung ist darüber hinaus eine generelle Bedeutungszunahme mobiler und drahtloser Anwendungssysteme zu beobachten, die über das Thema Mobile Commerce weit hinaus gehen.

Das vorliegende Buch gibt eine grundlegende und anwendungsorientierte Einführung zu allen Teilbereichen mobiler und drahtloser Anwendungen. Dabei wurde darauf geachtet, dass neben den zellularen Funknetzen für den Fernbereich sowie für lokale Anwendungen auch die in den Geräten selbst eingesetzte Technologien (z.B. Mikrobrowser, Betriebssysteme) dargestellt werden. Weitere wichtige Themen betreffen die Sicherheit und die Lokalisierung. Abgerundet wird die Darstellung durch einen Anwendungsüberblick und eine Beschreibung des Marktes für mobile Anwendungen, der sich noch sehr heterogen und dynamisch präsentiert. Das vorliegende Buch soll also einen umfassenden Überblick geben und mit den derzeit existierenden Produkten und Anwendungen vertraut machen. Die in diesem Zusammenhang unvermeidliche technische Betrachtung des Themas wird durch eine ökonomische Perspektive sowie erkennbaren Trends ergänzt und abgerundet.

Das Buch richtet sich an Studierende in den Fächern Wirtschaftsinformatik und Betriebswirtschaftslehre, aber auch an interessierte Praktiker und Entscheidungsträger. Ziel ist dabei ein grundlegendes Verständnis der Technologiepotenziale einschließlich der Grenzen und Probleme zu vermitteln und auf diese Weise auch die Suche nach innovativen Anwendungsmöglichkeiten zu unterstützen. Es wurde darauf geachtet, dass das Buch auch für Einsteiger lesbar ist. Der Leser erhält neben Grundlageninformationen auch Einblick in Entwicklungstrends sowie einen umfassenden Überblick über einen Zukunftsmarkt.

Das vorliegende Buch stellt gleichzeitig einen wichtigen Baustein im neu eingerichteten Forschungsschwerpunkt „Mobile Business“ an der Universität Regensburg dar. Das generelle Ziel des Forschungsschwerpunktes besteht in der Erschließung des neuen Anwendungsfeldes für die Wirtschaftsinformatik und im Aufbau eines Kompetenzzentrums. Damit soll unmittelbar ein Beitrag zur Abdeckung des neu entstandenen Wissensbedarfs geleistet werden.

Die Verwendung von Abkürzungen und technischen Bezeichnungen war bei der Behandlung des Themas nicht vermeidbar. Soweit die Erklärungen nicht ohnehin im Buch enthalten sind, wird in diesem Zusammenhang auf das „Mobilex“, ein Nachschlagewerk und Glossar für Begriffe zum Mobile Computing, verwiesen. Eine gedruckte Version kann direkt beim Autor bestellt werden. Die Begriffe können aber auch über das Internet bzw. „mobil“ über ein WAP-fähiges Handy abgerufen werden. Nähere Informationen dazu sowie auch zu den sonstigen Projekten und Aktivitäten finden sich im Internet unter

www-mobile.uni-regensburg.de.

An der Entstehung dieses Buches waren viele Personen beteiligt. Ich möchte daher abschließend noch allen, die zur Verwirklichung wesentlich beigetragen haben, herzlich für ihre Unterstützung danken. Hier sind insbesondere die Seminarteilnehmer im Wintersemester 2001/2002 zu nennen, die im Rahmen ihrer Seminarbeiträge wesentlich zur Informationsbasis und zur Entstehung einzelner Textteile beigetragen haben. Von Herrn Holger Nösekabel stammt der Beitrag über die Datensynchronisation. Ein besonderer Dank gebührt zuletzt noch Frau Eva-Maria Sperger für die mühevolle Formatierung des Manuskripts sowie für ihr vielfältiges Engagement rund um die Vorbereitung dieses Buches.

Im Oktober 2002

FRANZ LEHNER

Inhaltsverzeichnis

1. Einführung

1.1 Motivation

Mit der breiten Verfügbarkeit mobiler Technologien ergeben sich viele neue Möglichkeiten für computergestützte Anwendungen, die vom ortsunabhängigen Zugriff auf Informationen bis zu ortsabhängigen Serviceleistungen ein sehr breites Spektrum umfassen. Der Einsatz mobiler Informations- und Kommunikationstechnologien ermöglicht ganz allgemein eine Überbrückung räumlicher Distanz und damit die flexible Integration von zusammengehörenden Geschäftsvorgängen und Anwendungssystemen, auch wenn diese von unterschiedlichen Unternehmen betrieben werden. Dem Mobile Business werden hohe Wachstumschancen eingeräumt, wobei nach Analysten-Aussage bereits 2003 achtzig aller IT-Benutzer zumindest in Teilen ihrer täglichen Arbeit mit mobilen Anwendungen in Berührung kommen (vgl. SAP 2000b). Die verschiedenen Einsatzmöglichkeiten mobiler Technologien im Rahmen von Geschäftsprozessen lassen sich inzwischen durch zahlreiche Beispiele belegen:

- Erfassung von Kundenaufträgen und Überprüfung der Lieferfähigkeit direkt vor Ort
- Abruf von anstehenden Terminen oder Unterlagen durch Wartungsteams
- Zugriff auf Daten und Informationen, ohne auf eine herkömmliche Informatikstruktur angewiesen zu sein
- Flug- und Zugreservierungen mittels WAP-Handys
- Anwendungen im Bereich von Nachrichten- und Informationsdiensten
- Wireless Workflows
- Ortsunabhängiger Zugriff auf Supply-Chain-Management-Systeme
- Fuhrparkmanagement
- Job-Dispatch: z.B. Koordination von Kunden- oder Patientenbesuchen, Sicherheitsdienstleistungen, Zuliefer- oder Kurierdienste (Pizza, Taxi, Zeitungen usw.).
- Außendienstunterstützung z.B. Kundeninformationen, mobiles CRM
- Remote Control, Fernwartung, Telemetrie: Unterstützung von Instandhaltung, Überwachung von Statusinformationen; insbesondere wenn es sich um Softwarekomponenten handelt, ist auch eine automatisierte Unterstützung vorstellbar.

Aus Sicht von Unternehmen sind bei der gegenwärtigen Entwicklung drei Gestaltungsfelder von Interesse, die externe Orientierung, die interne Orientierung und eine gesellschaftliche sowie staatlich/regulative Ebene.

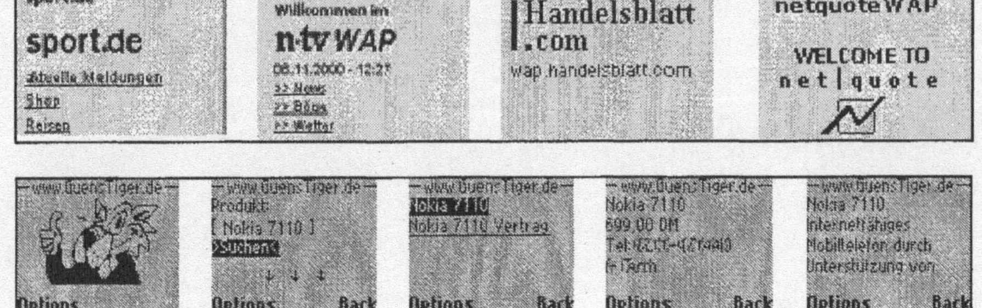

Abbildung 1-1: Beispiele mobiler Anwendungen: Nachrichten und Informationen, Preisvergleich über WAP

Externe Orientierung: Markt und Kunden

Mit externer Orientierung ist der Blick auf den Markt und die Kunden (einschließlich Geschäftsbeziehungen mit Firmen) gemeint Die bisher genannten Beispiele zeigen, dass die meisten mobilen Systeme derzeit noch im B-2-C-Bereich (Business-to-Consumer) anzutreffen sind (vgl. z.B. Wiedmann et al. 2000). Aber auch im B-2-B-Bereich (Business-to-Business) ergeben sich zunehmend Anwendungsmöglichkeiten mobiler IuK-Technologien. Da B-2-B auf einen automatisierten, interventionsfreien Austausch von Geschäftsdaten zwischen Firmen und Branchen abzielt, entsteht dadurch zwangsläufig die Notwendigkeit zur Kopplung heterogener betrieblicher Anwendungssysteme der beteiligten Partner. Mobile Technologien können zur Unterstützung dieser Kopplung eingesetzt werden:

- Bei Just-in-Time-Materiallieferungen können Speditionen mit Hilfe von mobilen Endgeräten den Gütertransport überwachen. Verzögerungen können automatisiert an PPS-Systeme der Kunden weitergemeldet werden, welche gegebenenfalls Änderungen im Produktionsablauf veranlassen. Mobile IuK-Technologie ermöglicht in diesem Fall eine Integration der Anwendungssysteme von Transportunternehmen und beliefertem Betrieb.

- Spezieller Unterstützungsbedarf ergibt sich für temporär bestehende Unternehmensnetzwerke (virtuelle Unternehmen). Kennzeichnend für diese Organisationsform ist das Einbringen der jeweiligen Kernkompetenzen durch die Partner. Als entscheidender Erfolgsfaktor der Zusammenarbeit wird eine hochentwickelte Informationsinfrastruktur der Mitgliedsunternehmen gesehen (vgl. Mertens/Faisst 1996). Auch in diesem Fall können mobile Geräte die Effizienz der Kopplung der Anwendungssysteme erhöhen: Mitarbeitern kann unabhängig von deren Standort Zugriff auf benötigte Anwendungen von Partnerunternehmen gewährt werden. Vorteile ergeben sich dadurch zum Beispiel, wenn bei Entwicklungs- oder Bauprojekten Änderungen direkt an die Systeme der Partner weitergegeben werden können. Eine Kopplung der Anwendungssysteme über mobile Technologien ist in diesem Fall flexibler realisierbar als über eine stationäre Informatikinfrastruktur. Dies kann die Bildung von virtuellen Unternehmensverbünden beschleunigen.

- Ein weiteres Anwendungsfeld für mobile IuK-Technologie im B-2-B-Bereich ergibt sich durch die wachsende Bedeutung von Application Service Providern (ASP), welche über einheitliche Anwendungsarchitekturen Leistungen für mehrere Unternehmen erbringen oder diese im Rahmen neuer Dienste koppeln. ASP stellen mobile Kommunikationsinfrastrukturen bereit, welche den Kunden sowohl Zugriff auf interne ERP-Anwendungen als auch auf externe Dienste (z.B. Reiseservices, B-2-B-Marktplätze, Informationsdienste) anbieten und durch diese Dienste-Integration auch eine zwischenbetriebliche Anwendungskopplung realisieren. Hier sind unmittelbare Anwendungen des Wissensmanagements denkbar.

Es ist eine weit verbreitete Ansicht, dass die Entwicklung des M-Business in Europa vor allem auch durch fehlende Informationen gebremst wird. Nach einer aktuellen Studie des Marktanalysten Datamonitor hat jedes dritte europäische Unternehmen keine Vorstellung, wie Mobilfunkgeräte für das Geschäft genutzt werden können. Dabei ist man sich aber einig, dass die Bedeutung von M-Commerce in den nächsten Jahren deutlich zunehmen wird. Nach dieser Datamonitor-Studie halten mehr als die Hälfte der befragten Unternehmen den Einsatz mobiler Endgeräte vor allem zur Kundenbindung (CRM) für wichtig, in Deutschland sehen allerdings etwa 60 Prozent der Firmen den internen Einsatz im Rahmen der Mitarbeiterkommunikation für wichtiger an (z.B. Übermittlung wichtiger Informationen oder Warnungen). Auch die Bedeutung für den Vertrieb wird hoch eingeschätzt. Betrachtet man die Erfahrungen mit WAP-Diensten, so ist festzustellen, dass offensichtlich übersehen wurde, dass Kunden weniger mit neuer Technologie als mit attraktiven Angeboten überzeugt werden können.

Interne Orientierung: Mitarbeiter und Unternehmensprozesse

Unternehmensinterne Mobilfunkanwendungen sind in manchen Branchen gar nicht so neu. Zu erwähnen sind beispielsweise das Verkehrs- und Transportwesen, wo derartige Technologien schon länger für das Flottenmanagement eingesetzt wurden. Es handelte sich dabei aber eher um Insellösungen. Erst die allmählich einsetzende Standardisierung von Komponenten und die Professionalisierung bei der Anwendungsentwicklung ermöglichen hier neue Perspektiven. Zugleich macht es nun erstmals Sinn über Potenziale nachzudenken, die in einer umfassenden, unternehmensweiten Nutzung mobiler Technologien liegen. Verstärkend wirkt hier, dass die Akzeptanz und auch die Kenntnisse über mobile Computersysteme zunehmen. Beispiele für interne Lösungen finden sich bei Wiedmann et al. (2000). Ein besonders großes Anwendungsfeld liegt im Bereich der Steuerung und Überwachung von Maschinen. Dazu kommen zunehmend spezialisierte Anwendungen im Intra-Business-Bereich, wie mobile Bürolösungen oder Wissensmanagementfunktionen (vgl. z.B. Lehner/Berger 2002b).

Untersuchungen zeigen allerdings, dass Konzepte für eine systematische Nutzung des Mobile Computing in den meisten Unternehmen bisher fehlt. Dies steht in einem gewissen Widerspruch zur Tatsache, dass immer mehr Mitarbeiter mobile Endgeräte wie Laptops, Organizer, PDAs, Subnotebooks und Handys besitzen und diese Geräte zum Teil auch für betriebliche Zwecke nutzen. Die Situation erinnert ein wenig an die Anfänge des Personal Computers, dessen Erfolg auch im privaten Bereich begann. Trotz des offensichtlichen Nutzens der genannten Geräte im betrieblichen Umfeld gibt es bisher kaum Strategien für eine Integration in die bestehenden Firmennetze. Dies bedeutet natürlich ein gewisses Risiko für die Unternehmen, da die Geräte unkontrolliert genutzt werden.

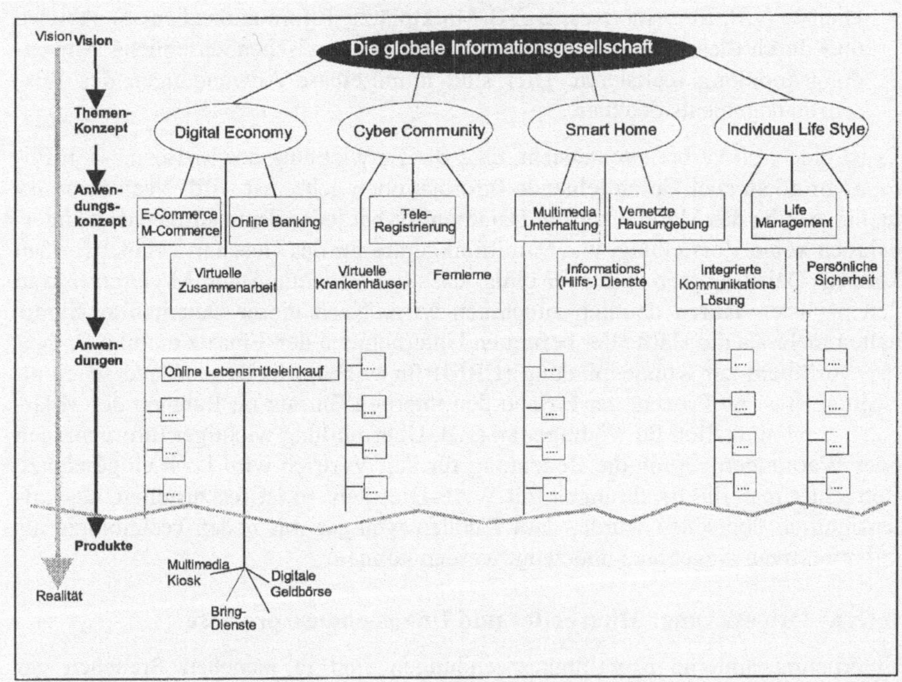

Abbildung 1-2: Gestaltungsfelder für die mobile Informationsgesellschaft (Graeve 2001, 12)

Eine Trendanalyse der Computer Zeitung (Heinrich 2001) ergab, dass bis 2003 nur etwa jedes fünfte Unternehmen mobile Lösungen entwickeln will, die den Mitarbeitern von beliebigen Standorten aus einen Zugriff auf zentrale Daten und Anwendungen erlauben soll. Bei den von dieser Minderheit in Betracht gezogenen Endgeräten lag das Handy mit 46 Prozent deutlich vor dem Notebook (32%) und PDAs bzw. Organizer (17%). Für 57 Prozent der Befragten war der mobile Zugriff derzeit überhaupt noch kein Thema. Aufgrund des offensichtlichen Potenzials im Vertrieb, Supply Chain Management und anderen internen Bereichen, lohnt es sich aber, diesen Technologien verstärkt Augenmerk zu schenken.

Gesellschaftliche Orientierung: Mobile Informationsgesellschaft, öffentliche Interessen und Regulierungsbedarf

Auch die Informationsgesellschaft der Zukunft wird immer wieder in engem Zusammenhang mit dem Stichwort „Mobilität" genannt. Die Vernetzung aller Lebens- und Arbeitsbereiche wird zwar vermutlich nicht in dem Umfang eintreten, wie dies von manchen Visionären heute vorausgesagt wird, dennoch sind bereits jetzt relativ klare Entwicklungstendenzen erkennbar, die natürlich auch die Marktentwicklung mit beeinflussen werden. Abbildung 1-2 zeigt die wichtigsten Gestaltungsfelder im Überblick. Dabei darf natürlich nicht übersehen werden, dass sich daraus auch ein Regelungsbedarf durch den Gesetzgeber ableitet, da die neuen Technologien (z.B. Lokalisierungsmöglichkeit, Identifikationsmöglichkeit) einen direkten Einfluss auf die Privatsphäre des einzelnen Nutzers haben. Entsprechende Regelungen sind EU-weit bereits in Vorbereitung.

1.2 Begriffe und Definitionen

In Verbindung mit mobilen Systemen und Anwendungen sind inzwischen zahlreiche Begriffe in Gebrauch, die trotz ihrer häufigen Verwendung noch keine präzise Definition erfahren haben. Beim Versuch einer Definition stößt man auf die gleichen begrifflichen Probleme wie bei der Abgrenzung von Electronic Business und Electronic Commerce. Die wichtigsten sollen daher an dieser Stelle einer etwas näheren Betrachtung unterzogen werden, wobei auf folgende Begriffe näher eingegangen wird:

- Mobile Anwendung
- Mobile Business
- Mobile Commerce
- Mobilkommunikation vs. Telekommunikation
- mobil vs. drahtlos (wireless)

Mobile Anwendung

Der allgemeinste Begriff ist Mobile Anwendung (mobile application), da er vom Zweck der Anwendung (z.B. Profit- oder Non-Profit-Bereich, PDA mit Funkverbindung) völlig abstrahiert und lediglich die Eigenschaft eines computergestützten Systems meint, drahtlos mit anderen Systemen zu kommunizieren. Das wesentliche Merkmal von mobilen Anwendungen ist, dass das System des Anwenders drahtlos mit anderen Systemen kommuniziert, welche selbst wieder mit Rechnern über das Internet in Verbindung stehen können. Mobile Anwendungen müssen nicht unbedingt zum Mobile Commerce zählen, sie sind aber Bestandteil des umfassenderen Konzeptes „Mobile Business", welches für bestimmte betriebliche Funktionen mobile Dienstleistungen vorsieht. Drahtlose Kommunikationsnetze und darauf aufbauende Anwendungen sind dabei insbesondere in Unternehmen stark im Zunehmen begriffen und stellen häufig auch einen Zugang zum Internet zur Verfügung.

Mobile Business

Der Business-Begriff beinhaltet im Allgemeinen das gesamte Geschäftsumfeld eines Unternehmens. Hierzu gehören sämtliche Prozesse und Beziehungen zu Zulieferern, Mitarbeitern und Kunden, also alle administrativen und betriebswirtschaftlichen Vorgänge innerhalb des Unternehmens und in seinem Beziehungsfeld. Für Mobile Business lassen sich zumindest zwei deutlich voneinander unterschiedene Begriffsauffassungen finden:

(1) Einerseits kann Mobile Business als die Nutzung mobiler Technologie beschrieben werden, um bestehende Geschäftsprozesse zu verbessern und zu erweitern, oder um neue Geschäftsfelder zu erschließen. Dabei ist anzumerken, daß die Intensität solcher Veränderungen weitaus höher sein wird als beim E-Business, denn die mobilen Technologien zeichnen sich durch einige besondere Merkmale aus, welche die Technologien des E-Business nicht oder nur in Ansätzen besitzen. Im wesentlichen sind dies die Lokalisierbarkeit (mit der aktuellen Zelle eines Mobiltelefons ist auch die ungefähre Position des Kunden bekannt), die Erreichbarkeit und die eindeutige Identifizierbarkeit. Zusätzlich zur Lokalisierung des Kunden besitzen insbesondere die Netzbetreiber mit der Abrechnungsbeziehung einen wichtigen Vorteil. Sie nehmen somit eine zentrale Stellung als Kooperationspartner mobiler Datendienstleister ein (Mögliche Funktionen sind die Bereitstellung von mobilen Portalen für die Nutzung von WAP-Anwendungen oder der Übermittlung von Positionsdaten). Ein wesentlicher Parameter für die weitere Entwicklung wird außerdem die Preispolitik sein.

(2) Zum anderen wird mit Mobile Business aber auch die Gesamtheit aller Aktivitäten, Prozesse und Anwendungen in Unternehmen bezeichnet, welche mit mobilen Technologien durchgeführt oder unterstützt werden. Die kunden- oder geschäftsorientierten Anwendungen würde man in diesem Fall unter Mobile Commerce zusammenfassen. Für die übrigen Anwendungen (z.B. Unterstützung der Administration, der internen Koordination oder sonstiger Organisationsaufgaben) können die Bezeichnung Mobile Services, mobile Dienstleistungen oder einfach mobile Applikationen verwendet werden.

Die SAP AG definiert Mobile Business als „any transaction, relevant to an individual or an enterprise, that is conducted via a mobile device, online or offline" (vgl. SAP 2000b).

Zobel (2001, 3) versteht unter Mobile Business „alle auf mobilen Geräten („Devices") ausgetauschten Dienstleistungen, Waren sowie Transaktionen". Er nimmt insbesondere in Verbindung mit dem Transaktionsbegriff eine Abgrenzung gegenüber dem M-Commerce vor und verzichtet sogar auf seine weitere Verwendung, ist aber nach dem hier zugrundegelegten Verständnis trotzdem eher dem M-Commerce zuzurechnen.

In diesem Beitrag wird Mobile Business als eine mit dem E-Business interagierende, aber auch unabhängige Möglichkeit eines Unternehmens definiert, die Anbahnung, Aushandlung und Abwicklung von sämtlichen, das Unternehmen betreffenden Geschäftsprozessen (intern mit Mitarbeitern, extern mit Kunden oder Zulieferern) auf mobiler Basis abzuwickeln. Die hinzugewonnene Mobilität verändert das Informations-, Kommunikations- und Transaktionsverhalten der Beteiligten und ermöglicht neue ortsunabhängige, aber auch ortsbezogene Leistungen. Unter Mobile Business versteht man also alle Formen betrieblicher Anwendungen mit mobilen Geräten. Anwendungen des Mobile Business müssen sich im übrigen keineswegs auf Handys beschränken, sondern bauen auf allen aktuell verfügbaren mobilen Komponenten und Geräten auf (z.B. auch auf PDAs und Organizer). Dieses breite Verständnis von M-Business findet sich auch bei Möhlenbruch/Schmieder (2001, 20) und wird in Abbildung 1-3 deutlich gemacht.

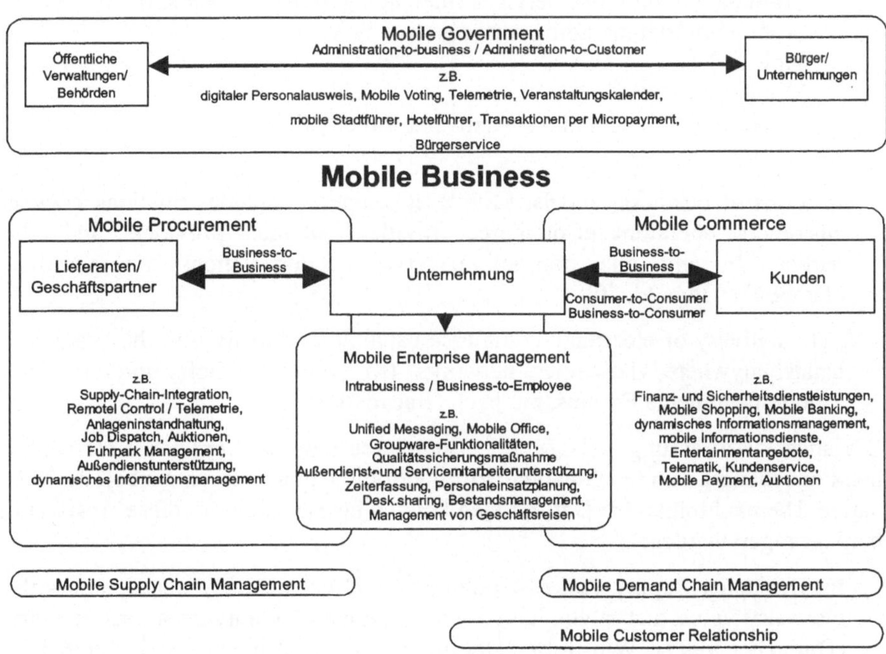

Abbildung 1-3: Einordnung von Mobile Business und M-Commerce nach Möhlenbruch/Schmieder (2001)

Mobile Commerce

Mobile Commerce wird von manchen nur als Erweiterung oder Variante des Electronic Commerce gesehen. Befürworter dieser Auffassung verwenden auch die Begriffe Mobile Electronic Commerce oder Wireless Electronic Commerce als Synonym für Mobile Commerce, um damit die Unterordnung des M-Commerce besonders deutlich zu machen. Die nachfolgenden Definitionen sind Vertreter dieser Auffassung:

„Mobile Commerce ist jede Business-Transaktion die über mobile Endgeräte getätigt wird. Mobile Commerce (Wireless Electronic Commerce) repräsentiert einen neuen Kanal für alle Electronic Commerce – Transaktionen in den Richtungen Business-to-Business und Business-to-Consumer." (http://www .rifu.de/aktuelles/topics2000-page2.htm)

„Mobile eCommerce is defined in the study in a very broad sense to include all services that can be initiated over mobile devices such as a mobile telephone, PDA by a laptop or from an automobile. This includes:

- voice telephony
- Communication-based services (messaging, bulletin boards...)
- Mobile Internet including services over WAP
- Mobile data
- Mobile payments
- Services over local radio systems like Bluetooth
- ...

In terms of business models, Mobile eCommerce includes relations between customers, operators, eCommerce providers, payment providers, and other parties. In any one transaction, various constellations are possible." (TimeLabs/Diebold, 50)

„The delivery of electronic commerce capabilitys directly into the customer's hands, anywhere, via wireless networks" (M-Commerce-Definition des Global Mobile Commerce Forums, zit. nach Graeve 2001, 5)

Die andere Auffassung sieht Mobile Commerce bzw. M-Commerce als weitgehend unabhängige und sich parallel zu Electronic Commerce entwickelnde Alternative. Die nachfolgenden Definitionen können als Beispiele für diese Auffassung herangezogen werden:

Im Durlacher-Report wird M-Commerce definiert als „any transaction with a monetary value that is conducted via a mobile telecommunications network" (Durlacher 1999). Wie in der Definition von E-Commerce steht hierbei der Austausch von Gütern und Dienstleistungen im Vordergrund – mit dem Unterschied, daß dieser Austausch nicht nur mit Hilfe der Internet-Technologie, sondern mit Hilfe mobiler Technologien und Netzwerke geleistet wird.

Eine modifizierte Sichtweise hierzu bieten die Lehman Brothers, die M-Commerce als „the use of mobile hand-held devices to communicate, inform, transact and entertain using text and data via connection to public or private networks" (Lehman Brothers 2000) definieren und damit das Problem des monetären Entgelts umgehen.

Wesentlicher Anknüpfungspunkt bildet die Abwicklung von Geschäftsverkehr auf Basis der Informationsübertragung über Mobilfunknetze (bspw. D1, D2, E-Netz etc.). Damit wird die Möglichkeit geschaffen, jederzeit und an jedem Ort online - Dienstleistungen durch den Einsatz moderner Kommunikationstechnologien auf eine sehr einfache und benutzerfreundliche Weise in Anspruch zu nehmen. Die technische Grundlage von M-Commerce bildet eine Plattform, die eine drahtlose Kommunikation und Interaktivität ermöglicht. (Wiedmann et al., 2000, 84)

M-Commerce wird als die entgeltliche Durchführung von Transaktionen bezeichnet, welche den Zugang zu Informationen, den Bezug von Waren oder die Inanspruchnahme von Diensten beinhalten, die mittels eines mobilen Telekommunikationsnetzwerkes über Handy oder andere mobile Endgeräten (Palmtop, PDA's) getätigt werden. (Ovum 2000, 2)

Zusammenfassend zu Mobile Commerce kann festgestellt werden, dass hier der transaktionale Anteil der Geschäftsabwicklung im Vordergrund steht.

Die vorgestellten Definitionen sind insgesamt noch unzureichend, da Mobile Commerce nicht nur Transaktionsprozesse enthält, sondern auch Informations- und Kommunikationsprozesse. Außerdem grenzen diese Definitionen Mobile Commerce oft nur mit Blick auf den E-Commerce hinsichtlich der unterschiedlichen Endgeräte ab. Wichtig ist aber neben der Abgrenzung zu E-Commerce auch die Abgrenzung zu Mobile Business, welches der umfassendere Begriff ist und nach dem vorliegenden Verständnis Mobile Commerce mit einschließt. Zusätzliche Verwirrung entsteht, weil manche Autoren zwar von Mobile Business sprechen, aber Mobile Commerce meinen. Schließlich wird in den bisherigen Definitionen auch viel zu wenig beachtet, dass Mobile Commerce völlig neue Anwendungsbereiche erschließt (z.B. ortsabhängige Dienste) und gleichzeitig mit dem Internet eng verbunden ist bzw. manchmal nur als Frontend für Internetanwendungen dient.

Mobilkommunikation

Telekommunikation ist die elektronische Kommunikation über eine räumliche Distanz hinweg. Mobilkommunikation ist eine spezielle Form von Telekommunikation, mit der man den drahtlosen (leiterungebundenen) Datenaustausch zwischen ortsveränderlichen Kommunikationspartnern bezeichnet (vgl. Häckelmann et al. 2000, 323). Folgende Begriffe sind dabei zu unterscheiden (vgl. auch Tabelle 1-1):

- ***Drahtlos/Wireless*** bezeichnet die Kommunikationsart der Geräte, d.h. den Austausch von Daten ohne ‚Kabel' mittels Funk oder Infrarot.
- ***Mobil*** bezieht sich auf die Ortsunabhängigkeit der Kommunikationspartner. Man kann unterscheiden in
  - ***Persönliche Mobilität***: sie bezieht sich auf den Nutzer eines Kommunikationsgerätes (i.S. v. ‚Beweglichkeit' der Person).
  - ***Endgeräte-Mobilität***: sie ist bezogen auf das Kommunikationsgerät, welches zu jeder Zeit an jedem Ort an ein Kommunikationsnetz angeschlossen werden kann (i.S.v. ‚Portabilität').

Tabelle 1-1: Mobile vs. wireless (drahtlose) Anwendungen (nach Schiller 2000, 18)

drahtlos	mobil	Beispiel
-	-	Stationärer PC am Festnetz
-	+	Notebook mit Anschluss an das Telefonnetz
+	-	Wireless LAN als Kabelersatz
+	+	Mobiltelefon, Personal Digital Assistant mit Funkanbindung

Die Vielfalt der bereits existierenden Anwendungen und die beobachtbare Dynamik wird vermutlich eine stabile Definition der Begriffe noch eine Weile hinauszögern. Die vorgestellten Begriffsklärungen sind aber trotzdem geeignet, eine Vorstellung von diesem innovativen Anwendungsfeld zu geben, das im nächsten Abschnitt anhand von Trends bei den Applikationen noch näher analysiert werden soll.

1.3 Charakteristische Eigenschaften von mobilen Anwendungen

Vertreter der Auffassung, die M-Commerce als Teil oder besondere Ausprägung des E-Commerce ansehen, gehen häufig davon aus, dass im Mobile Commerce überwiegend oder ausschließlich bestehende E-Commerce-Anwendungen durch „mobile Komponenten" erweitert werden. Allgemein wird der Begriff „Electronic" für (Tages-)Zeitunabhängigkeit, aber stationär, „Mobil" hingegen mit (Tages-)Zeitabhängigkeit und Ortsunabhängigkeit verbunden. Dabei wird übersehen, dass Mobile Commerce auch völlig neue Anwendungsmöglichkeiten bietet.

Mobile Anwendungen (Business, Commerce, Service usw.) zeichnen sich durch einige signifikante Merkmale aus, die nachfolgend noch etwas näher erläutert werden. Ähnliche Merkmalsaufzählungen mit leicht unterschiedlichen Terminologien finden sich inzwischen relativ häufig in der Literatur (siehe z.B. Wiedmann et al. 2000, Durlacher 1999, Buckler et al. 2000, www.fh-deggendorf.de/doku/fh/meile/nmedien/k12/03vergleich.html, Skiba et al. 2000). Skiba et al. (2000) benutzen z.B. den Begriff "reachability" und sprechen in diesem Zusammenhang von „form factors", bei Durlacher (1999) wird "accessibility" und "security" verwendet. Zobel (2001, 44-63) nennt Ubiquität, Kontextspezifität, Datenproaktivität, Abschlussmöglichkeit (von Geschäften), Interaktion, Integration von Unterhaltung sowie Remote Control als charakteristische Eigenschaften, die er als „Technologiewertbeitrag" bezeichnet. Abbildung 1-4 listet jene Eigenschaften nochmals im Überblick auf, die wesentlich zum Alleinstellungsmerkmal beitragen, wobei zwischen Eigenschaften, deren Realisierung durch vorhandene Technologien bereits heute möglich ist, und zukünftigen Eigenschaften unterschieden wird.

Ortsunabhängigkeit	HEUTE
Convenience	
Erreichbarkeit	
Sicherheit	
Sofortige Verfügbarkeit	

Lokalisierbarkeit	MORGEN
Kostengünstigkeit	
Personalisierung	

Abbildung 1-4: Charakterisierende Merkmale von Mobile Business

Im Rahmen von mobilen Anwendungen erfolgt die informationstechnische Abbildung und Unterstützung ausgewählter Prozesse gewöhnlich unter Berücksichtigung bestimmter Endgeräte. Diese Endgeräte verfügen allerdings anders als herkömmliche PCs über recht unterschiedliche und gerätespezifische Eigenschaften, die bei der Anwendungsentwicklung berücksichtigt werden müssen. Der Versuch einer ersten Gegenüberstellung werden in Tabelle 1-2 zusammengefasst.

Die wichtigsten Merkmale, über die in der einschlägigen Fachliteratur weitgehend Einigkeit besteht, werden abschließend noch etwas näher besprochen. Es sind dies Ortsunabhängigkeit, Erreichbarkeit, Lokalisierbarkeit, Sicherheit, Convenience, sofortige Verfügbarkeit, Kostengünstigkeit, Personalisierung und Identifizierbarkeit.

Ortsunabhängigkeit: Die „Überall-Verfügbarkeit“ (ubiquitous oder pervasive computing) ist der augenscheinlichste Vorteil der Nutzung von mobile Diensten. Mit einem mobilen Endgerät ist der Benutzer unabhängig von seinem Aufenthaltsort und jederzeit in der Lage, Echtzeit-Informationen abzurufen und Transaktionen durchzuführen.

Erreichbarkeit: Im Gegensatz zu E-Business, wo der Nutzer typischerweise nur dann erreichbar ist, wenn er sich bewusst dazu entschließt, eine Internet-Verbindung aufzubauen, bieten Mobilfunkgeräte eine umfassende, „any time – any place“ Erreichbarkeit. Dem Nutzer wird es dank der mobilen Endgeräte möglich, überall und jederzeit erreichbar zu sein und somit schnellstmöglichst, d.h. ohne großen Zeitverlust, aktuelle Informationen zu erhalten und diese auch sofort zu nutzen. Der Nutzer kann auch bestimmen, für welche Art Informationen und Personen er erreichbar sein will. Beispiele wären z.B. Informationen über außergewöhnliche Kursschwankungen bei Aktien seines Portfolios. Mit der nächsten Generation von Mobilfunk-Netzen wie GPRS werden Mobilfunkteilnehmer sogar ständig online ansprechbar sein.

Tabelle 1-2: Gerätebezogene Eigenschaften von mobilen Anwendungen

	Desktop	**Wired Laptop**	**Wireless Laptop**	**PDA**	**Wireless PDA**	**Cellular phone**
Localization	Network-level	Network-level	Cell-level (today) Latitude and longitude coordinates (future)	None	Cell-level (today) X-Y coordinates (future)	Cell-level (today) Latitude and longitude coordinates (future)
Reachability/ Accessibility	At dedicated places	At dedicated places	Ubiquitious	None	Ubiquitous	Ubiquitous
Identification	Device-level	Device-level	Device-level	Device-level	Device-level	Individual-level
Portability	Low	Medium	Medium	High	High	High
Simplicity	Low	Low	Low	High	High	High

Lokalisierbarkeit: Es wurden inzwischen mehrere Technologien entwickelt, mit denen es möglich ist, den exakten Standort (also nicht nur die Funkzelle des Aufenthaltbereichs) eines bestimmten Mobilfunknutzers zu bestimmen. Eine solche (technische) Ortsbestimmung ist notwendig, damit eine bestehende (Gesprächs-)verbindung bei einem Zellen-Wechsel übergeben wird und nicht zusammenbricht. Damit eröffnen sich aber auch vollkommen neue Servicemöglichkeiten wie z.B. Information über besondere Angebote im Aufenthaltsbereich, Verkehrsleitinformationen usw. Man bezeichnet diese als Location Based Services (kurz LBS). Das Internet dagegen bietet eine solche Möglichkeit nicht. Über den physikalischen Aufenthaltsort eines Nutzers kann zu keinem Zeitpunkt eine genaue Aussage getroffen werden. Es gibt allerdings auch kritische Stimmen, d.h. es ist derzeit nicht klar, wem und unter welchen Umständen es erlaubt sein soll, die Informationen über Position oder Aufenthaltsort zu nutzen.

Sicherheit: Zumindest Handys besitzen heute standardmäßig die Möglichkeit, sogenannte SIM- oder Smart-Cards zu integrieren. Dies sind Mikrorechner in

Kartenform, die eine Authentifizierung von Personen möglich machen und vielfältige Einsatzmöglichkeiten für den E-Commerce eröffnen. Die Sicherheit gegenüber dem herkömmlichen Internetzugang wird damit deutlich verbessert und ein Handy kann so zur Brieftasche, zum Mitgliedsausweis und zum Haustürschlüssel werden.

Convenience: Handys sind einfach zu bedienen und haben eine weite Verbreitung und Akzeptanz gefunden. Die damit einhergehende im Vergleich zum komplexeren PC geringere Hemmschwelle öffnet den Weg für neue Dienste auf mobilen Endgeräten. Ein mobiles Telefon zum Surfen findet somit mehr Akzeptanz als ein stationärer Internet-PC zum Telefonieren. Dies wird besonders durch die im Verhältnis zum Personal Computer (dem Portal zum E-Commerce) günstigen Kaufpreise der meistgenutzten mobilen Engeräte (also Handys) begünstigt.

Sofortige Verfügbarkeit: Mobile Endgeräte sind so aufgebaut, dass sie nach dem Einschalten sofort benutzt werden können. Im Gegensatz zu traditionellen PCs müssen sie nicht minutenlang gestartet (no boot-time) oder vor der Inbetriebnahme installiert werden. Spätestens mit der Einführung von GPRS werden auch die derzeit noch bestehenden Nachteile wegfallen und der Verbindungsaufbau mit dem Internet via WAP kaum noch bemerkbar sein. Das Suchen nach Informationen und Surfen im Internet wird sich von der Bequemlichkeit her nicht mehr vom Blättern im lokalen Telefonregister unterscheiden.

Kostengünstigkeit: Im Unterschied zum herkömmlichen PC werden mobile Endgeräte sehr genau für einen bestimmten Verwendungszweck entwickelt und sind damit weniger komplex, wobei die gesamte Mikroelektronik so hoch integriert werden kann, dass sie auf einen Chip zusammengefasst sehr preiswert hergestellt werden kann. Im Vergleich zum PC werden daher nur die Teile gekauft, die wirklich gebraucht werden. Die vergleichsweise niedrigen Kosten dürften sich weiterhin positiv auf die Akzeptanz der Produktvariante „Handy„ auswirken.

Personalisierung: Mobilfunkteilnehmer sind eindeutig aufgrund ihrer persönlichen Rufnummer identifizierbar. So wie ein ISDN-Telefon überträgt auch ein Handy die Telefonnummer an die Gegenstelle, z.B. an einen WAP-Server. Auf diese Weise können dann personalisierte Angebot bereitgehalten und zusätzlich ein echtes One-to-One Marketing ermöglicht werden. Zwar existieren auch für stationären Internet-PC's bereits einige Ansätze, um eine User-Identifizierung zu realisieren, jedoch behindert die fehlende Standardisierung die allgemeine Verbreitung. Ein Mobiltelefon ist hingegen aufgrund seiner Rufnummer per se personalisiert.

Identifizierbarkeit: Durch die sogenannte SIM-Karte, die alle notwendigen Daten eines Mobilfunknutzers enthält, ist eine eindeutige Identifikation des Teilnehmers im Mobilfunknetz jederzeit möglich. Hierzu ist einerseits anzumerken, dass ein solche Zuordnung – im Gegensatz zum Internet - unabhängig vom mobilen Endgerät ist, andererseits ist die Identifikation zunächst nur für den Netzbetreiber möglich. Im Internet lässt sich (mit Hilfe sogenannter Cookies) die Identität eines Nutzers nur bis auf Rechner-Ebene feststellen.

1.4 Klassifikation von mobilen Anwendungen

Schmitzer/Butterwegge (2000, 356) unterscheiden drei Kategorien von M-Commerce-Anwendungen, nämlich Kerngeschäft, Mehrwertdienste und Transformation von Electronic Commerce zu Mobile Commerce:

- Beim Kerngeschäft werden Kunden ausschließlich über Endgeräte angesprochen. Dies bietet sich vor allem für Leistungen an, die direkt mit dem Mobilfunk in Verbindung stehen (z.B. Markteinführung neuer Geräte oder Zusatzausstattungen, Software-Updates für PDAs).
- Bei Mehrwertdiensten werden zusätzliche Leistungen geboten, welche auf die Kernkompetenz von Unternehmen abzielen. Als Beispiel kann ein Blumenversand genannt werden, der Bestellungen auf diese Weise nicht nur telefonisch entgegennimmt, sondern auch über SMS oder andere Vermittlungsdienste von Mobilfunkanbietern.
- Eine dritte Möglichkeit besteht darin, Electronic Commerce, aber auch einen konventionellen Vertrieb in Mobile Commerce zu überführen (Transformation). Zu diesem Modell zählt z.B. Cross-Media-Publishing, bei dem aus einem einheitlichen Datenbestand Ausgaben für unterschiedliche Medien (HTML für WWW, WML für Mobiltelefon-Displays, Postscript für Printmedien, usw.) erzeugt werden. Die Herstellungskosten für einzelne Kommunikationskanäle können damit deutlich gesenkt werden.

Ein anderer Versuch einer Klassifikation ist die Unterscheidung zwischen B2C- und B2B-Lösungen, die bereits in der Einführung vorgenommen wurde (vgl. u.a. Durlacher 1999, Wiedmann et al. 2000, 92, ähnlich in Zobel 2001).

Typische Anwendungen im B-2-C-Bereich sind:

- Finanzdienstleistungen: besonders häufig genannt werden die Zahlungsabwicklung, Aktien- und Wertpapierhandel, elektronische Brieftasche.
- Sicherheitsdienstleistungen: Durch die SIM- und SmartCard-Technologien bietet sich das Handy als Träger von digitalen Schlüsseln an. Neben der Authentifikation im Zahlungsverkehr bietet sich auch die Verwendung als Schlüssel oder Türöffner an.
- Shopping: Es bieten sich vor allem Produkte an, die vor dem Kauf nicht persönlich begutachtet werden müssen (z.B. Tickets) oder die standardisiert sind.
- Informationsversorgung über Newsdienste
- Unterhaltung: neue Spiele und Angebote im Bereich von Multi-Player-Games. Auch Nintendo (Gameboy), Portable Device von SEGA und Pocket-Station (Sony) sollen ans Funknetz angeschlossen werden. Für Lotto in Deutschland und Pferdewetten in Schweden existieren bereits Angebote, Downloads von Musik im MP3-Format.
- Kundenservice: Kundeninformationen über WAP- und SMS-Dienste.
- Location-based-services: einfache Navigationssysteme weisen den Weg zum nächsten Hotel, Tankstelle, Restaurant etc.
- Persönliches Informationsmanagement: Verwendung als persönlicher Informationsspeicher für Daten, die regelmäßig aktualisiert werden müssen, z.B.

Mitgliedskarten, Bonusprogramme, Personalausweis, medizinisch relevante Informationen: Mobile Membership.

Typische Anwendungen im B-2-B-Bereich sind:

- Supply-Chain-Integration: z.B. mobile Endgeräte in der Warenbestellung, so dass auch von unterwegs Produkte und Leistungen bestellt werden können.
- Fuhrparkmanagement
- Job-dispatch: z.B. Koordination von Kunden- oder Patientenbesuchen, Sicherheitsdienstleistungen, Zuliefer- oder Kurierdienste (Pizza, Tax, Zeitungen usw.).
- Außendienstunterstützung: zum Beispiel Abruf von Kundeninformationen, mobiles CRM
- Remote Control, Fernwartung, Telematrie: Unterstützung von Instandhaltung, Überwachung von Statusinformationen, insbesondere wenn es sich um Softwarekomponenten handelt, ist auch eine automatisierte Unterstützung vorstellbar.

Eine Variation dieser Gliederung für MC-Anwendungen schlägt schließlich noch Müller-Veerse (2000) vor, indem er eine Erweiterung von B2B und B2C auf insgesamt vier Gruppen vornimmt. Dabei handelt es sich um:

- Intra-Business (z.B. Instandhaltung, Außendienststeuerung, Flottenmanagement); als aktuelle Anwendung in diesem Zusammenhang kann auch das Wissensmanagement angeführt werden (vgl. Lehner/Berger 2002b)
- Business-to-Business (z.B. Ausschreibungen, Supply-Chain-Integration)
- Business-to-Consumer (z.B. Auktion, Zahlungsfunktionen, Einkauf, Werbung, Informationsdienstleistungen)
- Consumer-to-Consumer (z.B. Spiele, Unterhaltung, Virtual Communities)

Neben diesen Gliederungsversuchen nach der Art der jeweiligen Anwendungen finden sich auch Gliederungen, die auf besonderen Merkmalen der Anwendungen beruhen. In einem Report, der 2002 von Anderson Consulting für die EU erstellt wurde, unterscheidet man z.B. zwischen kommunikationszentrierten, transaktionszentrierten und contentzentrierten Anwendungen. Bei der ersten Gruppe steht vor allem der Austausch von Nachrichten im Vordergrund. Bei transaktionsorientierten Anwendungen geht es hingegen meist um die Abwicklung bestimmter Geschäftsvorgänge. Content-orientierte System stellen hingegen primär Daten oder Informationen auf Abruf bereit. Abgesehen davon, daß viele Systeme alle drei Merkmale aufweisen, gibt es auch welchen, die keiner der drei Kategorien zugeordnet werden können.

Abbildung 1-5 stellt ein allgemeines Schema zur Klassifikation und Einordnung von mobilen Anwendungen dar. Damit wird der Versuch unternommen, die in der Literatur verbreiteten, aber wenig aussagefähige Einteilung in Kategorien wie Information, Kommunikation, Transaktion und Entertainment abzulösen und dennoch eine allgemeinere Klassifikation anzubieten. Natürlich ist auch dieses Klassifikationsschema nicht ganz überschneidungsfrei. Insbesondere zwischen den Basisfunktionen und den Anwendungsfunktionen sind Überschneidungen wahrscheinlich. Die Weiterentwicklung wiederum dokumentiert sich in einem Austausch der Zuordnungen zu den vier Dimensionen des Modells bzw. auch in den Sub-Dimensionen. So wurden beispielsweise Zahlungsfunktionen (Payment) ursprünglich eher den Anwendungen (Finance) zugerechnet, während sie inzwischen als allgemeine Grundfunktionen verstanden werden, die auch bei anderen Anwendungen (Einkauf, Ticketing, Hotelbuchung etc.) benötigt werden.

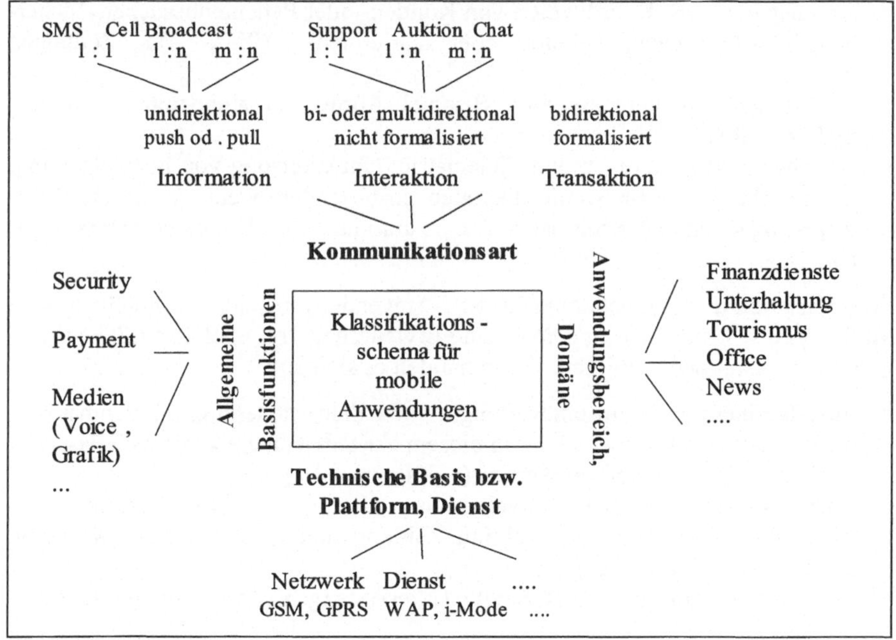

Abbildung 1-5: Klassifikationsschema für mobile Anwendungen

2. Grundlagen drahtloser Funknetze

In diesem Kapitel werden Grundlagen der mobilen und drahtlosen Kommunikation behandelt. Den Ausgangspunkt bilden die Grundlagen der drahtlosen Übertragung und der zellularen Netze. Daran schließen sich zellulare Funknetze sowohl für den Fern- als auch für den Nahbereich und drahtlose lokale Netze an. Ein weiteres Unterkapitel behandelt das Thema Location Based Services.

2.1 Grundlagen der drahtlosen Übertragung

Die mobile Kommunikation ist gebunden an elektromagnetische Wellen. Mit ihnen werden die zu versendenden Daten im freien Raum übertragen, je nach Frequenz als Bodenwellen (niedrige Frequenz ab 300 Hz, z.B. U-Boot-Kommunikation) oder als Raumwellen (höhere Frequenzen, z.B. digitales GSM mit 900 MHz). Für die Mobilkommunikation verwendet man Frequenzen in den Bereichen VHF bzw. UHF (Very High bzw. Ultra High Frequency), zum einen wegen ihrer vorhersehbaren Ausbreitungseigenschaften und zum anderen wegen der handhabbaren Antennen.

Um digitale Daten auf Trägerfrequenzen zu übertragen, werden sog. Modulationsverfahren benötigt. Dies sind Verfahren, die digitale Daten in ein analoges Signal umwandeln (digitale Modulation) und dieses wiederum auf eine Trägerfrequenz aufmoduliert (analoge Modulation) (Schiller 2000, 79f.).

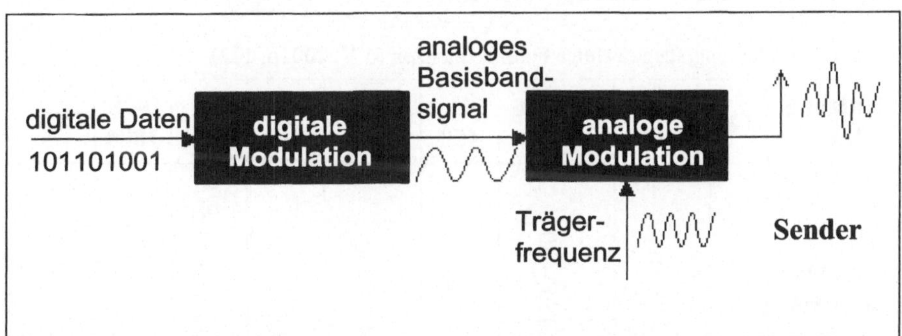

Abbildung 2-1: Modulation der Daten im Sender (Schiller 2000, 78)

Die Signale werden schließlich im freien Raum durch Antennen transferiert. Sie haben die Aufgabe, den Übergang von elektromagnetischen Wellen eines Leiters (Kabel, Draht) in den freien Raum und umgekehrt zu bewerkstelligen. Die Ausbreitung der Wellen muss dabei genau bekannt sein, um eine bestmögliche Übertragung zu gewährleisten. Wichtige Aspekte die man berücksichtigen muss, sind in Tabelle 2-1 zusammengefasst.

Tabelle 2-1: Störeinflüsse auf die Signalausbreitung (Schiller 2000, 61ff.)

Störungsart	Beschreibung	Visualisierung
Dämpfung	Abnehmende Empfangsleistung durch atmosphärische Störungen oder Wettereinflüsse	
Abschattung	Durch Hindernisse kann ein Signal abgeschattet werden, der Empfang wird dadurch erschwert oder verhindert (Hochhäuser, Tunnel etc.)	
Reflexion	Signale werden an großer Fläche reflektiert. Reflektierte Signale sind schwächer als direkt empfangene (wenn sie überhaupt empfangen werden)	
Streuung	Relativ kleine Hindernisse können das Signal streuen (scattering)	
Beugung	Kanten können eine Beugung / Ablenkung des Signals verursachen	

Durch diese Phänomene kommt das Signal beim Empfänger über unterschiedliche Wege (Mehrwegeausbreitung), zu unterschiedlichen Zeiten (Laufzeitdispersion) und in unterschiedlicher Stärke an. Diese Effekte haben aber noch nichts mit einer Bewegung von Sender oder Empfänger zu tun, sondern nur mit den Eigenschaften der Funkübertragung und dem Medium, über das die Übertragung stattfindet (der freie Raum). Durch die Mobilität ändern sich zusätzlich die Charakteristik des Übertragungskanals und die Entfernung von der Sende- und Empfangsstation (Schiller 2000, 64ff., Walke 2000a, 29ff.).

Tabelle 2-2: Nutzung ausgewählter Funkfrequenzen (o.V. 2001o, 122)

Nutzung durch	**TV**	**UKW-Radio**	**Bündelfunk**	**C-450**	**GSM 900**	**Radar**	**Satellit**	**DCS 1800**	**DECT**
Frequenz in MHz	47-68	87,5-108	418,8-430	451-465	890-960	960-1215	1631,5-1643,5	1710-1880	1880-1900 2110-2120

Eines der Hauptprobleme bei der drahtlosen Übertragung ist die Interferenz, d.h. die Störung des Signals durch andere Übertragungssignale, weil eine geeignete Abschirmung wie bei leitungsgebundenen Netzen fehlt. Der freie Raum als Übertragungsmedium steht allen Nutzern gleichzeitig zur Verfügung, demnach muss er unter allen Nutzern geteilt werden. Aus diesem Grund sind annähernd alle Frequenzbereiche zur Datenübertragung reguliert (in Deutschland im Bereich von 9 kHz bis 275 GHz). Funkfrequenzen sind nicht beliebig vorhanden, sie sind - im Gegensatz zu Kabeln, die parallel verlegt werden können – eine knappe Ressource, für deren weltweite Vergabe die ITU (International Telecommunications Union) zuständig ist.

Um trotzdem die Kapazitäten zu erhöhen und gleichzeitig die Interferenz möglichst niedrig zu halten, setzt man Multiplextechniken ein. Dies sind Mechanismen zur Mehrfachnutzung eines Mediums durch verschiedene Mobilfunkteilnehmer. Zur Verdeutlichung wird oft das Beispiel einer Autobahn bemüht, die – mit möglichst wenig Kollisionen (Interferenzen) – durch verschiedene Autos mehrfach genutzt wird. Multiplexverfahren wären hier etwa der Raummultiplex (Autos können zur selben Zeit verschiedene Spuren nutzen) und der Zeitmultiplex (Autos können dieselbe Spur zu unterschiedlichen Zeiten nutzen).

Angewendet auf die Mobilkommunikation heißt das: je nach Verfahren bekommt ein bestimmter Kommunikationskanal (Beziehung zwischen Sender und Empfänger, z.B. ein Gespräch) zu einer Zeit einen bestimmten Raum auf einer festgelegten Frequenz, ggf. mit einem einzigartigen Code, zugewiesen. Die Zuteilung trifft das zu dem jeweiligen Multiplexverfahren zugehörige Medienzugriffsverfahren (Medium Access Control, MAC). Bei dem Beispiel der Autobahn wären die Medienzugriffsverfahren die Verkehrsregeln, die den Zugriff auf die Autobahn steuern. Die einzelnen Verfahren zur Mehrfachnutzung eines Mediums werden anschließend genauer erläutert (vgl. Schiller 2000, 69ff. u. Walke 2000a, 68ff.).

2.1.1 Raummultiplex

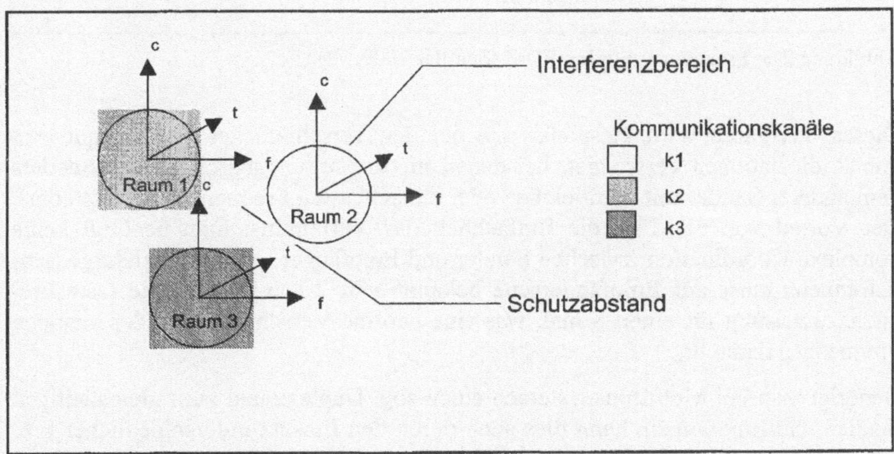

Abbildung 2-2: Raummultiplex-SDM (Schiller 2000, 71)

Raummultiplex (Space Division Multiplexing - SDM) bedeutet, dass zwischen den Sendern mit ihren Interferenzbereichen ein genügend großer Schutzabstand eingehalten werden muss. Beispielsweise würden bei der Autobahn drei Nutzer (Kommunikationskanäle) auch drei Spuren benötigen. Das zugehörige Medienzugriffsverfahren (SDMA, SDM Access) regelt hier, welcher Sende-/Empfangsstation ein Endgerät zugeordnet wird.

Raummultiplex ist der Grundgedanke bei zellularen Systemen, bei denen man das zu versorgende Gebiet in verschiedene Areale einteilt und den einzelnen Sektoren unterschiedliche Frequenzen zuweist. SDM wird in diesen Systemen aber nicht alleine verwendet, sondern in Kombination mit anderen Verfahren.

2.1.2 Frequenzmultiplex

Abbildung 2-3 zeigt das Frequenzmultiplexverfahren (Frequency Division Multiplexing – FDM), bei dem das Spektrum in mehrere Frequenzbereiche gegliedert wird und jeder Kanal durch FDMA ein exklusives Frequenzband zugeteilt bekommt.

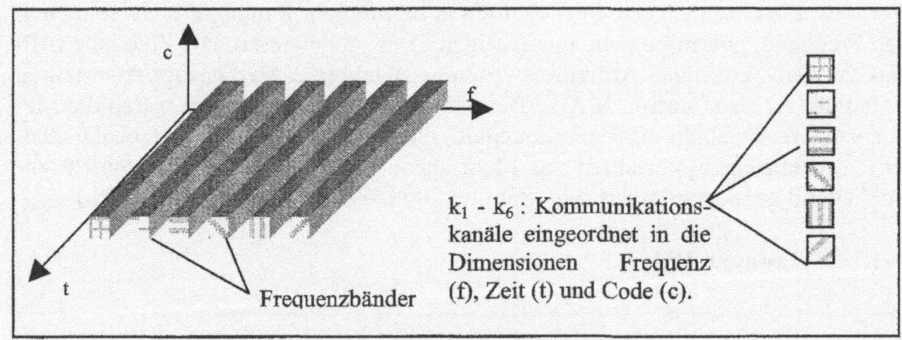

Abbildung 2-3: Frequenzmultiplex-FDM (Schiller 2000, 72)

Dieses Verfahren wird beispielsweise bei den verschiedenen Sendefrequenzen von Radiostationen verwendet, bei denen im Versorgungsbereich eines Senders kein anderer Sender mit der gleichen oder benachbarten Frequenzen arbeiten darf. Der Vorteil von FDM ist die Einfachheit des Verfahrens: man benötigt keine komplexe Koordination zwischen Sender und Empfänger, einzig die richtige Sendefrequenz muss auf Empfängerseite bekannt sein. Nachteilig ist die feste Frequenzzuweisung für einen Kanal, was eine enorme Verschwendung der knappen Frequenzen darstellt.

Benötigt man bei Mobilfunksystemen einen sog. Duplexkanal zum gleichzeitigen Senden und Empfangen, kann dies auch durch den Einsatz unterschiedlicher Frequenzen ermöglicht werden. Das sog. Frequenzduplexverfahren (Frequency Division Duplex oder FDD) wird beispielsweise bei GSM eingesetzt: die ‘Aufwärtsrichtung’ (vom Endgerät zur Basisstation, uplink) verwendet Frequenzen im Band zwischen 890 und 915 MHz und umgekehrt, die 'Abwärtsrichtung' nutzt Frequenzen im Bereich zwischen 935 und 960 MHz.

2.1.3 Zeitmultiplex

Das Zeitmultiplexverfahren (Time Division Multiplexing) teilt einem Sender eine Frequenz nur für eine bestimmte Zeit zu, d.h. ein Funkkanal wird zwar in seiner ganzen Breite genutzt, dafür aber in Zeitschlitze aufgeteilt, die den übertragenden Stationen periodisch zugeteilt werden.

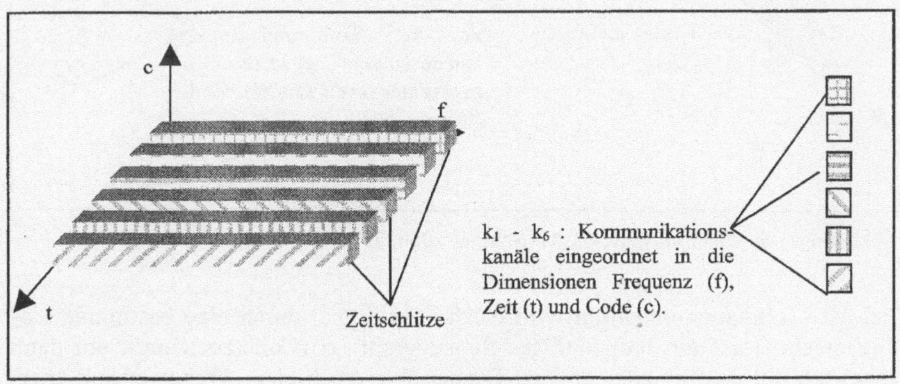

Abbildung 2-4: Zeitmultiplex-TDM (Schiller 2000, 73)

Ein Beispiel für ein System, das TDMA benutzt, wäre wieder das bekannte Global System for Mobile Communications (GSM), bei dem die verschiedenen Nutzer zeitlich hintereinander in den unterschiedlichen Frequenzen senden. Das Verfahren ist sehr flexibel, da Zeitschlitze nach Bedarf genutzt werden können. Allerdings erfordert es auch eine genaue Synchronisation zwischen Sender und Empfänger und somit einen höheren technischen Aufwand als etwa FDM.

Auch hier kann man wieder einen Duplexkanal realisieren, indem man die verschiedenen Zeitschlitze für die Aufwärts- bzw. Abwärtsrichtung verwendet. Man spricht dann von Zeitduplex oder TDD (Time Division Duplex). Eingesetzt wird dies beispielsweise bei DECT-Systemen.

2.1.4 Codemultiplex

Beim Codemultiplex (Code Division Multiplexing – CDM) benutzen alle Kanäle zur selben Zeit dieselbe Frequenz. Getrennt werden sie durch die Vergabe eines speziellen Codes pro Kanal (CDMA).

Ein anschauliches Beispiel hierfür wäre eine ‚internationale Cocktailparty', bei der viele Menschen zur selben Zeit auf der gleichen Frequenz miteinander kommunizieren. Sprechen alle dieselbe Sprache, müsste man Raummultiplex einsetzen, um die einzelnen Gespräche ohne störende Interferenzen zu führen. Finden jedoch Gespräche in unterschiedlichen Sprachen (Codes) statt, kann man diese trotz des gleichen Raumes, der gleichen Zeit und Frequenz deutlich voneinander trennen. Die übrigen Gespräche bilden nur ein Hintergrundrauschen.

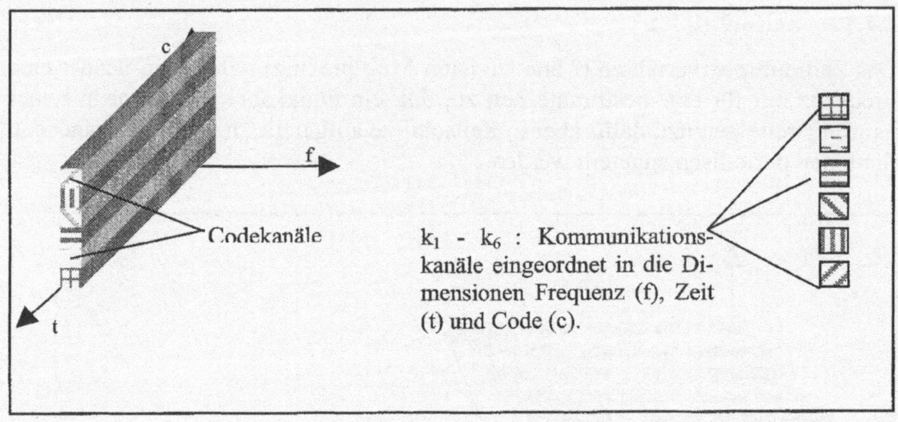

Abbildung 2-5: Codemultiplex-CDM (Schiller 2000, 75)

Bei der Mobilkommunikation wird hierfür ein Signal durch eine bestimmte Codiervorschrift auf ein breitbandiges Signal gespreizt (Codespreizung), um dann zeitgleich mit den Signalen anderer Sender über das gleiche Frequenzband übertragen zu werden. Der Empfänger kennt die Codiervorschrift und kann so das breitbandige Signal wieder auf die Originalbreite reduzieren.

Der große Vorteil ist, dass durch die Codierung die Übertragung störsicherer ist und die Daten geschützter gegen Mithören sind. Probleme ergeben sich aber bei zunehmender Belastung durch steigende Teilnehmerzahlen. Dann sinkt die Übertragungsqualität durch das zu starke Hintergrundrauschen.

2.1.5 Hybride Verfahren

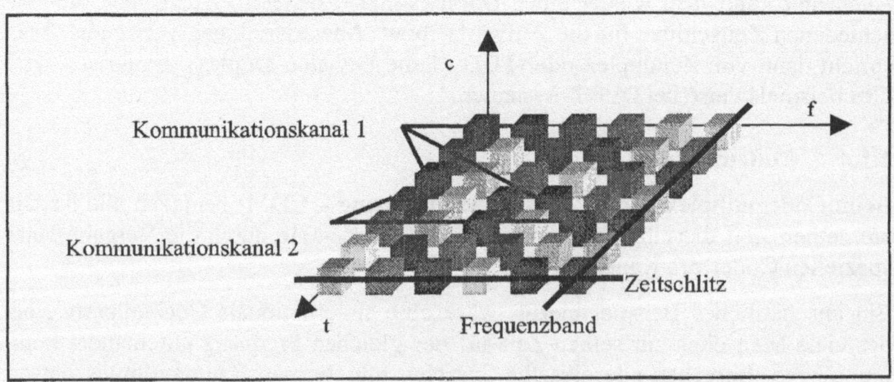

Abbildung 2-6: Frequenz- und Zeitmultiplex-FDM/TDM (Schiller 2000, 74)

In der Praxis werden meist hybride Verfahren eingesetzt, wie es Abbildung 2-6 zeigt.

Hier ist das Frequenz- mit dem Zeitmultiplexverfahren kombiniert. Durch solche Kombinationen versucht man, die Vorteile der jeweiligen Verfahren zu bündeln. In den öffentlichen Mobilfunknetzen wie GSM werden deshalb sowohl SDM, FDM und TDM angewendet.

Tabelle 2-3: Vergleich der verschiedenen Verfahren

Verfahren	SDMA	FDMA	TDMA	CDMA
Grundidee	Räumliche Trennung in Zellen; in einem Sektor nur ein aktiver Teilnehmer	Frequenzbereich wird in disjunkte Bänder aufgeteilt; jeder Teilnehmer hat ein Frequenzband	Sendezeit wird in disjunkte Zeitschlitze aufgeteilt; Teilnehmer sind nacheinander aktiv	Individuelle Codes zur Trennung; Teilnehmer sind gleichzeitig am gleichen Ort aktiv
Vorteile	Einfachheit, Kapazitätserweiterung beliebig	Einfachheit	Flexibilität, viel Erfahrung	Unempfindlich gegen Störungen
Nachteile	Unflexibel, meist baulich festgelegt	Ressourcenverschwendung	Genaue Synchronisation	Komplexe Empfänger
Einsatz	Nur in Kombination sinnvoll, Grundgedanke in zellularen Netzen	Kombiniert mit TDMA in GSM-Netzen	Standard in Festnetzen, in Mobilnetzen kombiniert mit FDMA	Neueres Verfahren

2.2 Zellulare Netze und Aufbau von Mobilfunksystemen

Frühe mobile Systeme sind ähnlich aufgebaut wie Systeme zur Radio- oder Fernsehübertragung: es gibt einen starken Sender, der am höchsten Punkt des Areals lokalisiert ist und der in einem weiten Umkreis sendet. Der Nachteil liegt hier vor allem darin, dass die Nutzerzahlen bei solchen Systemen stark beschränkt sind. Durch Untersuchungen kam man zu dem Ergebnis, dass durch die Verringerung der Abstände zwischen den Sendern (und somit des zu versorgenden Sendegebiets) auch eine Erhöhung der Kapazität erreicht werden kann.

Diese Entwicklung führte zu den heutigen zellularen Systemen, deren grundsätzliches Prinzip bereits in den 70er Jahren von den Bell Laboratories in den USA entwickelt wurde. Sie erhöhen die zur Verfügung stehende Kapazität dadurch, dass sie das zu versorgende Gebiet in sogenannte Funkzellen aufteilen, denen jeweils unterschiedliche Frequenzen und Kanäle zugeteilt werden. Durch die geringe Sendeleistung der Sender werden die Frequenzen nur in dem fest definierten Bereich der Zelle verwendet. Man kann so – ohne störende Interferenzen – die Frequenzen in anderen Zellen wiederverwenden (Frequency Reuse). Ein weiterer Vorteil liegt darin, dass durch die geringere erforderliche Sendeleistung der Endgeräte der Stromverbrauch sinkt, was wiederum die Größe der Endgeräte (bzw. Akkus) positiv beeinflusst (Lin 2000, 6, Forum Mobilkommunikation 2000, 74).

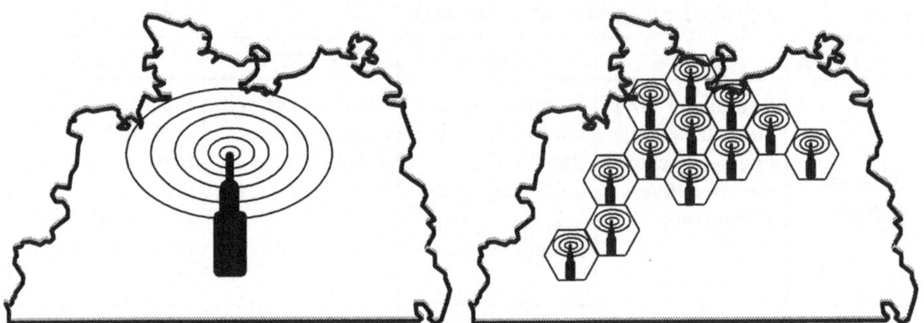

Abbildung 2-7: Mobilfunksender früher und heute

Funkzellen werden zur Planung oft als Sechsecke symbolisiert, obwohl sie in Wirklichkeit unregelmäßig in ihrer Größe und Form sind. Sie können sich sogar in gewissen Maßen überlappen. Typische Zellen reichen von 20-500m in Städten, bis hin zu 35km in ländlichen Gegenden (typisch im Sinne von Zellen in öffentlich zellularen Netzen wie GSM). Die Zellradien hängen von mehreren Faktoren ab. Es muss zum einen das Terrain berücksichtigt werden - Signale können durch Bäume, Berge und Gebäude blockiert werden. Zum anderen beeinflussen aber auch die benötigte Kapazität (je größer die Anzahl der Teilnehmer, desto kleiner die Zelle) und das verwendete Frequenzband des Netzes (je höher die Frequenz, desto kleiner die Zelle) die Zellradien. Man unterscheidet (vgl. Sorger 2001):

- Megazelle: Satellitenversorgte Zellen in der Größe von Kontinenten.
- Makrozelle: Zellen zwischen 10 km und 300 km, insb. für schnell bewegliche Teilnehmer.
- Mikrozelle: Zellen zwischen 300 m und 10 km, für Ballungsgebiete mit vielen Teilnehmern *(hot spots)*.
- Pikozelle: Zellen kleiner als 300m Durchmesser, wird für lokale Netze in Firmengebäuden oder für drahtlose Telefone verwendet.

Aufbau von Mobilfunksystemen

Der grundlegende Aufbau von Mobilfunksystemen ist bei allen Systemen ähnlich und wird in Abbildung 2-8 dargestellt.

Im allgemeinen besteht ein Mobilfunknetz aus drei Komponenten: dem Base Station System (BSS), dem vermittlungstechnischen Netzwerk-Teilsystem (Network and Switching Subsystem – NSS) und einem Betriebs- und Wartungssystem (Operation and Maintenance Center – OMC). Daneben gibt es noch die mobilen Endgeräte oder Mobilstationen (MS) (Lin 2000, 5ff.). Die einzelnen Komponenten werden anschließend noch etwas näher beschrieben.

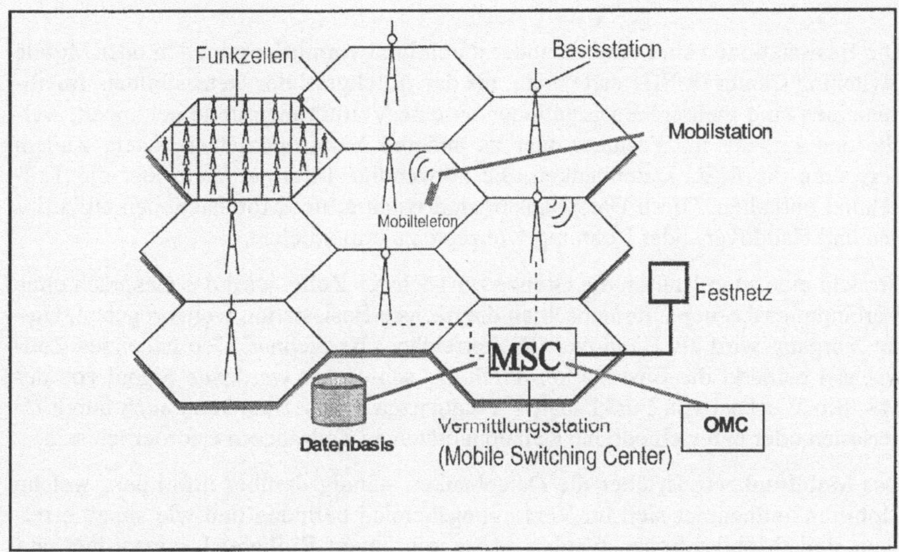

Abbildung 2-8: Grundsätzlicher Aufbau von zellularen Funksystemen

Mobilstationen – MS

Die Endgeräte werden i.a. als Mobilstationen (MS) bezeichnet. Mobilstationen enthalten alle notwendigen Einrichtungen (Software und Hardware), um mit dem entsprechenden Mobilfunksystem zu kommunizieren und dessen Dienste zu nutzen. Sie sind in verschiedenen Größen erhältlich (z.B. Mobiltelefon, Webpads etc.) und in unterschiedlichen Leistungsstärken (z.B. Mobiltelefon <2 Watt). Die Mobilstationen besitzen mindestens eine Schnittstelle für den menschlichen Benutzer und andere zur Ankopplung weiterer Geräte (wie Rechner). Üblicherweise bestehen diese Benutzerschnittstellen aus Mikrophon, Lautsprecher, LCD-Anzeigefeld, Tastenfeld oder programmierbaren Tasten. Weitere Schnittstellen gibt es etwa zu Modems über Infrarot oder zu anderen Geräten über Bluetooth.

Base Station System – BSS

Eine Zelle wird jeweils von einem Sender – der Basisstation (BS) oder Funkfeststation – versorgt (Zur Vereinfachung wird die Annahme getroffen, dass eine Zelle stets von einer BS versorgt wird, obwohl durch sektorisierte Antennen typischerweise drei Zellen versorgt werden können.). Die mobilen Endgeräte kommunizieren ausschließlich über diese Basisstationen, die eine oder mehrere Sende-/Empfangseinrichtungen (Antennen) besitzen. Die Basisstationen halten den Kontakt zu den Endgeräten und bereiten die Signale auf, damit sie über Antennen abgestrahlt oder empfangen werden können.

Netzwerksubsystem – NSS

Die Basisstationen sind untereinander durch Funkvermittlungsstellen oder Mobile Switching Center (MSC) verbunden, die das ‚Rückgrat' des Netzes bilden. Im allgemeinen sind mehrere Basisstationen an eine Vermittlungsstelle gekoppelt, welche den Zugang ins Festnetz oder zu anderen Mobilfunknetzen regelt. Zudem verwalten die MSC Datenbanken, die notwendige Informationen über die Teilnehmer enthalten. Diese Datenbanken sind wichtig, um Mobilstationen aufzufinden und Handover- oder Roaming-Konzepte zu ermöglichen.

Erreicht eine Mobilstation die Grenze zur nächsten Zelle, wird das Gespräch ohne Verbindungsabbruch automatisch an die nächste Basisstation weitergegeben. Dieser Vorgang wird als Handover (Weiterreichen) bezeichnet. Den nahenden Zellwechsel bemerkt die Basisstation durch das schwächer werdende Signal von der MS. Ein Wechsel von Funkkanälen, Frequenzen oder Zellen kann auch durch Überlasten oder unterschiedliche Kanalqualitäten an Zellrändern erforderlich sein.

Das Mobilfunknetz ist über die Datenbanken ständig darüber informiert, welche Mobilfunkteilnehmer sich im Versorgungsbereich befinden und wie sie zu erreichen sind. Mobilstationen werden so ständig einem Rufbereich zugeordnet und können bei einem Wechsel zu einem anderen Netzbetreiber netzintern umgebucht werden. Diesen Vorgang bezeichnet man auch als Roaming (aus dem Englischen, übersetzt "Herumschweifen"). Dies ist nur dann möglich, wenn der ‚Heim-Netzbetreiber' Roaming-Verträge mit dem entsprechenden fremden Netzbetreiber geschlossen hat. Roaming ist derzeit nur mit einem Verbindungsabbruch möglich (Walke 2000a, 56, Jobmann 1999).

Betriebs- und Wartungssystem

Dieser Teil ist für die Erhaltung der Funktionstüchtigkeit des Netzes zuständig. Hier werden Fehler lokalisiert und behoben oder neue Software-Versionen geladen (näheres zum OSS und den anderen Komponenten siehe Walke 2000a, Schiller 2000).

Die grundlegenden Begriffe sind damit erklärt, die nächsten Kapitel gehen nun auf die unterschiedlichen Mobilfunksysteme ein.

2.3 Zellulare Funknetze für den Fernbereich und weitere Mobilfunksysteme

In diesem Abschnitt werden zunächst die älteren analogen Mobilfunknetze erläutert, die der ersten Generation (1G) von mobilen Funknetzen angehören. D ie weiterentwickelten digitalen Mobilfunkstandards der zweiten und dritten Generation (2G / 3G) werden anschließend beschrieben. Systeme der zweiten Generation sind heute sehr weit verbreitet, während die dritte Generation erst in den nächsten Jahren eingeführt wird. Alle Abschnitte geben einen Überblick über die jeweils wichtigsten europäischen und internationalen Mobilfunkstandards.

2.3.1 Mobilfunkstandards der ersten Generation (1G)

Nach dem zweiten Weltkrieg starteten viel nationale und internationale Projekte im Bereich der drahtlosen Kommunikation. Diese älteren Mobilfunknetze arbeiteten mit analoger Übertragungstechnik, waren leitungsvermittelnd und auf reine Sprachübertragung ausgelegt (leitungsvermittelt heißt, dass für die Dauer der Verbindung ein Übertragungsweg zur Verfügung gestellt wird, unabhängig davon, ob Daten übertragen werden oder nicht). Der Zugang zum Netz erfolgte über das einfache Frequenzmultiplex-Verfahren. Kommerzielle mobile zellulare Systeme waren als erstes in den frühen 80er erhältlich. Sie hatten sehr begrenzte Dienste, schlechte Sprachqualität und beschränkte Flächendeckung. Die bestehenden Netze wurden in den letzten Dekaden sehr verbessert und sie sind in den verschiedensten Teilen der Welt, v.a. Amerika und Kanada, noch immer im Einsatz (der Marktanteil für analoge Systeme lag 1999 noch bei 25%) (Vgl. Schiller 2000, 139).

Nachfolgend wird zunächst die Entwicklung der ersten Mobilfunknetze in Deutschland erläutert, anschließend werden die wichtigsten internationalen analogen Systeme beschrieben. Das Kapitel soll einen historischen Überblick ermöglichen, ohne die Systeme in ihren jeweiligen Einzelheiten näher zu erläutern, zumal die Zukunft in den digitalen Mobilfunknetzen liegt.

2.3.1.1 A-, B-, C-Netze

1958-1977: *Das A-Netz*

Das erste Mobilfunknetz in Deutschland, das A-Netz, startete 1958 und verwendete eine Trägerfrequenz von 160 MHz. Ein Verbindungsaufbau für ein Gespräch war nur ausgehend von einem mobilen Telefon möglich. Die Gesprächsverbindung wurde handvermittelt und musste beim Verlassen eines Funkbereichs abgebrochen werden, weil eine Übergabe des Gesprächs von einer Basisstation auf eine andere nicht unterstützt wurde (kein Handover). Das A-Netz erreichte 1970 eine Funkversorgung von 80% und 11.000 Teilnehmern in der BRD. Die Kosten für die Teilnahme waren allerdings sehr hoch und somit ein Privileg für bestimmte Personengruppen. Die Endgeräte sind nur für den Einsatz in Automobilen gedacht und dementsprechend schwer und groß (Scheele 1991, 93f. und Schiller 2000, 31).

1972-1994: ***Das B-Netz***

Im B-Netz, das ebenfalls analog und im 160 MHz Bereich arbeitete, wird nun auch ein Verbindungsaufbau aus dem Festnetz möglich, allerdings muss der Aufenthaltsort der Mobilstation bekannt sein. Die Vermittlung der Gespräche erfolgt mittlerweile automatisch. Durch neue Halbleitertechnologie wurden außerdem die Geräte kleiner und leichter, typischerweise sind sie aber immer noch in Automobilen eingebaut. Das B-Netz erreicht bis zu 16.000 Teilnehmer und einen flächendeckenden Betrieb, nutzbar war es auch in Österreich, Luxemburg und den Niederlanden (Scheele 1991, 93f.).

1985-2001: ***Das C-Netz***

Das C-Netz (C-450, T-C-Tel) machte erstmals den Mobilfunk einer breiten Öffentlichkeit zugänglich. Aufgebaut als Zellularsystem mit Zellradien von 2-30 km benutzte es den 450-MHz-Bereich und arbeitete nach wie vor mit analoger Sprachübertragung. Das Dienstangebot im C-Netz erlaubte u.a. Fax, E-Mail und Datenübertragungen (während das B-Netz nur auf das Fernsprechen beschränkt war). Außerdem ist eine Gesprächsübergabe zwischen Funkzellen möglich. Bis Anfang der 90er Jahre nutzten mehr als 800.000 Kunden dieses Netz. Die Bedeutung des T-C-Tel-Systems sank seit Inbetriebnahme der digitalen Netze, die Nutzerzahlen nahmen kontinuierlich ab. Im Jahr 2001 wurde das T-C-Tel schließlich abgeschaltet (Scheele 1991, 96ff.).

International betrachtet sind die erfolgreichsten und bekanntesten Vertreter von Systemen der ersten Generation zum einen das amerikanische Advanced Mobile Phone System (AMPS), das skandinavische Nordic Mobile Telephone System (NMT) und das auf AMPS basierende Total Access Communications System (TACS).

2.3.1.2 Übersicht zu den 1G-Systemen

Anfang der 80er Jahre gab es, neben den oben genannten Systemen, mehrere inkompatible analoge Mobilfunksysteme in Europa, Beispiele sind das französische ‚RadioCom 2000' oder das italienische ‚Radio Telephone Mobile System' (RTMS). In Japan wurde 1979 das erste analoge zellulare ‚Nippon Telephone and Telegraph' System (NTT) in Tokio eingeführt. Eine Übersicht über die Systeme gibt Tabelle 2-4.

Alle Systeme bieten schlechte Sprachqualität und eingeschränkte Datendienste. Eine Verbindungsübergabe (Roaming) zwischen den Netzen ist ebenfalls nicht möglich. Vor allem in Europa sind durch die Entwicklung des GSM-Standards die analogen Systeme fast vollständig verschwunden, während in Amerika und Kanada die flächendeckende Versorgung der Teilnehmer nach wie vor durch das analoge AMPS gewährleistet wird (Scheele 1991, 59ff.).

Tabelle 2-4: Analoge Mobilfunknetze (Padgett 1995, 29)

Standard	**Frequenzen [MHz]**	**Einführung**	**Region (vorherrschend)**
A-Netz	160	1958	Deutschland
B-Netz	160	1972	Deutschland, Niederlande, Österreich, Luxemburg
C-Netz	450	1985	Deutschland, Portugal
AMPS	800	1983	Amerika, Australien
NMT450 **NMT 900**	450 900	1979 1986	Skandinavien, Europa
TACS **ETACS**	900	1984	England, Europa
RTMS	450	1985	Italien
RadioCom 2000	200 400	1985	Frankreich
NTT	800	1979	Japan

AMPS

Das erste zellulare Konzept mit dem Namen Advanced Mobile Phone System (AMPS) wurde in den 60er/70er Jahren von den AT&T Bell Laboratories in den USA entwickelt und 1983 kommerziell eingeführt. AMPS basiert auf analoger Signalisierungstechnik und auf dem Konzept der Wiederverwendung von Frequenzen (FDMA). Es arbeitet im 800-MHz-Frequenzband (genauer im Bereich von 824-849 MHz und 869-894 MHz), insgesamt sind also 50 MHz für den zellularen Mobilfunk vorgesehen. Es ermöglicht neben der Sprachübertragung eine leitungsvermittelte Datenübertragung. AMPS-Systeme werden v.a. in Amerika und Kanada eingesetzt, sind aber auch in Zentral- und Südamerika, in Australien sowie in anderen Ländern zu finden. Im Vergleich zu den digitalen Alternativen in Amerika, bietet AMPS eine komplette geographische Abdeckung zu günstigeren Kosten und ist deshalb noch immer im Einsatz (über 53 Millionen Nutzer in Amerika im Jahr 2000 (EMC World

Cellular Database: http://www.e-searchwireless.com/marketdata.nsf#)). Die Zukunft liegt auch hier in den digitalen Systemen wie beispielsweise in D-AMPS, der digitalen Version des Standards. Durch die Weiterentwicklung CDPD (Cellular Digital Packet Data (näheres zu CDPD siehe Lin 2000, 139ff.)) - ein Konzept, das paketvermittelte Übertragung zur Verfügung stellt – werden aber auch schon im AMPS Datenübertragungsraten bis zu 19,2 kbit/s angeboten (Scheele 1991, 77f.).

NMT

Um 1979 führten die skandinavischen Länder Dänemark, Schweden, Finnland und Norwegen das ‚Nordic-Mobile-Telephone'-System ein, welches aber auch in vielen anderen europäischen Länder eingesetzt wurde. Es arbeitet im Frequenzbereich von 453-457 MHz und 463-467 MHz (=Träger von 450 MHz) und ist bis heute im Einsatz. 1986 führten die nordischen Staaten zusätzlich NMT-900 ein – ein System, dass auf höheren Frequenzen arbeitet. Zum Großteil wird heute NMT jedoch durch GSM ersetzt (Scheele 1991, 66ff.).

TACS / ETACS

1984 kam ein weiteres europäisches System zum Einsatz: ‚Total Access Communications System'. TACS wurde ursprünglich für Großbritannien spezifiziert, Systeme sind aber auch in Italien, Spanien, Österreich und Irland verbreitet. Es basiert auf dem Standard von AMPS, befindet sich allerdings im 900-MHz-Bereich, genauer in den Bereichen 890-915 MHz und 935-960 MHz. Die TACS Spezifikation wurde schließlich erweitert zu ‚Enhanced TACS' im Bereich 872-905 MHz und 917-950 MHz. ETACS ist ebenfalls im asiatisch-pazifischen Raum zu finden (Scheele 1991, 74f., Ames 2000, 3f.).

2.3.2 Mobilfunkstandards der zweiten Generation (2G)

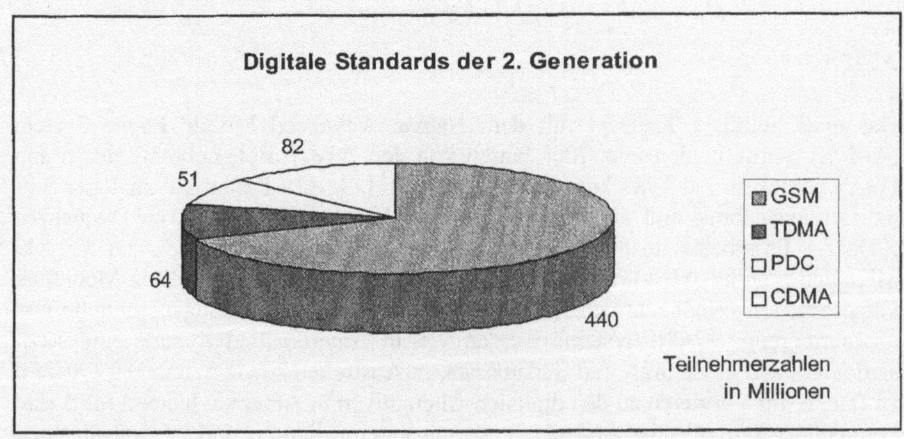

Abbildung 2-9: Teilnehmerzahlen der führenden 2G-Systeme (vgl. GSMAssociation 2001a)

In den späten 80ern bis frühen 90ern entstanden durch weiterentwickelte digitale Technologien und aufgrund beschränkter Kapazitäten der Netzbetreiber Mobilfunksysteme der zweiten Generation. In dieser Generation werden digitale drahtlose Standards eingeführt, die sich darauf konzentrieren, die Sprachqualität, die Abdeckung und die Kapazität zu verbessern. Alle vorgestellten Systeme sind ursprünglich vor allem auf den leitungsvermittelten Sprachdienst ausgerichtet und bieten nur begrenzte Datendienste an.

Die derzeit weltweit führenden digitalen Standards sind das europäische GSM (Global System for Mobile Communication), die amerikanischen Systeme TDMA/IS-136 und CDMA/IS-95 und das japanische PDC. Das international erfolgreichste Mobilfunksystem ist GSM. Es wird deshalb besonders ausführlich behandelt.

2.3.2.1 GSM-System

Zu Beginn der 80er Jahre gab es in Europa eine Vielzahl an unterschiedlichen Mobilfunksystemen, was für die Nutzer ein nicht unerhebliches Hindernis darstellte. Während in Amerika mit AMPS ein System eingeführt wurde, das eine geographische Abdeckung über Landesgrenzen hinweg ermöglicht, begannen in den 80er Jahren die Länder in Europa bzw. deren Telefongesellschaften (fast alle staatliche Monopolgesellschaften) mit dem Aufbau verschiedenster Netze wie NMT 450, RadioCom 2000 oder C-450, die allesamt zueinander inkompatibel waren. 1982 fanden sich die Telekommunikationsgesellschaften von mehreren europäischen Ländern in der „Conférence des Administrations Européennes des Postes et Télécommunications“ - kurz CEPT (www.cept.org) - zusammen, um sich mit diesem Problem zu befassen. Dort wurde die Groupé Spéciale Mobile (GSM) mit dem Ziel gegründet, einen paneuropäischen Standard für ein zellulares Mobilfunknetz zu entwickeln. Die wichtigsten Meilensteine auf dem Weg zum heutigen Global System for Mobile Communications finden sich in Tabelle 2-5.

Heute ist GSM das erfolgreichste Mobilfunksystem der Welt mit 372 Netzwerken in 142 Ländern der Erde. Der Grund dafür ist sein großer Operationsbereich von Europa über Afrika, den Nahen Osten, Asien und Amerika und die Ausdehnung auf andere Verkehrsträger wie Bahn und Flugzeug. Es bedient ca. 67% aller digitalen Teilnehmer, dabei wuchs die Teilnehmerzahl von 32 Millionen Ende 1996 auf 440 Millionen Ende 2000 (vgl. GSMAssociation 2001a).

GSM ist ein zellulares System, das die zu versorgende Fläche in Funkzellen mit je einer Sende-/Empfangsstation einteilt. In GSM-Netzen variieren die Zellen von 35km in ländlichen Gebieten bis hin zu 300m in Ballungsgebieten.

Das ursprüngliche GSM, auch als GSM 900 bezeichnet, arbeitet im Frequenzbereich zwischen 890 und 915 MHz (Uplink: vom Mobilgerät zur Basisstation) und 935 und 960 MHz (Downlink: von der Basisstation zur Mobilstation). Die Frequenzbänder werden in Kanäle von 200-kHz-Bandbreite eingeteilt, somit gibt es insgesamt je 124 FDM-Kanäle zum Senden und Empfangen (siehe Abbildung 2-10).

Tabelle 2-5: GSM-Meilensteine (vgl. GSMAssociation 2001b)

Jahr	Meilensteine
1982	CEPT gründet *Groupé Spéciale Mobile* (GSM)
1987	Umfassende Richtlinien erarbeitet: *Digitales* zellulares System mit *TDMA*
1987	MoU: *Memorandum of Understanding* von 13 Staaten unterschrieben, die sich zur Einführung von GSM bereit erklärten
1989	ETSI (www.etsi.org) übernimmt GSM-Arbeitsgruppe; die Arbeitsgruppe trägt jetzt den Namen *Special Mobile Group* (SMG) und das Kürzel GSM steht für *Global System for Mobile Communications*
1991	Testbetrieb und erste GSM-Zellen in mehreren Ländern (Deutschland, Finnland, Dänemark, Frankreich etc.), erste Roaming-Verträge zwischen Netzanbietern
1992	Erste kommerzielle GSM-Netze
1995<	Flächendeckender Betrieb
Heute	GSM-MoU: alle europäischen und viele Staaten weltweit

Wie man erkennen kann, trennt man die beiden Senderichtungen durch FDD (Frequency Division Duplex), wobei zwischen der Empfangs- und Sendefrequenz ein Schutzabstand von 45 MHz eingehalten wird. Um bei der Mobilstation Energie einzusparen, sind die Aufwärtsfrequenzen i.a. die niedrigeren Frequenzen des Bereichs, da man für eine gegebene Distanz weniger Leistung für die Übertragung über eine niedrigere Frequenz benötigt (Walke 1998a, 153ff., Schiller 2000, 152f.).

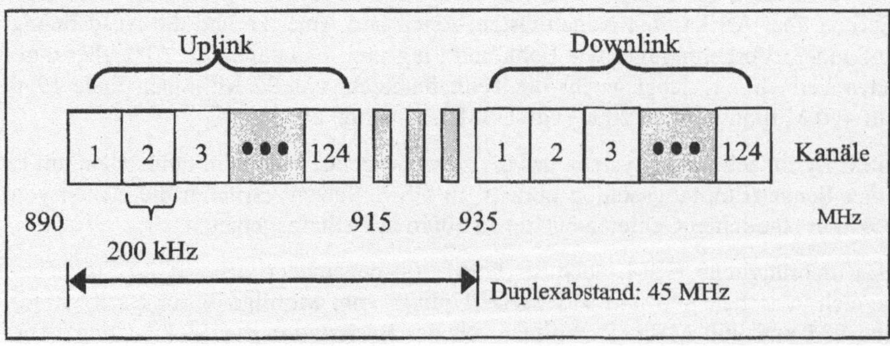

Abbildung 2-10: GSM-Frequenzbänder

Man spricht hier ausdrücklich von GSM 900, um auf den Betriebsbereich hinzuweisen. Neben dem ursprünglichen, zuerst standardisierten GSM 900 gibt es mittlerweile auch andere GSM-Systeme auf unterschiedlichen Frequenzen.

- *GSM 1800 / DCS 1800*: Für das Mobilfunknetz ETSI/DCS1800 (Digital Cellular System) hat sich auch der Name GSM1800 eingebürgert. Das DCS 1800 ist ein Standard, der auf den GSM-Empfehlungen beruht, aber im höheren Frequenzbereich von 1800 MHz arbeitet. Die Infrastruktur ist auf ein persönliches Kommunikationssystem (Personal Communications System) ausgerichtet, d.h. niedrige Kommunikationskosten mit leichten Funktelefonen und einer Versorgung auch in Gebäuden. Eine Änderung gegenüber GSM900 ist z.B. die niedrigere Sendeleistung von MS (<1 W) und die kleineren Zellradien (100m-15km). Verbreitung findet dieser Standard vor allem in Europa.
- *GSM 1900 / PCS 1900*: Der Name GSM 1900 ist für das hauptsächlich in den USA eingesetzte FCC (Federal Communications Commission, US-Bundeskommission für Telekommunikation; www.fcc.gov) /PCS1900 (Personal Communications Service) gebräuchlich. Die FCC hat das 1900-MHz-Band geöffnet, um dort digitale drahtlose Netze in Form eines persönlichen Kommunikationsdienstes einzuführen. Dadurch wurde der Markt für GSM erschlossen, allerdings in einer angepassten 1900-MHZ-Form, dem GSM 1900.
- *GSM 400*: Als neueste Entwicklung gibt es das GSM 400, dass für den flächendeckenden Einsatz besser geeignet ist.
- *GSM-R*: GSM-R (GSM-Rail) ist eine spezielle Ausführungen für Züge (das ursprüngliche GSM900 ist auch für den Betrieb in Fahrzeugen ausgelegt, aber nur bis max. 250 km/h).

Die Ausführungen über Dienste, Architektur u.ä. in den nächsten Abschnitten beziehen sich auf GSM900, sie sind aber in allen Versionen von GSM (GSM 400, 1800, 1900 und Railways) annähernd gleich.

Tabelle 2-6: Vergleich verschiedener GSM-Systeme (näheres zu den einzelnen Systemen siehe www.etsi.org)

GSM-Systeme	**GSM 900**	**GSM 1800/ DCS 1800**	**GSM 1900**	**R-GSM (Railway)**	**GSM 400**	
Uplink [MHz]	890-915	1710-1785	1850-1910	876-915	450,4-457,6	478,8-486
Downlink [MHz]	935-960	1805-1880	1930-1990	921-960	460,4-467,6	488,8-496
Merkmale/ Einsatzgebiet	Europa, Rest der Welt	Europa, Ballungszentren	USA, Kanada	Speziell für Züge	Vorteile in der Abdeckung	

Funkschnittstelle

Die Funkschnittstelle befindet sich zwischen der Mobilstation und dem GSM-Netz (vgl. Abbildung 2-12), über sie greift der Nutzer bzw. das Endgerät auf das Mobilfunknetz zu.

Der Medienzugriff in GSM basiert auf einem kombinierten FDMA/TDMA-Verfahren. Das FDMA-Verfahren teilt das 900-MHz-Frequenzband in jeweils 124 FDM-Kanälen zum Senden und Empfangen ein. Diese insgesamt 248 Trägerfrequenzen werden zusätzlich durch ein TDMA-Verfahren zeitlich in sogenannte TDMA-Rahmen aufgeteilt, wobei jeder eine Dauer von 4,615 ms hat. Dieser Rahmen ist wiederum in acht Zeitschlitze (Slots) eingeteilt, die 577 µs lang sind bzw. 156,25 Bit aufnehmen können (vgl. Abbildung 2-11).

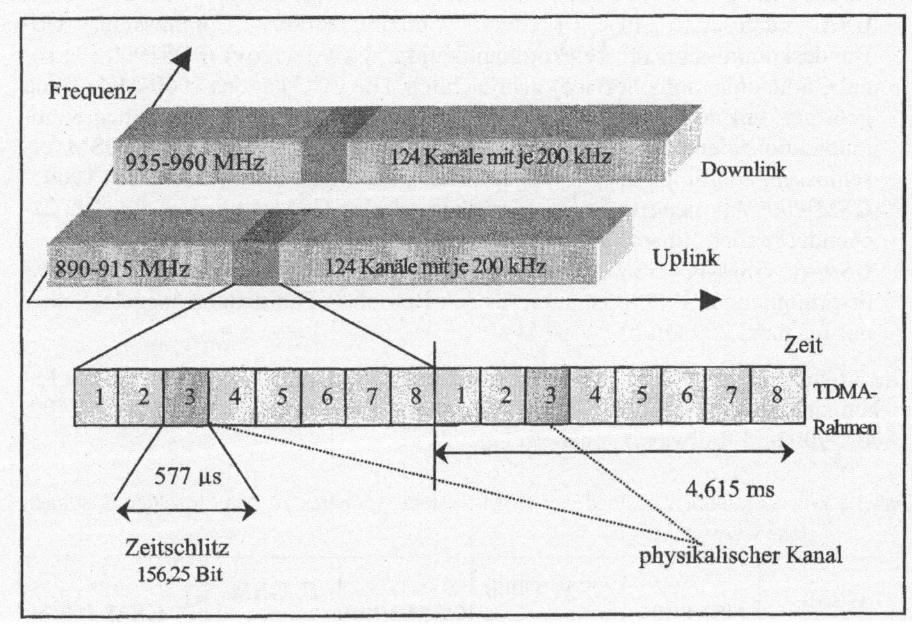

Abbildung 2-11: TDMA-Rahmen in GSM (Schiller 2000, 152)

Jeder physikalischer TDM-Kanal (z.B. ein Gespräch) belegt alle 4,615 ms einen wiederkehrenden Zeitschlitz von 156,25 Bit (abzüglich Schutzabstand nur noch 148 Bit für Daten). Die Teilnehmer merken bei der Sprachübertragung davon nichts, denn die Abstände zwischen den wiederkehrenden Zeitschlitzen sind zu gering. *Ein Träger* kann somit *insgesamt* ca. 270 kbit/s übertragen, *ein physikalischer Kanal* hat eine theoretische Datenrate von 33,8 kbit/s. Abzüglich Signalisierungsdaten etc. haben die Verkehrskanäle letztendlich eine Datenrate von 22,8 kbit/s. Für Sprache ist eine Bandbreite von 13 kbit/s erforderlich, die verbleibende Bandbreite wird für Fehlerkorrekturverfahren benötigt. Fortschrittlichere Sprachkodierer erlauben auch die Benutzung eines halben Verkehrskanals mit 11,4 kbit/s, hier kann die Qualität aber leiden. Für die Datenübertragung gibt es Kanäle mit 4,8 kbit/s, 9,6 kbit/s und einen neuen Standard mit 14,4 kbit/s (Walke 1998a, 156ff. u. Schiller 2000, 151ff.).

Aufbau/Systemarchitektur

Die GSM-Architektur besteht aus folgenden drei Teilsystemen (vgl. ETSI 1996a):

- *Funk-Feststationssystem*: Radio Subsystem (RSS)
- *Vermittlungssystem*: Network and Switching Subsystem (NSS)
- *Betriebs- und Wartungssystem*: Operation Subsystem (OSS)

Dieses System enthält die mobilen Endgeräte (Mobilstationen, MS) und die Basisstationen, die das Base Station Subsystem (BSS) bilden.

- *Mobilstation – MS*: Die Mobilstation enthält alle notwendigen Komponenten, um mit dem GSM-Netz zu kommunizieren und dessen Dienste zu nutzen. Sie lässt sich aufteilen in einen teilnehmerunabhängigen Bestandteil mit allen Hard- und Softwarekomponenten für die Funkschnittstelle und einen teilnehmerabhängigen Teil, dem sogenannten Subscriber Identity Module (SIM) (Das SIM ist entweder als Smart Card, Plug-in-SIM-Karte oder fest eingebaut realisiert). Das SIM enthält alle (GSM relevanten) nutzerspezifischen Informationen, um sich im Netz zu identifizieren und die für Rechnungsstellung und Authentifizierung benötigt werden. Ohne gültiges SIM können nur noch Notrufe getätigt werden. Die nutzerbezogenen Daten sind also nicht vom Gerät abhängig, sondern ein Teilnehmer kann sich über jede beliebige Mobilfunkstation mit Hilfe des SIM identifizieren. Mobilstationen können in Fahrzeugen installiert sein oder portabel sein. Die GSM-Richtlinie 2.06 gliedert fünf Klassen von mobilen Geräten: festeingebaute, portable oder handportable, jeweils mit unterschiedlichen Sendeleistungen (von 20 W – 0,8 W). Typische Handgeräte liegen im Bereich von 2W. Um Energie zu sparen, senden die Geräte immer mir der niedrigst möglichen Leistungsstufe, bei optimaler Netzversorgung z.B. nur mit 20 mW (Walke 1998a, 140ff.).
- *Base Station Subsystem – BSS*: Es umfasst alle Funktionen, um eine Funkverbindung innerhalb einer bestimmten geographischen Zone zu gewährleisten. Ein GSM-Netz besteht aus vielen BSS, wobei eine Basisstation ihrerseits wieder aus folgenden Komponenten besteht:
- *Funkfeststation – BTS* (Base Transceiver Station): Sie enthält alle Elemente zum Senden und Empfangen wie Antennen, Einrichtungen zur Signalverarbeitung und Verstärker.
- *Steuerungseinheit – BSC* (Base Station Controller): Jeweils ein Controller steuert eine Basisstation. Für den jeweiligen Standort müssen dazu mehrere BTS verwaltet werden. Aufgaben sind beispielsweise die Reservierung und Freigabe von Funkkanälen oder die Verbindungsweitergabe von einer BTS zur nächsten BTS innerhalb der Basisstationen (Walke 1998a, 144ff.).

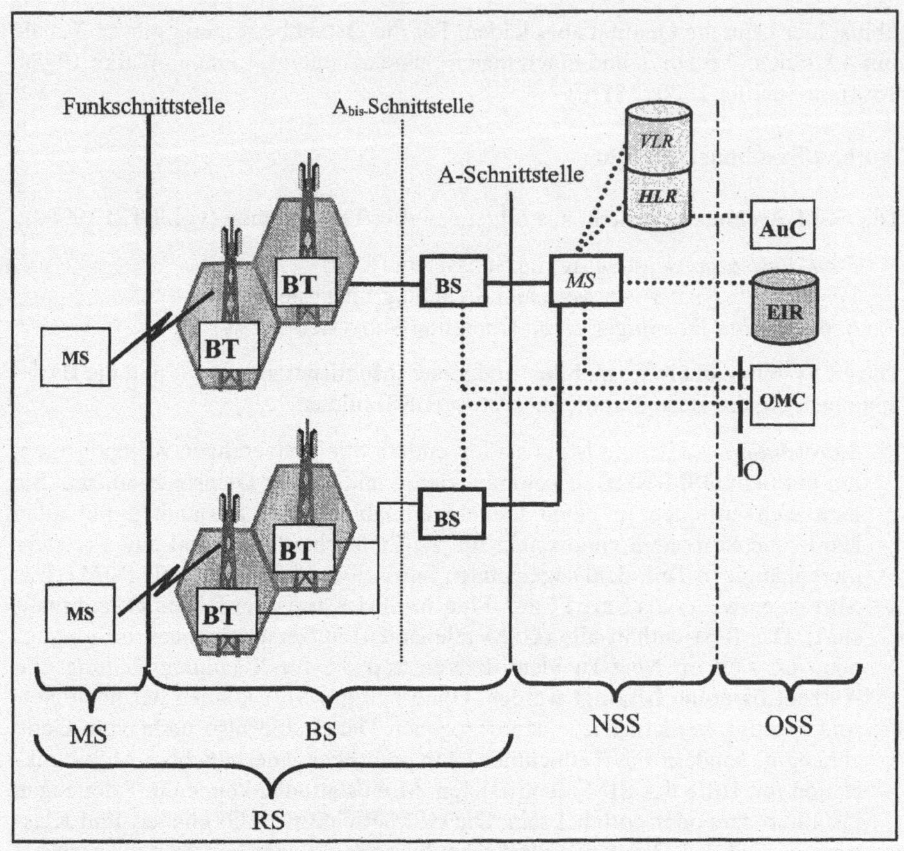

Abbildung 2-12: Funktionale Architektur von GSM (vgl. Walke 1998a, 140 u. Schiller 2000, 146) Funkfeststationssystem – RSS

Vermittlungssystem – NSS

Das Vermittlungssystem stellt zum einen vermittlungstechnische Funktionen zur Verfügung, um die Kommunikation zu gewährleisten und bildet zudem ein Übergangsnetz zu den öffentlichen Netzen (z.B. PSTN, ISDN (ISDN=Integrated Services Digital Network), Datennetze). Das NSS enthält folgende Komponenten (Walke 1998a, 146f.):

- *Mobilvermittlungsstelle – MSC*: Ein MSC ist eine ISDN-Vermittlungsstelle, die sehr leistungsfähig ist. Zusammen bilden die Vermittlungsstellen das ‚Rückgrat' des GSM-Netzes. Die Aufgaben der MSC liegen beispielsweise beim Verbindungsaufbau zu anderen MSCs, der Vermittlung zwischen Mobilfunkteilnehmern desselben oder anderer Netze, Handover und Zusatzdienste wie Rufweiterleitung oder Konferenzschaltung. Außerdem bilden sie das Bindeglied zu drahtgebundenen Netzen. Um mit anderen Netzen zusammen zu arbeiten, werden in der MSC bestimmte Funktionen benötigt, die als Interworking Functions (IWF) oder Netzübergangsfunktionen bekannt sind, sie werden hier aber nicht weiter beschrieben (vgl. Walke 1998a, 322ff.). Einer MSC sind meist mehrere BSCs zugeordnet, je nach geographischer Aufteilung.

- *Heimatregister – HLR*: Diese Datenbank speichert alle Teilnehmerdaten wie Rufnummer, Geräteart, Basis- und Zusatzdienste etc. und ist für Gebührenerfassung und Verwaltungsaufgaben zuständig. Zusätzlich sind hier dynamische Daten wie der momentane Aufenthaltsort eines Teilnehmers gespeichert. Beim Verlassen des Aufenthaltsbereichs (Location Area) erfolgt im HLR sofort eine Aktualisierung der Daten. Diese Datenbank ist überaus wichtig, um die Teilnehmer im GSM-Netz zu lokalisieren, jeder Teilnehmer ist deshalb genau in einer Heimatdatei registriert. Die Heimatdatei befindet sich meist bei einer MSC.
- *Besucherregister – VLR*: Die Besucherdatei ist einer jeden MSC zugeordnet und dient der Verwaltung der Teilnehmer, die sich im Bereich dieser MSC aufhalten. Sie ist eine hochdynamische Datenbank, die alle teilnehmerrelevanten Daten vom HLR kopiert, sobald ein MS in den Zuständigkeitsbereich eintritt. Durch die VLR wird ein häufiges Abfragen der HLR vermieden und damit auch eine Signalisierung der Teilnehmerdaten über evtl. weite Entfernungen.

Betriebs- und Wartungssystem – OSS

Es enthält alle notwendigen Funktionen, um ein funktionstüchtiges Netz aufrecht zu erhalten. Folgende Komponenten werden unterschieden (Walke 1998a, 148f.):

- *Betriebs- und Wartungszentrum – OMC*: Erfüllt Aufgaben wie Verkehrsüberwachung, Sicherheitsmanagement, Abrechnung und Rechnungsstellung.
- *Authentifikationszentrum – AuC*: Das AuC soll die Identität von Teilnehmern und die Datenübertragung schützen, hier werden beispielsweise der Authentifikationsalgorithmus und der Verschlüsselungscode gespeichert.
- *Geräteidentifikationsregister – EIR*: Hier werden die Teilnehmer- und Gerätekennungsnummern (IMEI, International Mobile Equipment Identity) gespeichert und sogenannte weiße, graue und schwarze Listen geführt. Darin sind die jeweilig gültigen IMEI, die IMEI der gestörten Geräte und die IMEI der gestohlenen oder gesperrten Mobilfunkstationen enthalten.

Gesprächsweiterleitung

Die Verbindungsübergabe (Handover) von Basisstation zu Basisstation ist bei jedem zellularen System eine der wichtigsten Aufgaben, da sich sonst ein Nutzer nur innerhalb einer Zelle bewegen dürfte bzw. die Verbindung stets neu einrichten müsste. Gründe für ein Handover sind neben dem Verlassen eines Versorgungsbereichs auch eine zu hohe Verkehrslast oder Störungen jeglicher Art. Die Veranlassung zu einer Weiterleitung von der aktuellen auf eine benachbarte Basisstation beruht auf der ständigen Messung bzw. Beobachtung und Auswertung der

Empfangsqualität durch die Basisstation. Informationen zur Qualität liefert neben dem Signalpegel (Down- und Uplinkmessungen) auch die Bitfehlerwahrscheinlichkeit. In der GSM-Empfehlung selbst wird kein Handover-Algorithmus festgelegt (z.B. Wahl der Zielzelle oder Zeitpunkt des Handovers), ein mögliches Verfahren wird dort aber vorgestellt (vgl. Walke 1998a, 218 und 231ff.).

Lokalisierung

Neben dem Handover ist die Erreichbarkeit der Teilnehmer unabhängig vom gegenwärtigen Aufenthaltsort eine der wichtigsten Eigenschaften von zellularen Mobilfunksystemen und natürlich auch von GSM. Dazu bedarf es einer ständigen Aktualisierung des Aufenthaltsortes (solange die Mobilstation eingeschaltet ist) in den Datenbanken des Systems und somit des HLRs bzw. VLRs. Das HLR enthält alle teilnehmerspezifischen Daten inklusive dem Aufenthaltsort. Bewegt sich eine MS in den Bereich einer neuen VLR, schickt das HLR alle nötigen Informationen und im bisherigen VLR werden die Daten gelöscht. Der Wechsel zwischen zwei VLR bei bestehender Erreichbarkeit wird als Roaming bezeichnet. Man unterscheidet Roaming innerhalb desselben Netzes, nationales Roaming und internationales Roaming. Der Begriff Roaming wird aber nicht einheitlich verwendet, i.d.R. bezieht sich Roaming nur auf den Wechsel zwischen Netzbetreibern. Speziell durch das internationale Roaming ist GSM so attraktiv und eines der erfolgreichsten Systeme.

Dienste

Für den Teilnehmer an einem Mobilfunknetz sind v.a. die zur Verfügung gestellten Dienste wichtig. GSM erlaubt die Integration von verschiedenen Sprach- und Datendiensten, man unterscheidet dabei folgende drei Kategorien:

- *Trägerdienste (Bearer Service):* Trägerdienst umfassen reine Transportdienste. In GSM ist eine transparente und nichttransparente synchrone oder asynchrone Datenübertragung möglich. Transparente Dienste benutzen keine höheren Protokolle, wodurch sie (solange kein Fehler auftreten) Daten mit konstantem Durchsatz und Verzögerungszeiten übertragen. Nichttransparente Dienste benutzen höhere Protokolle (z.B. zur Fehlererkennung) und haben deshalb stark schwankenden Durchsatz und Verzögerungszeiten. Die mit diesen Diensten angebotenen Trägerdienste erlauben die Zusammenarbeit mit ISDN, paketvermittelnden Datennetzen oder den Telefonnetzen. Die maximale Datenrate für Nichtsprachdienste ist 9,6 kbit/s. Dies zeigt die hauptsächliche Ausrichtung von GSM auf Sprachdienste. Der Anteil von Datendiensten wurde bei der Entwicklung von GSM auf nur 10% vom gesamten Übertragungsvolumen vorhergesagt (vgl. Schiller 2000, 143f. u. Walke 1998a, 274ff.).
- *Teledienste*: In den GSM-Empfehlungen sind u.a. folgende Teledienste standardisiert: Telefondienst, Notrufdienst und Short Message Service. Der wichtigste Dienst ist die Sprachübertragung (Telephonie), die den Hauptteil des Gesamtverkehrs ausmacht und für die man eine hohe Qualität forderte. Der

Notrufdienst erlaubt den Aufbau einer Verbindung zur nächstgelegenen Rettungsleitstelle – kostenlos und mit höchster Priorität. Der in Deutschland sehr beliebte Kurznachrichtendienst SMS ermöglicht eine 160 Zeichen lange Nachricht zum SMS-Center zu übertragen, von dem die Nachricht weitervermittelt wird. Die Übertragung erfolgt dabei über Signalisierungskanäle (deshalb können SMS-Nachrichten auch während einer Sprach- oder Datenübertragung gesendet/empfangen werden). Weitere Teledienste sind Telefax- oder Videotextzugangsdienst (siehe ETSI 1991).

- *Zusatzdienste (Supplementary Services):* GSM bietet den Nutzern obiger Dienste noch weitere, die zur Unterstützung oder Erweiterung dienen. Typische Zusatzdienste sind: Teilnehmerkennung, Rufum-/weiterleitung oder Konferenzschaltung (Walke 1998a, 282f.).

Sicherheit

Die Sicherheit im GSM-Netz beruht auf Daten, die im AuC bzw. im SIM gespeichert sind. Die Sicherheitsdienste adressieren folgende Aspekte zum Schutz (näheres dazu siehe Schiller 2000, 173 ff., sowie Kapitel 4):

- *Authentifizierung*: Zuerst wird der Benutzer gegenüber der SIM identifiziert, indem er eine Geheimzahl (PIN) eingibt. Außerdem erfolgt die Authentifizierung des Teilnehmers gegenüber dem System durch ein sog. Challenge-Response-Verfahren (‚Anfrage-Antwort').
- *Verschlüsselung*: Um die Vertraulichkeit und Anonymität zu wahren, werden alle Nutzdaten verschlüsselt über die Luftschnittstelle übertragen. Damit besteht die Vertraulichkeit zwischen MS und BTS. Durch eine temporären Kennung, die periodisch gewechselt wird und durch die ein Nutzer im Netz identifiziert werden kann, wird zusätzlich verhindert, dass auf die Identität der Teilnehmer geschlossen werden kann.

GSM-Verbreitung

In Deutschland gibt es zwei GSM900-Netzbetreiber, wobei jeder 2 x 12,5 MHz lizenziert hat. Beide Netze, zum einen das D1-Netz der Telekom-Tochter T-Mobil und zum anderen das D2-Netz der Vodafone GmbH (früher Mannesmann Mobilfunk), nahmen ihren Betrieb 1992 auf. Bis 1994/95 wurde eine flächendeckende Versorgung erreicht. Bei einer weiteren Versteigerung von Frequenzen im 1800-MHz-Bereich (durchgeführt von der RegTP (Regulierungsbehörde für Telekommunikation und Post, www.regtp.de)) im Herbst 1999 sicherten sich die GSM900-Netzbetreiber weitere Frequenzen im höheren Spektrum. Diese Frequenzen sind vor allem zur Entlastung des GSM900-Netzes gedacht. Um in diesem Frequenzband zu telefonieren, benötigt man allerdings ein Dualband-Mobiltelefon (arbeitet in zwei verschiedenen Frequenzbändern).

Abgesehen von den GSM900-Netzen gibt es in Deutschland auch zwei DCS1800-Netzbetreiber mit je 2 x 25 MHz, die ausschließlich in diesem Spektrum arbeiten. Als erstes begann 1994 E-Plus den Betrieb des E1-Netzes, 1998 folgte ein weiteres DCS1800-Netz mit Viag Interkom. Das E2-Netz darf sich bei einer 75% Abdeckung auf verkehrsreiche Gebiete beschränken. Neben den Netzbetreibern gibt es eine Vielzahl von privaten Diensteanbietern, sogenannten Service Providern.

Tabelle 2-7: GSM-Netzbetreiber in Deutschland (vgl. Telecom Channel 2000c)

Netzbetreiber	Netz	Betriebsbeginn	Mobilfunkstandard	Kunden
T-Mobil	D1	1992 2000	GSM 900 DCS 1800	17,8 Millionen
Vodafone	D2	1992 2000	GSM 900 DCS 1800	18,1 Millionen
E-Plus	E1	1994	DCS1800	6 Millionen
O²	E2	1998	DCS1800	2,9 Millionen

International

Momentan stellt GSM das erfolgreichste und das am weitesten verbreitete Mobilfunksystem dar. Derzeit nutzen es 142 Länder und es existieren über 372 Mobilfunknetze. Auch in Amerika, ein Land mit mehreren konkurrierenden Systemen, haben sich mittlerweile viele Netzbetreiber für den Betrieb von GSM-Netzen entschieden – allerdings im 1900-MHz-Frequenzbereich. Damit benötigt man für den gleichzeitigen Betrieb in allen GSM-Netzen ein spezielles Dual-Band- bzw. Tri-Band-Mobiltelefon, dass in den verschiedenen Frequenzbereichen arbeitet (vgl. GSM Association 2001a).

Weiterentwicklungen von GSM – HSCSD, GPRS, EDGE

GSM ist ursprünglich wie alle Mobilfunksysteme der zweiten Generation auf die Sprachübertragung ausgerichtet, das rasante Wachstum von Datendiensten hat niemand vorhergesehen. Die bestehenden Datendienste in GSM haben unter heutigen Gesichtspunkten zwei Nachteile: Zum einen liegt die ursprüngliche Bandbreite von GSM bei maximal 9,6 kbit/s, was für viele Anwendungen nicht genug ist. Zum anderen basieren die Datendienste auf kanalvermittelter Übertragung, d.h. die Gebühren werden für die Dauer der Übertragung berechnet, nicht für die Menge der tatsächlich übermittelten Daten. Um diese Nachteile zu beheben, erweiterte man GSM um neue Datendienste.

Zunächst kann man statt einem Kanal mehrere Kanäle bündeln und somit eine höhere Bandbreite erhalten. Dieser Ansatz wird unter *HSCSD* (High Speed Circuit Switched Data) standardisiert. Eine anderes Verfahren – *GPRS* bzw. General Packet Radio Service – löst sich von der kanalvermittelten Übertragung und schickt die Daten stattdessen paketorientiert übers Netz. Damit sollen die vorhandenen Netzressourcen besser genutzt werden und die Abrechnung nach tatsächlichem

Datenvolumen ermöglicht werden (nicht wie bisher nach Verbindungsdauer). Beide Formen sind keine neuen Mobilfunkstandards, die ein komplett neues Netz erfordern, sondern gründen auf GSM. *EDGE* (Enhanced Data Rates for GSM Evolution) hingegen ist eine Weiterentwicklung von diesen Datendiensten und als Evolution von GSM in Richtung 3G-Technologien zu sehen. Obwohl es ursprünglich für GSM erdacht wurde, kann dieses Konzept auch für andere Systeme (z.B. TDMA) genutzt werden. Im Anschluss werden die drei Technologien genauer erläutert, deren zeitliche Entwicklung in Abbildung 2-13 illustriert ist.

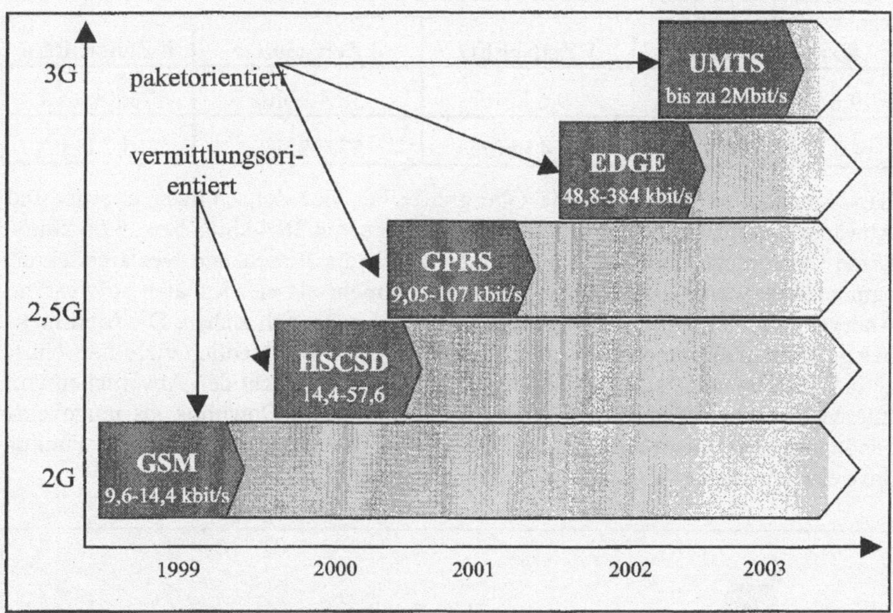

Abbildung 2-13: Zeitliche Entwicklung der Technologien

HSCSD

Die zeitlich erste Entwicklung für verbesserte Datenübertragungsstandards ist HSCSD (High Speed Circuit Switched Data). Die erste Version wurde von der europäischen Behörde ETSI Anfang 1997 im Rahmen der ‚Phase 2' der GSM-Entwicklung spezifiziert. HSCSD ist kein eigenständiger Mobilfunkstandard, sondern es ist vollständig in GSM integriert. Deshalb gelten die Aussagen über die in GSM genutzten Frequenzbänder und Architektur für diesen Standard genauso, Änderungen ergeben sich vor allem an der Funkschnittstelle (vgl. ETSI 1997).

Funkschnittstelle

Im Gegensatz zur GSM-Datenverbindung, die immer nur einen Kanal belegt, kann eine Mobilstation bei HSCSD mehrere Kanäle innerhalb eines 200 kHz-

FDM-Kanals anfordern. Dies entspricht dem Konzept einer Kanalbündelung, wie es schon von ISDN bekannt ist. Bei einer Bündelung von bis zu acht Kanälen pro TDMA-Rahmen ergibt das theoretisch Bandbreiten von bis zu 76,8 kbit/s. Durch eine neue Kodierung, man verzichtet auf einen Teil der Fehlerkorrektur, kann außerdem der Datendurchsatz von einem Verkehrskanal von ursprünglich 9,6 kbit/s auf 14,4 kbit/s erhöht werden, was zu einer theoretischen Datenraten von 115,2 kbit/s führt.

Tabelle 2-8: Verschiedene Datenraten bei HSCSD

Kanalbündelung	1 Zeitschlitz	4 Zeitschlitze	8 Zeitschlitze
9,6 kbit pro Kanal	9,6 kbit	38,4 kbit/s	76,8 kbit/s
14,4 kbit/s pro Kanal	14,4 kbit/s	57,6 kbit/s	115,2 kbit/s

ETSI spezifizierte allerdings die Obergrenze bei vier Zeitschlitzen in Auf- und Abwärtsrichtung. Daraus resultiert eine Datenrate von 38,4 kbit/s bzw. 57,6 kbit/s. Diese Obergrenze ergibt sich zum einen durch die bestehende Netzarchitektur, zum anderen würde die parallele Nutzung von mehr als vier Kanälen aufwendige Änderungen in den Endgeräten (Mobilstationen) nach sich ziehen. Die Mehrfachbelegung kann asymmetrisch sein, d.h. es werden unterschiedlich viele Zeitschlitze in Abwärts- und Aufwärtsrichtung belegt (dies entspricht den Ansprüchen von Internet-Anwendungen, die i.a. größere Datenraten im Downlink als umgekehrt benötigen) (vgl. Gneiting 1999, Walke 1998a, 289 ff.). Die prinzipielle Funktionsweise wird in der folgenden Abbildung dargestellt.

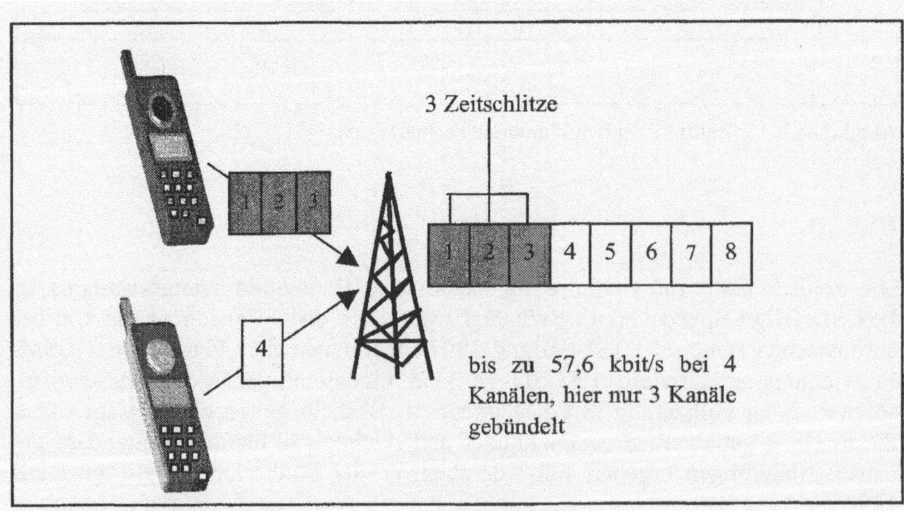

Abbildung 2-14: Prinzipielle Funktionsweise von HSCSD

Architekturänderungen

Im ursprünglichen GSM sind die zur Datenübertragung notwendigen Funktionen zum einen in der Mobilstation zu finden, zum anderen befinden sie sich in der Vermittlungsstelle (MSC). Die gleichzeitige Nutzung von mehreren Kanälen erfordert zwar eine Anpassung der beteiligten Komponenten, durch das Beibehalten des grundsätzlichen Prinzips ist im wesentlichen aber nur eine zusätzliche Splitting/Combining-Funktion in der MS und dem MSC nötig. Zur Segmentierung bzw. zum Wiederherstellen werden die einzelnen Datenrahmen einfach fortlaufend nummeriert. Durch diese geringen Änderungen ist HSCSD von den vorgestellten Fortentwicklungen am kostengünstigsten zu realisieren (Walke 1998a, 289 f.).

Mobilstationen

Die derzeit auf dem Markt erhältlichen Mobilfunkendgeräte können bis zu vier Kanäle bündeln, typische Konfigurationen nutzen drei Kanäle für den Downlink und einen Kanal für den Uplink. Je nach Anwendungen lassen sich die Kanäle aber auch anders bündeln, z.B. 2x2 Kanäle in Auf- und Abwärtsrichtung. Die Mobilstationen sind in der Lage, die Kanäle dynamisch zu verwalten, d.h. stehen im Netz nicht alle angeforderten Kanäle sofort zur Verfügung, kann die Mobilstation bei entlastetem Funknetz den Datendurchsatz auch wieder erhöhen. Da in Deutschland noch viele Vermittlungsstellen auf den älteren Datenfunkstandard von 9,6 kbit/s ausgelegt sind, sind Datenraten von max. 43,2 kbit/s (3 x 14,4 kbit/s) im Uplink erst schrittweise möglich, nachdem die Netzbetreiber die Basisstationen mit der entsprechenden Software aktualisiert haben (vgl. www.eplus.de und www.d2vodfone.de).

Abrechnung

Wie bereits erwähnt, erfolgt die Verbindung bei HSCSD nach wie vor vermittlungsorientiert, d.h. ein bzw. mehrere Kanäle werden exklusiv von einem Teilnehmer benutzt und während der Verbindungsdauer aufrechterhalten. Im Gegensatz zu GSM-Datendiensten ist der einzige Unterschied hier also die Bündelung dieser Kanäle. Die Abrechnung des Dienstes erfolgt somit noch immer nach der Verbindungsdauer, d.h. die Zeit der Verbindung wird entsprechend eines Tarifs abgerechnet.

Vorteile

Das Verfahren hat den Vorteil, die Bandbreitenanforderungen der Datendienste besser zu erfüllen, um beispielsweise Echtzeitanwendungen zu erlauben. Die Zuteilung der Bandbreiten kann je nach Verfügbarkeit des Netzes variabel gestaltet werden, d.h. je nach Belastung im Netz werden dem Nutzer ein oder mehrere Kanäle zur Verfügung gestellt. Ein Vorteil für die Netzbetreiber gegenüber GPRS oder der 3G-Technologie UMTS sind die geringeren Kosten, da bei HSCSD keine großen Infrastrukturänderungen nötig sind. Es genügen i.a. Software-Updates in den bestehenden Netzkomponenten, deshalb ist die Aufrüstung des Netzes kostengünstig zu realisieren. Die Nutzer dieses Dienstes benötigen als Voraussetzungen allerdings ein HSCSD-fähiges Endgerät.

Nachteile

Ein Nachteil von dem hochbitratigen Datendienst ist zunächst die erhöhte Blockierwahrscheinlichkeit, mit der man bei gleichzeitiger Belegung von parallelen Verkehrskanälen rechnen muss. Ebenso können Probleme beim Handover auftreten, falls im benachbarten Netz zuwenig Kapazitäten (im selben Trägerband) vorhanden sind. Die Kanalbündelung bricht allerdings erst dann ab, wenn gar keine HSCSD-Zelle erreichbar ist – sofern ein letzter Kanal frei ist, gelingt auch ein Handover (evtl. mit niedrigerer Datenrate). Ferner bleibt HSCSD wie Datendienste im GSM vermittlungsorientiert. Dies ist beim Herunterladen von größeren Datenmengen sicher hilfreich, bei normaler Internetnutzung mit längeren Perioden ohne Datenverkehr allerdings stellt es eine Verschwendung von Kapazitäten dar. In belasteten Netzen ist ein weiteres Problem, dass durch HSCSD und die damit verbundene Kanalbündelung die beschränkten Ressourcen zusätzlich verknappt werden. In vorhandenen Netzen ist der Sprachübertragung stets Vorrang zu gewähren, sodass bei belasteten Netzen die Kanalbündelung vom Netz nicht immer durchgeführt werden kann (Schiller 2000, 176f.).

Verbreitung

Anfang 2000 begann die Einführung des verbesserten Datendienstes HSCSD in mehreren Ländern in den vorhandenen GSM-Netzen. Allerdings ist die Verbreitung limitiert, da viele Netzbetreiber die GPRS-Technologie vorziehen und HSCSD nicht einführen.

In Deutschland bieten den Dienst zwei Netzbetreiber an, E-Plus und Vodafone Mobilfunk. Der erste Anbieter war E-Plus im Jahre 2000, der die Technik unter dem Namen High Speed Mobile Data (HSMD) offeriert. Vodafone bietet seit Jahresbeginn 2001 im D2-Netz den Datendienst an. Durch die zusätzlichen Frequenzen im 1800-MHz-Bereich, die man sich bei der Versteigerung Ende 1999 gesichert hat, stehen bei Vodafone genügend Ressourcen für eine Kanalbündelung zur Verfügung. Die Netzbetreiber bieten momentan netzseitig Datenübertragungsraten bis zu 38,4 kbit/s. Beide Netzbetreiber bieten HSCSD überall dort an, wo genügend Netzabdeckung zur Verfügung steht (Vgl. www.eplus.de und www.d2voda fone.de).

International bieten HSCSD einige GSM-Netzbetreiber an, u.a. Schweden, Tschechien, Österreich, Finnland, Dänemark und Norwegen. Derzeit offerieren HSCSD insgesamt ca. 20 Netzbetreiber. Damit ist – eine Vertragspartnerschaft zwischen den Netzbetreibern vorausgesetzt – internationales Roaming möglich (vgl. www.eplus.de).

GPRS

Nächste Stufe auf dem Migrationsweg zu verbesserten Datendiensten ist General Packet Radio Service (GPRS). Dieses Verfahren wurde von der europäischen Behörde ETSI im Rahmen der GSM ‚Phase 2+' entwickelt. Initiiert 1994 von der SMG (SMG=Special Mobile Group der ETSI) wurden die wichtigsten Spezifikationen weitgehend 1997 abgeschlossen und 1999 vervollständigt. Wie bei GSM vollzieht sich die GPRS-Entwicklung auch in einzelnen Phasen (Phase 1 mit Release 97, Phase 2 mit Release 99) (vgl. ETSI 1998).

GPRS ermöglicht, in den bestehenden GSM-Netzen einen paketorientierten Datendienst anzubieten und den drahtlosen Zugang zu IP-basierten Netzen wie beispielsweise dem Internet oder LANs (siehe Kapitel 5) zu gewähren. Mit GPRS soll somit der Weg zum mobilen Internet geebnet und Dienste wie WAP (Wireless Application Protocol) attraktiver für Nutzer werden.

Die existierenden Datendienste erfüllen die Anforderungen der Nutzer und Netzanbieter aus mehreren Gründen nicht. Zum einen sind aus Sicht der Benutzer die Datenübertragungsraten in GSM zu niedrig, der Verbindungsaufbau dauert zu lange und die Kosten sind zu hoch. Aus Sicht der Technik ist zum anderen der bisherige kanalvermittelnde Datendienst ein Hindernis, um die vorhandenen Kapazitäten effektiv auf die Benutzer aufzuteilen. All diese Nachteile sollen durch GPRS aufgehoben bzw. vermindert werden. Um dabei die existierenden GSM-Netze so geringfügig wie möglich zu verändern, folgte man im Entwicklungsprozess der Prämisse, GPRS aufbauend auf die vorhandenen Dienste und neben diesen zu offerieren. D.h. man ersetzt die bisherigen kanalvermittelten Dienste nicht, sondern ergänzt sie. Im übrigen kann GPRS, obwohl für GSM entwickelt, auch in anderen Netzen wie dem TDMA/IS-136-System integriert werden. In dieser Arbeit wird GPRS aber ausschließlich aus Sicht von GSM-Netzen beschrieben (näheres zu GPRS in IS-136-Systemen bei Shah 2000 u. www.uwcc.org).

Funkschnittstelle

Bei bisherigen kanalvermittelten Diensten im GSM-Netz belegen Mobilstationen solange einen physikalischen Kanal, bis die Verbindung beendet wird. Das GPRS-Verfahren hingegen ist paketorientiert: die Belegung der einzelnen Zeitschlitze erfolgt nicht nach einem festgelegten Muster, sondern sie können bedarfsgerecht auf die Nutzer vergeben werden. Die Datenströme werden dazu in Pakete zerlegt und über verschiedene Kanäle ins Netz und zum Empfänger gesendet, jedes Paket mit einer eigenen Zieladresse. Erst beim Empfänger werden die Pakete dann wieder in die richtige Reihenfolge gebracht. Die Datenpakete werden so schnell wie möglich weitergeleitet, sobald vom Netz die Ressourcen zugeteilt werden, d.h. theoretisch kann man für einen GPRS-Kanal alle acht Zeitschlitze reservieren. Allerdings muss der Netzbetreiber für GPRS einige bislang für GSM verwendete Funkkanäle abstellen. Derzeit können pro Zelle acht Paketdatenkanäle reserviert werden, bei Bedarfsspitzen können weitere Kanäle hinzugefügt werden. Der leitungsvermittelte GSM-Verkehr hat dabei stets Vorrang. Außerdem teilen sich alle Mobilstationen die vom Netzbetreiber reservierten Paketdatenkanäle. Befinden sich viele Benutzer gleichzeitig in einer Mobilfunkzelle, wird die zur Verfügung gestellte Kapazität geteilt, die Datenraten sinken entsprechend. Die Zuteilung der Zeitschlitze erfolgt nach der bestehenden Netzauslastung und nach den Vorgaben des Netzbetreiber (vgl. Connect 2001c, Walke 1998a, 310f.).

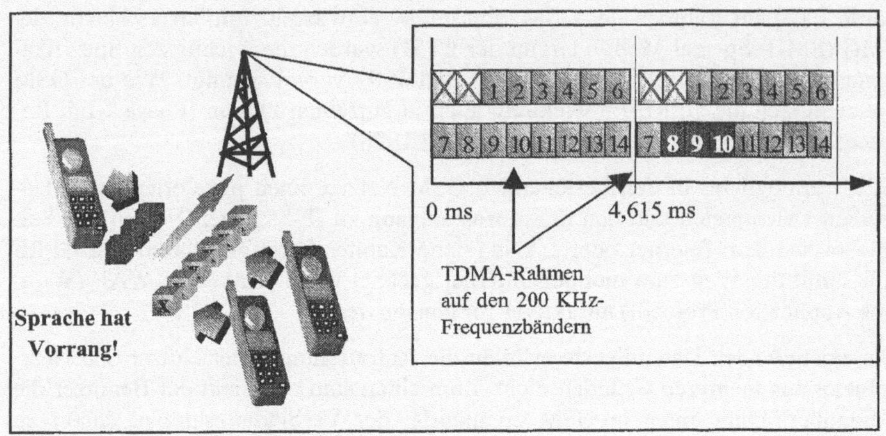

Abbildung 2-15: Datenübertragung bei GPRS

Bei GPRS wird das Netz nur benutzt, wenn Daten zu transferieren sind. Im Zeitraum, indem die Kommunikationspartner keine Daten austauschen, werden die freien Kapazitäten anderen zur Verfügung gestellt. Die Netzressourcen werden im Gegensatz zum kanalvermittelten Dienst somit sehr viel effektiver genutzt. Der Vorteil des GPRS-Konzeptes liegt darin, dass ein Mobilfunknutzer (zumindest theoretisch) stets mit dem Mobilfunknetz über Signalisierungskanäle verbunden bzw. eingewählt bleibt (‚always on'), ohne ständig die Verbindung neu aufbauen zu müssen. Während man bisher bei leitungsvermittelter Datenübertragung in GSM jedes Mal eine langwierige Setup-Prozedur (Ruf initiieren, Authentifikation etc.) durchführen muss, erlaubt GPRS einen schnellen Zugang: Initiierung, Login und Authentifikation bleiben, aber nicht bei jeder Datenübertragung. Ist man erst mal im Netz eingebucht, kann die Verbindung zwischen Sendemast und Mobilstation sehr schnell aufgebaut werden. Vor allem ein Hauptproblem von WAP, der langwierige Verbindungsaufbau, wird somit gelöst, denn die Inhalte sind meist mit geringen Datenvolumina verbunden und somit schnell und kostengünstig herunter zuladen (vgl. Venner 2000 und Bettstetter 1999, 2f.).

Die Spezifikationen sehen für GPRS keine Höchstgrenze für die Datenrate vor, von der technischen Realisierung des Netzes und den Mobilstationen hingegen wird diese sehr wohl beschränkt. In den GPRS-Spezifikationen gibt es vier verschiedenartige Kodierschemata, die Coding-Schemes eins bis vier (CS-1 bis CS-4), die jeweils bestimmte Datenraten zur Verfügung stellen. Die Übertragungsraten werden durch Anwendung unterschiedlich ausgedehnter Fehlerkorrekturverfahren erreicht (z.B. verfügt CS-4 über keinerlei Fehlerkorrektur). Die nachfolgende Tabelle gibt eine Übersicht zu den einzelnen Kanalcodierungen, jeweils für einen und max. acht genutzte Zeitschlitze (Walke 1998a, 316f.).

Je höher die Datenraten, desto bessere Kanalkonditionen (wie geringe Interferenz und Bitfehlerwahrscheinlichkeit) werden benötigt. Bei guten Konditionen erreicht das CS-4 die besten Übertragungsraten, bei hoher Interferenz liefert das CS-1 mit seinen ausgedehnten Fehlerkodierung bessere Übertragungsraten. Voraussichtlich werden anfangs die ersten beiden Konzepte von den Mobilfunkbetreibern eingesetzt. Die Codierungsschemata drei und vier sind für die Netzbetreiber dagegen komplex zu realisieren und zudem sehr kostenintensiv, da größere Änderungen der Infrastruktur nötig sind (vgl. Bublitz 1999, 62).

Tabelle 2-9: Coding-Schemes der GPRS-Spezifikation (vgl. Walke 1998a, 316)

Codier-Schema	**Datenrate [kbit/s]**	**Max. Datenrate bei 8 Zeitschlitzen [kbit/s]**
CS-1	9,05	72,4
CS-2	13,40	107,2
CS-3	15,60	124,8
CS-4	21,40	171,2

Architekturänderungen

Beide Betriebsarten, GSM und GPRS, verwenden dieselben Komponenten für das Base Station Subsystem (BSS). Zusätzlich kommen drei Netzelemente hinzu, um den Ausbau eines GSM-Netzes auf GPRS zu bewerkstelligen: der Serving GPRS Support Node (SGSN), der Gateway GPRS Support Node (GGSN) und das GPRS-Register (GR). Außerdem muss der BSC (Base Station Controller) mit einer Packet Control Unit (PCU) nachgerüstet werden. Im übrigen sind nur noch Software-Updates nötig. Den logischen Aufbau des GPRS-Netzes zeigt die Abbildung 2-16.

Die GPRS-Knoten und das GR erfüllen im einzelnen folgende Aufgaben (vgl. Schiller 2000, 180f. und Bettstetter 1999, 4f.):

- Der *SGSN* dient zur Unterstützung der Mobilstation, d.h. er erfragt vom GPRS Register (GR) die Adressen von Teilnehmern, verfolgt den Aufenthaltsort, sammelt Abrechnungsdaten und ist zuständig für bestimmte Sicherheitsdienste. Hier wird der eigentliche Verkehr abgewickelt, die MSC dient nur noch der Signalisierung.
- Über den *GGSN* wird die Verbindung zwischen dem GPRS-Netz und anderen externen Paketnetzen (Packet Data Network, PDN) hergestellt, unterstützt werden IP-Netze und X.25-Netze. Der GGSN enthält Wegwahldaten für GPRS-Teilnehmer, um Daten zum Nutzer zu leiten. Vermittlungsknoten und GGSN sind über IP-basierte Netze untereinander verbunden.
- Das *GR*, i.a. ein Teilbereich des GSM-HLR, speichert alle GPRS-relevanten Daten.

Das GPRS-Netz ist mehr als nur ein Ausbau des GSM-Netzes, es stellt ein zweites, unabhängiges paralleles Netz zur traditionellen Infrastruktur dar. Nachteil dieser Architektur ist, dass ein Netzbetreiber seine gesamte GSM-Infrastruktur um eine Reihe von GPRS-Netzkomponenten erweitern muss. Dies zieht erhebliche

Investitionen nach sich. GPRS setzt zudem hohe Anforderungen an die bestehenden Netze. Die Netzabdeckung muss nun so gut sein, dass sich Teilnehmer jederzeit ins Netz einwählen können und der Funkkontakt anschließend auch bestehen bleibt (‚always-on'). Jeder Abbruch der Verbindung hat für den Nutzer zur Folge, dass er sich erneut einwählen muss. Diese Einwahl wird dann allerdings wieder abgerechnet, denn bei GPRS fallen Gebühren für tatsächlich übertragene Daten an. Außerdem droht der Verlust von Daten, wenn die Verbindung während der Datenübertragung abbricht (Berke 2000).

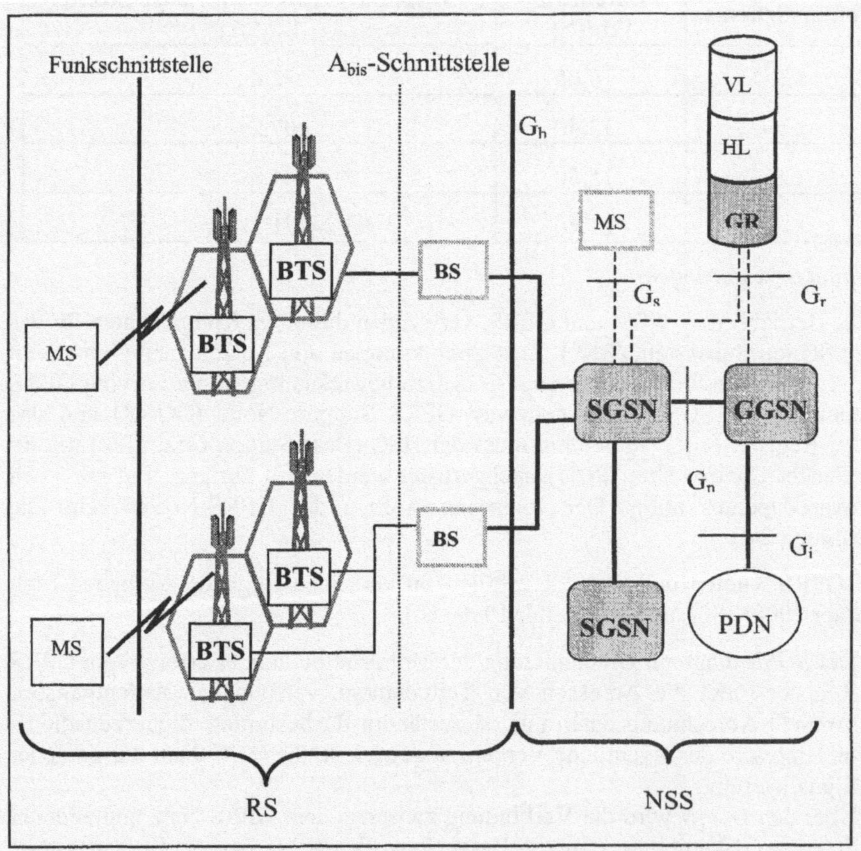

Abbildung 2-16: Logische Architektur von GPRS (vgl. Walke 1998a, 303)

Mobilstationen

Die mobilen Teilnehmer benötigen neue Endgeräte mit integrierter GPRS-Schnittstelle, um Daten paketorientiert zu transferieren. GPRS-fähige Mobilstationen werden durch zwei Merkmale charakterisiert: zum einen durch die Geräteklasse, zum anderen durch die Multislot-Klasse.

Die Geräteklasse gibt die möglichen Betriebsarten einer Mobilstation an, da im GPRS-Konzept eine parallele Dienstnutzung von GSM und GPRS vorgesehen wird. Es gibt insgesamt drei verschiedene Geräteklassen (vgl. ETSI 1998):

- *A*: Diese Geräte unterstützen gleichzeitig beide Betriebsarten, d.h. während einer GPRS-Datenübertragung können auch die kanalvermittelten Dienste genutzt werden, z.B. kann man gleichzeitig telefonieren und Daten übertragen. Diese Geräte werden erst im Lauf der Zeit kommerziell erhältlich sein.
- *B*: Geräte dieser Klasse unterstützen beide Betriebsarten, aber nicht gleichzeitig, sondern nur sequentiell. Die Auswahl des Dienstes wird automatisch getroffen, beispielsweise wird die GPRS-Verbindung bei einem ankommenden leitungsvermittelten Dienst (z.B. Telefonat) für diese Zeit ausgesetzt (nicht deaktiviert). Die Mehrzahl der heutigen Geräte sind dieser Klasse zuzuordnen.
- *C*: Nach dem Einschalten des Geräts muss der Benutzer manuell festlegen, ob das Gerät im GSM- oder im GPRS-Modus arbeiten soll, das Gerät meldet sich im Netz nur in einem Modus an.

Die Multislot-Klassen geben eine bestimmte Kombination von Zeitschlitzen im Up- und Downlink an, welche die Mobilstation maximal benutzen kann. Insgesamt gibt es 29 Multislot-Klassen, in der nachfolgenden Tabelle wird ein exemplarischer Ausschnitt gezeigt.

Tabelle 2-10: Multislotklassen (vgl. Connect 2001b)

<table>
<tr><th>Multislot-Klasse</th><th>Max. Anzahl von Zeitschlitzen im Downlink + Uplink</th><td rowspan="8">Heutige Mobilstationen gehören v.a. den asymmetrischen Klassen 2,4 und 8 an.</td></tr>
<tr><td>1</td><td>1+1</td></tr>
<tr><td>2</td><td>2+1</td></tr>
<tr><td>3</td><td>2+2</td></tr>
<tr><td>4</td><td>3+1</td></tr>
<tr><td>...</td><td></td></tr>
<tr><td>8</td><td>4+1</td></tr>
<tr><td>...</td><td>...</td></tr>
</table>

Je nachdem, welcher Multislot-Klasse eine MS angehört, kann sie eine bestimmte Anzahl von Zeitschlitzen belegen. Neben der Anzahl von Zeitschlitzen werden in den Klassen noch weitere Merkmale angegeben, die aber außerhalb des Bereichs dieser Arbeit sind (näheres siehe ETSI 1998). Viele der zukünftigen Geräte werden den asymmetrischen Klassen angehören, d.h. mehr Zeitschlitze im Downlink als im Uplink besitzen, weil dies den typischen Internet-Anwendungen entgegen kommt.

Dienste

GPRS-Dienste sind als paketorientierte Dienste an Anwendungen angepasst, die häufig kleinere Datenmengen, sog. ‚short & bursty' ('kurz und stoßweise', d.h. mehrmals pro Minute bis zu 500 Byte, z.B. Web-Seiten) Verkehr, oder unregelmäßig kleine bis mittlere Datenmengen bis zu mehreren KByte übertragen. Gerade für typische Internet-Anwendungen soll GPRS die Kapazitäten des GSM-Netzes effektiver ausnutzen.

Neben Punkt-zu-Punkt-Diensten (PTP) gibt es bei GPRS auch Punkt-zu-Mehrpunkt-Dienste (PTM), die eine Übertragung von einem Nutzer zu einer bestimmten Gruppe innerhalb einer Region erlauben. GPRS ermöglicht außerdem, SMS paketvermittelt zu transferieren – neben der Übertragung über ‚normale' GSM-Kanäle. Im Gegensatz zu GSM kann man hier nicht nur 160 Zeichen versenden, sondern beliebig lange Texte. Durch die Übertragung via GPRS-Kanäle könnten so die GSM-Signalisierungskanäle entlastet werden. Denn obwohl SMS weder große Kapazitäten benötigt, noch zeitkritisch ist, kann es bei einer Vielzahl an gesendeten SMS in einer Zelle trotzdem zu Überlast bzw. zu Verspätungen kommen (Walke 1998a, 297ff.).

Zusätzlich können in GPRS Dienstgüteprofile (QoS Profile) angelegt werden, die bestimmte Eigenschaften wie Dringlichkeit bzw. Rangfolge des Dienstes, Verlässlichkeit oder Verzögerung etc. definieren. Diese Eigenschaften können von einer Mobilstation angefordert werden. Die Aufgabe von GPRS ist es, diese Anforderungen durch Zuteilung von Netzressourcen so gut wie möglich zu erfüllen. Folgende QoS-Eigenschaften werden festgelegt: die Prioritätsklasse gegenüber anderen Diensten, die Paketverzögerungsklasse (innerhalb des GPRS-Netzes), die Sicherungsklasse und der maximale und mittlere Durchsatz (Schiller 2000, 178f.).

Abrechung

Um die Vorteile der ‚Always-on'-Möglichkeiten zu nutzen, benötigt man neue Abrechnungsmodelle und Preiskonzepte. Für die spätere Einführung von UMTS bieten diese Modelle nützliche Erfahrungen für die paketvermittelten Dienste. In den GPRS-Netzen erfolgt die Abrechnung volumenabhängig (z.B. je übertragenes Kilobyte), d.h. die Tarife beinhalten nicht mehr eine zeitliche Abrechnung, sondern es fallen bei GPRS Gebühren für tatsächlich übertragene Daten an.

Verbreitung

Die Einführung von GPRS begann im Jahr 2000 und nimmt einige Jahre in Anspruch. In Deutschland haben alle vier Netzbetreiber GPRS eingeführt. Auch in anderen Ländern sind erste GPRS-Netze in Betrieb. Inwiefern Roaming-Möglichkeiten angeboten werden, wird die Zukunft zeigen, ein erstes Roaming-Abkommen wurde von deutschen und österreichischen Netzbetreibern geschlossen (Connect 2001e).

EDGE

Eine Weiterentwicklung Richtung 3G-Technologien ist EDGE (Enhanced Data Rates for GSM Evolution). EDGE wurde 1997 erstmals der Standardisierungsbehörde ETSI vorgelegt, die daraufhin eine Machbarkeitsstudie durchführte, um den Weg für die Spezifikationen zu ebnen.

EDGE kann nicht nur in GSM-Netzwerken verwendet werden, sondern es kann auch von anderen zellularen Netzen benutzt werden, um die Evolution Richtung 3G-Technologien zu ermöglichen. Von Seite der TDMA/IS-136-Systembetreiber bzw. des Universal Wireless Communications Consortiums (www.uwcc.org) (UWCC) wurde es aufgegriffen und ist Teil eines Vorschlags an die ITU für IMT-2000. EDGE, jetzt ‚Enhanced Data Rates for GSM and TDMA/136 Evolution', wird fortan von der ETSI und der UWCC gleichzeitig entwickelt, um einen hohen Grad an Synergien zu erreichen. In dieser Arbeit wird EDGE nur hinsichtlich der Fortentwicklung von GSM-Netzen betrachtet (näheres zu TDMA/EDGE siehe unter www.uwcc.org/edge).

EDGE wird in mehreren Phasen entwickelt. Die erste Phase konzentriert sich auf die Weiterentwicklung der bisherigen leitungs- und paketvermittelten Dienste HSCSD und GPRS – dementsprechend heißen die erweiterten Dienste auch ECSD (Enhanced Circuit Switched Data) und EGPRS (Enhanced General Packet Radio Service). Die zweite Phase wird sich mit mögliche Themen wie Verbesserungen für Multimedia- und Real-time-Diensten beschäftigen.

Im Gegensatz zu 3G-Technologien arbeitet EDGE nicht in einem neuen Frequenzspektrum, sondern es stellt zusätzliche Kapazitäten in den existierenden Frequenzen zur Verfügung. EDGE basiert also auf denselben 200-kHz-FDM-Kanälen des bisherigen GSM-Systems mit identischem TDMA-Format. Somit kann EDGE die bereits existenten Strukturen von GSM wiederverwenden und damit kostengünstiger als etwa 3G-Systeme eingeführt werden (die i.a. neue Infrastrukturkomponenten benötigen). Um die Datenraten weiter zu steigern, werden im Vergleich zu GSM fortgeschrittenere Modulationstechniken eingesetzt: statt der bisherigen GMSK-Modulation (GMSK = Gaussian Minimum Shift Keying, siehe Schiller 2000, 82f.), die man u.a. auch bei DECT oder HIPERLAN einsetzt, wird bei EDGE die sogenannte 8-PSK-Modulation (PSK = Phase Shift Keying, siehe Walke 1998a, 341f.) einsetzt (zusätzlich zu GMSK). Die grundsätzliche Idee bei EDGE ist es, Datendienste von GSM mit verbesserten Datenraten wiederzuverwenden.

Mit Hilfe der Modulation kann man die Bruttodatenraten pro Zeitschlitz auf ca. 69,2 kbit/s erhöhen, bei acht Zeitschlitzen ergibt das eine Bruttobitrate von ca. 554 kbit/s. Allerdings liegt die max. erreichbare Nettodatenrate pro Zeitschlitz bei EGPRS bei max. 48 kbit/s, somit ist der Durchsatz bei acht parallelen Zeitschlitzen auf 384 kbit/s begrenzt.

Um bei ungleichen Kanalqualitäten eine robuste Übertragung zu gewährleisten, wurden verschiedene Kanalkodierungs-Schemata definiert. Unterschiedlichen

Kanalkonditionen entstehen z.B. durch verschiedene Abstände zu den Basisstationen oder durch bestimmte Störeinflüsse. Durch den Einsatz des sog. Link-Quality-Control-Verfahren kann EDGE diese Situation besser ausnutzen, indem es den Nutzer – je nach aktueller Interferenzsituation - die maximale Datenrate anbietet. Dazu wird für die jeweilige Situation das passendste Übertragungsverfahren (bzw. Fehlerkorrektur-Verfahren) ausgewählt. Für EGPRS gibt es mehrere Codier-Schemata von 11,2 kbit/s bis zu Bruttobitraten von 69,2 kbit/s, für ECSD sind drei Schemata vorgesehen mit je 29, 32 und 38,8 kbit/s.

Tabelle 2-11: Kodierschemata von EDGE (Furuskär 1999a, 6)

Dienst	**Kodierschemata / Verkehrskanäle**		**Modul.**	**Datenrate/ Slot [kbit/s]**
GPRS	CS1 – CS-4	Entsprechen den vier GPRS-Coding-Schemes (CS)	GMSK	von 11,2 bis max. 22,8
EGPRS	PCS-1 – PCS-6	EGPRS-Coding-Schemes (PCS)	8PSK	von 22,8 bis max. 69,2
CSD	TCH/2,4 – TCH/14,4	Entsprechen den Verkehrskanälen (Traffic Channel, TCH) von GSM	GMSK	von 3,6 bis max. 14,5
ECSD	TCS-1 – TCS 3	ECSD-Verkehrskanäle (TCS)	8PSK	von 29 bis max. 38,8

Für eine Datenrate von 57,6 kbit/s würde man z.B. bei HSCSD vier Zeitschlitze mit 14,4 kbit/s benötigen, bei EDGE hingegen wäre zum Vergleich dieselbe Datenrate bereits mit zwei Zeitschlitzen und dem ECSD-Codierschema-1 (29 kbit/s) zu erzielen. Durch diese Einsparung steigt letzten Endes die Teilnehmerkapazität des Systems (Walke 1998a, 340f.).

Architekturänderungen

Im GSM-System müssen zwar einige Komponenten modifiziert werden, die meisten benötigen aber nur einen Software-Update. In der obigen Skizze erkennt man, dass die Schnittstelle zwischen BTS und BSC von der Einführung betroffen ist. Alle anderen Netzkomponenten sind durch den Ausbau zu GPRS bereits in der Lage, höhere Datenraten zu übertragen (Furuskär 1999b, 31).

Abbildung 2-17 zeigt die durch EDGE betroffenen Netzwerk-Komponenten.

Die Einführung von EDGE wird schrittweise erfolgen, um die Kosten gering zu halten. EDGE-fähige Transceiver-Stationen werden ergänzend zu den bisherigen BTS arbeiten, sodass GSM/GPRS-Teilnehmer und EDGE-Teilnehmer im selben Frequenzband nebeneinander ‚koexistieren' können. In entsprechenden Zellen kann theoretisch jeder physikalische Kanal einem der folgenden Kanaltypen angehören:

- GSM-Sprachkanal/GSM-CSD-Kanal (1)
- ECSD-Kanal (2)
- GPRS-Kanal (3)
- EGPRS-Kanal (4)

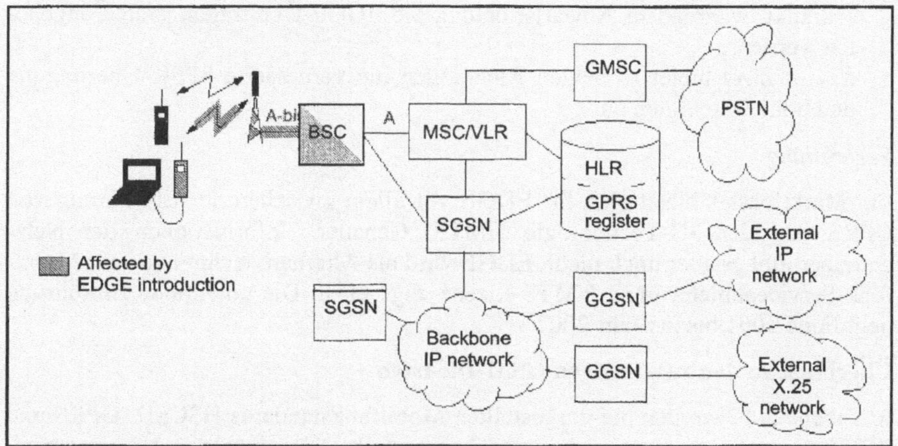

Abbildung 2-17: EDGE-Architektur (Furuskär 1999a, 8)

Während GSM-Sende/Empfangsstationen nur die Typen (1) und (3) unterstützen, können EDGE- Sende/Empfangsstationen alle vier Kanäle weitervermitteln. Je nach Situation kann die Anzahl der verschiedenen Kanaltypen dynamisch schwanken, z.B. werden vor allem die vermittlungsorientierten Kanäle (1) und (2) vorkommen, wenn Sprachübertragungen dominant sind.

Abbildung 2-18 macht dies an einer beispielhaften Kanalvergabe deutlich.

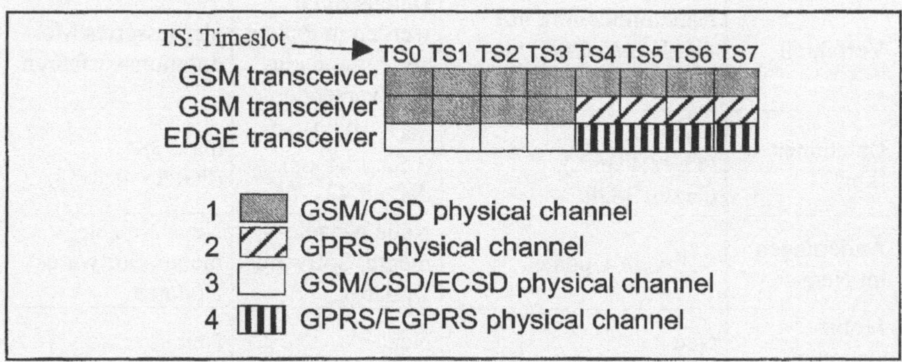

Abbildung 2-18: Kanalbelegungen einer EDGE-Zelle (Furuskär 1999a, 9)

Neben den netzseitigen Änderungen benötigen auch die Teilnehmer neue Mobilstationen. Vorgesehen sind von ETSI zwei Endgeräteklassen. Sie versuchen einerseits, die neuen Möglichkeiten von EDGE zu nutzen und andererseits den Einflussfaktoren Kosten, Komplexität und Größe der MS gerecht zu werden. Folgende Klassen werden vorgesehen (Furuskär 1999a, 7):

- *Klasse Eins* benutzt nur im Downlink die verbesserte 8PSK-Modulation. Hier werden in Aufwärtsrichtung die Datenraten auf GSM/GPRS-Niveau beschränkt, während in Abwärtsrichtung die EDGE-Übertragungsraten angeboten werden.
- *Klasse Zwei* bietet in beiden Richtungen die verbesserte 8PSK-Übertragung und hohe Datenraten an.

Verbreitung

Ein Marktfenster bietet sich für EDGE vor allem zwischen der Einführung von GPRS und der 3G-Technologie UMTS. Genauere Informationen der Netzbetreiber gibt es aber noch nicht. EDGE wird als Alternativtechnologie für Mobilfunk-Serviceanbieter ohne UMTS-Lizenz angesehen. Die potentielle Einführung liegt Ende 2001 bis ins Jahr 2002.

Überblick zu den zukünftigen GSM-Diensten

In Tabelle 2-12 werden die vorgestellten Mobilfunkstandards HSCSD, GPRS und EDGE zusammengefasst und gegenüber gestellt. Die einzelnen Übertragungsstandards schließen sich aber nicht aus, sondern können in vorhandenen Netzen koexistieren.

Tabelle 2-12: Gegenüberstellung von HSCSD, GPRS und EDGE

Standard	HSCSD	GPRS	EDGE
Übertragungsart	Leitungsvermittelt	Paketvermittelt	Leitungsvermittelt und paketvermittelt
Verfahren	Kanalbündelung mit vier Kanälen und verbesserter Kodierung	Datenströme werden in Pakete zerlegt und einzeln versendet	Verbessertes Modulationsverfahren
Datenraten [kbit/s]	max. 57,6 (4 x 14,4 kbit/s), derzeit 38,4	max. 107,2 (CS2: 13,4 x 8), derzeit 40 – 56	max. 384 (EGPRS 48,8 x 8)
Änderungen im Netz	Software-Updates	Neue Netzelemente, Software-Updates	Neue Netzelemente, Software-Updates
Mobilstationen	Neu	Neu	Neu
Abrechnung	Zeitbasiert	Volumenbasiert	beides

Vorteile	exklusive Leitung garantierte Datenrate kostengünstigste Lösung (1/5 der Investitionen von GPRS)	Always online Volumenbasierte Abrechnung kompatibel zu IP-basierten Anwendungen	Vorteile von GPRS höhere Geschwindigkeiten
Nachteile	Zeitbasierte Abrechnung Langwieriger Verbindungsaufbau Ressourcenverschwendung Limitierte Verbreitung	Neue Abrechnungsmodelle nötig Keine garantierten Datenraten (noch) fehlende Anwendungen	Kurzes Zeitfenster (noch) fehlende Anwendungen und Geräte
Einführung	Seit 2000 in Deutschland und anderen Ländern im Betrieb	Seit 2001 in Deutschland und anderen Ländern eingeführt	Bis 2002; noch unklar, ob europäische Netzbetreiber EDGE einführen

2.3.2.2 TDMA-System gemäß IS-136

In den achtziger Jahren stiegen in Nordamerika die Nutzerzahlen in den Mobilfunknetzen in erhöhtem Maße an. Um die gestiegenen Kapazitätsraten zu bewältigen, wurden auch hier digitale Standards entwickelt. Im Gegensatz zu Europa gibt es in Amerika unterschiedliche Systeme, die auf verschiedenen konkurrierenden Standards basieren wie GSM 1900, CDMA und TDMA/IS-136 (auch US Digital Cellular System – USDC oder D-AMPS – Digital AMPS). Die FCC (Federal Communications Commission) spielte bei der Entwicklung dieser verschiedenen Standards eine wichtige Rolle. Im Gegensatz zur europäischen Entwicklung lag das Ziel hier nicht in der Kooperation der Netzbetreiber, sondern vielmehr im Wettbewerb zwischen den Beteiligten, um die Anzahl der Netzbetreiber zu erhöhen und die Preise auf niedrigem Niveau zu halten (vgl. Berck 1998).

Die Entwicklung des TDMA-Systems begann im März 1988, als die Telecommunication Industries Association (www.tiaonline.org) (TIA) eine Arbeitsgruppe beauftragte, ein digitales System zu entwickeln. Eine der wichtigsten Anforderungen an das System war die Kompatibilität mit den bestehenden analogen AMPS-Systemen. Mobilstationen sollten die Möglichkeit besitzen, sowohl im analogen, als auch im digitalen Betrieb zu arbeiten (Dual Mode). Das System sollte zudem eine zu AMPS erhöhte Kapazität bieten und neue Datendienste wie Fax und SMS ermöglichen.

1990/91 wurde der erarbeitete Standard als IS-54 (Interim Standard 54) durch die Industrie akzeptiert und – nach mehreren Versionen – in TDMA/IS-136 umbenannt. Das System arbeitet im ursprünglichen 800-MHz-Frequenzband von AMPS (deshalb auch der Name D-AMPS für Digital-AMPS). Dadurch kann ein existierendes AMPS-Netz leicht und nach jeweiligem Bedarf ausgebaut werden.

Neben dem 800-MHz-Bereich ist IS-136 auch im 1900-MHz-PCS-Spektrum definiert (wofür analoge Ausführungen gelten).

TDMA/IS-136 im Detail

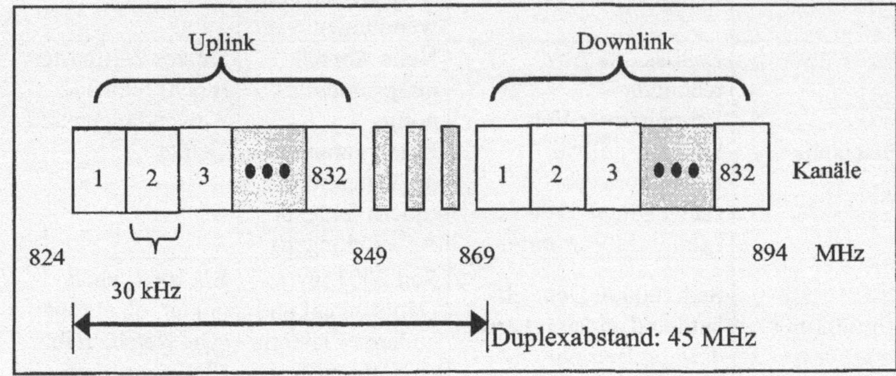

Abbildung 2-19: Funkkanäle in D-AMPS

Wie erwähnt verwendet das TDMA-System dasselbe Frequenzband wie AMPS, in Aufwärtsrichtung das Band von 824 bis 849 MHz, in der Abwärtsrichtung den Bereich von 869 bis 894 MHz. Der Duplexabstand zwischen Sende- und Empfangsfrequenz beträgt also 45 MHz, die Frequenzbänder sind eingeteilt in FDM-Kanäle zu 30 kHz - daraus resultieren 832 Frequenzträger (Walke 1998a, 349ff.).

Funkschnittstelle

Eine Gemeinsamkeit mit GSM ist die Verwendung des TDMA-Verfahrens, das, im Gegensatz zum analogen AMPS-System, eine effizientere Ausnutzung der Kapazität ermöglicht (ca. dreimal so hoch). Anders als bei GSM verwendet man bei IS-136 aber nicht acht Zeitschlitze, sondern es werden drei Sprachkanäle über einen Träger transferiert (durch verbesserte Kodierverfahren in Zukunft auch sechs Zeitschlitze). Die Länge des TDMA-Rahmens beträgt 20ms und jeder Zeitschlitz hat eine Dauer von 6,7 ms. Eine Trägerfrequenz kann so ca. 48 kbit/s über die Funkschnittstelle übertragen (im Vgl. zu GSM mit 270 kbit/s). Die erreichbare Gesamtübertragungsrate bei der Sprachcodierung liegt bei 13 kbit/s, die Datenübertragung erreicht 4,8 kbit/s. Durch ein verändertes Modulationsverfahren ist die Teilnehmerkapazität von TDMA/IS-136-Systemen im Gegensatz zu GSM höher (Walke 1998a, 365). Das IS-136-System unterstützt ja sowohl analoge, als auch digitale Kanäle im gleichen Netzwerk, sodass Mobilstationen zwischen diesen beiden Modi wechseln können. Der Vorteil: Die Nutzer können von der breiten Versorgung der etablierten AMPS-Netze profitieren und gleichzeitig die verbesserten Möglichkeiten von IS-136-Systemen an Orten nutzen, an denen der Standard bereits erhältlich ist.

Architektur

Die Architektur von D-AMPS ist der GSM-Architektur sehr ähnlich. Analog zu GSM unterscheidet man Basisstationen (BS), Vermittlungsstationen (MSC) und bestimmte Datenbanken (VLR, HLR). Deshalb wird an dieser Stelle darauf verzichtet, die einzelnen Komponenten noch einmal zu erläutern (vgl. Kapitel 2.3.2.1). Der Unterschied der einzelnen Systeme beruht im allgemeinen v.a. in der Übertragungsart über die Luftschnittstelle.

Erweiterungen im TDMA/IS-136-System

Im IS-136-System kann, wie bereits bei dem analogen AMPS, ein paketorientierter Dienst, das sog. Cellular Digital Packet Data (CDPD), mit Bruttoraten bis 19,2 kbit/s eingeführt werden (siehe Lin 2000, 139ff.). Die Evolution von TDMA/IS-136 zu einer 3G-Technologie wird von der UWCC betrieben, die mit UWC-136 einen Vorschlag an die ITU für ein IMT-2000-System einreichte. Die Fortentwicklung Richtung 3G-System vollzieht sich durch den Einsatz von GPRS und EDGE in vorhandenen TDMA-Systemen. Gerade die gemeinsame Entwicklung von ETSI und UWCC bezüglich des EDGE-Standards ist ein Schritt in Richtung GSM/TDMA-Annäherung (vgl. Zysman 2000, 111, www.uwcc.org).

Verbreitung

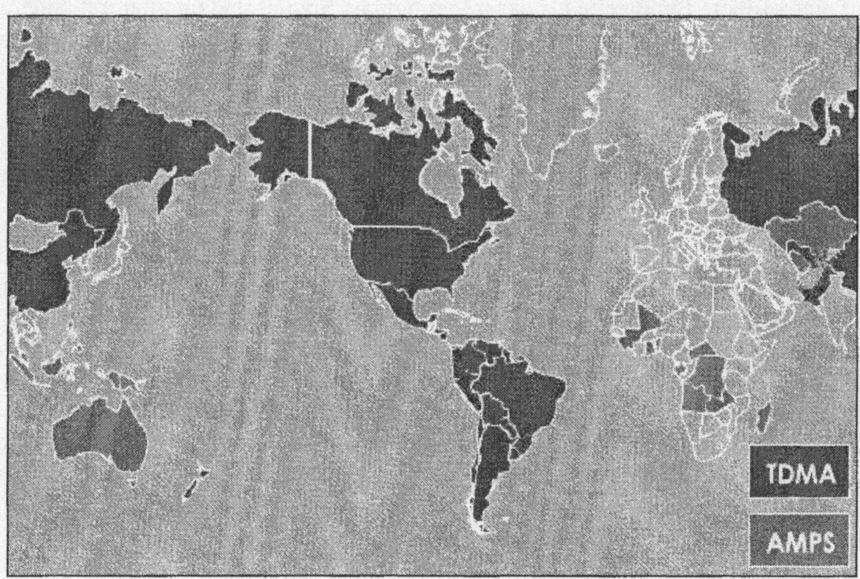

Abbildung 2-20: Verbreitung TDMA/AMPS (vgl. www.uwcc.org/map_projections /map.html)

Die erreichte Abdeckung von TDMA-Systemen (inklusive der Roaming-Möglichkeit AMPS) zeigt die Übersichtskarte in Abbildung 2-20.

TDMA/IS-136 wird manchmal als ‚Nord Amerikanischer digitaler Standard' bezeichnet. Tatsächlich ist er aber auch in Latein Amerika, im asiatisch-pazifischen Raum und Ost-Europa verbreitet.

2.3.2.3 CDMA gemäß IS-95

CDMA/IS-95 (auch cdmaOne oder ANSI-95) ist im Unterschied zu TDMA/IS-136 nicht zu den vorhandenen analogen Systemen kompatibel. Es verwendet als Zugriffsverfahren das CDMA-Konzept, welches ursprünglich aus dem militärischen Bereich stammt. Von Qualcomm (www.qualcomm.com) in den späten 80ern entwickelt, wurde 1993 ein erstes CDMA-System von der TIA als IS-95 spezifiziert. 1994 wurde zur weltweite Unterstützung von CDMA-Systemen die CDG (CDMA Developement Group (www.cdg.org)) geformt. 1996 schließlich gingen die ersten kommerziellen Netze sowohl im 800 MHz- als auch im 1900 MHz-Bereich in Betrieb.

CDMA im Detail

Die Nutzer in den CDMA-Systemen können im Gegensatz zu GSM denselben Träger zur gleichen Zeit benutzen, getrennt werden sie durch einen digitalen Code. Ein Teilnehmersignal wird hierbei auf ein breitbandiges Signal gespreizt (d.h. auf eine größere Bandweite als das ursprüngliche Signal) und parallel mit anderen Teilnehmersignalen übertragen. Durch die unterschiedlichen Codes können die jeweiligen Signale von den Empfängern erkannt werden. Die anderen Signale werden als Hintergrundrauschen ignoriert (Motorola 1996).

Funkschnittstelle

Die Träger haben in CDMA-Systemen eine Bandbreite von 1,25 MHz (in der Realität drei Träger pro 5 MHz) mit einer Kontrollstruktur aus Rahmen mit 20ms Länge. In diesen Trägern werden die Teilnehmersignale durch verschiedene Codes getrennt. CDMA-Systeme besitzen dabei in Aufwärts- und Abwärtsrichtung unterschiedliche Kanaltypen, die sogenannten Forward (BS zu MS) und Reverse (MS zu BS) Channels. Beide Richtungen beinhalten Verkehrskanäle, die Datenraten von 9,6 kbit/s bis 1,2 kbit/s besitzen - abhängig von Daten- oder Sprachaktivität. Zusätzlich gibt es noch weitere Forward- und Reverse-Kanaltypen zur Synchronisation und Registrierung (vgl. Motorola 1996 und Prasad 1998, 13ff.).

Besonderheiten gegenüber TDMA-Systemen

Im Gegensatz zu TDMA-Standards werden CDMA-Systeme durch den Grad der Interferenz begrenzt. Jeder Teilnehmer ist eine solche Interferenzquelle im geteilten Kanal. Die Störquellen addieren sich solange, bis eine kritische Grenze erreicht wird. Mit steigender Nutzerzahl wird die Zellkapazität kleiner bzw. umgekehrt, mit abnehmender Teilnehmerzahl wird sie größer. Man spricht in diesem Zusammenhang auch von ‚Zellatmung'. Im Gegensatz zu anderen Systemen ist also die Kapazitätsgröße nicht an die Größe der Zelle gebunden, sondern an die Teilnehmerzahl. Um eine möglichst hohe Kapazität zu erreichen, müssen deshalb die Störungen gering gehalten werden. Dies erreicht man durch eine exakte Leistungssteuerung der Endgeräte. Zieht man das Beispiel der ‚internationalen Cocktailparty' aus dem Kapitel 2 heran, bedeutet dies, dass bereits ein lauter Teilnehmer die anderen Gespräche übertönt und somit stört. Zur Steuerung der Leistung wird bei IS-95 deshalb die ausgesendete Leistung der Basisstation periodisch reduziert, bis der Nutzer einen Anstieg in der Fehlerrate feststellt. So wird erreicht, dass alle Mobilstationen bei optimaler Übertragungsqualität annähernd dieselbe Leistung erreichen (Prasad 1998, 16f., Walke 1998a, 352ff.).

Die Teilnehmerkapazitäten sind bei CDMA-Systemen etwa sechsmal so groß wie in AMPS-Systemen. Der Vergleich zu GSM-Systemen ergibt eine ca. 1,5-fache Kapazität des CDMA-Systems gegenüber dem GSM-Standard. Neben dem Kapazitätsvorteil hat das CDMA-Verfahren gegenüber den AMPS-Systemen auch Vorteile in der Übertragungsqualität, der vereinfachten Zellplanung und besseren Schutz gegen Abhören (jedes Gespräch hat einen einzigartigen Code, durch den die Übertragungen geschützt sind). Durch CDMA kann auch die Zahl der fehlgeschlagenen Verbindungsübergaben durch einen sanften Handover-Prozess (‚make before break', Soft Handover (im Gegensatz zum harten Handover bei GSM: ‚break before make')) verringert werden. Beim Soft Handover sind Mobilstationen mit zwei Basisstationen gleichzeitig verbunden, wodurch die Verbindungsübergabe nicht mehr zeitkritisch ist. Bei GSM hingegen besteht zu einem Zeitpunkt auch nur Kontakt zu einer Basisstation. Damit muss der Handover-Vorgang möglichst schnell ablaufen (Lin 2000, 67f.).

Erweiterungen in IS-95-Systemen

In Zukunft sollen in CDMA-Systemen auch Mehrwertdienste wie SMS, Fax-Dienst und verbesserte Sprachkodierer eingeführt werden. Im IS-95-B-Standard sind beispielsweise neben anderen Vorteilen auch Datenraten bis zu 115 kbit/s durch Kanalbündelung möglich. Einige asiatische Netzbetreiber führen diesen Standard zur Zeit mit Datenraten bis zu 64 kbit/s ein. Die Evolution zu einem 3G-System wird unter dem Namen CDMA2000 durchgeführt (vgl. Kap. 2.3.3.2, Seite 75).

Verbreitung

Die nachfolgende Karte zeigt die Verbreitung der CDMA-Systemen und die jeweiligen Teilnehmerzahlen im Jahr 2000.

Wie man sieht, gibt es IS-95-Systeme in verschiedensten Erdteilen, der hauptsächliche Einsatzort liegt jedoch in Nordamerika und im asiatischen Raum.

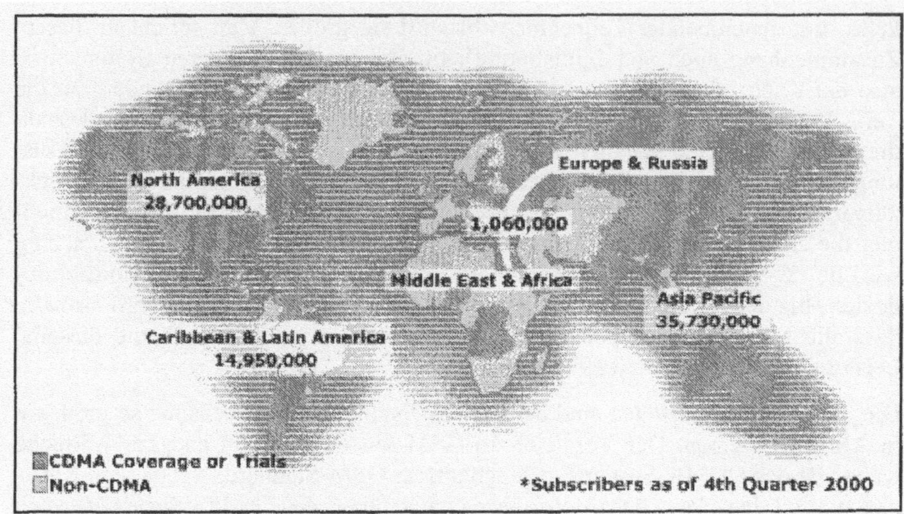

Abbildung 2-21: Verbreitung der CDMA-Systeme (vgl. www.cdg.org)

2.3.2.4 PDC-System

Personal Digital Cellular (PDC), früher Japanese Digital Cellular, ist der wesentliche digitale Standard in Japan. Durch die sehr hohen Teilnehmerkonzentrationen in den Ballungsgebieten wie Tokio und Osaka beschloss man 1989, einen digitalen Mobilfunkstandard zu entwickeln, der neben einer höheren Kapazität auch kostengünstiger ist und mehr Dienste anbietet.

PDC im Detail

Wie bereits GSM und TDMA/IS-136 benutzt auch PDC ein TDMA-Zugriffsverfahren. Die Entwicklung des PDC-Systems (Personal Digital Cellular) beruht auf dem amerikanischen D-AMPS und ist diesem System deshalb auch sehr ähnlich.

Funkschnittstelle

PDC arbeitet im 800- und 1500-MHz-Frequenzbereich und benutzt wie D-AMPS ein kombiniertes TDMA/FDMA-Zugriffsverfahren. Insgesamt stehen 800 Frequenzträger zur Verfügung. Der Duplexabstand beträgt 130 MHz (im 800-MHz-Band) bzw. 48 MHz (im 1500-MHz-Band), die Kanalbandbreite liegt jeweils bei 25 MHz. Auch die technischen Parameter wie übertragene Sprachkanäle pro Träger und die TDMA-Rahmen-Dauer stimmen in beiden Systemen überein – der TDMA-Rahmen ist 20 ms lang und pro Träger werden drei Sprachkanäle übertragen. Die Übertragungsrate für Sprache beträgt insgesamt 11,2 kbit/s (im Vergleich zu 13 kbit/s bzw. 22,8 kbit/s bei D-AMPS bzw. GSM). Durch ein unterschiedliches Modulationsverfahren kann die Teilnehmerkapazität im Gegensatz zu

GSM annähernd verdoppelt werden (vgl. Scheele 1991, 80f., Walke 2000a, 363f.).

Durch die Ähnlichkeit des Systems zu D-AMPS wird auf eine weitergehende Beschreibung verzichtet, zumal auch die Systemarchitektur analog zur GSM-Architektur aufgebaut ist (Komponenten sind hier wiederum Basisstationen, Vermittlungsstationen und entsprechende Datenbanken) (näheres zu PDC siehe Walke 2000a).

Verbreitung

Wie der frühere Name des Systems bereits andeutet, ist dieses System nur in Japan zu finden. In anderen Ländern konnte sich der Standard nicht durchsetzen. Neben dem PDC ist vor allem das sogenannte Personal Handy Phone (PHS) System in Japan verbreitet, ein Standard für ein Schnurlossystem. Die ersten 3G-Systeme werden voraussichtlich noch im Jahr 2001 eingeführt. Zum größten Teil wird hier das W-CDMA-Verfahren eingeführt, welches auch im UMTS-Konzept als Funkschnittstelle eingesetzt wird.

2.3.2.5 Übersicht zu den 2G-Systemen

In diesem Abschnitt werden die Systeme gegenüber gestellt. Die wichtigsten Eigenschaften sind in der Tabelle 2-13 zusammengefasst.

Das weltweit erfolgreichste System ist bislang GSM mit insgesamt 440 Millionen Teilnehmern im Jahr 2000. Es bietet neben dem großen Verbreitungsgrad eine gute Sprachqualität und ist mit den Datenstandards HSCSD, GPRS und EDGE erweiterungsfähig. Mit UMTS gibt es zudem einen Evolutionspfad zu einem 3G-System.

D-AMPS oder TDMA/IS-136 ist v.a. in Amerika verbreitet. Es hat den Vorteil, dass es kompatibel zum flächendeckend angebotenen (analogen) AMPS ist und somit eine nationale Versorgung in Amerika ermöglicht. Mit CDPD besteht auch hier eine Erweiterungsmöglichkeit zu paketvermittelten Diensten und mit UWC-136 wurde ein Vorschlag für ein zukünftiges 3G-System gemacht. Im Gegensatz zu GSM bietet D-AMPS eine höhere Nutzerkapazität, dafür aber eingeschränkte Datenraten.

CDMA-Systeme sind hauptsächlich in Amerika und im asiatischen Raum verbreitet. Sie bieten gegenüber den TDMA-Systemen eine erhöhte Kapazität und eine sehr gute Sprachqualität. Der CDMA-Standard bietet mit CDMA2000 einen Evolutionspfad für ein 3G-System.

Obwohl PDC nur in Japan angeboten wird, ist es unter den vier verbreitetsten 2G-Standards. Der Vorteil von PDC-Systemen ist die höhere Teilnehmerkapazität gegenüber GSM, die in Japan wegen der hohen Nutzerzahlen in Ballungsgebieten benötigt wird. Sein Einsatz ist allerdings beschränkt auf Japan, gegen GSM konnte es sich nicht durchsetzen (vgl. Walke 2000a, 365f.).

Tabelle 2-13: Digitale Systeme der 2. Generation

Systeme	GSM	TDMA	PDC	CDMA
Frequenz-Bänder [MHz]	900 1800 1900	800 1900	800 1500	800 1900
Zugriffsverfahren	TDMA/FDMA	TDMA/FDMA	TDMA/FDMA	CDMA/FDMA
Duplexabstand [MHz]	45	45	130 (48)	-
Trägerbandbreite [kHz]	200	30	25	1,25 MHz
Übertragungsrate der Verkehrskanäle [kbit/s]	22,8	13	11,2	-
Anzahl der Kanäle	8	3	3	-
Teilnehmer-Datenrate [kbit/s]	9,6	9,6	4,8	9,6
Max. Geschwindig-keit [km/h]	250	100	100	-
Teilnehmerzahlen (Mio.)	440	64	51	82

Die Entwicklung von den nationalen Systemen der zweiten Generation hin zu globalen Systemen der dritten Generation wird im nächsten Abschnitt erläutert. Im Gegensatz zu der Einführung der digitalen Standards, die systeminhärente Nachteile von analogen Systemen, wie fehlende Sicherheitsmechanismen oder schlechte Sprachqualität, beseitigen sollten, dient der Übergang zu den 3G-Systemen vor allem dazu, neue Dienste und Anwendungen für den Teilnehmer zu bieten.

2.3.3 Mobilfunkstandards der dritten Generation (3G)

In den vorhergehenden Abschnitten wurden Systeme der ersten und zweiten Generation erläutert. Dieses Kapitel beschäftigt sich mit der neuesten Generation, den 3G-Mobilfunksystemen, die zukünftig die älteren Systeme nach und nach ablösen werden. Die Standardisierung von Mobilfunksystemen der dritten Generation soll zu einem globalen System führen, das alle bisherigen Dienste (Mobiltelefon, Schnurlostelefon, Funkruf, etc.) integriert und Konzepte einer umfassenden Geräte- und Teilnehmermobilität unterstützt.

Von der Internationalen Telecommunication Union (genauer ITU-R: Radiocommunication-Sektor der ITU, www.itu.int/ITU-R) (ITU) wurden bereits seit den späten 80ern Anforderungen für ein zukünftiges öffentliches Mobilfunksystem (FPLMTS, Future Public Land Mobile System) der dritten Generation gesammelt und fortentwickelt. Diese Anforderungen wurden unter dem Namen IMT-2000 (International Mobile Telecommunications) zusammengefasst. Die Empfehlungen gelten dabei für terrestrische Mobilfunksysteme und für Satellitenkomponenten. Die Zahl 2000 im Namen weist zum einen auf den ungefähren Einsatz dieser Systeme um das Jahr 2000 hin, zum anderen wird damit das verwendete 2-GHz-Spektrum identifiziert. Vorschläge für ein solches System wurden bei der ITU von den verschiedenen Standardisierungsbehörden und Konsortien der einzelnen Länder eingereicht, die wichtigste Behörden sind:

- *ETSI* (Europa) (European Telecommunications Standards Institute; www.etsi.org)
- *ARIB/TTC* (Japan) (Association of Radio Industries and Businesses; www.arib.or.jp; Telecommunication Technology Committee; www.ttc.or.jp)
- *TTA* (Korea) (Telecommunications Technology Association; www.tta.or.kr)
- *TIA/T1* (USA) (Telecommunicatins Industry Association; www.tiaonline.org; T1 Committee; www.t1.org)
- *CWTS* (China) (China Wireless Telecommunication Standards group; www. cwts.org)

Die erarbeiteten Anforderungen an FPLMTS sind (vgl. www.itu.int/imt, Walke 2000a, 372f.):

- Kleine und leichte Terminals für den weltweiten Gebrauch (Multi Band und Multi Mode Endgeräte) zur Unterstützung der persönlichen Mobilität;
- Hohe Datenraten: mindestens 144 kbit/s in der Fläche, 384 kbit/s für den urbanen Bereich und 2 Mbit/s für ‚low-mobility-Nutzer' (in Gebäuden und Innenstädten bei Schrittgeschwindigkeit);
- Symmetrische und asymmetrische Datenübertragung mit variablen Bitraten (data rate on demand);
- Leitungsvermittelte und paketorientierte Dienste;
- Vergleichbare Sprachqualität zu drahtgebundener Übertragung;
- Kompatibilität und Koexistenz zu 2G-Netzwerken wie GSM, damit ein gradueller und kostengünstiger Übergang für die Netzbetreiber möglich ist;
- Internationales Roaming zwischen verschiedenen IMT-2000-Umgebungen;
- Größere Kapazität und Spektrumseffizienz.

Die World Radio Conference `92 identifizierte schließlich für die zukünftigen IMT-2000-Systeme zwei Frequenzbänder: 1885-2025 MHz und 2110-2200 MHz, eingeschlossen die Bänder von 1980 - 2010 and 2170 - 2200 MHz für die Satellitenkomponenten, die zur globalen Versorgung dienen.

Wie man der Abbildung 2-22 entnehmen kann, sind die vorgeschlagenen Frequenzbänder derzeit nicht überall verfügbar (v.a. in Nordamerika). Aus diesem Grund wurden für die nationalen IMT-2000-Systeme jeweils angepasste Bereiche innerhalb des ITU-Bereiches gewählt.

Nach der Einigung auf die Frequenzbänder konzentrierte man sich zunächst auf die Standardisierung der Funkschnittstelle (Radio Transmission Technology, RTT), bei der es die unterschiedlichen Interessen der Länder zu harmonisieren galt. Von den regionalen Standardisierungsbehörden wurden bis 1998 mehrere Vorschläge eingereicht, insgesamt 17 unterschiedliche IMT-2000 Standards (11 für terrestrische Systeme, 6 für Satellitensysteme), die von unabhängigen Evaluationsgruppen untersucht wurden. Durch die ungleichen 2G-Systeme der Länder (und die erwünschte Abwärtskompatibilität), konnte man sich nicht auf einen Weltstandard einigen, sondern man entschloss sich zu einer 3G-Systemfamilie. Für diese Systemfamilie werden von der ITU mehrere Standards akzeptiert, die unterschiedliche Zugriffsverfahren (CDMA, TDMA, CDMA/TDMA) benutzen (Schiller 2000, 191ff.).

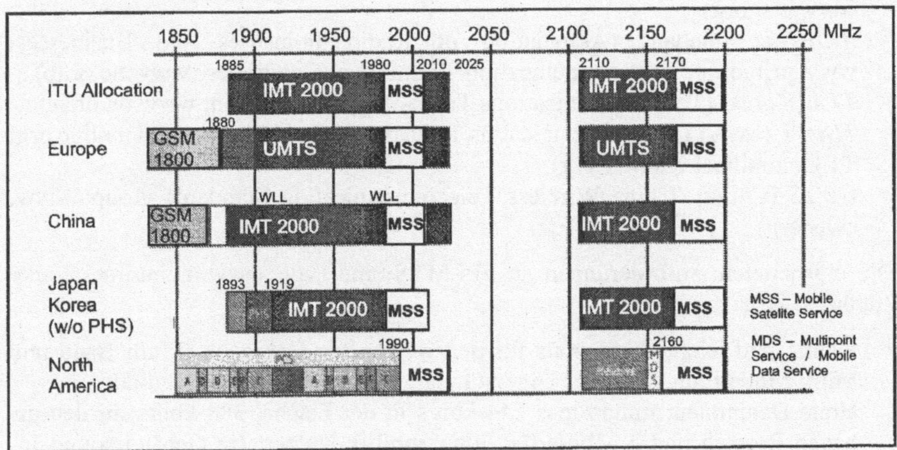

Abbildung 2-22: Internationale Belegung der Frequenzbänder (UMTS-Forum 1998a, 19)

Die drei wichtigsten Standards sind:

- *W-CDMA* (UMTS) für die GSM-Evolution (Europa und Asien),
- *CDMA2000* für die IS-95-Evolution (USA),
- *UWC-136* für die TDMA-Evolution (USA, Asien).

Die einzelnen Evolutionspfade von den bereits vorhandenen Mobilfunksystemen und die gesamte IMT-2000 Familie sind in der Abbildung 2-23 dargestellt.

Im Folgenden wird UMTS (mit WCDMA und TD-CDMA) als europäischer Vorschlag für ein IMT-2000-System genauer vorgestellt. Außerhalb von Amerika wird dies der führende Standard für 3G-Systeme, die auf TDMA-Systemen (z.B. GSM) aufbauen. Die anderen beiden Standards CDMA2000 und UWC-136 werden nur kurz erläutert.

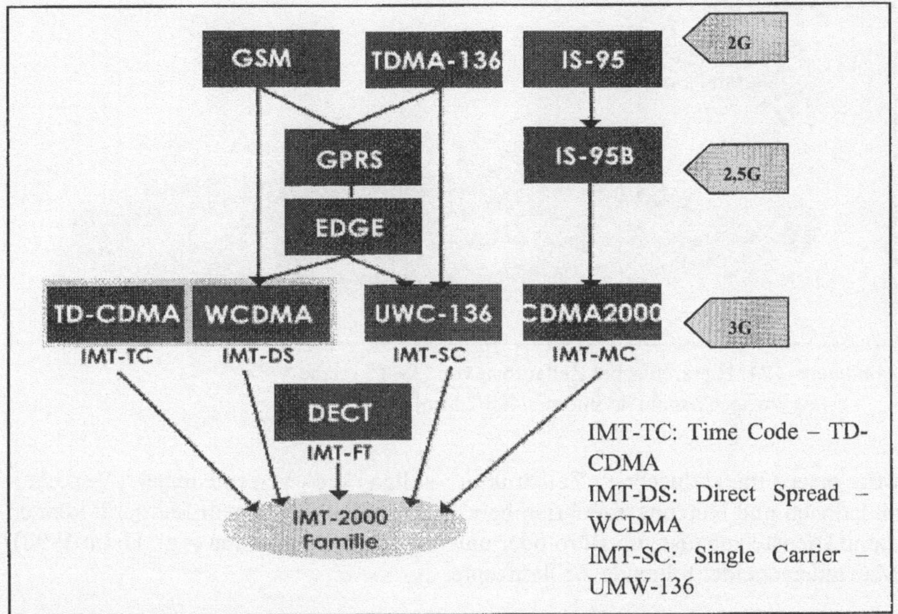

Abbildung 2-22: IMT-2000-Familie (vgl. Diercks 2000, 8, u. http://www.itu.int/imt/what_is/roadto/)

2.3.3.1 UMTS

Das Universal Mobile Telecommunication System (UMTS) ist der europäische Vorschlag für IMT-2000. UMTS wurde von mehreren Firmen und Interessensgruppen in Zusammenarbeit mit ETSI und dem 3rd Generation Partnership Project (www.3gpp.org) (3GPP) entwickelt.

UMTS ist eine evolutionäre Weiterentwicklung von 2G-Mobilfunksystemen, die auf GSM beruhen. Im Gegensatz zu GSM, das für den schmalbandigen Sprach- und Datenverkehr ausgelegt ist, sollen bei UMTS zusätzliche Dienste mit höherer Qualität und verbesserten Sicherheitsmechanismen eingeführt werden. Beispielsweise sollen echtzeitfähige Dienste, paketorientierte Datenübertragung sowie unterschiedliche Datenraten bis zu 2 Mbit/s angeboten werden. Eine Verbindungsübergabe (Handover) soll zudem nicht nur innerhalb der Zellen eines UMTS-Netzes erfolgen, sondern auch zu vorhandenen GSM-Netzen, zu Satellitennetzen (um eine flächendeckende Versorgung zu erreichen) und zu externen Netzen (IP-basierte Netze, ISDN-Netze) (vgl. Walke 2000a, 370f.).

UMTS im Detail

UMTS baut auf einem klassischen Zellularnetz auf, dessen Zellen hierarchisch organisiert sind.

Abbildung 2-24: Hierarchischer Zellaufbau von UMTS (siehe www.tecChannel.de/internet/496/2.html)

Mit einer hierarchischen Zellstruktur sollen die verschiedenen Verkehrssituationen und Nutzungsszenarien bewältigt werden. Mit einem Endgerät können damit Dienste zuhause, im Büro oder unterwegs genutzt werden (vgl. Hahn 1998). Man unterscheidet folgende Zellkonzepte:

- *Makrozelle*: 300m bis 10km
- *Mikrozelle*: 100m bis 300m
- *Pikozelle*: bis 100m

Makrozellen dienen zur flächendeckenden Grundversorgung und zum Bedienen der Teilnehmer mit größerer Geschwindigkeit sowie zum Auffangen von Teilnehmern aus den Mikrozellen, wenn beim Handover in der Mikroebene kein freier Kanal zur Verfügung steht. Je kleiner die Zellgröße umso höher ist ‚durch die Vielzahl an Basisstationen, die Datenübertragungsrate und die erreichbare Teilnehmerkapazität. Der Nachteil von kleinen Zellen sind zum einen die hohen Kosten durch die hohe Anzahl der Basisstationen und die vermehrten Verbindungsübergaben (Handover), die den Signalisierungsaufwand erheblich steigern (UMTS-Forum 1998a, 25f.).

Frequenzbereiche

Die folgenden Frequenzbereiche wurden von dem ERC (European Radiocommunications Committee) für UMTS bis 2005 definiert: für den terrestrischen Teil stehen die Bereichen von 1920–1980 MHz, 2110–2170 MHz (paired) und 1900–1920 MHz, 2010–2025 MHz (unpaired) zur Verfügung. Für die Satellitenkomponenten hat die ITU 60 MHz in den Frequenzbändern von 1980–2010 MHz und 2170–2200 MHz.

Um künftig den höheren Bandbreitenbedarf zu decken, wurden inzwischen zusätzliche Frequenzbereiche für die UMTS-Nutzung definiert (806-960 MHz, 1710-1885 MHz, 2500-2690 MHz). Diese Bereiche sind in Deutschland und den meisten anderen Ländern derzeit noch anderweitig belegt und dienen als längerfristige Zukunftsoption zur Erweiterung von UMTS (vgl. Rügheimer 2000).

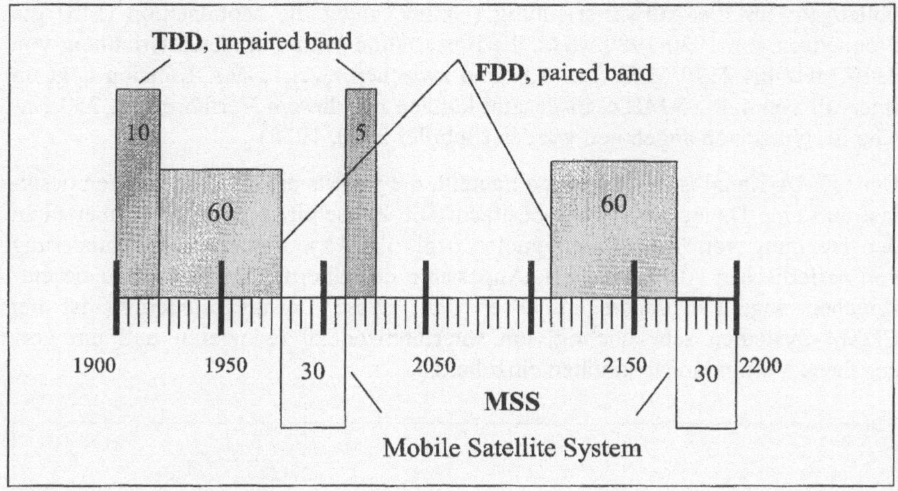

Abbildung 2-25: Frequenzbänder für UMTS

Luftschnittstelle

Für die Übertragungstechnik an der Luftschnittstelle, dem UMTS Terrestrial Radio Access (UTRA), wurden im Januar 1998 zwei Konzepte adaptiert, da man sich nicht auf einen einzigen Standard einigen konnte. Die Zugriffsverfahren sind zum einen W-CDMA für das gepaarte Frequenzspektrum, zum anderen eine Kombination aus TDMA und CDMA (TD-CDMA) für das ungepaarte Spektrum. Die entsprechenden UTRA-Standards sind:

- UTRA-FDD-Modus: wird im gepaarten Frequenzspektrum eingesetzt, mit FDD zur Richtungstrennung und W-CDMA als Zugriffsverfahren.
- *UTRA-TDD-Modus*: wird im ungepaarten Frequenzspektrum eingesetzt, mit dem TDD- und TD-CDMA-Verfahren.

Beide Verfahren können nebeneinander existieren, eine Verbindungsübergabe zwischen den UTRA-Modi ist ebenso möglich. Die beiden Übertragungstechniken werden anschließend genauer erläutert.

UTRA-FDD – W-CDMA

Das Breitband-CDMA-Verfahren (Wideband-CDMA) wird zur symmetrischen Datenübertragung für größere Zellen in Ballungsgebieten und Großstädten eingesetzt. Das Zugriffsverfahren ist eine Kombination aus CDMA und FDMA. Ein physikalischer Kanal ist durch seine Trägerfrequenz und einen speziellen Code zum Spreizen des Signals gekennzeichnet, d.h. die einzelnen Teilnehmersignale werden durch verschiedene Frequenzen und Codes voneinander getrennt. Die Richtungstrennung von Uplink und Downlink wird durch das FDD-Verfahren vollzogen: für die Aufwärtsrichtung (Uplink) nutzt die Mobilstation (MS) die Frequenzen von 1920-1980 MHz, die Basisstation sendet in Abwärtsrichtung von 2110 MHz bis 2170 MHz. Der Abstand zwischen zwei FDMA-Kanälen liegt im Intervall von 4,4 – 5 MHZ, insgesamt können mit diesem Verfahren ca. 250 Kanäle für Nutzdaten angeboten werden (Schiller 2000, 195f.).

Der FDMA-Kanal ist in Rahmen eingeteilt, die jeweils aus 16 Zeitschlitzen bestehen und eine Dauer von 10 ms besitzen. Die Zeitschlitze dienen hier aber nicht der Trennung von Teilnehmersignalen (vgl. TDMA), sondern zur Realisierung von periodischen Aufgaben (z.B. Anpassung der Übertragungsrate etc.), sie entsprechen sog. Leistungsregelungsperioden. Diese Leistungssteuerung ist bei CDMA-Systemen sehr wichtig, um Interferenzen zu reduzieren und um vorgegebene Verbindungsqualitäten einzuhalten.

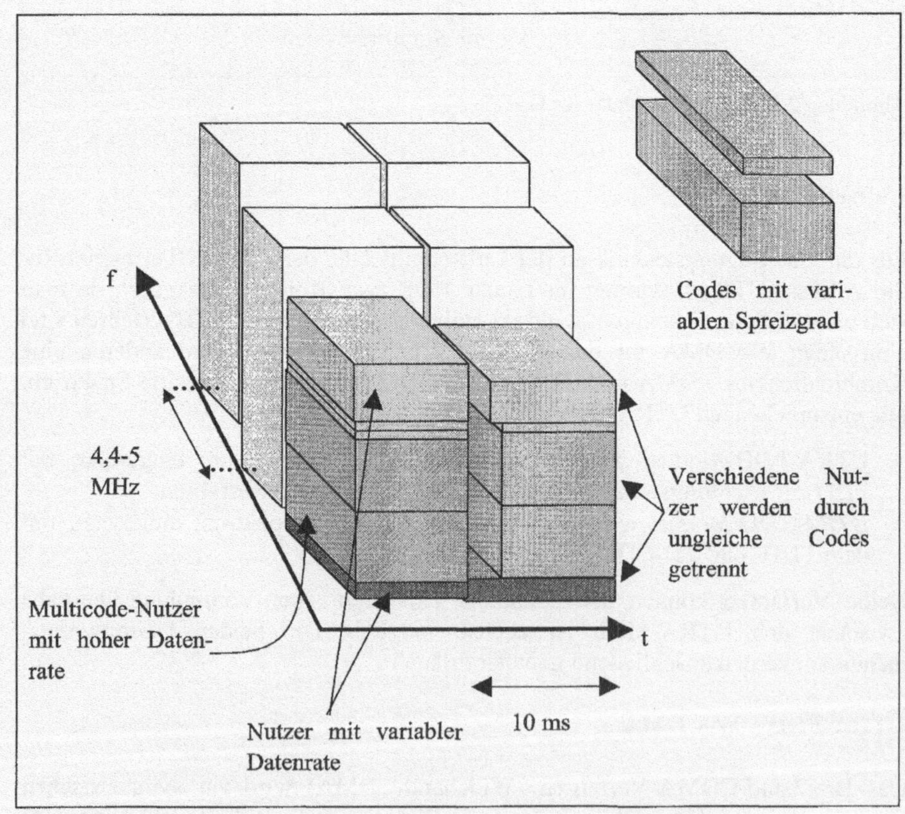

Abbildung 2-26: Vielfachzugriff im UTRA-FDD-Modus (Walke 2000a, 399)

Variable Übertragungsraten werden in diesem Modus durch Multicode-Übertragung oder Änderung des Spreizfaktors (für niedrige Datenraten große Spreizfaktoren, für hohe Raten kleine Spreizfaktoren) erreicht. Durch den Einsatz von CDMA ist, wie schon bei IS-95, ein Soft Handover, also eine sanfte Verbindungsübergabe zwischen Basisstationen möglich. Die Mobilstation misst dazu die Signalstärke der BS von den Nachbarzellen. Wenn die Signalstärken von zwei Basisstationen ähnlich werden, kommuniziert die MS gleichzeitig mit diesen beiden, d.h. es entsteht ein kontinuierlicher Übergang (‚make before break'). Mit dem Soft Handover ist aber auch eine Belegung von mehreren physikalischen Kanälen verbunden, wodurch die Kapazität des Systems reduziert wird (vgl. Sköld 1999, Walke 2000a, 393ff., Schiller 2000, 196f.).

UTRA-TDD – TD-CDMA

Für kleinere Zellen mit hohen Übertragungsraten bis 2 Mbit/s wird das TD-CDMA-Verfahren (Time Division-CDMA) eingesetzt, das CDMA- und TDMA-Zugriffsverfahren kombiniert. Das verwendete Duplexverfahren zum Trennen von Up- und Downlink ist im ungepaarten Spektrum TDD, d.h. die Mobilstationen senden und empfangen gleichzeitig in einem einzigen Trägerband. Ein TDMA-Rahmen hat wie bereits im UTRA-FDD-Modus eine Dauer von 10 ms und ist in 16 Zeitschlitze eingeteilt. Der Abstand zwischen zwei FDMA-Kanälen liegt ebenfalls im Intervall von 4,4 – 5 MHz. Es stehen in diesem Modus ca. 120 Kanäle zur Verfügung.

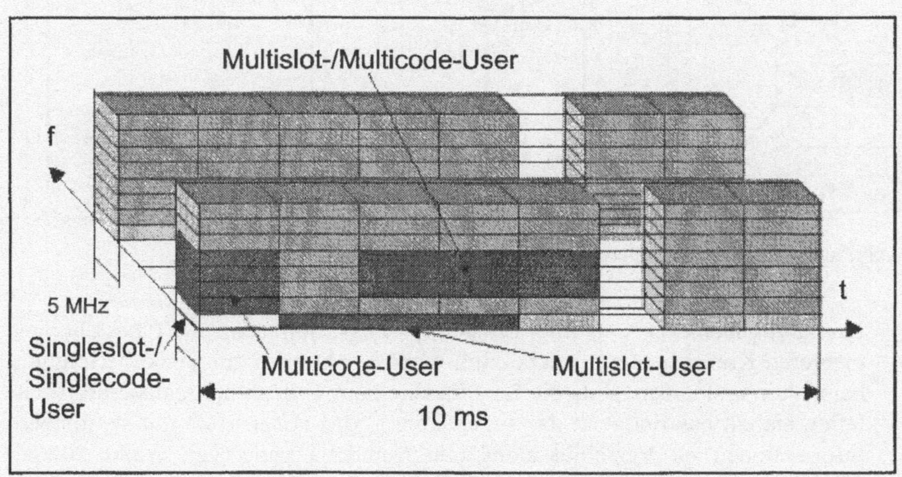

Abbildung 2-27: Vielfachzugriff im UTRA-TDD-Modus (Ojala 2000, 16)

Ein TDD-Rahmen kann entweder die gleiche Anzahl von Zeitschlitzen für den Up- und Downlink (symmetrisch) oder beliebige Kombinationen (asymmetrisch) enthalten. Die einzelnen Zeitschlitze können also unabhängig voneinander dem

Uplink oder Downlink zugewiesen werden. Dies ist bei stark asymmetrischen Funkverkehr ein großer Vorteil.

Variable Übertragungsraten werden im UTRA-TDD-Modus durch Zuweisung von mehreren Zeitschlitzen (Multislot User) oder mehreren Codes (Multicode User) erreicht (siehe Abbildung 2-27) (vgl. Naßhan 1999, Walke 2000a, 399f.).

Die beiden Konzepte – UTRA-TDD und UTRA-FDD – können nebeneinander existieren und erlauben Verbindungsübergaben untereinander.

In der nachfolgend beschriebenen Architektur sind die verschiedenen Realisierungen der Funkschnittstelle im UTRAN anzusiedeln.

Architektur

Die sehr stark vereinfachte UMTS-Referenzarchitektur besteht aus drei Komponenten: dem mobilen Endgerät (User Equipement, UE), dem Zugangsnetzwerk UTRAN (UMTS Terrestrial Radio Access Network) und dem Kernnetz (Core Network, CN). Das UTRAN kann zudem noch in einzelne Komponenten aufgeteilt werden, die im folgenden ebenso erläutert werden.

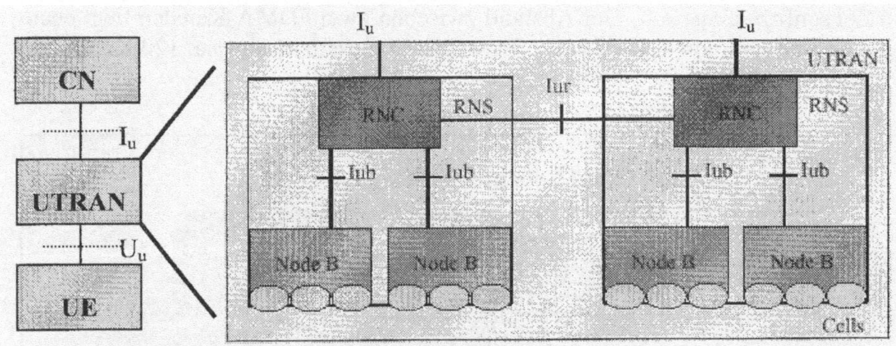

Abbildung 2-26: UMTS-Referenzarchitektur (ETSI 2000, 10ff.)

- *User-Equipment*: Das mobile Endgerät (User-Equipment, UE) besteht aus mehreren Komponenten, welche zum einen Funktionen zur Funkübertragung beinhalten und andererseits die Schnittstelle zum Teilnehmer realisieren. Weiterhin enthält das Endgerät das sogenannte USIM (User SIM) mit sämtlichen Informationen zur Verschlüsselung und Authentisierung (vgl. Walke 2000a, 386).
- *UTRAN*: Das UTRA-Netz (UMTS Terrestrial Radio Access Network) bildet die Schnittstelle zwischen dem Endgerät und dem Kernnetz (Core Network, CN). Die UTRA-Architektur umfasst mehrere Funksubsysteme (Radio Network Subsystem, RNS). Ähnlich zur Architektur von GSM besteht ein Subsystem wiederum aus einem Radio Network Controler (RNC, vgl. BSC in GSM) und mehreren Node-B-Komponenten (vgl. BTS in GSM). Der Node B

kann entweder den FDD-Modus, den TDD-Modus oder beide unterstützen. Die Aufgaben des RNS gehen von der Verschlüsselung des Funkkanals bis hin zur Steuerung der Verbindungsübergabe bei einem Zellwechsel. Über die I_u-Schnittstelle erfolgt die Kommunikation mit dem Kernnetz (vgl. Willimowski 1999, ETSI 2000).

- *Core Network*: Das Kernnetz (Core Network, CN) ist aufgeteilt in eine logische Einheit für kanalvermittelte Dienste (Circuit Switched Domain, CSD) und in eine Einheit für paketvermittelte Dienste (Packet Switched Domain, PSD). Die Elemente des Kernnetzes entsprechen in der CSD im wesentlichen denjenigen des GSM-Netzes (MSC, VLR etc.), im PSD entsprechend denjenigen des GPRS-Netzes (SGSN, GGSN etc.). Die Bestandteile der existierenden Netze können daher mit bestimmten Erweiterungen für UMTS-Netze wiederverwendet werden. Das Entwicklung zu einem ‚All-IP-Netz' (d.h. einer durchgängigen Paketvermittlung) wird dabei in mehreren Schritten erzielt werden. Im ersten Schritt (Release 99, voraussichtlich 2002) werden die vorhandenen GSM/GPRS-Netz-Komponenten erweitert. Dabei werden Sprachverbindungen und zeitkritische Übertragungen nach wie vor über das CSD abgewickelt, paketorientierte Dienste über das PSD. Im zweiten Schritt (Release 00, bis 2004) werden dann auch zeitkritische Anwendungen über paketvermittelte IP-Netze möglich sein (Jäntsch 2000, 15ff.).

Das UMTS-Netz wird allerdings in der Anfangsphase nicht sofort flächendeckend angeboten werden, die Einführung wird stattdessen schrittweise von Region zu Region bzw. Netzbetreiber zu Netzbetreiber erfolgen. Für die flächendeckende Versorgung von UMTS-Teilnehmern ist es deshalb wichtig, eine Verbindungsübergabe zu GSM anzubieten. In Deutschland beispielsweise verpflichten sich die UMTS-Lizenznehmer bis zum Jahr 2003 eine 25%ige Abdeckung und ab dem Jahr 2005 eine 50%ige Abdeckung der Bevölkerung zu erzielen (nicht der Fläche (!), d.h. es werden sog. Hot Spots in Ballungszentren entstehen) (RegTP 2000a).

Dienste

Bei UMTS werden analog zu GSM verschiedene Dienstarten unterschieden, die jeweils bestimmte Dienstparameter besitzen: Trägerdienste, Teledienste, Zusatzdienste und Mehrwertdienste (vgl. Althoff 1999, Walke 2000a, 374ff.).

- *Trägerdienste*: UMTS ermöglicht sowohl Sprach- als auch Datendienste mit verschiedenen Datenübertragungsraten, die an den jeweiligen Bedarf der Anwendungen angepasst sind. Dabei werden neben leitungsvermittelten Diensten ebenso paketvermittelte Dienste angeboten. Die Übertragungsraten sind je nach Dienst unterschiedlich und reichen von 16 kbit/s für Sprachdienste bis max. 2 Mbit/s für leitungs- oder paketvermittelte Datendienste. Je nach Trägerdienstklasse wird die max. Bitfehlerwahrscheinlichkeit und die max. Verzögerungszeit festgelegt.
- *Teledienste*: Von UMTS werden u.a. folgende Teledienste unterstützt: Telephonie, Videotelephonie und –übertragung, Paging, Telefax, Kurznachrichten, Notruf, Telefax, Datenbankabfragen, Mobilitätsdienste (Lokalisation oder Na-

vigation) und andere. Für Dienste mit größeren Bandbreiten gibt es sog. Multimedia-Dienste (vgl. Abbildung 2-14, S. 72), die eine Übertragung von mehr als einem Informationstyp (z.B. Video- und Audioinformationen) erlauben.

- *Zusatzdienste*: Zusatzdienst sind ähnlich wie im Festnetz und zu den bereits bekannten Diensten kompatibel. Beispiele für Zusatzdienste sind Nummernidentifikation, Rufweiterleitung, Gruppenkommunikation u.s.w..
- *Mehrwertdienste*: Mehrwertdienste sind unabhängig von Netz und Endgerät nutzbar und können auch von Dritten (sog. Diensteanbietern) angeboten werden. Hierunter fallen Konzepte der Personal Mobility oder der Virtual Home Environment (VHE). Bei der Personal Mobility kann ein Nutzer seine Telefonnummer behalten, unabhängig vom benutzten Endgerät. Die VHE gibt dem Teilnehmer die Möglichkeit, eine personalisierte Diensteumgebung über Netze hinweg zu portieren und mit verschiedenen Endgeräten zu nutzen. Beispiele für Mehrwertdienste sind Electronic Banking, Datenbank-Abfragen oder Verkehrsinformationen (vgl. Althoff 1999, Walke 2000a, 377).

Dienstparameter

Für die einzelnen Dienste gibt es charakterisierende Dienstparameter. Beispiele sind etwa die Nettobitrate, Codierfaktor, max. Bitfehlerwahrscheinlichkeit oder Symmetrie des Dienstes (Sprache ist z.B. symmetrisch, da in beiden Richtungen die gleiche Bandbreite benötigt wird). Folgende Service Profile können bei UMTS definiert werden.

Tabelle 2-14: Diensteklassifizierung (vgl. UMTS-Forum 1998b, 32ff., Althoff 1999)

Service Profil	Datenrate	Übertragungsart	Beispiel
High Interactive Multimedia	128 kbit/s	Leitungsvermittelt	Videoconferencing, Videotelefonie
High Multimedia	2 Mbit/s	paketvermittelt	Audio/Videoclips, Internet/Intranet-Anbindung
Medium Multimedia	384 kbit/s	Leitungsvermittelt	Online-Banking
Switched Data	14,4 kbit/s	Leitungsvermittelt	Fax
Simple Messaging	14,4 kbit/s	Paketvermittelt	SMS, Email
Sprache	16 kbit/s	Leitungsvermittelt	Telefonie, Telekonferenzen

Wie man erkennt, sind sowohl für Sprache, Simple Messaging (Nachfolger von SMS) und den leitungsvermittelten Dienst Switched Data keine sehr hohen Datenraten vorgesehen. Sie sind als Erweiterungen zu den bisherigen GSM-Diensten zu sehen. Der Spektrumsbedarf für sie ist durch die bestehenden Systeme der 2. Generation wie GSM900, DCS1800 und DECT zum Großteil gedeckt. Erst die restlichen Übertragungsvarianten erzielen im Gegensatz zu den heutigen Transferraten deutlich erhöhte Übertragungsraten von bis zu 2 Mbit/s. Allerdings sind breitbandige Dienste wie der High Multimedia-Dienst auch mit Systemen der dritten Generation flächendeckend noch nicht sinnvoll realisierbar.

Die Leistungsfähigkeit, die UMTS im Alltag zur Verfügung stellen wird – abhängig von Nutzerzahlen, Witterungsbedingungen und hohen Geschwindigkeiten – wird sich erst noch zeigen. Übertragungsraten von 2 Mbit/s werden allerdings skeptisch betrachtet, denn sie beziehen sich nur auf den *stationären* Bereich und auf *einen* Mobilfunkteilnehmer. Zur Einführung der Netze werden stattdessen Übertragungsraten von 40-56 kbit/s erwartet (Durlacher 2001a, 54f.).

Abrechnung

Für die Abrechnungsmodelle könnten diese Profile bereits einen ersten Hinweis geben. So könnten sich zukünftige Gebührenmodelle an diesen Profilen orientieren, indem sie dienstbezogene Tarife einführen. Da für UMTS neben der leitungsvermittelten Verbindung ebenfalls die paketorientierte Übertragung möglich ist, wird darüber hinaus eine volumenorientierte Abrechnung – wie sie schon von GPRS bekannt ist – angewendet werden. Prognosen über genaue Kostenmodelle sind momentan aber noch verfrüht (Rügheimer 2000).

Vorteile von UMTS

Die Vorteile von UMTS liegen zunächst in den hohen Übertragungsraten, die neue Anwendungsfelder ermöglichen und bereits vorhandene Dienste erheblich verbessern. Positiv ist auch die gewährte Diensteflexibilität: Es werden in UMTS sowohl hohe (384 kbit/s bis 2 Mbit/s), als auch niedrige Datenraten (<16 kbit/s) sehr effizient gleichzeitig realisiert, womit je nach Anforderungen unterschiedlichste Transferraten angeboten werden können (‚data rate on demand'). Neben leitungsvermittelten Diensten können auch paketvermittelte Dienste angeboten werden, womit die Teilnehmer die bereits von GPRS bekannten Vorzüge nutzen können (‚always-on'). Ein weiterer Vorteil ist der nahtlose Übergang zu den eingeführten GSM-Netzen. Dies ermöglicht einerseits die flächendeckende Versorgung von UMTS-Teilnehmern auch in Gebieten, in denen UMTS bislang noch nicht geplant ist, andererseits können die Netzbetreiber UMTS kostengünstig und investitionssichernd schrittweise einführen.

Nachteile von UMTS

Negativ sind vor allem die enorm hohen Investitionskosten auf Seiten der Netzbetreiber für Lizenzen und den Netzaufbau zu bewerten. Für die Versorgung der Teilnehmer mit den nötigen Datenraten muss die Anzahl der Basisstationen erheblich vergrößert werden (z.B. geht man bei dem deutschen Netzbetreiber T-Mobil davon aus, dass man die Anzahl der Basisstationen mehr als verdoppelt (www.t-mobil.de)), wodurch die Investitionen entsprechend steigen. Für die Nutzung der UMTS-Dienste benötigen die Teilnehmer (wie schon bei HSCSD und GPRS) entsprechend neue Endgeräte. Inwieweit diese – gerade in der Einführungsphase – zur Verfügung stehen, ist bislang unklar. Offene Fragen und Prognoseprobleme gibt es zudem über die verfügbaren Anwendungen und über die Bereitschaft der Teilnehmer, für entsprechende Dienste auch zu zahlen.

Einführung

Der Lizenzierungsprozess für 3G-Frequenzen ist derzeit in vielen Ländern noch in der Durchführung. Es gibt dafür unterschiedliche nationale Vorgehensweisen: In Deutschland, Österreich oder England wurden Lizenzen meistbietend versteigert, während in Finnland oder Schweden sog. ‚Beauty-Contest' durchgeführt wurden. Die Bewerber für die Lizenzen müssen dazu ihre jeweiligen Geschäftspläne für ein UMTS-Netz beschreiben (z.B. geplante Abdeckung, Dienste und Firmenentwicklung) – anschließend wrden von der Regulierungsbehörde die Bewerber ausgewählt. Bei hybriden Verfahren müssen die Bewerber zuerst bestimmte Anforderungen erfüllen, um an der Auktion teilnehmen zu dürfen, Vertreter für diesen Lizenzierungsprozess sind Irland und Italien (vgl. UMTS-Forum 2001).

In Deutschland standen folgende Bereiche zur Versteigerung: 1900 bis 1980 MHz, 2010 bis 2020 MHz und 2110 bis 2170 MHz. Diese Intervalle beinhalten zwei gepaarte Frequenzbänder mit jeweils 60 MHz Bandbreite und ein ungepaartes Frequenzband mit 30 MHz Bandbreite. Sechs Unternehmen haben in der Versteigerung je zwei Frequenzblöcke à 5 MHz für durchschnittlich 16 Milliarden DM erworben:

- T-Mobil (Deutsche Telekom), UMTS-Start geplant 2003
- E-Plus, UMTS-Start geplant 2003
- Quam (Group 3G), UMTS-Start geplant möglichst früh 2003
- Vodafone, UMTS-Start geplant für Herbst 2002
- MobilCom, UMTS-Start geplant 4. Quartal 2002, Zukunft des Unternehmens aber unsicher
- O^2 (früher Viag Interkom), UMTS-Start geplant Jahresmitte 2003

Außer O^2 haben die fünf übrigen Unternehmen jeweils einen weiteren Frequenzblock mit je 5 MHz ungepaart ersteigern. Dieses Spektrum kann von Interesse sein, um Kapazitätsengpässe in zu überwinden. In den ersten fünf Jahren nach Lizenzerteilung müssen die neuen UMTS-Lizenzinhaber ihre Netze so weit aufbauen, dass sie 50 Prozent der Bevölkerung abdecken. Diese Abdeckung soll dann kontinuierlich weiter ausgebaut werden (RegTP 2000a).

In verschiedenen Ländern sind inzwischen bereits UMTS-Netze in Betrieb. Im asiatischen Raum werden allerdings nur gepaarte Frequenzbänder benutzt, d.h. es wird ausschließlich das W-CDMA-Verfahren eingesetzt. In Europa hingegen werden sowohl gepaarte, als auch ungepaarte Frequenzen lizenziert.

2.3.3.2 CDMA2000

Analog zur 3GPP-Arbeitsgruppe für die Weiterentwicklung von GSM-Systemen gibt es für CDMA-Systeme das 3GPP2-Gremium (Third Generation Partnership Project 2). Die beteiligten Standardisierungsbehörden sind hier ARIB (Japan), CWTS (China), TIA (Nordamerika), TTA (Korea) und TTC (Japan). Diese Arbeitsgruppe standardisiert CDMA2000 als Evolutionssystem für bisherige CDMA-Systeme, die v.a. in Amerika und im asiatisch-pazifischen Raum verbreitet sind.

CDMA2000 erfüllt die Anforderungen an IMT-2000-Systeme der ITU und bietet für Netzbetreiber von IS-95-Systemen einen Migrationspfad zu 3G-Diensten. Durch die Rückwärtskompatibilität zu CDMA2000 wird eine Verbindungsübergabe zwischen den Systemen ermöglicht. Außerdem können Mobilstationen weiter unterstützt, vorhandene Dienste (Sprachdienste, SMS, etc.) wiederverwendet werden und Netzkomponenten aufgerüstet werden. Das bedeutet, die Netzbetreiber können, wie schon bei UMTS, die 3G-Systeme investitionssichernd zu den 2G-Systemen einführen.

CDMA im Detail

Eine wichtige Eigenschaft der Rückwartskompatibilität ist die Möglichkeit, CDMA2000-Systeme im identischen Frequenzband wie die bisherigen IS-95-Systeme zu realisieren (im 800-MHz- und 1900-MHz-Bereich). Gerade in Nordamerika ist dies von Bedeutung, weil dort von den PCS-Netzbetreibern im 1900-MHz-Band ein großer Teil des Spektrums belegt wird, das in der IMT-2000-Spezifikation für den weltweiten Gebrauch festgelegt wurde (vgl. Abbildung 2-22). Damit können amerikanische Netzbetreiber beide Systeme nebeneinander einführen. In anderen Ländern kann CDMA2000 aber auch im neuen 2-GHz-Bereich eingeführt werden (vgl. TIA 1998).

Funkschnittstelle

CDMA2000 verwendet ein ähnliches CDMA-Zugriffsverfahren wie W-CDMA von UMTS, allerdings sind hier die Rahmen nicht 10 ms, sondern 20 ms lang. Die Kanalbandbreite ist bei CDMA2000-Systemen außerdem ein Vielfaches von 1,25 MHz (1x, 3x), der ursprünglichen Trägerbandbreite von IS-95-Systemen. Der auslösende Punkt für diese Bandbreiten ist die Spektrumsallokation in den USA, die Blöcke von 5 MHz und 15 MHz im PCS-Spektrum vorsieht. Innerhalb dieser Bandbreiten können mit CDMA2000 entweder 3x1,25MHz (3,75 MHz) in einem 5-MHz-Block untergebracht werden oder drei 3,75-MHz- und zwei 1,25-MHz-Träger innerhalb des 15-MHz-Blocks (inklusive Schutzabstand). Man kann die Einführung von CDMA2000-Systemen deshalb auch in zwei Phasen unterteilen, die jeweils unterschiedliche Bandbreiten benötigen und den schrittweisen Übergang zu einem 3G-System erlauben.

Die *erste Phase*, cdma2000-1X oder 1XRTT (Radio Transmission Technologie), bietet für die Netzbetreiber eine sanfte Evolution zu einem 3G-System. Sie benutzt denselben Standardträger von 1,25 MHz (1 X 1,25MHz) wie IS-95 und kann somit auch im vorhandenen Frequenzspektrum von IS-95 arbeiten. Die Sprachkapazität kann in dieser Phase verdoppelt werden, zudem werden gleichzeitig effizientere Datenraten von bis zu 144 kbit/s angeboten. Beide Systeme, CDMA2000 und IS-95, existieren nebeneinander und benutzen dieselben Träger.

Die *zweite Phase* – 3X oder 3XRTT (3 x 1,25 MHz) – erlaubt Datenraten bis zu 2 Mbit/s, ist aber weiterhin kompatibel zu 1XRTT-Systemen und zu IS-95-Systemen. Dieser Standard kann im vorhandenen oder neuen Spektrum benutzt werden, benötigt aber eine größere Bandbreite.

Es gibt zwei Möglichkeiten, 3XRTT im Standard zu implementieren: entweder werden 3x1,25-MHz-Träger zur Übertragung verwendet (Multi Carrier Mode), oder es wird ein 3,75-MHz-Träger benutzt (Direct Spread Mode) (Knisely 1998, 71ff. u. Prasad 1998, 24ff.).

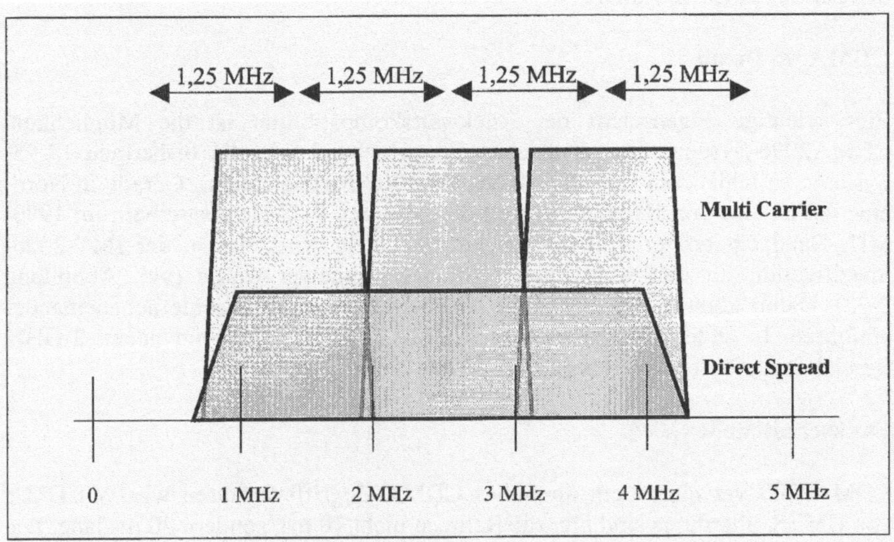

Abbildung 2-29: Multi-Carrier und Direct Spread Modus (Knisely 1998, 72)

Der implementierte Modus hängt jeweils von der Spektrumsbenutzung der Netzbetreiber ab. Neben Datenraten bis 2 Mbit/s werden in der zweiten Phase außerdem verbesserte Dienste und definierte Dienstgüteparameter (QoS) angeboten. Im übrigen hat das System ähnliche Charakteristiken wie W-CDMA (z.B. hierarchische Zellorganisation, Soft-Handover, Leistungssteuerung, paketorientierte Übertragung etc.) (näheres siehe Knisely 1998, www.tiaonline.org, www.cdg.org).

Verbreitung

CDMA2000-Systeme werden aller Voraussicht nach in Nord- und Südamerika eingesetzt und von einigen asiatischen Netzbetreibern. Allerdings ist W-CDMA (UMTS) weltweit der führende Standard bei den Funkschnittstellen.

2.3.3.3 UWC-136

UWC-136 (TIA/EIA-136) ist ein Vorschlag für ein IMT-2000-System, der vom Universal Wireless Communications Consortium (UWCC) eingereicht wurde. Das System erfüllt ebenso wie UMTS und CDMA2000 die Anforderungen für ein FPLMTS, allerdings werden die verbesserten Datendienste in den vorhandenen Spektrumsbereichen bereitgestellt. Zudem basiert UWC-136, im Gegensatz zu den beiden anderen Systemen, auf dem TDMA-Standard, den bereits Systeme wie GSM und TDMA-IS-136 verwenden. Damit wird den Netzbetreibern eine Einführung mit minimalen Kosten erlaubt, weil 3G-Dienste in den existierenden Netzen eingeführt werden können.

Funkschnittstelle

UWC-136 beruht im Gegensatz zu UMTS und CDMA2000 nicht auf CDMA, sondern es benutzt weiterhin das TDMA-Zugriffsverfahren. Der Evolutionspfad basiert dabei auf der Weiterentwicklung von TDMA/IS-136-Systemen über verschiedene Stufen, in denen Standards wie GPRS und EDGE eingeführt werden. UWC-136 besteht also letztlich aus einer Familie von verschiedenen TDMA-Operationsmodi, die zusammen das 3G-System bilden. Die einzelnen Phasen der Entwicklung werden mit IS-136+, IS-136HS Outdoor und IS-136HS Indoor bezeichnet. Die wichtigsten Eigenschaften der TDMA-Familienmitglieder werden nachfolgend beschrieben (näheres unter www.uwcc.org).

TDMA-Operationsmodi

IS-136+ ermöglicht in den bestehenden 30-kHz-Bändern verbesserte Sprachübertragungen und höhere paketvermittelte Datenraten bis zu 64 kbit/s durch Verbesserungen der Modulation.

IS-136HS Outdoor (IS-136 High Speed outdoor) führt breitere TDMA-Träger mit 200-kHz-Bandbreite ein für die Nutzung in Automobilen bzw. außerhalb von Gebäuden. Das TDMA-Verfahren verspricht Datenraten von 64 kbit/s bis zu 384 kbit/s flächendeckend. Durch den Einsatz von 200-kHz-Trägern wird eine Annäherung von TDMA und GSM ermöglicht, zumal der TDMA-Rahmen auf GSM basiert (4,615 ms lange Rahmen mit 8 Zeitschlitze). Die erhöhten Datenraten beruhen auf der Einführung von GPRS bzw. EDGE in den TDMA/IS-136-Systemen.

136HS Indoor ermöglicht durch den zusätzlichen Einsatz von 1600-kHz-Kanälen eine höhere Bandbreite bis zu 2 Mbit/s innerhalb von Gebäuden. Die TDMA-

Rahmen sind wiederum 4,615 ms lang, allerdings jetzt mit 64 oder 16 Zeitschlitzen pro Rahmen.

Zusammen mit dem ursprünglichen System bilden diese Erweiterungen den UWC-136-Standard und damit ein TDMA-basiertes 3G-System (vgl. TIA 2000a u. TIA 2000b).

Verbreitung

Vor allem Betreiber, die keine UMTS-Lizenzen erworben haben, soll mit diesem Standard entgegen gekommen werden. Netzbetreiber in Amerika und in Europa können UWC-136 in ihren bestehenden Netzen einführen. Genauere Informationen liegen aber derzeit aber noch nicht vor.

2.3.3.4 Übersicht zu den 3G-Systemen

Tabelle 2-15 gibt einen zusammenfassenden Überblick über 3G-Systeme.

Tabelle 2-15: Übersicht der 3G-Systeme

<table>
<tr><th>3G-System</th><th colspan="2">UMTS</th><th>CDMA2000</th><th colspan="3">UWC-136</th></tr>
<tr><td>Evolution von</td><td colspan="2">GSM-Standard</td><td>IS-95</td><td colspan="3">TDMA IS-136</td></tr>
<tr><td>Frequenz</td><td colspan="2">2 GHz</td><td>800/1900 MHz oder 2 GHz</td><td colspan="3">800/1900 MHz</td></tr>
<tr><td>Zugriffsverfahren</td><td>WCDMA: CDMA/FDMA</td><td>TD-CDMA: CDMA/TDMA</td><td>CDMA/FDMA</td><td colspan="3">TDMA</td></tr>
<tr><td>Kanalbandbreite</td><td colspan="2">4,4 – 5 MHz</td><td>1,25MHz X 3</td><td>30 kHz</td><td>200 kHz</td><td>1600 kHz</td></tr>
<tr><td>Rahmenlänge</td><td colspan="2">10 ms</td><td>20 ms</td><td colspan="3">4,615 ms</td></tr>
<tr><td>Übertragungsraten</td><td colspan="3">144 kbit/s – flächendeckend
384 kbit/s – urbaner Bereich
2 Mbit/s – Hot Spots</td><td>64 kbit/s</td><td>384 kbit/s</td><td>2 Mbit/s</td></tr>
<tr><td>Einführung</td><td colspan="2">2001 in Japan und England,
ab 2002 sonst; weltweit führender Standard</td><td>Ab 2002 v.a. in Amerika und Asien</td><td colspan="3">USA, im übrigen k.A.</td></tr>
</table>

Wie man erkennen kann, setzen sowohl UMTS als auch CDMA2000-Systeme das CDMA-Zugriffsverfahren ein. Derzeit ist UMTS der führende 3G-Standard, der in europäischen und asiatischen (nur WCDMA) Ländern eingeführt wird. Deutschland erwartet den Start der ersten UMTS-Netze 2002 bis 2003. Eine Ausnahme bilden die USA, die durch die anderweitige Spektrumsbelegung die UMTS-Lizenzen frühestens 2002 zuteilen. Für die amerikanischen und asiatischen CDMA-Betreiber wird das CDMA2000-System einen Migrationspfad hin zu Bandbreiten bis zu 2 Mbit/s liefern. Auch diese Systeme sollen in den nächsten Jahren gestartet werden.

Das einzige TDMA-Verfahren ist UWC-136, das den Betreibern von IS-136-Systemen in den bestehenden Frequenzen die nötigen Bandbreiten liefert, um auch hier 3G-Dienste anzubieten. Dieser Migrationsweg ist auch für GSM-Systeme mit der Einführung von GPRS und EDGE möglich. Genaue Angaben über den potentiellen Betrieb liegen derzeit noch nicht vor.

2.3.4 Auf dem Weg zur vierten Generation

Die sogenannten Funknetze der 4. Generation werden vor allem mit der Weiterentwicklung der Funkschnittstelle in Verbindung gebracht. Dies ist nicht ganz präzise, da neue Probleme, die z.B. durch das Zusammenwirken vieler ineinander geschachtelter Netze oder durch die große Anzahl von Providern entstehen, bei dieser Sicht in ihren Auswirkungen zu wenig beachtet werden. Das Ziel ist letztlich die Schaffung globaler und universeller Systeme, die Telekommunikationsdienste mit multimedialen Diensten verbinden. Die dritte Generation der Mobilfunknetze stellt einen Schritt in diese Richtung dar. Obwohl 3G-Netze erst mit Pilotinstallationen vertreten sind, arbeiten verschiedene Firmen wie HP, der japanische Mobilfunkkonzern NTT Docomo, und andere aber bereits an der vierten Generation (vgl. NTT DoCoMo 2001). Auch die ITU (International Telecommunication Union) beschäftigt sich bereits seit November 1999 mit Systemen „beyond IMT 2000“. Angekündigt wurden die Dienste der vierten Generation von NTT Docomo für die Jahre 2006/2007 (vgl. Rauch 2001b).

Die Vorschläge zielen darauf ab, durch bessere Nutzung vorhandener Frequenzspektren die Bruttoübertragungsrate zu erhöhen und gleichzeitig die Kosten der Netzbetreiber zu reduzieren. Bei der Datenrate für mobile Breitbandnetze geht man dabei von einer weiteren Zunahme auf bis zu 25 MBit/sec aus. In Diskussion ist auch eine technische Trennung von Uplink (dafür könnte UMTS und GPRS genutzt werden) und Downlink (hier könnte WLAN genutzt werden). Die neue Architektur von NTT hat die Bezeichnung Moto erhalten und soll ab 2007 vermarktet werden. Durch Codierung und Kompression der Daten soll die Übertragungsrate weiter gesteigert werden. Technisch soll ein dem CDMA ähnliches Verfahren eingesetzt werden, bei dem mehrere Benutzer Zugriff auf den gleichen Übertragungskanal bekommen.

Systeme der vierten Generation sollen traditionelle Mobilfunksysteme (z.B. GSM, UMTS), WLAN-Technologien, sowie Satelliten- und Broadcasting-Systeme (z.B. Radio, TV) vereinen. Der Benutzer wird auf Dienste und Anwendungen je nach

Aufenthaltsort zugreifen können, ohne dass die jeweilige Technologie für ihn in Erscheinung tritt. Auch die Bedeutung der Geräte wird geringer werden, denn das Ziel besteht darin, auf personalisierte Dienste weitgehend geräteunabhängig zuzugreifen.

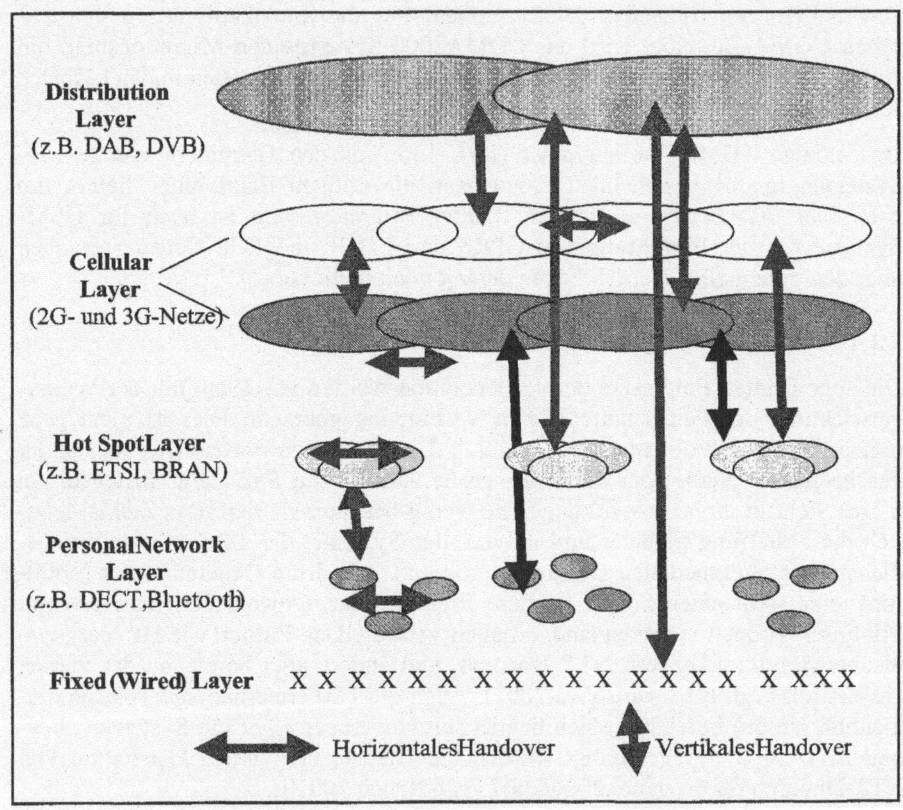

Abbildung 2-30: Multiple Zugangsnetzwerke (nach Rauch 2001b, 20)

Rauch (2001b) beschreibt diese Entwicklung als Multi-Access-Netzwerke. Dabei sollen verschiedene Systeme auf unterschiedlichen Netzwerkebenen (Layers) den Zugang der mobilen Endgeräte auf das Backbone-Netzwerk ermöglichen. Auf der obersten Ebene (Distribution Layer) könnten die europaweit eingeführten, digitalen und drahtlosen Rundfunksysteme für das Broadcasting großer Datenmengen verwendet werden. Die individuelle Kommunikation und der Datenaustausch erfolgen wie bisher auf der Ebene der zellularen Funknetze. Neben dieser großräumigen Versorgung könnten in Ballungsräumen (Städte, Bahnhöfe, Flughäfen) sogenannte Hot-Spots eingerichtet werden, d.h. breitbandige Wireless-LANs, die eine lokale Erweiterung der Mobilfunkkapazitäten in einem eng begrenzten Gebiet bieten. Ergänzt wird diese Modellvorstellung noch auf der persönlichen Ebene von sogenannten Piconetzen, Ad-hoc-Netzwerken u.ä. Die dazu erforderliche

Technologie ist mit Bluetooth und DECT im Prinzip verfügbar. Das Angebot an Diensten und Anwendungen erfolgt im Zusammenspiel von Location Based Services, dem persönlichen Benutzerprofil (das auch zeitabhängige Gewohnheiten einschließen kann), aber auch geräte- und aufgabenabhängigen Merkmalen. (vgl. Rauch 2001b)

Trotz der offensichtlich recht konkreten Überlegungen ist ein gemeinsamer und weltweit akzeptierter Standard für die Weiterentwicklung in Richtung 4. Generation zur Zeit aber nicht in Sicht. Der Begriff „4G-Netz“ wird zumindest von Netzbetreibern eher zurückhaltend verwendet. Ein Grund für diese Vorsicht könnte darin liegen, dass man nach den Erfahrungen mit UMTS keine neuerliche Lizenzdebatte auslösen möchte. Für eine ausführlichere Diskussion zur weiteren Entwicklung wird auf die angeführte Literatur verwiesen (siehe z.B. Rauch 2001b, NTT DoCoMo 2001).

2.3.5 Weitere Mobilfunksysteme

2.3.5.1 Satellitensysteme

Neben erdgebundenen Mobilfunksystemen, zu denen alle bisher vorgestellten Systeme gehören, gibt es satellitengestützte Mobilfunksysteme. Sie bieten Funkverbindungen ohne umfangreiche terrestrische Infrastrukturkomponenten (abgesehen von einigen Bodenstationen), stattdessen kreisen Satelliten in bestimmten Umlaufbahnen um die Erde.

Die Geschichte der Satellitenkommunikation begann 1957 mit dem sowjetischen Satelliten Sputnik, drei Jahre später folgte der erste amerikanische Satellit. 1965 wurde der erste geostationäre Nachrichtensatellit Intelsat 1 (‚Early Bird’) in Betrieb genommen, zwei Jahre später folgte Intelsat 2 und 1969 Intelsat 3 (www.intelsat.com). Sie gehörten alle der Klasse der *‚festen Satellitensysteme’* an, die aus einem Satelliten und einer Erdstation bestehen. Die Antennen mussten zu dieser Zeit wegen der schwachen Signale der Satelliten sehr groß und deshalb fest installiert sein. Die ersten *‚mobilen Satellitensysteme’* wurden mit Inmarsat-A (Inmarsat: International Maritime Satellite Organization, www.inmarsat.com) im Jahr 1982 in Betrieb genommen. Sie besitzen neben den Erdstationen nun auch Mobilstationen (auf Schiffen, Flugzeugen, etc.). Sie wiegen allerdings immer noch mehrere Kilogramm und sind deshalb nicht portabel. Schließlich begann mit der Einführung von Iridium im Jahr 1998 die *‚digitale Satellitenkommunikation’* mit kleinen und portablen Endgeräten (Schiller 2000, 205f.).

Zielgruppe der kommerziellen Satellitenanbieter sind zum einen spezielle Berufssparten wie Beschäftigte auf Bohr- und Förderinseln, zum anderen bestimmte Gruppen wie Regierungsbehörden, Katastrophenhilfswerke und humanitäre Organisationen. Außerdem werden Personen angesprochen, die auf eine weltweite Kommunikation angewiesen sind oder Reisende in Ländern mit überlasteten, unvollständigen Netzen. Folgende Anwendungsgebiete lassen sich für Satellitensysteme identifizieren (Schiller 2000, 207 ff.):

- Wetterbeobachtung
- Radio- und Fernsehfunk
- Militär
- Navigationsunterstützung (Global Positioning System)
- Anbindung abgelegener Regionen / Krisengebiete ohne Infrastruktur
- Weltweite Kommunikation

Aber auch Systeme zur Lokalisierung wie GPS bieten zukünftig interessante Anwendungsgebiete im Bereich der Navigationsunterstützung, der Flottensteuerung oder der Location Based Services. Zudem werden GPS-Systeme auch zur Synchronisation in herkömmlichen Mobilfunknetzen eingesetzt, die zur Übertragung eine genaue Abstimmung zwischen Sender und Empfänger benötigen (z.B. CDMA-Systeme wie IS-95 oder CDMA2000).

In den nächsten Abschnitten werden zunächst die grundlegenden Eigenschaften von satellitenbasierten Systemen beschrieben. Dazu werden die Systeme zunächst nach ihrer Umlaufbahn klassifiziert. Anschließend wird der grundsätzliche Aufbau von Satellitennetzen aufgezeigt. Schließlich werden noch vier kommerzielle Systeme und ein Satellitensystem zur Navigationsunterstützung vorgestellt.

Grundlagen der Satellitenkommunikation

Satelliten kreisen in festgelegten Umlaufbahnen elliptisch oder kreisförmig um die Erde. Der Abstand zur Erde wird durch das Gleichgewicht zwischen Fliehkraft und Erdanziehungskraft stets beibehalten. Es gibt vier grundsätzliche Arten von Satellitenumlaufbahnen, nach denen die Systeme klassifiziert werden können:

- *GEO-Systeme* (geostationary earth orbit),
- *MEO-Systme* (medium earth orbit),
- *LEO-Systeme* (low earth orbit),
- *HEO-Systeme* (highly elliptical orbit).

Sie werden anschließend genauer beschrieben (vgl. Abbildung 2-31).

Geostationäre Umlaufbahn (GEO, geostationary earth orbit): GEO-Satelliten bewegen sich in ca. 36.000 km Höhe. Die Umlaufdauer beträgt 24 Stunden (entspricht der Erdrotation), wodurch sie eine annähernd konstante Position zur Erde haben. Der Vorteil von geostationären Systemen ist die einfache Konfiguration. Durch die hohe Umlaufbahn benötigt man zur weltweiten Abdeckung nur eine geringe Anzahl von Satelliten (es genügen drei), zudem können Empfänger und Sender durch die konstante Position zur Erde fest zueinander ausgerichtet werden. Damit gibt es auch weniger Routingprobleme, da die Satelliten sehr große Ausleuchtungszonen auf der Erde besitzen und deshalb Verbindungsübergaben weniger oft vorkommen. Geostationäre Satelliten sind den Reibungsverlusten durch die Atmosphäre weniger ausgesetzt, die Lebensdauer ist dadurch sehr hoch (ca. 15 Jahre). Durch die Umlaufbahn bedingte Nachteile sind die hohen Sendeleistungen von 10 W für mobile Sender. Dies macht sie für batteriegestützte Endgeräte ungeeignet. Weitere Nachteile sind die hohen Signallaufzeiten (Verzögerung, mit der ein Signal ankommt) von 125 ms und der teure Transfer der Satelliten in den Orbit. Aufgrund dieser Nachteile sind geostationäre Satelliten für Mobilkommunikationssysteme ungeeignet. Beispiele für GEO-Satellitensysteme sind TV- und Rundfunksatelliten sowie die Inmarsat-Satelliten (Walke 2000b, 446ff. u. Schiller 2000, 215f.).

Mittlere Umlaufbahn (MEO, medium-earth orbit): Diese Systeme befinden sich zwischen 6000 und 12.000 km, die Umlaufdauer beträgt dadurch ca. sechs Stunden. Die Vorteile dieser Systeme sind die annehmbare Anzahl von Satelliten zur Versorgung (ca. 12 Satelliten) und die relativ langsame Bewegung von der Erde aus. Dadurch müssen seltener Gesprächsübergaben durchgeführt werden, meist sind Verbindungen sogar ohne Handover möglich. Nachteile von MEO-Satelliten sind die nach wie vor hohe Signallaufzeit von 80 ms und die hohe Sendeleistung der Endgeräte. Ein Beispiel für ein MEO-System ist das ICO-Satellitennetz (siehe S. 87) (Walke 2000b, 452ff. u. Schiller 2000, 217f.).

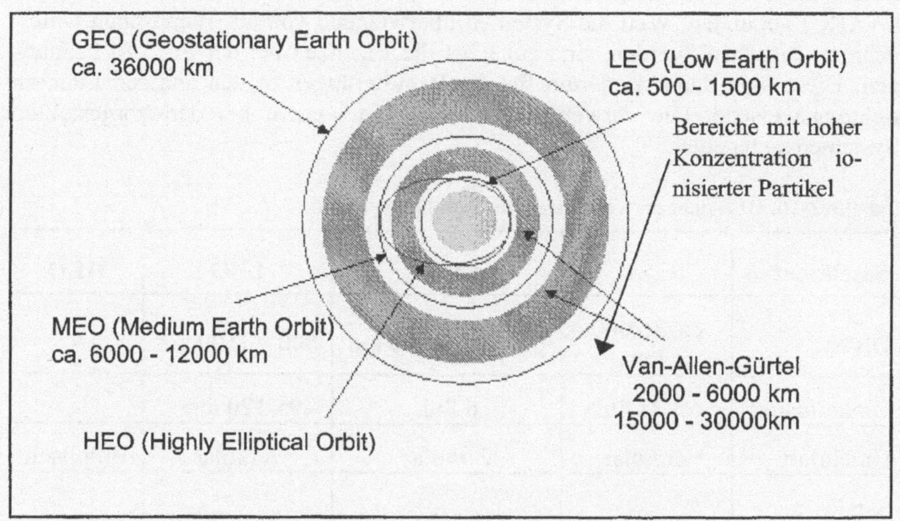

Abbildung 2-31: Umlaufbahnen der Satellitensysteme (Schiller 2000, 214)

Niedrige Umlaufbahn (LEO, low-earth orbit): LEO-Satelliten haben die niedrigste Umlaufbahn – zwischen 500 und 1500 km – und eine Umlaufdauer von 95 bis 120 Minuten. Die Vorteile gegenüber den anderen beiden Systemen sind die niedrigen Sendeleistungen der Endgeräte von 1 W und die geringen Signallaufzeiten von 10 ms. Durch die kleinen Ausleuchtungsgebiete können Frequenzen zudem flexibel wiederverwendet werden, wie es von den zellularen Funknetzen her bekannt ist. Ein Nachteil dieser Systeme ist die große Anzahl von Satelliten zur gesamten Erdabdeckung (50 bis 200) und damit auch die Notwendigkeit für Mechanismen zur Verbindungsübergabe (etwa alle 10 min). Diese Faktoren lassen insgesamt ein sehr komplexes System entstehen. Durch die niedrige Umlaufbahn ist die Lebensdauer durch atmosphärische Reibungen zudem begrenzt auf 5-8 Jahre.

Beispiele für LEO-Systeme sind Iridium und Globalstar (Walke 2000b, 452ff. u. Schiller 2000, 216f.).

Elliptische Umlaufbahn (HEO, highly elliptical orbit): HEO-Satelliten umfliegen die Erde in elliptischen Bahnen. In ihrem erdnächsten Punkt nähern sie sich bis auf wenige hundert Kilometer der Erde, im entferntesten Punkt erreichen sie Umlaufbahnen in Höhe der geostationären Satelliten. Dort werden sie auch zur Kommunikation eingesetzt. Sie haben die Vorteile von Satelliten niedrigerer Bahnen, ohne auf eine gute Oberflächenabdeckung zu verzichten. Ein Beispiel für ein elliptisches System ist Ellipso (Walke 2000b, 452ff.).

Tabelle 2-16 gibt einen zusammenfassenden Überblick zu den Systemen.

Der freigegebene Frequenzbereich, der für die Satellitenkommunikation zur Verfügung steht, obliegt bei globalen Satellitensystemen den jeweiligen Behörden. Lizenzabkommen müssen stets mit allen Staaten geschlossen werden. Mitgliedsländer der ITU sind dabei an die Empfehlungen der World Radio Conference (WARC) gebunden. Weil die Systemen überwiegend von amerikanischen Unternehmen aufgebaut werden, sind zunächst die Lizenzen bei der FCC zu beantragen. Diese sind dann wiederum für die Regulierungen in den anderen Ländern richtungsweisend. Die verwendeten Frequenzen werden bei den vorgestellten Systemen angegeben.

Tabelle 2-16: Übersicht der verschiedenen Satellitensysteme

Satellitentyp	**GEO**	**MEO**	**LEO**	**HEO**
Distanz	ca. 36.000 km	6000 – 12.000 km	500 – 1500 km	-
Umlaufdauer	ca. 24 Std.	6 Std.	95-120 min.	-
Umlaufart	Zirkular	Zirkular	Zirkular	Elliptisch
Satellitenanzahl	3	ca. 12	50 – 200	-
Lebensdauer	15 Jahre	12 Jahre	5-8 Jahre	5 Jahre
Beispiele	Inmarsat	ICO	Globalstar, Iridium, Teledsic	Ellipso

Aufbau

Satelliten bedecken, je nach System, einen größeren oder kleineren Bereich der Erdoberfläche. Dieses Gebiet ist der sogenannte Ausleuchtungsbereich oder Footprint. Neben dem Ausleuchtungsgebiet gibt es in manchen Systemen sog. Spotbeams. Dies sind kleinere Zellen innerhalb des Footprints, die mit speziellen

Antennen eingerichtet werden können. Die Komponenten eines Satellitensystems sind der Abbildung 2-32 zu entnehmen.

Über den Mobile User Link (MUL) können Mobilstationen mit dem Satelliten kommunizieren. Für die Datenübertragung wird in Satellitensystemen eine Sichtverbindung benötigt. Die Signale können Wolken, Glass und Plastik durchdringen, nicht jedoch Gebäude oder Berge (‚line-of-sight'). Die Bodenstation dient als Steuerzentrale und Festnetzanbindung. Sie tauscht mit dem Satelliten über den Gateway Link (GWL) Daten aus. Satelliten untereinander können über die Inter Satellite Links (ISL) kommunizieren. Teilnehmer in unterschiedlichen Ausleuchtungsgebieten können dadurch ohne Umwege über terrestrische Netze Daten miteinander austauschen. Nachteil der direkten Satellitenverbindung ist die Komplexität des Systems durch die zusätzlichen Antennen und die benötigten Mechanismen zur Weiterverbindung. Fehlt diese Möglichkeit, muss die Übertragung terrestrisch erfolgen. Bei der erdgebundenen Transmissionsart werden die Daten zunächst auch an den Satelliten gesendet, der sie an die nächste Bodenstation schickt. Von dort werden sie terrestrisch bis zur entsprechenden Bodenstation des Empfängers weitergeleitet. Die Bodenstation wiederum sendet die Daten letztendlich über den Satelliten an den Empfänger. Nachteil dieser Weiterleitung ist die lange Verzögerung der Signale (Schiller 2000, 209).

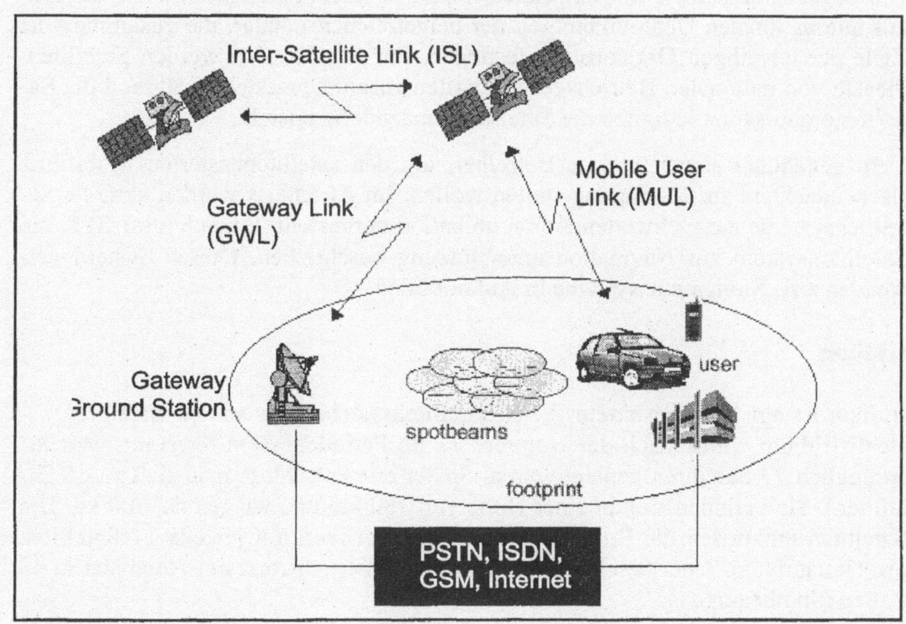

Abbildung 2-32: Typisches Satellitensystem (Vgl. Schiller 2000, 209)

Die Lokalisierung von Teilnehmern in Satellitensystemen funktioniert ähnlich wie bei zellularen Mobilfunknetzen. Die benötigten Datenbanken HLR (Home Location Register) und VLR (Visitor Location Register) befinden sich in den Bodenstationen. Die jeweiligen Aufgaben sind mit den gleichnamigen Datenbanken in GSM-Systemen vergleichbar. Anders als bei zellularen terrestrischen Mobilfunksystemen bewegen sich hier die Basisstationen (Satelliten) ebenfalls. Deshalb benötigt man eine spezielle Datenbank für Satellitensysteme, das ‚Satellit User Mapping Register' (SUMR), welches die Position aller Satelliten und die jeweilig aktiven Nutzer enthält.

Bei Verbindungsübergaben in Satellitensystemen wird die Komplexität durch die Tatsache erhöht, dass sich alle Basisstationen mit sehr großer Geschwindigkeit zueinander bewegen. Somit können sich nicht nur Teilnehmer aus der Zelle bewegen, sondern die Zellen können ebenso über die Teilnehmer hinwegwandern. Trotzdem sind die Mechanismen zur Verbindungsübergabe ähnlich denen der zellularen Systeme. Bei einem kompletten Systemwechsel (von verschiedenen Betreibern) wird i.a. die Kommunikation unterbrochen und muss erneut aufgebaut werden. Dies gilt auch für Dual-Mode-Endgeräte, die neben Satellitensystemen auch Mobilfunknetze unterstützen (näheres siehe Walke 2000b, 481ff.).

Ausgesuchte Satellitensysteme

Der kommerzielle Betrieb von Satellitensystemen wird bislang fast ausschließlich von Organisationen wie Intelsat, Eutelsat oder Inmarsat durchgeführt. Sie basieren auf internationalen Übereinkommen der beigetretenen Länder, die zusammen die Ziele der jeweiligen Organisation festlegen. Für den Kunden werden Satellitendienste von nationalen Betriebsgesellschaften zusammengestellt, während die Satellitenorganisation lediglich die Satellitenkapazität bereitstellt.

Dem gegenüber stehen private Betreiber, die den satellitenbasierten Mobilfunk flächendeckend zur Verfügung stellen wollen. Im Anschluss werden aktuelle Satellitensysteme zur weltweiten Kommunikation vorgestellt. Danach wird GPS, ein Satellitensystem zur Navigationsunterstützung beschrieben. Dieses System verwenden z.B. Navigationssysteme in Automobilen.

Iridium

Iridium ist ein 1998 gestartetes LEO-Satellitensystem, dass aus 66 Satelliten besteht (Iridium wurde nach der Nummer 77 im Periodensystem benannt, weil ursprünglich 77 Satelliten geplant waren. Später erst entschloss man sich zu 66 Satelliten). Sie befinden sich in einer Höhe von 780 km und wiegen ca. 700 kg. Die Satelliten umkreisen die Erde auf sechs Umlaufbahnen mit jeweils 11 Satelliten pro Umlaufbahn. Jeder Satellit unterteilt seine Ausleuchtzone mit Antennen in 48 Zellen (Spotbeams).

Mobilstationen sind bei Iridium portable Dualmode-Geräte, die für den zusätzlichen Einsatz in terrestrischen Systemen geeignet sind. Sie nutzen Frequenzen in einem kombinierten FDMA/TDMA-Schema mit TDD als Duplexverfahren im Bereich von 1616,8 MHz bis 1626,5 MHz. Dieser Bereich ist in 124 Träger eingeteilt, die jeweils vier Duplexkanäle besitzen (ein TDMA-Rahmen besteht aus jeweils vier Up- und Downlink-Kanälen). Die Übertragungsraten liegen bei 4,8 kbit/s für Sprache und bei 2,4 kbit/s für Daten. Die Verbindungen von der Bodenstation zu den Satelliten (Aufwärtsrichtung) verwenden den Bereich von 29,1-29,3 GHz, die Abwärtsrichtung nutzt Frequenzen von 19,4-19,6 GHz. Die bei Iridium mögliche Direktverbindung zwischen Satelliten (jeweils zwischen vier benachbarten Satelliten) funkt im Bereich von 23,18-23,38 GHz (Walke 2000b, 455f.).

Nach dem Bankrott des von Motorola aufgebauten Netzes übernahm im Oktober 2000 die neu gegründete Gesellschaft Iridium Satellite LLC das System. Nach Informationen des Unternehmens wird es bei den Datendiensten neben Modemverbindungen, Paging- und SMS-Diensten auch einen direkten Internetzugang geben, der über dedizierte Server Datenraten von ca. 10 kbit/s ermöglicht. Der Betrieb soll noch im Jahr 2001 wieder aufgenommen werden (www.iridium.com).

Globalstar

Direkter Konkurrent zu Iridium ist Globalstar, das ebenfalls ein LEO-System darstellt. Im Gegensatz zu Iridium mit einer weltweiten Abdeckung, beschränkt sich Globalstar auf Gebiete zwischen dem 70° nördlicher und südlicher Breite. Direkte Verbindungen zwischen Satelliten sind hier nicht möglich. Aus diesem Grund sind die Satelliten auch leichter (450 kg) als bei Iridium. Das System besteht aus 48 Satelliten in einer Höhe von 1400 km, die jeweils ihre Ausleuchtungsgebiete in 16 Zellen aufteilen. Anders als Iridium nutzt Globalstar das CDMA-Zugriffsverfahren. Auf diesem Weg werden Handover vereinfacht. Die Frequenzen für die Mobilstationen liegen bei 1,61-1,6265 GHz, die umgekehrte Richtung nutzt die Bänder von 2,4835-2,5 GHz. Bodenstationen belegen 5,091-5,25 GHz in Aufwärtsrichtung, umgekehrt wird der Bereich von 6,875-7,055 GHz verwendet. Die angebotenen Dienste reichen von Sprachverbindungen, SMS, Fax bis hin zu Datendiensten mit Übertragungsraten bis zu 9,6 kbit/s (www.globalstar.com, Walke 2000b, 457f.).

ICO

Intermediate Circular Orbit (ICO) ist im Gegensatz zu den anderen beiden ein MEO-System. Es benötigt daher sehr viel weniger Satelliten zur Versorgung – ICO besteht aus insgesamt 10 Satelliten. Das System wurde 1994 von Inmarsat gegründet, dem einzigen Betreiber eines bereits bestehenden Satellitensystems. Die Betreiber von ICO Global Communications mussten allerdings ebenso wie Iridium bei Konkursrichtern Gläubigerschutz anmelden. Durch die Fusion von Teledesic and ICO zu 'ICO-Teledesic Global' wird auch dieses System weiterbestehen. ‚New ICO' soll den kommerziellen Betrieb im Jahr 2003 beginnen. Ziel ist es, leitungs- und paketvermittelte Dienst wie Sprachübertragung, Fax, Datenübertragung und Internet-Konnektivität anzubieten. Die zur Verfügung gestellten Datenübertragungsraten sollen bei 144 kbit/s liegen (www.ico.com, Walke 2000b, 453 f.).

Teledesic

Die bisherigen Satellitensysteme bieten sehr geringe Datenübertragungsraten. Um auch über Satelliten breitbandige Dienste wie Videoconferencing mit Datenraten bis zu 2 Mbit/s zur Verfügung zustellen, wurde 1990 das Projekt Teledesic gegründet. Das Hauptziel des Systems liegt nicht in der mobilen Kommunikation, sondern im Zugang zum Internet über Satellit. Zielgruppe von Teledesic sind daher Firmen, Schulen, Regierungsbehörden und Einrichtungen in abgelegenen Gegenden.

Das System wird ursprünglich mit 840 Satelliten geplant, die heutige Planung operiert aus Kostengründen aber nur noch mit 288 Satelliten auf 12 verschiedenen Bahnen. Um die Zahl der Raketenstarts gering zu halten, sollen dabei pro Start jeweils mehrere Satelliten gleichzeitig in ihre Umlaufbahn gebracht werden. Die hohen Bandbreiten von bis zu 64 Mbit/s im Downlink und 2 Mbit/s im Uplink bedingen, dass im Frequenzbereich von 28,6-29,1 GHz in der Abwärtsrichtung und von 18,8-19,3 GHz in umgekehrter Richtung gesendet wird. Dieses Spektrum ist gegenüber Witterungsbedingungen sehr empfindlich (was durch die hohe Zahl der Satelliten ausgeglichen werden soll). Geplant ist der Start des Satellitensystems bis zum Jahre 2005 (www.teledesic.com, Walke 2000b, 458f.).

GPS

Das Global Positioning System wurde vom US-Verteidigungsministerium ursprünglich für militärische Zwecke entwickelt, der offizielle Name des Navigationssystems lautet NAVSTAR System (NAVigation Satellite Timing And Ranging). GPS besteht aus drei Segmenten, dem ‚Space Segment' (Satelliten), dem ‚Control Segment' (Bodenstationen) und dem ‚User Segment' (GPS-Receiver, Endgerät).

Das ‚Space Segment' setzt sich aus 24 GPS-Satelliten mit einer Lebensdauer von ca. 10 Jahren zusammen, die in etwa 20200 km Höhe die Erde in sechs Umlaufbahnen zwei mal pro Tag umkreisen. Sie sind so angeordnet, dass ein GPS-Empfänger auf der Erdoberfläche weltweit zu jeder Zeit bei Sichtlinienverbindung mindestens vier Satelliten erreichen kann, um Position, Geschwindigkeit und Zeit zu bestimmen. Jeder Satellit sendet Signale mit niedriger Energie (20-50 Watt) auf mehreren Frequenzen (L1, L2, etc.) aus. Zivile GPS-Empfänger benutzen dabei die L1-Frequenz auf 1575,42 MHz. Die Steuerungseinrichtungen – ‚Control Segment' – überwachen die Satelliten (z.B. durch die Bereitstellung von Informationen über die Orbitalposition). Insgesamt sind fünf Bodenstationen über die Erde verteilt. Das ‚User Segment' bzw. der GPS-Empfänger fängt Signale von den Satelliten auf, die aus folgenden Komponenten bestehen: einer *Identifikationskomponente* (‚Pseudo-random code'), diese identifiziert einen Satelliten; einer *Zeitkomponente* (‚Ephemeris' Daten), sie enthält wichtige Daten über Datum und Uhrzeit und eine *Positionskomponente* (‚Almanac' Daten), sie teilt dem Empfänger mit, wo sich jeder Satellit zu einer bestimmten Zeit befindet. Aus diesen Informationen können GPS-Empfänger schließlich ihre Position exakt (bis auf 20m) bestimmen. Neben der sehr guten Positionsbestimmung hat dieses System den Vorteil, dass es gebührenfrei zu nutzen ist. Benötigt wird nur ein GPS-Receiver, die inzwischen auch schon in Mobiltelefonen integriert sind. Ein Nachteil bei GPS ist die relativ lange Zeit, die benötigt wird, um die erste Positionsbestimmung zu erhalten (von 30s bis mehreren Minuten) (v.a. in Städten mit vielen hohen Gebäuden ist die Positionsbestimmung sehr schwierig). Verbesserungen sind auch hier im Gange, indem zusätzliche Bodenstationen als Referenzpunkte zur schnelleren Berechnung installiert werden (Garmin 2000).

Tabelle 2-17 gibt nochmals einen zusammenfassenden Überblick über die vorgestellten Systeme.

Tabelle 2-17: Technische Daten der Satellitensysteme

System	**Iridium**	**Globalstar**	**ICO**	**Teledesic**	**GPS**
Umlaufbahn	LEO	LEO	MEO	LEO	MEO
Bahnhöhe	780 km	1400 km	10355 km	1375 km	20200 km
Anzahl Satelliten	66	48	10	288	24
Zellenanzahl	48	16	163	576	-
Zugriffsverfahren, Duplexverfahren	FDMA/ TDMA, TDD	CDMA -	FDMA/ TDMA, FDD	FDMA/ TDMA, FDD	-
Datenrate	2,4 kbit/s	2,4-9,6 kbit/s	4,8-144 kbit/s	# 2 Mbit/s ∃ 64 Mbit/s	-
Frequenzen circa [GHz]	1,6 MS 29,2 # 19,5 ∃ 23,3 ISL	1,6 MS # 2,5 MS ∃ 5,1 # 6,9 ∃	2 MS # 2,2 MS ∃ 5,2 # 7 ∃	19 ∃ 28,8 # 62 ISL	1,57∃
Dienste	Sprache, Daten, Fax, SMS	Sprache, Daten, Fax, SMS	Sprache, Daten, Fax, SMS	Internet, Video, Daten	Navigationssatellit
Lebensdauer	5-8 Jahre	7-8 Jahre	12 Jahre	10 Jahre	10 Jahre
Start kommerz. Betrieb	2001 nach Bankrott	1998	2003 nach Bankrott	2005	1995

Satellitenkommunikationssysteme dienen zur weltweiten Versorgung von Teilnehmern an Mobilfunksystemen. Auch das UMTS-Konzept integriert für die globale Abdeckung Satellitensysteme, da die flächendeckende Versorgung durch terrestrische Systeme unwirtschaftlich ist. Der Markt für Satellitenkommunikation scheint jedoch überschätzt worden zu sein. Sowohl Iridium als auch ICO mussten den Betrieb einstellen (Forum Mobilkommunikation 2000, 21). Beide Systeme werden allerdings mit neuen Kooperationspartnern den Dienst wieder aufnehmen. Ein Problem der Anbieter ist der inzwischen fast weltweite Ausbau der üblichen Mobilfunknetze wie GSM oder CDMA. Dies schränkt die Notwendigkeit zum Einsatz von Satelliten zur Kommunikation auf bestimmte Gebiete ein, die entweder zu abgelegen oder aus wirtschaftlichen Gründen nicht versorgt sind. Weitere Nachteile von Satellitensystemen sind die teure Infrastruktur, hohe Gesprächsgebühren und unhandliche, teure Mobilstationen (Motta 2000).

2.3.5.2 Rundfunksysteme

Die Mehrzahl der vorgestellten Mobilkommunikationssysteme sind bidirektional, d.h. Kommunikationspartner können in beide Richtungen miteinander Daten austauschen. Demgegenüber stehen unidirektionale Systeme oder Verteilsysteme, die nur in einer Richtung Daten an eine breite Masse von Teilnehmern versenden. Sie stellen eine extreme Variante von asymmetrischen Systemen dar. Bei unidirektionalen Sendungen wird die Ausstrahlung für die gesamte Gruppe der Empfänger optimiert. Dies ist auch gleichzeitig ein Nachteil, denn Anforderungen einzelner Empfänger werden nicht berücksichtigt: alle Pakete werden an alle Empfänger geschickt. Mit unidirektionalen Verbindungen lassen sich außerdem keine interaktiven Anwendungen realisieren. Eine Möglichkeit, diese Anwendungen (z.B. Internetnutzung) trotzdem zu nutzen, besteht darin, unidirektionale Verteilmedien mit bereits vorhandene Mobilfunktechniken, wie etwa GSM, zu kombinieren und so einen Rückkanal bereitzustellen (Schiller 2000, 227ff.).

Typische Beispiele für unidirektionale Verteilsysteme sind die Radio- und Fernsehsysteme, deren großer Vorteil die kostengünstige Verteilung pro Teilnehmer ist. Zukünftig wird es vollständig digitale Radio- und Fernsehsysteme geben. Analoge Rundfunknetze stellen zum einen keine zufriedenstellende Lösung hinsichtlich Frequenzökonomie und Übertragungsqualität dar, zum anderen erlaubt die digitale Übertragung zusätzliche Informationen zu übertragen. Dies können beispielsweise programmbegleitende Dienste sein, die beliebige Inhalte wie Multimediaanwendungen einer breiten Masse von Benutzern zur Verfügung stellen (bisher nur durch Videotext oder RDS möglich, die einen erhöhten technischen Aufwand erfordern). Anschließend werden zwei Beispiele von unidirektionalen digitalen Systemen vorgestellt, Digital Audio Broadcasting (DAB) und Digital Video Broadcasting (DVB).

DAB

Digital Audio Broadcasting (DAB) ist seit 1998 in Betrieb, die technische Entwicklung dazu begann bereits sehr viel früher. 1986 wurde aufbauend auf Versuche der DLR (Deutsche Luft- und Raumfahrt Gesellschaft (www.dlr.de)) und IRT (Institut für Rundfunktechnik (www.irt.de)) das europäische Projekt Eureka 147-DAB gegründet. 1994 wurde der DAB-Standard auch von der ITU als weltweiter

Standard akzeptiert. Die Anforderungen an DAB waren eine höhere Versorgungssicherheit als bei UKW-Systemen zu erreichen, Audioübertragung in CD-Qualität und eine weitgehende Unempfindlichkeit gegenüber Störungen der Mehrwegeausbreitung. Die wichtigsten technischen Eigenschaften des DAB-Systems werden anschließend erläutert.

DAB-Systeme nutzen ein sogenanntes Gleichwellennetz (Single Frequency Network, SFN), d.h. alle Sender *eines* Rundfunkprogramms arbeiten auf derselben Frequenz. In den analogen Systemen mussten bisher die verschiedenen Sender des gleichen Programms unterschiedliche Frequenzen benutzen, um sich nicht gegenseitig zu stören. Der Vorteil des SFN ist damit die Frequenzökonomie, denn eine Rundfunkstation benötigt nun weltweit nur mehr eine einzige Frequenz (Schiller 2000, 232).

DAB nutzt Frequenzen im UHF oder VHF-Bereich (von 30 MHz bis zu 3 GHz), abhängig von nationalen Regelungen. International werden u.a. Frequenzen im 1,4-GHz-Band und im VHF-Bereich von 174-230 MHz bereitgestellt. Je nach Frequenzbereich stehen zwischen 192 (<3 GHz) und 1536 (<375 MHz) Trägerfrequenzen pro DAB-Kanal zur Verfügung. Innerhalb des DAB-Kanals können bis zu sechs Stereo-Audioprogramme mit einer Datenrate von max. 192 kbit/s übertragen werden. Zusätzlich zu der Übertragung von Audiodaten ist DAB als diensteintegrierendes System so konzipiert, dass neben Audioprogrammen auch programmbegleitende Daten- oder Zusatzdienste überträgen werden können. Man kann dabei drei Dienstarten unterscheiden:

- *PAD* (Program Associated Data) – programmbegleitende Dienste (z.B. RDS, Standbilder, Schlagzeilen),
- *N-PAD* (Non-PAD) – Datenrundfunkdienste (z.B. Nachrichteninformationen, Serviceinformationen, Verkehrsinformationen),
- *CA* (Conditional Access) – Zusatzdienste für geschlossene Benutzergruppen (z.B. Paging-Dienste, Pay-Radio).

Der DAB-Kanal kann somit gleichzeitig bis zu sechs Audioprogramme und mehrere Datendienste übertragen (siehe Abbildung 2-33), kodiert wird er mit dem MPEG-2-Standard. Der Kanal hat dabei eine Bandbreite von 1,536 MHz und erlaubt insgesamt eine Datenrate von 1-1,5 Mbit/s (Schiller 2000, 232ff.).

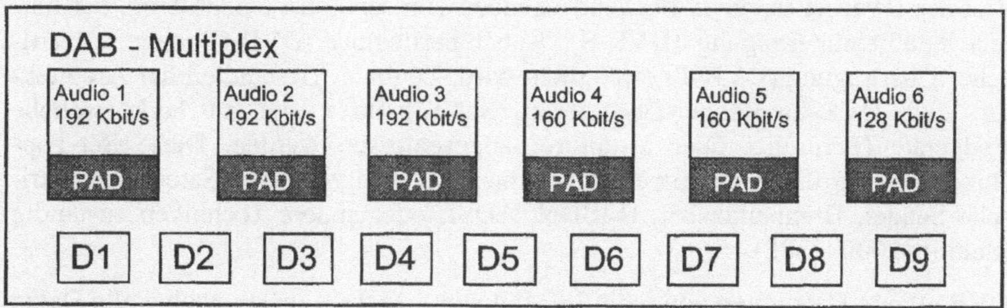

Abbildung 2-33: DAB-Kanal mit sechs Audiokanälen (Schiller 2000, 236)

Im Gegensatz zum analogen UKW-Rundfunk ist es bei DAB nicht notwendig, im Voraus eine Zuordnung von Kanälen mit bestimmten Diensten zu treffen, sondern jeder Programmanbieter erhält Datenübertragungsraten für sein Programm zugeteilt, die sich im laufenden Betrieb je nach Bedarf ändern können. Beispielsweise sinkt während der Nachrichten (für Sprachübertragung) die benötigte Datenrate (auf 96 bis 128 kbit/s). Die freigewordenen Bandbreite wiederum kann für andere Zwecke, beispielsweise für Zusatzdienste, benutzt werden.

Für die paketorientierte Übertragung von Daten über DAB wurde das ‚Multimedia Object Transfer' Protokoll (MOT) spezifiziert. Die Datenpakete besitzen eine vorangestellte Information, die das Format der enthaltenen Daten vermerkt. Dadurch sollen die unterschiedlichen Empfänger unabhängig von ihrer Leistungsfähigkeit alle Datenströme zumindest erkennen und einige davon darstellen können. Wesentlicher Aspekt ist dabei die Unterstützung von Datenformaten, die bisher in anderen multimedialen Systemen bereits genutzt werden (Java, JPEG, MPEG, GIF, etc.) (Schiller 2000, 236f.).

Besonders die Möglichkeit, hohe Bandbreiten auch noch bei großen Geschwindigkeiten zu ermöglichen, macht DAB für die Zukunft attraktiv. So können bis zu 1,5 Mbit/s bei 900 km/h übertragen werden, womit Fernsehübertragung auch in Zügen oder Automobilen möglich ist. Bis zum Jahr 2010 sollen dabei die Mehrzahl der Hörer digitales Radio nutzen, bis 2015 sollen die analogen Sender schließlich ganz ersetzt werden (BMWi 2001c, 9ff.).

DVB

Ähnliche Überlegungen zur Frequenzökonomie und Übertragungsqualität führten auch beim analogen Fernsehen zu Versuchen, digitale Ansätze einzuführen. Nach etlichen nationalen Einzelgängen wurde 1991 die ELG (European Launching Group) gegründet, um einen digitalen Übertragungsstandard für die Fernsehsysteme zu entwickeln. 1993 wurde die Forschungsarbeit unter dem Begriff DVB (Digital Video Broadcasting) zusammengefasst. Mittlerweile hat sich das DVB-Projekt über Europa hinaus auf die gesamte Welt ausgedehnt und umfasst mehr als 260 Organisationen aus 37 Ländern, darunter auch Japan, Südkorea, Kanada und USA.

Ziel des DVB ist es, einen flächendeckenden Fernsehdienst einzuführen, der mittels Satellitenübertragung (DVB-S), Kabelübertragung (DVB-C) oder terrestrischer Übertragung (DVB-T) ermöglicht wird. Zentraler Bestandteil der Architektur sind DVB-Empfänger-Decodierer (Set-Top-Box), die an herkömmliche Endgeräte (Fernseher oder Monitore) angeschlossen werden. Diese Set-Top-Boxen sind für den Empfang entsprechender DVB-Signale über Satellit, terrestrische Sender, Breitbandkabel, B-ISDN, ADSL oder andere Techniken zuständig (Schiller 2000, 238f.).

DVB erlaubt Datenraten von 5 bis 38 Mbit/s in 8-MHz-Kanälen, wobei alle Daten in flexiblen Containern transportiert werden. Diese Container können – wie bei

DAB – unterschiedliche Datentypen transportieren und analog zu DAB sind die Container mit MPEG-2 kodiert.

DVB sieht drei Qualitätsstufen für die Fernsehübertragung vor, die jeweils verschiedene Auflösungsstufen bieten: SDTV (Standard Definition TV), EDTV (Enhanced DTV) und HDTV (High DTV). (vgl. Abbildung 2-34).

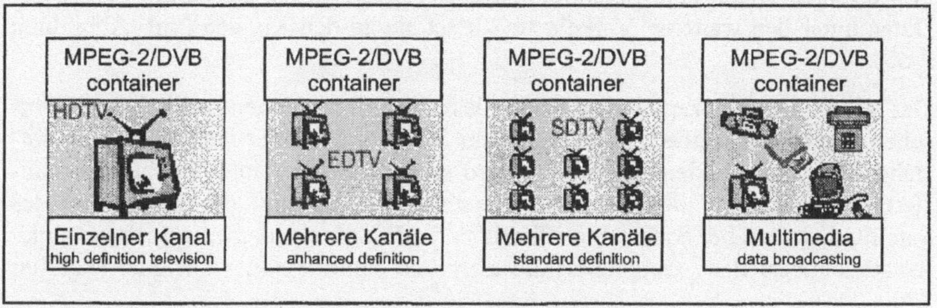

Abbildung 2-34: Inhalte von DVB-Containern (Schiller 2000, 241)

Während DAB für den mobilen Betrieb konzipiert wird, wird DVB nicht für den Einsatz bei hohen Geschwindigkeiten entworfen. Erst in den letzten Jahren laufen für DVB-T entsprechende Entwicklungen (näheres vgl. www.dvb.org u. www.etsi.org).

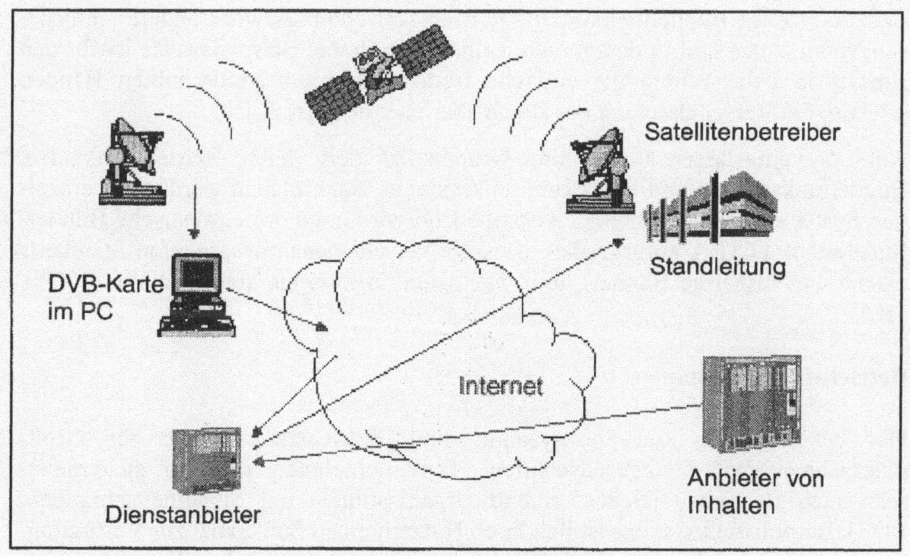

Abbildung 2-35: Internetzugang mit DVB (Schiller 2000, 242)

Neben dem reinen unidirektionalen Verteilsystem kann DVB auch für den breitbandigen, asymmetrischen Internetzugang eingesetzt werden. Dazu wird die Abwärtsrichtung über den DVB-Empfänger realisiert, der Datenraten bis zu 38 Mbit/s bietet. Der Rückkanal vom Nutzer zum Dienstanbieter wird über einen normalen schmalbandigen Kanal verwirklicht (z.B. Modem, ISDN). Der Kunde sendet in diesem Szenario seinen Datenwunsche an einen Dienstanbieter, der die gewünschten Daten zum Satellitenbetreiber sendet. Dieser wiederum mischt die Daten unter den weiteren Verkehr und leitet sie an den Kunden (vgl. Abbildung 2-35).

Der Vorteil des Konzeptes liegt darin, dass die Informationen parallel zum Fernsehen übertragen werden, ohne dass dem Satellitenbetreiber weitere Kosten entstehen. Für dünn besiedelte Gebiete wird so ein günstiger Internet-Zugang realisiert. Die Nachteile liegen in der gemeinsamen Nutzung der Bandbreite des Satelliten, sodass bei hohen Zugriffszahlen die Bandbreite dementsprechend sinkt, für stärker besiedelte Gebiete ist diese System somit weniger geeignet (Schiller 2000, 241f.).

2.3.5.3 Bündelfunk und Paketdatenfunk

Eine weitere Möglichkeit, Daten drahtlos zu übertragen, bieten der nichtöffentliche bewegliche Landfunk (nöbL). Er arbeitet in Frequenzbändern, die nur von spezifischen Nutzern bzw. Teilnehmergruppen verwendet werden. Zielgruppe der Systeme sind Unternehmen wie Fluggesellschaften oder Taxiunternehmen und Organisationen wie Feuerwehren oder Rettungsdienste. Bedingt durch die private Nutzung stellen Bündelfunksysteme je nach Anwendungszweck andere Anforderungen an Netze und Endgeräte wie zellulare Systeme. Beispielsweise ist für den Einsatz in Feuerwehren die einfache Bedienung mit behandschuhten Händen wichtig, die Verschlüsselung der Daten aber eher nebensächlich.

NöbL-Systeme lassen sich in drei Gruppen gliedern: ältere Betriebsfunknetze, Bündelfunksysteme und Paketdatenfunksysteme. Nachfolgend werden die einzelnen Systeme kurz beschrieben. Abschließend wird noch das europäische Bündelfunksystem TETRA aufgegriffen, dass die verschiedenen proprietären Standards ersetzt und bisherige Bündel- und Paketdatenfunksysteme ablöst (Walke 2000b, 1ff.).

Betriebsfunksysteme

Die bekanntesten nöbL-Funksysteme sind Betriebsfunksysteme für Großunternehmen wie Fluggesellschaften, Taxiunternehmen oder in sicherheitsrelevanten Bereichen (Behörden und Organisationen mit Sicherheitsaufgaben, BOS). Betriebsfunksysteme stellen ihren Nutzern einen Funkkanal zur Verfügung, der exklusiv von allen Anwendern gemeinsam genutzt wird. Im allgemeinen gehören die Steuerungs- und Sendeeinrichtungen dem Betreiber des Betriebsfunks, jede Anwendergruppe besitzt somit eine eigene Funkzentrale. Die 1974 eingeführten Betriebsfunksysteme wurden von den Bündelfunksystemen abgelöst.

Bündelfunksysteme

Bündelfunksysteme (Trunked Mobile Radio System) stellen den Teilnehmern nicht mehr nur einen Kanal pro Anwendergruppe zur Verfügung, sondern vielen Teilnehmern wird ein Kanalbündel zugewiesen. Die Kanäle werden einem Nutzer bei Bedarf zugeordnet und anschließend wieder freigegeben. Jeder Bündelfunkteilnehmer kann somit Daten versenden, sobald irgendein Kanal verfügbar ist (bei den Betriebsfunksystemen musste ein der Anwendergruppe zugewiesener Kanal frei sein). Das Verkehrsaufkommen wird jetzt auf alle Funkkanäle aufgeteilt.

Jeder Anwender verfügt zwar über eine eigene Steuerzentrale (sie regelt im Gesprächsfall die Zuordnung der Funkkanäle zu den Mobilstationen), die Funkzentrale wird jetzt aber zentral für mehrere Teilnehmer gemeinsam betrieben.

Die Vorteile dieses Konzeptes sind die höhere Verfügbarkeit der Kanäle und die ökonomische Nutzung der Frequenzen. Weiterhin bieten Bündelfunksysteme hochzuverlässige Netze (durch die begrenzte regionale Abdeckung), die günstig zu betreiben sind. Bündelfunksysteme können lokal mit nur einer Feststation organisiert sein oder als regional flächendeckende (zellulare) Systeme, die Zellgrößen von 10 km bis 25 km erreichen. Ein System der ersten (analogen) Generation ist das MPT-1327-Bündelfunksystem, das in Großbritannien vom Ministerium für Post und Telekommunikation (MPT) entwickelt wurde. In Deutschland ist dieser technische Standard zum Beispiel im Chekker-Netz (von der Deutschen Telekom) umgesetzt. Ein von der ETSI standardisiertes Bündelfunksystem der zweiten (digitalen) Generation ist der TETRA-Standard (TErrestrial TRunked RAdio), der als Beispiel eines Bündelfunknetzes im Anschluss dieses Abschnitts näher erläutert wird (Walke 2000b, 2f.).

Paketdatenfunksysteme

Bündelfunknetze können i.a. Dienste zur Datenübertragung nur ungenügend unterstützen. Spezielle Bündelfunknetze, die auf Datenübertragungen spezialisiert wurden, schaffen hier Abhilfe. Diese Systeme werden unter den Begriffen Paketdatenfunk oder Datenfunknetze zusammengefasst. Sie wurden für die Anbindung von mobilen Datenterminals an terrestrische X.25-Paketvermittlungsnetze entwickelt. Sie beschränken sich i.a. auf die paketorientierte Übertragung von Daten, eine Sprachübertragung ist daher nicht vorgesehen. Beispiele für Paketdatennetze sind MOBITEX in Schweden und England, ARDIS (Advanced Radio Data Information Services) in USA und MODACOM in Deutschland. Alle Mobilfunknetze stellen proprietäre Standards dar, die i.d.R. firmeneigene Protokolle benutzen (vgl. Walke 2000b, 6ff. u. Salkintzis 1999).

TETRA

Bisherige analoge proprietäre Systeme werden von dem europäischen Telekommunikationsstandard für (digitalen) Bündelfunk TETRA (früher MDTRS: Mobile Digital Trunked Radio System, 1991 in TETRA umbenannt) (Terrestrial Trunked Radio) abgelöst. Dieser Standard wurde 1991 von ETSI entwickelt, um die bisherigen nationalen Standards wie MODACOM oder MOBITEX und andere firmeneigene Ansätze zu ersetzen. TETRA ist geeignet für Einsatzbereiche bei Polizei, für Rettungsdienste und Feuerwehren, für Sicherheitsdienste, Militär, im Flottenmanagement, Transportunternehmen und für andere Bereiche (Walke 2000b, 15ff.).

TETRA nutzt ein Zellularkonzept mit Zellradien bis max. 25 km für ländliche Gebiete. Im Gegensatz zu anderen zellularen Netzen gibt ist aber keine echte Handover-Funktion, weil die Nutzer der Endgeräte i.d.R. keinen großen Aktionsradius haben. TETRA benutzt mehrere Frequenzbänder zwischen 380 und 470 MHz bzw. 870 und 933 MHz im Frequenzduplexverfahren (FDD). Jeder Kanal hat eine Bandbreite von 25 KHz und erlaubt eine Bruttodatenrate von 36 kbit/s, die Nettodatenrate liegt bei max. 28,8 kbit/s (Schiller 2000, 189f, Walke 2000b, 27 f.).

TETRA bietet zwei grundlegende Dienste an, den V+D-Dienst (Voice + Data) und einen PDO-Dienst (Packet Data Optimized). Der V+D-Dienst bietet einen Nachfolgedienst für die bestehenden Bündelfunksysteme, indem er den traditionellen kanalvermittelten Dienst für Sprache und Daten anbietet. Der PDO-Standard ermöglicht die Realisierung eines Paketfunksystems der zweiten Generation.

Folgende Dienste können unterschieden werden:

- Trägerdienste: Im V+D-Standard werden kanalvermittelte und paketorientierte Dienste angeboten, im PDO-Standard hingegen werden nur Paketdatendienste bereitgestellt. Tabelle 2-18 gibt dazu eine Übersicht.
- *Teledienste*: kanalvermittelte Sprache kann ungeschützt über die Trägerdienste übermittelt werden oder bevorzugt über geschützte Teledienste. TETRA ermöglich folgende Teledienste für die Sprachübertragung: Punkt-zu-Punkt-Verbindungen (Einzelruf, Direktruf (Verbindung zwischen zwei Endgeräten ohne Nutzung der Infrastruktur (Basisstation))) oder Punkt-zu-Mehrpunkt-Verbindungen (Gruppenruf, bestätigter Gruppenruf, Rundfunkruf). Folgende Datendienste werden in TETRA vorgesehen: Gruppenruf, Statusmeldungen, Notrufnachrichten, elektronische Post, Fax und Videotext.
- *Zusatzdienste*: Ähnlich wie GSM bietet TETRA verschiedene zusätzliche Dienste wie Rufnummernidentifikation, Rufweiterleitung, indirekter Zugang zu PSTN u.a. Netzen, Anrufsperre oder Konferenzschaltung (näheres siehe ETSI 1994).

Tabelle 2-18: Trägerdienste für V+D und PDO bei TETRA (Walke 2000b, 18ff.)

Trägerdienste für		V+D	PDO
Kanalvermittelt	Sprache und Daten ungeschützt, 7,2 - 28,8 kbit/s	x	-
	Daten schwach geschützt, 4,8 - 19,2 kbit/s	x	-
	Daten stark geschützt, 2,4 - 9,6 kbit/s	x	-
Paketorientiert	Verbindungsorientiert (PTP-Verbindung)	x	x
	Verbindungslos (PTP-Verbindung)	x	x
	Verbindungslos (PTP- und PMP-Verbindung)	x	x

Die Systemarchitektur ist der von GSM sehr ähnlich. Über die Luftschnittstelle wird die Mobilstation mit der Vermittlungsinfrastruktur verbunden. Die besteht aus Basisstationen, den Datenbanken für die Teilnehmerdaten (HDB – Home Data Base, VDB – Visitor DB) und den Verbindungen zu den Festnetzen (PSTN, ISDN, PDN). Vergleicht man das System mit GSM, ist die Implementierung jedoch wesentlich einfacher, denn Verbindungsmechanismen zu anderen Zellen werden i.d.R. nicht benötigt. Im Vergleich zu GSM bietet TETRA ebenso Dienste wie Gruppenruf, Rundruf etc. Die Vorteile von TETRA liegen in den hochzuverlässigen Strukturen und dem schnellen Verbindungsaufbau, die beispielsweise für Notfallteams essentiell sind. Aus diesen Gründen werden Systeme wie GSM oder UMTS den TETRA-Standard bzw. Bündelfunksysteme nicht ersetzen. Für bestimmte Einsatzzwecke sind Bündelfunksysteme besser geeignet und dienen der Ergänzung zu herkömmlichen GSM- oder UMTS-Systemen (Walke 2000b, 21ff.).

2.3.5.4 Funkrufsysteme und Pagingdienste

Funkrufsysteme oder Pagingsysteme sind unidirektionale Systeme, die es ermöglichen, eine kurze Meldungen an eine gesuchte Person zu übermitteln, deren Aufenthaltsort unbekannt ist.

Die Meldung kann in Form eines Tons oder einer numerischen bzw. alphanumerischen Nachricht bestehen. Die Endgeräte (Pager) sind ständig empfangsbereit und sehr klein, besitzen aber keine Sendemöglichkeit. Ein Funkruf wird abgesetzt, indem ein Fernsprechteilnehmer den Funkrufdienst (Pagingdienst) anwählt und dem sich meldenden Rechner die Rufnummer des Teilnehmers und evtl. eine Kurznachricht (über Tastatur, PC, etc.) mitteilt. Unterscheiden kann man in verschiedene Rufarten und Rufklassen, die Tabelle 2-19 zu entnehmen sind (Walke 2000b, 85ff.).

Die Vorteile eines Funkrufsystems sind die kostengünstigen Dienste und die kleinen Rufempfänger (Pager). Die Engeräte sind nahezu überall zu erreichen. Sie funktionieren in Räumen, Tiefgaragen, U-Bahnen etc., also dort, wo die Funkversorgung für GSM-Mobilstationen nicht mehr ausreichend ist. Schwächen des Systems liegen darin, dass ein Absender der Nachricht keine Empfangsbestätigung erhält und die Nachricht nicht immer sofort übermittelt wird. Nutzer dieser Systeme sind beispielsweise Ärzte oder Servicetechniker, durch die zunehmende Miniaturisierung (bis zur wasserdichten Armbanduhr) wird aber auch der Massenmarkt angesprochen.

Tabelle 2-19: Rufarten und Rufklassen in Funkrufsystemen (Walke 2000b, 86f.)

Rufart	**Einzelruf**	Funkruf innerhalb einer oder mehrerer Zonen
	Sammelruf	Innerhalb einer Rufzone werden nacheinander mehrere Empfänger gerufen
	Gruppenruf	Gleichzeitiger Ruf in mehreren Zonen
	Zielruf	Ruf in bestimmter Rufzone
Rufklasse	**0: Nur-Ton**	Benachrichtigung über verschiedene Tonsignale, je nach System bis zu acht Signale
	1: Numerik	Benachrichtigung über Ziffern im Display des Endgeräts
	2: Alphanumerik	Benachrichtigung über Textnachrichten
	3: Transparente Datenübertragung	Datenübertragungen möglich

Beispiele für Funkrufsysteme sind Eurosignal, Cityruf, Euromessage und ERMES (siehe Tabelle 2-20). ERMES wird als historisch gesehen jüngstes Funkrufsystem noch etwas genauer dargestellt (vgl. Walke 2000b, 85ff.).

Tabelle 2-20: Europäische Funkrufsysteme

Beginn	**System**	**Kennzeichen**	**Einsatz**
1974	Eurosignal	Konzipiert für Empfang über Fahrzeugantennen, nur Rufklasse 0	Deutschland, Frankreich, Schweiz
1989	Cityruf	Vertreter des POCSAG-Standards, den es in mehreren Teilen Europas gibt; städtenaher Funkrufdienst für Rufklasse 1 bis 2	Mehrere Systeme in Europa (Frankreich, Italien, England), national getrennt

1990	Euromessage	Europaweiter Funkruf auf POC-SAG-Basis, Erweiterung zum Cityruf durch Vernetzung der nationalen Dienste	Deutschland, Frankreich, Italien und England
1984	RDS	Zur Übertragung von Zusatzinformationen über UKW-Sender (Sendererkennung, etc.), Rufklasse 1	Deutschland, Schweden, Frankreich, Irland
1996	ERMES	Europaweiter Funkrufdienst, Rufklasse 0 bis 3	Europaweit

ERMES

ERMES (European Radio MEssaging System) wurde von den CEPT-Ländern ab 1986 entwickelt und 1992 von der ETSI standardisiert. ERMES ermöglichte in Europa erstmals ein standardisiertes Funkrufsystem, das in allen Ländern im gleichen Frequenzband arbeitet und somit die Erreichbarkeit in ganz Europa sicherstellt. Durch die hohe Bitrate pro ERMES-Kanal in Höhe von 6,25 kbit/s erlaubt das System im Gegensatz zu POCSAG-Systemen eine viermal höhere Kapazität. Die Teilnehmerkapazität des Systems beläuft sich auf ca. 6 Mio. Nutzer (Walke 2000b, 93ff. u. www.etsi.org).

ERMES-Systeme senden in Europa im Frequenzband von 169,4125-169,8125 MHz, welches in 16 Kanälen mit 25 kHz Bandbreite eingeteilt ist. Die Übertragungsrate beträgt 6,25 kbit/s. Die Reichweite von den Basisstationen (Feststationen) liegt bei einer Sendleistung von 100 W bei 15 km.

ERMES ermöglicht den Teilnehmern neben den Basisdiensten der Rufklasse 0 bis 3 auch Zusatzdienste, die von den jeweiligen Betreibern optional angeboten werden können (Walke 2000b, 94f.). Die Basisdienste beinhalten:

- *Nur-Ruf-Ton*: es werden bis zu acht verschiedene Tonsignale unterstützt
- *Numerik*: der Empfänger unterstützt numerische Nachrichten bis zu 20 Ziffern
- *Alphanumerik*: Funkruf mit mindestens 400 Zeichen
- *Transparente Datenübertragung*: Datenübertragungen bis zu 64 kbit/s sind erlaubt, z.B. für Prozessüberwachung oder Telemetrie

Zusatzdienste können optional angeboten werden, u.a. sind folgende definiert:

- Standard-Text: durch Eingabe eines bestimmten Codes über Telefon wird ein Standard-Text übermittelt (‚Treffen in einer Stunde')
- *Gruppenruf*
- *Rufumleitung*
- *Anzeigen der Dringlichkeitsstufe*
- *Verschlüsselung der Nachricht*

Die ERMES-Systemstruktur ist in Abbildung 2-36 dargestellt.

Die Netzarchitektur von ERMES besteht aus einer Funkruf-Netzsteuerung (PNC, Paging Network Controller), welche die Eingaben verarbeitet. Diese Eingaben können über Telefon-Tastatur (DTMF, Dual Tone Multiple Frequency), übliche Datennetze (ISDN, PSPDN, etc.) oder Dienstanbieter vorgenommen werden. Die Netzsteuerung verwaltet außerdem die Teilnehmerdaten und ermöglicht Roaming durch die Verbindung zu anderen ERMES-Netzen. Angeschlossen and die Netzsteuerung sind bis zu 64 Bereichssteuerungen (PAC, Paging Area Controller), welche die Funkrufe an entsprechende Feststationen weiterleitet. Die Feststationen senden mit bis zu 100 W und bedecken eine Fläche im Radius von 15 km (vgl. Walke 2000b, 95f.).

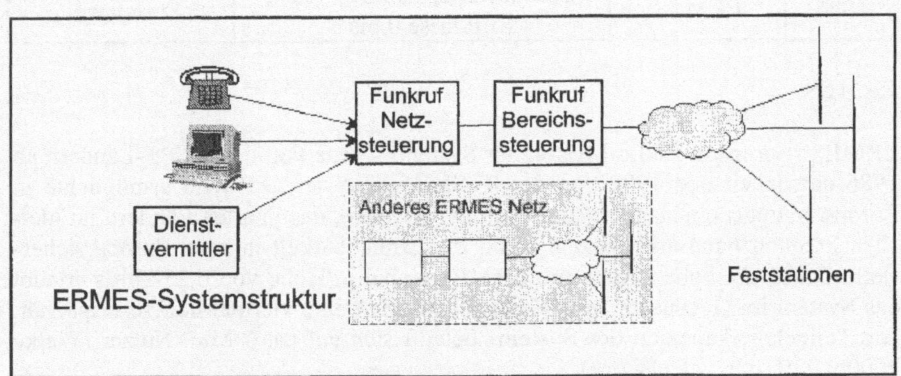

Abbildung 2-36: ERMES-Systemarchitektur (vgl. Walke 2000b, 96)

2.3.6 Lokalisierungstechniken und Location Based Services

In der Presse gelten, neben UMTS die Location Based Services (LBS) als kommende „Killerapplikation“ in der Mobilfunkbranche. Doch was sind eigentlich Location Based Services? Anders als der Tenor der aktuellen Berichterstattung zunächst vermuten lässt, umfassen Location Based Services weit mehr als die bloße Ortung von Handys. Unter LBS versteht man alle Anwendungen und Dienste, welche auf ortsbezogene Daten zurückgreifen. Nach einer kurzen Beschreibung der dabei verwendeten Technologien werden einige Anwendungsbeispiele vorgestellt.

2.3.6.1 Technologien zur Lokalisierung

Die zur Lokalisierung mobiler Endgeräte eingesetzten Verfahren lassen sich in zwei Klassen einteilen, abhängig davon, wer die Messung der relevanten Daten vornimmt. Es gibt netzwerkbasierte Verfahren und sogenannte MT-basierte Verfahren, bei denen das mobile Endgerät eine aktive Rolle übernimmt.

Netzwerkbasierte Technologien

Bei diesen Verfahren werden die zur Positionsbestimmung relevanten Daten vom Mobilfunknetzwerk gemessen. Dieses bestimmt dann die Position des mobilen Endgerätes.

Netzwerkbasierte Verfahren haben den Vorteil, dass man mit ihrer Einführung eine sofortige, vollständige Marktpenetration erreicht. Dies beruht darauf, dass keine Änderungen an Endgeräten notwendig sind.

Allerdings haben diese Technologien den Nachteil, dass sie, verglichen mit MT-basierten Verfahren, ungenauer sind. Im Folgenden werden die derzeit wichtigsten, netzwerkbasierten Verfahren erläutert, nämlich CELL ID, CELL ID + TA, UL-TOA sowie das E-OTD Verfahren.

CELL ID Verfahren

Bei diesem Verfahren wird zur Lokalisierung die Cell Global Identity (CGI) verwendet. Diese ermöglicht eine eindeutige Identifizierung der Funkzelle, bzw. eines Zellsektors, in welcher das mobile Endgerät eingebucht ist. Abbildung 2-37 zeigt eine Zelle und Sektoren einer Zelle. Hierbei hat jeder Sektor eine CGI:

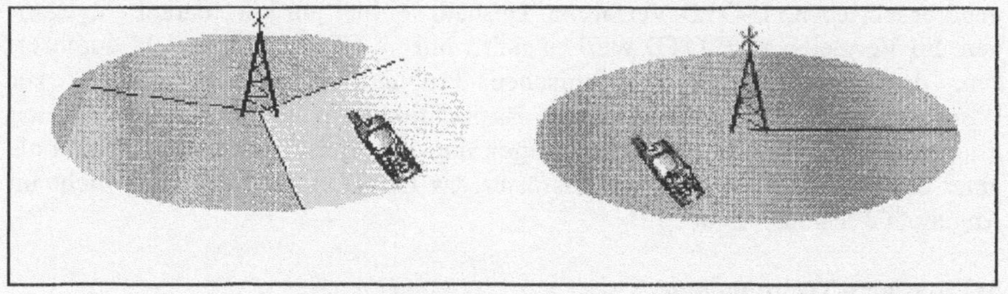

Abbildung 2-37: CGI Verfahren mit und ohne Zellsektoren (Swedberg 1999, 218)

Dieses Verfahren ist, im Vergleich zu den anderen hier vorgestellten Verfahren, am einfachsten zu implementieren und wird derzeit auch am häufigsten eingesetzt. Allerdings ist es auch die ungenaueste Lokalisierungstechnologie, da Funkzellen in urbanen Gebieten einen Radius von mindestens 100 m haben. In ländlicher Umgebung können sie auch Größen bis zu 35 km erreichen, was für einige Dienste aber bei weitem nicht genau genug ist .

CGI + TA Verfahren

Eine Erweiterung der Ortsbestimmung über die CGI ist die Einbindung des Timing Advance (TA). Dies ist ein Wert, der in der GSM Architektur auch ohne LBS Technologien bestimmt wird. Der TA ist eine Abschätzung der Entfernung des mobilen Endgeräts zur Base Transceiver Station (BTS = Sendemast). Dabei wird diese Entfernung zur Berechnung des TA's in Schritten von 550m geschätzt.

Verwendet man die TA-Information zusammen mit der CGI kann man die Position eines mobilen Endgeräts auf Kreisbögen bzw. Sektoren von 550m Breite einschränken. Abbildung 2-38 veranschaulicht dies:

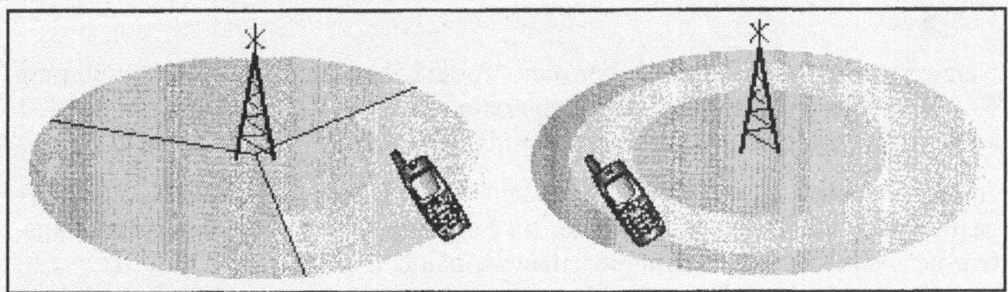

Abbildung 2-38: CGI + TA Verfahren (Swedberg 1999, 218)

UL – TOA Verfahren

Das Uplink Time Of Arrival (UL-TOA) Verfahren beruht auf der Messung von Zeitdifferenzen, die zwischen dem Eintreffen von Funksignalen eines mobilen Endgeräts bei mindestens vier BTS liegen. Es arbeitet ähnlich wie das nachfolgend beschriebene E-OTD Verfahren. Deshalb sei hier nur kurz darauf eingegangen. Im Vergleich zu E-OTD wird es sich wohl im GSM Umfeld nicht durchsetzen, das neben weiteren technischen Problem und hohen Kosten, zur Positionsbestimmung mindestens vier Basisstationen in Reichweite des mobilen Endgeräts nötig sind, bei E-OTD dagegen nur drei. Beispielsweise hat Nokia als einer der großen GSM-Netzwerkausrüster das UL-TOA Verfahren gar nicht im Angebot (Wiesmann 2000, 27).

MT-basierte Technologien

Bei diesen Verfahren wird die Messung der zur Positionsbestimmung relevanten Daten vom MT vorgenommen.

MT-basierte Verfahren haben, im Vergleich zu netzwerkbasierten, den Vorteil, dass sie deutlich genauer sind. Allerdings sind bei diesen Verfahren Änderungen an Endgeräten oder sogar neue Endgeräte nötig. Dadurch sind diese Verfahren dann auch kostenintensiver, weshalb sie z.B. in Deutschland derzeit kaum eingesetzt werden.

Nachfolgend werden zwei bereits realisierbare MT-basierte Verfahren, das E-OTD und das A-GPS Verfahren, näher erläutert.

E-OTD Verfahren

Beim Enhanced Observed Time Difference (E-OTD) Verfahren wird die Position eines MT mittels Triangulation über drei Basisstationen ermittelt. Dabei werden vom MT Zeitdifferenzen gemessen, welche zwischen dem Eintreffen von Funksignalen, sogenannten Bursts, von drei verschiedenen BTS liegen. Zur Messung lassen sich normale, in der GSM-Übertragung vorkommende Dummy- oder Synchronisierungsbursts verwenden. Dabei stellt sich das Problem, dass die BTS im GSM-Netz untereinander nicht synchronisiert sind, d.h. die BTS senden nicht exakt zur gleichen Zeit. Eine Synchronisation erfolgt nur zwischen BTS und MTs. Deshalb ist es nötig auch noch relative Echtzeitdifferenzen (Relative Time Difference = RTD) zwischen den BTS zu messen. Dazu werden sogenannte Location Measurement Units (LMUs) verwendet. Dies sind Messeinrichtungen mit geografisch genau bestimmter Position. Als Absolutwert wird meist die sehr genaue GPS-Zeit an einer LMU verwendet und, darauf bezogen, die Echtzeitdifferenzen (RTDs) zwischen den BTS gemessen. Die vom MT gemessenen Zeitdifferenzen der Funksignale der BTS, korrigiert um die RTDs, sind direkt proportional zur Entfernung des MTs zu den BTS. Diese Entfernungen ergeben Radien von Kreisen um die exakt bekannten Standorte der BTS. Der Bereich, in welchem sich diese Kreise schneiden, entspricht der Position des MTs. Grafisch veranschaulicht wird diese Triangulation in Abbildung 2-39.

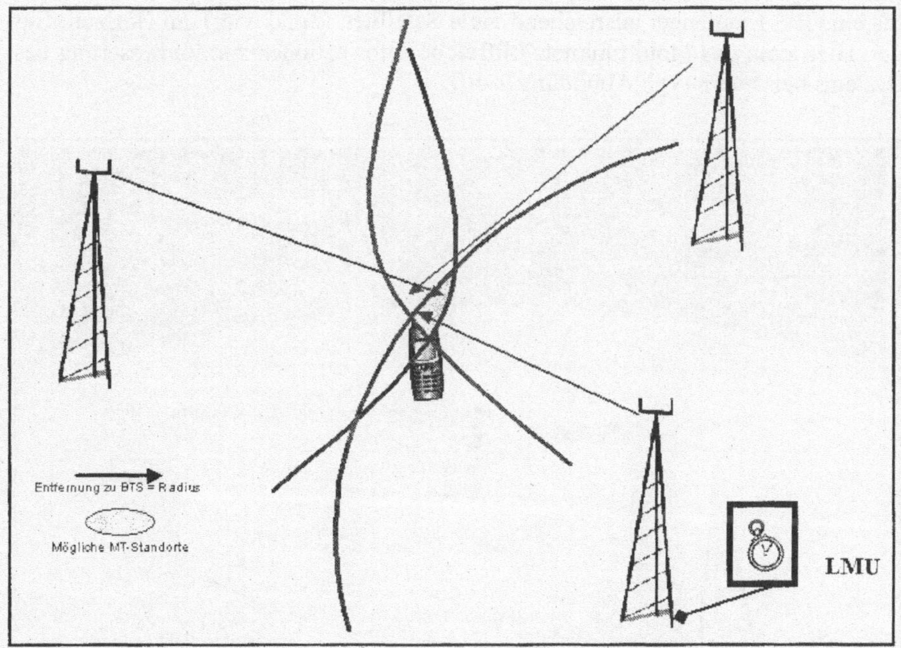

Abbildung 2-39: Triangulation beim E-OTD Verfahren

Die bei E-OTD eingesetzten LMUs dienen, im Gegensatz zum UL-TOA Verfahren, nur zur Bestimmung der RTDs. Sie messen selber keine weiteren Signale. Deshalb ist hierbei eine LMU für fünf Basisstation ausreichend. Im Vergleich dazu messen bei der UL-TOA Technologie die LMUs zusätzlich noch die eintreffenden Signale des MT. Daher ist bei Einsatz dieses Verfahrens eine LMU für jede BTS nötig.

A-GPS Verfahren

Assisted GPS (A-GPS) ist ein vom Mobilfunknetz unterstütztes Lokalisierungsverfahren, welches das Global Positioning System (GPS) benutzt. GPS ist ein System aus 24 Satelliten auf sechs Bahnen um den Globus. Es wird von den USA hauptsächlich für militärische Zwecke unterhalten, steht jedoch auch der zivilen Nutzung zur Verfügung.

Um per GPS ein MT lokalisieren zu können, muss dieses GPS-Satellitensignale empfangen können. Diese Signale enthalten einen sehr exakten Zeitstempel und die momentane Position des Satelliten. Aus den Signalen von mindestens vier Satelliten, kann das MT seine eigene Position berechnen.

Der Nachteil des GPS ist, dass die Signale der Satelliten nur sehr schwach sind, so das in Räumen oder dicht bebauten Gebieten fast kein Empfang dieser Signale mehr möglich ist. Außerdem kommt hinzu, dass es teilweise längere Zeit dauert, bis ein GPS Empfänger ausreichend viele Satelliten (mind. vier) am Horizont findet. Hier kann das Mobilfunknetz hilfreiche Informationen zur Verbesserung des Systems beisteuern (vgl. Abbildung 2-40).

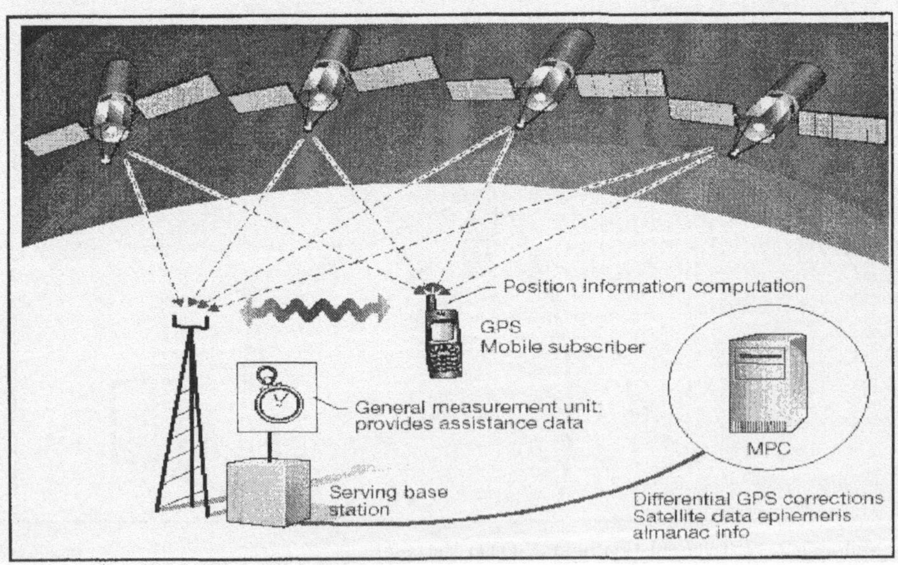

Abbildung 2-40: Assisted GPS Verfahren (Swedberg 1999, 216)

Wie in Abbildung 2-40 dargestellt, versorgt die LMU das MT mit zusätzlichen Informationen, wie Ephemeriden (den Positionen momentan sichtbarer Satelliten), Sendefrequenzen dieser Satelliten und Differential GPS Korrekturen. Gespeichert werden diese Daten im SMLC (Serving Mobile Location Center). Ericsson nennt dies Mobile Positioning Center (MPC). Mit diesen Daten kann das MT Satelliten schneller finden, da es weiß, wo sich derzeit in Frage kommende Satelliten über der momentanen Funkzelle befinden. Zum anderen kann es auch schwächere Signale empfangen, da es die Frequenzen kennt, auf denen momentan sichtbare Satelliten senden. Mithilfe von Differential GPS Daten lassen sich fehlende Daten ergänzen oder die Genauigkeit des Verfahrens noch erhöhen. Dabei handelt es sich um genaue geografische Daten, wie z.B. die exakte Position der LMU. Diese dienen als Bezugspunkt um Fehler in GPS Koordinaten zu korrigieren.

Vergleich der Technologien

Die allgemein zutreffenden Vor- und Nachteile von netzwerk- und MT- basierten Verfahren wurden oben bereits genannt. Die folgende Tabelle soll einen Vergleich der Technologien anhand der Genauigkeit der Lokalisierung liefern (Swedberg 1999, Gneiting 2000a):

Tabelle 2-21: Vergleich von Lokalisierungstechnologien anhand ihrer Genauigkeit

Technologie	Genauigkeit Stadt	Genauigkeit Land
Cell ID (CGI)	> 100m	< 35 Km
CGI + TA	> 100m	Kreissektor mit 550m Breite, Radius < 35 Km
UL-TOA	Ca. 150m	Ca. 50m
E-OTD	Ca. 200m	Ca. 60m
A-GPS	20 – 30m	3 – 10m

Alle hier aufgeführten Daten beziehen sich nur auf das Verfahren selbst und stellen damit Obergrenzen dar.

2.3.6.2 Anwendungen für Location Based Services

Hauptfunktionen bei ortsbezogenen Diensten

Es lässt sich feststellen, dass die einzelnen Anwendungen, die bis zum jetzigen Zeitpunkt realisiert wurden, auf fünf primäre Funktionen aufbauen (Koeppel 2001):

- Lokalisierung von Personen, Objekten oder Orten
- Suche nach nahegelegenen Objekten z.B. Restaurants, Hotels, Einkaufsgelegenheiten
- Routing
- Informationen über Verkehrsbedingungen
- Werbung

Im nachfolgenden Abschnitt soll kurz erläutert werden, welche Anwendungen im Umkreis dieser Hauptfunktionen entstanden sind.

Anwendungsbereich Lokalisierung

Für Applikationen in diesem Anwendungsbereich ist eine genaue Angabe der Position ausschlaggebend. Unter dem Anwendungsbereich Lokalisierung wird hier das Auffinden von konkreten Objekten, Personen oder Orten verstanden.

Die Lokalisierung von Fahrzeugen ist die Basis von Trackinganwendungen, sowie Anwendungen im Bereich Logistik oder Flottensteuerung (wie es z.B. bei UPS zur Paketverfolgung eingesetzt wird).

Auch der sogenannte Friendfinder basiert auf dieser Funktionalität. Mit diesen Anwendungen kann man Freunde oder Kinder lokalisieren und bekommt deren Aufenthaltsort übermittelt.

Durch die Funktion der Lokalisierung ist es auch möglich geworden, dass eine Vertriebsgesellschaft ihre Vertreter orten und die Polizei gestohlene Fahrzeuge leichter aufzuspüren kann. Die wichtigste Möglichkeit allerdings, die dieser Anwendungsbereich bietet, ist sicherlich das Lokalisieren von Verunglückten (z.B. Opfer von Lawinenunglücken). Eine der ersten Anwendungen war die Lokalisierung von Alzheimerpatienten in den USA.

Anwendungsbereich ortsnahe Suche

Wenn einmal die geographische Position des Benutzers festgestellt wurde, ist die naheliegendste Frage, welche Einrichtungen sich in seiner Nähe befinden. Elektronische Yellow-Pages (gelbe Seiten) oder andere Dienstleistungsverzeichnisse benutzen spezielle Suchalgorithmen, um Geschäfte oder Einrichtungen, die sich in einem bestimmten Radius zum Benutzer befinden, aufzuspüren und sie dem Benutzer zu übermitteln.

Dienste, die auf dieser Funktion beruhen, sind z.B. Hotelfinder, Restaurantfinder, Suche nach Sehenswürdigkeiten oder auch Location Based Games.

Anwendungen, die im B2B-Bereich realisiert sind, sind z.B. die Suche nach allen Typen von Unternehmenseinrichtungen, wie z.B. das nächstgelegene freie Firmenauto. Vertreter können sich, durch die Einbeziehung der firmeneigenen Kundendatenbank, die Kunden in der Umgebung ihres aktuellen Aufenthaltsortes anzeigen lassen.

Anwendungsbereich Routing

Routenplanung ist von den verschiedensten Anwendungen im Internet bekannt. Aber auch im mobilen Bereich setzt sich dieser Anwendungsbereich immer mehr durch. Durch die Lokalisierung des Mobilgerätes ist es möglich, ohne vorherige Angabe des Abfahrtsortes, die Route zu einem bestimmten Ziel berechnen zu lassen. Dabei kann man bei einigen am Markt vorhanden Applikationen unterscheiden, ob man die kürzeste oder die schnellste Strecke bevorzugt. Die Ausgabe an den Benutzer erfolgt entweder über eine Grafik, die die Strecke darstellt, über eine

Liste der Einzelstrecken bis zum Ziel oder einer Kombination aus Graphik und Liste.

Routenplanung ist aber nicht nur als eigenständige Applikation zu finden. Ein großer Teil der Location Based Services bieten als zusätzlichen Service die Routenplanung an. Bei Viag Interkoms Restaurantfinder kann man sich z.B. direkt nach der Auswahl des Restaurants die Route dorthin anzeigen lassen.

Anwendungsbereich Verkehrsnachrichten

Verkehrsnachrichten werden normalerweise dem Benutzer über Radiosender mitgeteilt. Mit Location Based Services ist es möglich, Verkehrsnachrichten in realtime über sein Handy zu erhalten, je nachdem in welchem Gebiet sich der Benutzer gerade aufhält. Damit ist es möglich, aktuelle Verkehrsbehinderungen, ausgelöst durch Baustellen oder Staus, gezielt zu umfahren.

Anwendungsbereich Werbung

Ein weiterer großer Anwendungsbereich fällt auf die lokale, personalisierte Werbung. Bei dieser Art von Werbung werden dem Benutzer, je nachdem wo er sich gerade aufhält, besondere Angebote auf sein Mobilgerät übermittelt. Durch die rechtlichen Umstände in Deutschland ist es zum jetzigen Zeitpunkt noch nicht möglich, diese Werbebotschaften ohne vorherige Erlaubnis durch den Benutzer zu versenden. Die Firma McDonalds bietet z.B. solche Werbung seinen Kunden, nach einer Registrierung im Internet, an. So bekommt der registrierte Benutzer jeweils eine SMS auf sein Mobilgerät geschickt, wenn er sich in einem bestimmten Umkreis zu einem Restaurant befindet. Durch diese SMS wird er auch auf aktuelle Tagesangebote hingewiesen.

Beispielablauf eines ortsbezogenen Dienstes

In Abbildung 2-41 werden die Vorgänge, die beim Aufrufen eines ortsbezogenen Dienstes ablaufen, sowie die involvierten Bestandteile schematisch dargestellt.

Szenario: Ein Benutzer befindet sich in einer fremden Stadt und möchte sich gerne über sein WAP-Portal die nächstgelegenen Restaurants, relativ zu seiner Position, anzeigen lassen.

Nr.1: Der Benutzer wählt auf seinem Mobilgerät sein WAP-Portal an und schickt eine Anfrage nach den nächstgelegenen Restaurants ab. Diese WML-Anfrage wird über das WAP-Protokol zu dem für ihn im Augenblick zuständigen BSC geschickt.

Nr.2: Diese WML-Anfrage wird vom BSC an das WAP-Gateway des GSM-Netzbetreibers weitergegeben.

Nr.3: Diese Anfrage wird über HTTP an den Web Server (bzw. Applikationsserver) des Portalanbieters übermittelt.

Nr.4: Der Applikationsserver verarbeitet nun die Anfrage und fordert beim GMLC (Gateway Mobile Location Center) des Netzbetreibers die Standortdaten des Mobilgerätes, das den Dienst angefordert hat, an.

Nr.5/6/7/8: Willigt der Anwender ein, wird die Lokalisierung durchgeführt. Das GMLC gibt die ermittelten Geokoordinaten an den Applikationsserver weiter.

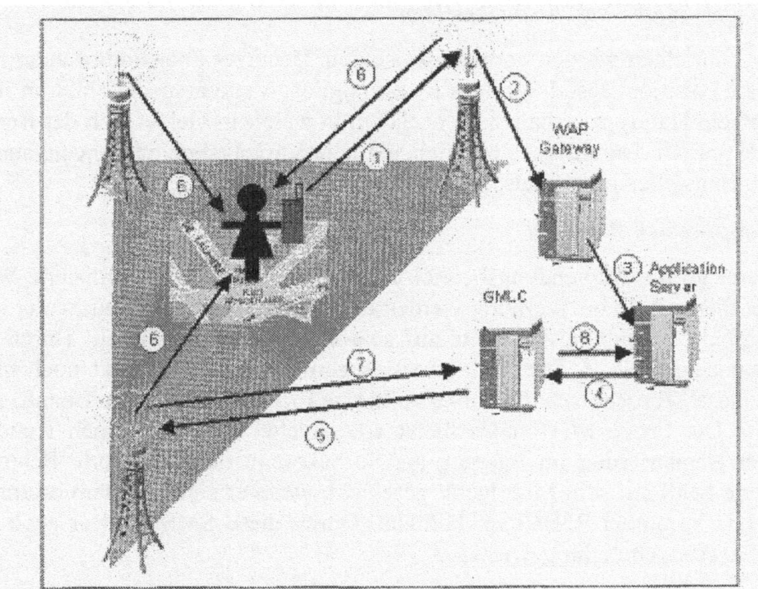

Abbildung 2-41: Vorgehen beim Ausführen ortsbezogener Dienste

Nach der Positionsbestimmung kann der Applikationsserver mit der eigentlichen Dienstausführung beginnen.

Es gibt eine Reihe von Applikationsservern am Markt, die in diesem Gebiet eingesetzt werden. Exemplarisch wird der „Oracle 9i Application Server Wireless Edition“ zur Veranschaulichung der Vorgänge bei der Diensterfüllung eingesetzt.

Nr.1: Der Applikationsserver erhält nun die Dienstanforderung, die ihm über das WAP-Gateway zugeteilt wurde, sowie die Positionsdaten des Mobilgerätes. Diese Informationen kommen am sogenannten Listener an.

Nr.2: Dieser leitet die Daten an den Core des Servers weiter, der die Anfrage verarbeitet. Dieser Hauptbestandteil ist ein Java-Servlet, das die Zusammenarbeit der einzelnen internen wie externen Quellen regelt. Auf externe Daten wird über den Java Adapter zugegriffen. Diese Adapter bieten auch die Möglichkeit JDBC-Calls abzusetzen, über die eine Verbindung zu Datenbanken hergestellt werden kann.

Nr.3: Die Längen- und Breitengrade, die dem Server vom GSM-Netzbetreiber übermittelt wurden, müssen nun zu den entsprechenden Straßenangaben transformiert werden. Diese Aufgabe kann von externen Geoinformationssystemen (GIS) übernommen werden.

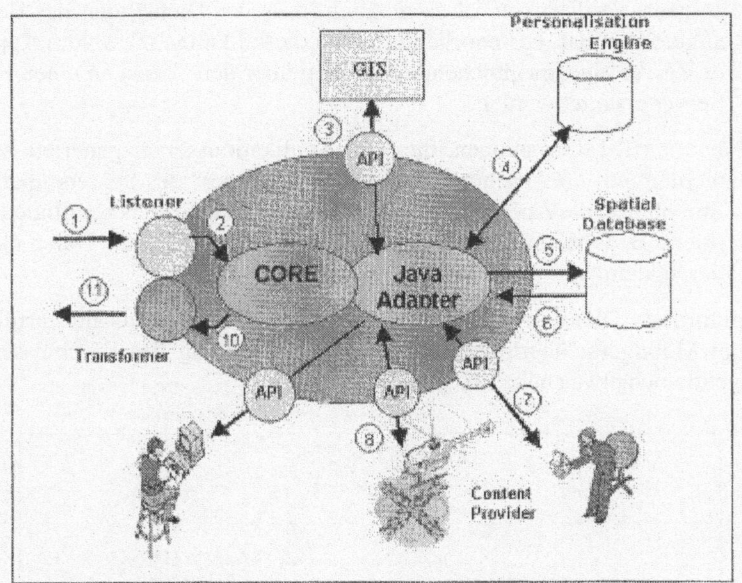

Abbildung 2-42: Oracle „9i Application Server Wireless“ als Beispiel für die Ausführung von ortsbezogenen Dienste (West 2001)

Nr.4: Im nächsten Schritt wird nun Verbindung zur sogenannten „Personalisation Engine“ aufgenommen. In dieser Datenbank werden die Benutzerpräferenzen der unterschiedlichen Anwender des Portals abgelegt. Durch diese personenbezogenen Daten kann der Server die Ergebnisse auf den jeweiligen Benutzer zuschneiden.

Nr.5: Sind die Präferenzen und das Straßensegment, in dem sich das Mobilgerät befindet, ermittelt, kann der Core des Servers eine SQL-Abfrage über eine JDBC-Verbindung zur sogenannten „Spatial Database“ schicken. In dieser relationalen Datenbank sind alle Daten der möglichen Zielobjekte mit ihren geocodierten Adressen gespeichert und zu Yellow Pages zusammengefasst. In diesen Relationen wird nun mit Hilfe von speziellen Algorithmen nach den Lokalitäten in einem bestimmten Umkreis des Mobilgerätes gesucht.

Nr.6: Sobald die passenden Objekte gefunden sind, wird von der Datenbank eine XML- oder HTML-Datei mit den Ergebnissen zum Applikationsserver zurückgeschickt.

Nr.7/8: Je nach Art des Dienstes ist es in bestimmten Fällen notwendig, externe Daten von Content Providern anzufordern. Über Programmschnittstellen (API) werden diese externen Daten in XML- oder HTML-Dateien dem Applikationsserver zur Verfügung gestellt.

Nr. 9: Je nach Tarifstruktur ist es möglich, dass der Dienst, den der Benutzer angefordert hat, kostenpflichtig ist. In diesen Fällen muss vom Applikationsserver eine entsprechende Meldung über den Dienst an einen Billing-Server erstattet werden.

Nr.10: Die XML-Informationen, die vom Applikationsserver generiert wurden, werden nun im Anschluss an den „Transformer" des Servers übergeben. Ihm obliegt die Aufgabe, die XML-Daten in das jeweils benötigte Format (hier z.B. WML) umzuwandeln damit das Mobilgerät die Daten interpretieren kann.

Der angeforderte Dienst ist von Seiten des Applikationsservers nun erfüllt und kann zum Mobilgerät übertragen werden. Die Zustellung des Ergebnisses wird nachfolgend noch etwas näher dargestellt.

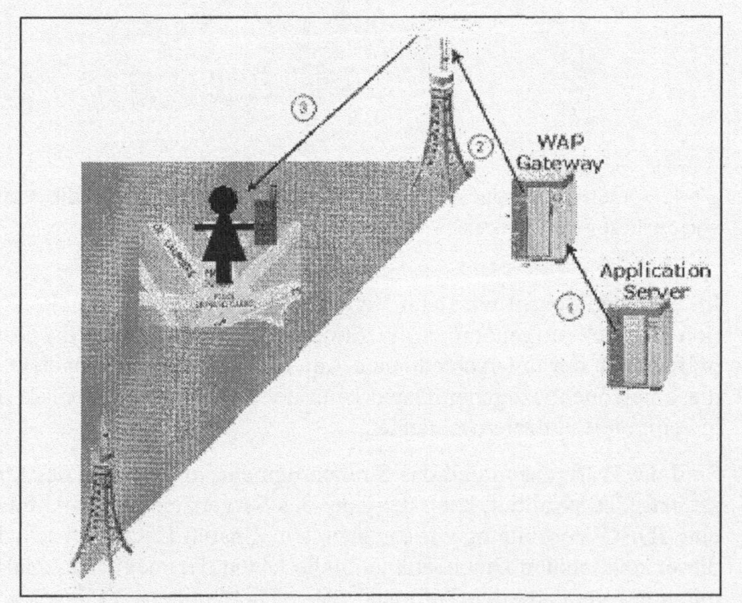

Abbildung 2-43: Zustellung der Ergebnisdaten über ein GSM-Netz

Nr.1: Die vom Applikationsserver erstellte WML-Datei wird über das HTTP-Protokoll an das WAP-Gateway des GSM-Netzbetreibers geschickt. Dieses Gateway transformiert wieder das HTTP-Protokoll in das WAP-Protokoll.

Nr.2: Das Gateway sendet die Datei an den für das Mobilgerät zuständige BSC.

Nr.3: Da in den meisten Fällen ein BSC für mehrere BTS zuständig ist, wird nun vom BSC der passende BTS ermittelt und das Ergebnis des ortsbezogenen Dienstes dem Mobilgerät zugestellt.

2.3.6.3 Trends bei Location Based Services

Entwicklung im Bereich der Location Determining Technology

Die am meisten genutzte Technologie zur Bestimmung der Position eines mobilen Endgeräts wird in der nächsten Zukunft die Cell-ID bleiben. Dies liegt darin begründet, dass, zum einen in Europa noch keine gesetzlichen Bestimmungen für eine höhere Genauigkeit der Technologie gibt und dass es zum anderen für die meisten Applikationen keine größere Genauigkeit nötig ist

Hier spielt die Einführung der 3G Mobilfunknetze eine bedeutende Rolle. Sobald größere Bandbreiten und damit bessere Services möglich sind, wird auch der Bedarf an genauerer Positionsbestimmung steigen.

Entwicklung im Bereich der Mobilfunknetze

Die Einführung von GPRS bzw. später UMTS wird sich sicherlich als Enabler für Location Based Services auswirken.

Gründe für die Enablerfunktion der 3G Netzwerke für Location Based Services sind:

- "Always on" und damit Push Content wird möglich sein
- Dynamischer Content wird möglich sein
- Die GUIs der MTs werden besser zu bedienen sein.

"Always on" und Push-Content

Die bisherigen GSM Netze funktionieren leitungsorientiert. Da der Benutzer immer einen Kanal belegt und Gebühren bezahlt wenn er online ist, ist ein "Always on" hier kaum möglich. Der Benutzer muss alle Informationen, die er haben will, selbst explizit anfordern. Mit Einführung der 2.5G Netze wird der Datenverkehr paketorientiert abgewickelt. Dadurch ist es dem User möglich, immer online zu sein, aber nur zu bezahlen, wenn er tatsächlich Daten anfordert.

Dynamischer Content

Ein weiteres Problem der Location Based Services in den bisherigen Funknetzen ist die geringe Bandbreite dieser Netze. Datenintensive Anwendungen sind einfach nicht realisierbar. Durch die große Bandbreite von 2.5G/3G Funknetzen wird es ermöglicht, sich bisher ausschließlich statisch verfügbaren Content bei Bedarf dynamisch über das mobile Internet auf das MT zu holen.

Bessere GUIs

Durch die eben beschriebene, größere Bandbreite, größere MT Displays und der Verwendung von XHTML wird es in Zukunft auch möglich sein dem Benutzer übersichtlichere und leichter zu bedienende GUIs zu bieten als momentan.

Technologiestandards

Momentan ist das Equipment (Endgeräte etc.) aufgrund fehlender Standards einfach noch zu teuer für den Privatkundenmarkt. Viele Hersteller verwenden zueinander inkompatible, proprietäre Technologie. Erst wenn Standards bei der verwendeten Technologie gesetzt sind, werden die Endgeräte und die Services kostengünstiger und damit attraktiver für den Privatkundenmarkt werden.

Standardisierungsbestrebungen im Bereich Location Based Services werden bereits heute stark vorangetrieben.

Das 3G Partnership Program arbeitet an einer verbindlichen Definition für die Integration von Location Based Services in künftige 3G Funknetzwerke. Dadurch soll es Unternehmen erleichtert werden, ihre Location Based Services in zukünftigen Funknetzwerken zu implementieren.

Das Location Interoperability Forum (LIF) wurde im September 2000 von Ericsson, Motorola und Nokia ins Leben gerufen und beschäftigt sich mit der Erarbeitung einheitlicher und allgemeingültiger Lösungen für Location Based Services. Es will erreichen, dass zukünftige Location Based Services sowohl unabhängig von Funknetzwerken als auch Positionsbestimmungstechnologien sind.

Tarifstrukturen

Ein weiterer Hinderungsgrund für einen Erfolg der Location Based Services sind die zur Zeit herrschenden Tarifstrukturen. Für Privatkunden ist es schlichtweg immer noch zu teuer über das Mobile Endgerät online zu gehen. Hier wird sich eine ähnliche Entwicklung wie bei den Internetzugangsgebühren über das Festnetz abzeichnen. Als die Zugangsgebühren noch sehr hoch waren, haben nur einige wenige, technologieinteressierte Kunden das Internet genutzt. Als die Zugangsgebühren in den letzten Jahren immer weiter gesunken sind, haben dann immer mehr Menschen das Internet genutzt.

Es ist jedoch noch nicht klar welche Art von Geschäftsmodell sich letztendlich durchsetzen wird. Möglich ist eine Abrechnung nach Traffic, nach Zeit oder eine feste monatliche Gebühr (eine Art Flatrate). Ebenso ist es durchaus möglich, dass Kunden für bestimmte "Premium Services" einen höheren Preis bezahlen, als für herkömmliche Services wie z.B. einen Restaurantfinder. Laut einer Umfrage der Cambridge Strategic Management Group werden der festen monatlichen Grundgebühr die größten Chancen eingeräumt.

Wachstumssegmente

Welche Bereiche weisen nun aber das größte Wachstumspotential auf?

Im Privatkundenbereich werden folgenden Gebieten die größten Wachstumschancen eingeräumt:

- Entertainment
- Werbung ("Permission Marketing")
- M-Commerce powered by Location
- Kraftverkehr (persönliche Sicherheit und Ortung im Notfall)

Entertainment

Die Einschätzung dass Location Based Entertainment Services einen der größten Märkte darstellen beruht zu einem großen Teil auf dem enormen Erfolg, den Entertainment Services bei i-mode in Japan haben. 64% der genutzten Services bei i-mode fallen in diesen Bereich. Hierunter fallen zum Beispiel ortsbasierte Spiele oder der sogenannte Buddy Alert (der Benutzer wird benachrichtigt, wenn einer seiner Freunde in der Nähe ist).

Permission Marketing

Experten schreiben dem Permission Marketing (ortsabhängige Werbung) ebenfalls ein großes Wachstumspotential zu. Es handelt sich dabei um Daten, die im Pushverfahren an das mobile Endgerät gesendet werden. Der Anwender initiiert das Senden der Werbung hierbei nicht, erlaubt sie jedoch. Durch die Ortsabhängigkeit der Werbung kann der Anwender im Idealfall sofort auf die Werbung reagieren, da die Werbung mit einem Interaktionspunkt des Werbungstreibenden und dem Standpunkt des mobilen Anwenders in Verbindung steht.

M-Commerce powered by Location

Ein weiterer Bereich des Mobilfunkmarktes, dem sehr große Wachstumschancen eingeräumt werden, ist der mobile E-Commerce (oder auch M-Commerce). Bisher blieb dieser Bereich den hohen Erwartungen der Analysten gegenüber vieles schuldig, im Jahr 2006 soll dieser Bereich jedoch der Umsatzstärkste im Mobilfunkmarkt sein.

Der M-Commerce Markt wird durch die Einführung der 2.5 bzw. 3G Funknetzwerke einen ersten Schub erfahren. Vieles wird sich durch diese Einführung zum Vorteil des Mobilfunkkunden verändern.

Aber erst wenn es für den Kunden möglich ist, basierend auf seiner aktuellen Position, bequem und aktuell für Ihn relevant einzukaufen, wurde für den Kunden ein Mehrwert geschaffen, der den M-Commerce powered by Location vom bisherigen E-Commerce oder auch M-Commerce abhebt.

Verkehr und Transport

Dem Kraftverkehrsbereich wird ein großes Entwicklungspotential zugeschrieben (Nourouzi 2001), da hier bei den Kunden ein großes Bedürfnis an persönlicher Sicherheit vorherrscht.

In einer von Ovum durchgeführten Umfrage waren über 50% der Befragten bereit, für einen Notfallhilfe Service einen "Premium-price" zu bezahlen. Etwas unter 50% der Befragten waren bereit, einen "Premium-price" für eine Kombination aus Notfallhilfe Service und "Fahrzeugtracking und -aufspürservice" zu bezahlen.

2.4 Zellulare Funknetze für den Nahbereich und drahtlose lokale Netze

Schnurlose Fernsprechsysteme sind Mobilfunksysteme, die keine flächendeckende Versorgung erreichen, sondern über Funk eine Verbindung von 50m (innerhalb Gebäuden) bis 300m (außerhalb Gebäuden) bieten. Eingesetzt werden können sie neben dem Heimgebrauch auch als mikrozellulare Netze in Büros oder als öffentliche Systeme mit lokaler Flächendeckung.

Die Entwicklung bei den Schnurlosen Telefonen (Cordless Telephony, CT) beginnt zunächst mit den analogen Systemen CT0-CT1+. CT0-Systeme wurden Anfang der 80er in den USA und dem asiatischen Raum benutzt. Die erheblichen Nachteile, wie schlechte Übertragungsqualität, führten 1983 zur Entwicklung eines verbesserten Standards. CT1, nach wie vor ein analoges System, wurde von der CEPT spezifiziert. Die von CT1 genutzten Frequenzbänder wurden allerdings 1998 für GSM-Netze freigegeben, dementsprechend steht CT1 nicht mehr zur Verfügung. Das in vielen Ländern eingeführte Nachfolgesystem CT1+ ist dagegen nach wie vor im Einsatz, die Lizenz für diesen Standard ist bis ins Jahr 2008 vorgesehen. Das System wurde wegen der geringen Kapazität und schlechten Abhörsicherheit von CT1 eingeführt. Gerade durch die zur Zeit anhaltende Diskussion um das Thema der elektromagnetischen Verträglichkeit (EMV) werden bei schnurlosen Endgeräten vereinzelt wieder analoge Geräte nachgefragt. Allerdings liegt die Zukunft auch hier in den digitalen Standards, von denen CT2 ein Vertreter ist (o.V. 2001i). Mitte der achtziger Jahre wird dieser erste digitale Standard in Großbritannien entwickelt. Dieses System orientierte sich dabei am Konzept des CT1-Standards, erlaubt aber höhere Kapazitäten und zusätzliche Dienste (Schiller 2000, 183 und Walke 2000b, 101ff.).

Nachfolgend wird mit dem DECT-Standard (Digital Enhanced Cordless Telecommunications) zunächst eine weitere digitale Alternative erläutert, die leistungsfähiger als der CT2-Standard (CT2 wird vorrangig in Großbritannien eingesetzt) ist. Anschließend wird die in Japan sehr erfolgreich eingesetzte Alternative PHS (Personal Handy Phone System) beschrieben (weitere Systeme siehe Lin 2000, 115ff.).Im weiteren werden drahtlose lokale Netze wie WLAN, HiperLAN und HomeRF vorgestellt. Den Abschluss bildet Bluetooth.

2.4.1 DECT

DECT wurde 1992 von der ETSI standardisiert. Der frühere Name, Digital European Cordless Telecommunication, wird erst später umbenannt zu ‚Digital Enhanced Cordless Telecommunications', um den weltweiten Anspruch des Systems auszudrücken. Mittlerweile ist DECT auch Teil der IMT-2000-Familie (näheres zur Historie siehe unter www.dect.ch).

Ein DECT-Netz ist eine mikrozellulares, digitales Mobilfunknetz für hohe Teilnehmerdichten. Die Einsatzorte sind typischerweise Bürogebäude und Firmengelände, bei denen die DECT-Systeme i.a. als Mehrzellensysteme mit mehreren Basisstationen realisiert werden. Außerdem können DECT-Systeme im Heimbereich genutzt werden, wofür Einzellensysteme mit nur einer Basisstation meist ausreichend sind. DECT kann auch bei Veranstaltungen wie Messen oder zur Überbrückung der ‚letzten Meile' zwischen Netzbetreiber und Teilnehmer zum Einsatz kommen.

Der große Unterschied zu den vorher besprochenen Mobilfunknetzen liegt in der Kapazität und der Größe der Zellen. Während bei GSM-Zellen Durchmesser von bis zu 35 km möglich sind, ist DECT auf Reichweiten von 300m beschränkt, in Gebäuden sogar auf 50m. DECT ist außerdem nicht für den Einsatz bei höheren Geschwindigkeiten ausgelegt, eine Verbindungsübergabe von Basisstation zu Basisstation ist aber auch hier möglich. Ein Vorteil des DECT-Systems besteht darin, dass sehr hohe Teilnehmerdichten von mehreren 100.000 Nutzern pro km^2 erlaubt werden. Die Kosten für den Aufbau sind im Vergleich zu GSM-Systemen niedriger, denn es ist keine Netzplanung wie bei GSM nötig. Weitere Basisstationen können hier einfach hinzugefügt werden (Walke 2000b, 107ff. und Schiller 2000, S.183ff.).

Funkschnittstelle

DECT arbeitet im Frequenzbereich von 1880-1990 MHz mit 10 Trägerfrequenzen und 120 Vollduplexkanälen. Die einzelnen Frequenzen werden in 10 ms lange Rahmen aufgeteilt, die jeweils 24 Zeitschlitze beinhalten. Zur Richtungstrennung zwischen Senden und Empfangen wird das TDD-Verfahren eingesetzt, normalerweise werden dazu die ersten zwölf Zeitschlitze zum Downlink verwendet, die anderen Zeitschlitze sind für den Uplink reserviert.

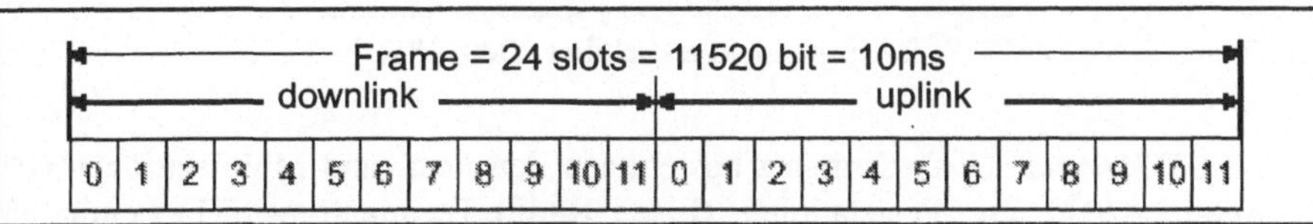

Abbildung 2-44: TDMA-Rahmenstruktur bei DECT

Jeder Zeitschlitz ist 416,7 µs lang, das entspricht einer Länge von 480 Bit. Diese sind allerdings nicht komplett für Nutzdaten reserviert, je nach Paket werden Nutzdaten von 96 bis 388 Bit übertragen. Die Sprachkodierung liegt im DECT-System bei 32 kbit/s. Die höchste Datenrate beträgt bis zu 80 kbit/s.

In zellularen Systemen wie GSM erfolgt die Kanalzuweisung nach einem festen Plan, der bereits bei der Netzplanung in Abhängigkeit von den erwarteten Teilnehmern und den verwendeten Frequenzen erstellt wird. DECT hingegen wendet das DCA-Konzept (Dynamic Channel Allocation) an, bei dem in jeder Zelle grundsätzlich alle Kanäle zur Verfügung stehen und die Mobilstationen sich einen geeigneten aussuchen können. Die Netzplanung wird in DECT-Systemen entsprechend vereinfacht, da keine Frequenzplanung nötig ist, sondern nur eine Planung der Feststationsstandorte. Das System kann sich selbstständig auf wechselnde Lasten einstellen (Walke 2000b, 123ff. und DECT-Forum 1997).

Architektur

DECT-Systeme können verschiedentlich aufgebaut sein, abhängig von der Größe des benötigten Systems. Alle Implementierungen beruhen aber auf einer einheitlichen logischen Referenzarchitektur, die in Abbildung 2-45 gezeigt wird.

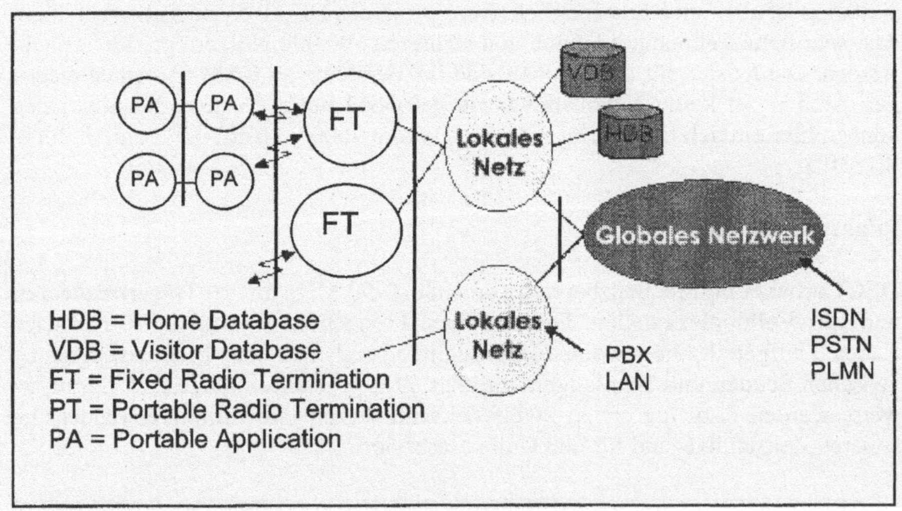

Abbildung 2-45: DECT-Referenzarchitektur (Schiller 2000, 185)

- *DECT-Kernnetz*: Das Kernnetz besteht aus den Fest- und Mobilstationen (FT bzw. PA/PT). Die Feststationen (Fixed Radio Terminations, FT) beinhalten alle Funktionen, um den funktechnischen Zugang zum Festnetz zu bieten. Neben der Verbindungsübergabe (Handover) haben die Feststationen aber keine Vermittlungsfunktion. Die Komponenten ‚Portable Radio Termination' (PT) und ‚Portable Application' (PA) sind auf der Seite des mobilen Endgerätes realisiert. Während auf einem Endgerät mehrere PAs implementiert sein können (nicht standardisiert), werden durch das PT die funktechnischen Funktionen realisiert. Endgeräte können somit je nach Einsatz des DECT-Systems verschieden realisiert werden (Schnurlostelefone, Webpads, angepasste Terminals). Außerdem gibt es Dualmode-Endgeräte, die sowohl GSM als auch DECT unterstützen. DECT-Basisstationen funken dabei mit einer festen Sendeleistung von 250 mW ohne Unterbrechung, Mobilstationen melden sich alle 30 Sekunden bei ihrer Basis mit einer Leistung von 10 mW (Walke 2000b, 117f.).

- *Lokales Netz*: Die netztypischen Funktionen sind außerhalb des DECT-Systems untergebracht. Zusatzdienste müssen in globalen oder lokalen Netzen verwirklicht werden, weil der Kern des Netzes sehr einfach aufgebaut ist. Lokale Netze erbringen dabei den lokalen Telekommunikationsdienst, d.h. Dienste wie Rufweiterleitung, Adressumsetzung etc.. Beispiele sind digitale Nebenstellenanlagen (PBX, Private Branch Exchange) oder Local Area Networks (LAN) nach dem IEEE-802.x-Standard. Auch die Datenbanken HDB (Home Data Base) und VDB (Visitor Data Base) – vergleichbar mit den HLR- und VLR-Datenbanken im GSM-System – sind außerhalb des Kernnetzes im lokalen Netz angebunden.
- Das *globale Netz* verbindet das System mit der ‚Außenwelt', d.h. es leistet den überregionalen Telekommunikationsdienst. Beispiele sind PSTN, PLMN oder ISDN (Walke 2000b, 116f.).

Weiterentwicklung und Verbreitung des DECT-Standards

Als Ergänzung und Erweiterung des DECT-Systems werden eine Reihe von Profilen standardisiert, sog. DECT Application Profiles (DECT-Forum 1997, 12f.). Beispiele für diese Profile sind u.a.

- *GAP* (General Access Profile): sichert die herstellerunabhängige Zusammenarbeit zwischen DECT-Geräten,
- *GIP* (DECT/GSM Interworking Profile): sichert die Anbindung an GSM,
- *IIP* (ISDN Interworking Profile): sichert die Anbindung an ISDN,
- *RAP* (Radio in the Local Loop): unterstützt den Wireless Local Loop,
- *DPRS* (DECT Packet Radio Service) und *DMAP* (DECT Multimedia Access Profile) ermöglichen neue Datenstandards für Übertragungen bis zu 552 kbit/s, in Aussicht werden 2 Mbit/s gestellt.

Zukünftige Einsatzbereiche liegen z.B. in der Bereitstellung von ‚Mobilen Intranet Terminals', die Anwendungen wie mobile Datenerfassungs- und Informationssysteme (Arzt am Krankenbett, Logistik auf der Baustelle) ermöglichen.

Der DECT-Standard, inzwischen Teil der IMT-2000-Familie, wird weltweit eingesetzt und in über 110 Ländern akzeptiert. Derzeit sind über 45 Millionen DECT-Terminals im Einsatz, vorhergesagt werden 200 Millionen bis zum Jahr 2003 (www.dect.ch). Im Gegensatz zu PHS, dem japanischen Standard der im

Anschluss vorgestellt wird, konnte sich DECT als weltweiter Standard durchsetzen.

2.4.2 PHS

Die Entwicklung des Personal Handy Phone System begann 1989. Zu dieser Zeit gab es in Japan keinen vergleichbaren Standard zu CT2 oder DECT. Aus diesem Grund entschloss man sich, einen eigenen Standard zu entwickeln. Dieser sollte die Nachteile der bisherigen zellularen Mobilfunknetze vermeiden, indem Installations- und Verbindungskosten gesenkt werden und die Netzplanung vereinfacht wird. Nach der Prüfung durch das TTC (Telecommunications Technology Council) im Jahre 1991 wurden in den folgenden Jahren erste Feldversuche in Sapporo und Tokio durchgeführt. PHS wurde 1995 schließlich in Japan von drei Betreibern kommerziell gestartet.

In den ersten drei Jahren wurde das Mobilfunksystem von sehr vielen Teilnehmern akzeptiert, die Nutzerzahl stieg zu dieser Zeit auf über sechs Millionen an. Vor allem die günstigeren Mobilstationen halfen dem PHS-System anfangs zu großen Wachstumszahlen – trotz der systembedingten Nachteile wie geringere Zellabdeckung und unterlegene Mobilitätsunterstützung. Mitte 1997 gingen die Teilnehmerzahlen allerdings zurück, was u.a. auf die gefallenen Preise der zellularen Mobilfunksysteme zurückzuführen ist (PHS 1999).

Wie DECT besitzt PHS eine mikrozelluläre Struktur, um die Kapazität gegenüber zellulären Netzen zu erhöhen. Es arbeitet im Frequenzbereich von 1893,5-1919,6 MHz, eingeteilt in 87 Trägerfrequenzen mit 300-kHz-Bandbreite. Die Träger werden außerdem aufgeteilt in Bereiche für die öffentliche Nutzung (15 MHz) und Frequenzen für den privaten Gebrauch (11,1 MHz). Bei PHS erfolgt die Zuteilung von Bändern an Netzbetreiber nicht exklusiv (DCA-Konzept, vgl. Kap. 4.1, S. 116) – einzig die Signalisierungsfrequenzen der einzelnen Betreiber sind fest vergeben. Wie bei DECT wird die Netzplanung deshalb vereinfacht, allerdings erfordern die festgelegten Signalisierungsfrequenzen eine minimale Netzplanung.

Funkschnittstelle

Ebenso wie DECT verwendet PHS das TDMA-Zugriffsverfahren mit dem Duplexverfahren TDD. Ein TDMA-Rahmen hat acht Zeitschlitze mit jeweils vier für den Up- und Downlink. Insgesamt ist ein TDMA-Rahmen 5 ms lang. Ein Zeitschlitz hat eine Länge von 625 µs und umfasst 240 Bit (für Sprachübertragung sind 160 Bit reserviert). Unterstützt werden symmetrische und asymmetrische Verbindungen. Neben der Sprachübertragung und dem Telefaxdienst sind Datenübertragung mit Raten von 9,6 kbit/s möglich. Durch parallele Nutzung von vier Kanälen kann die Datenrate auf 128 kbit/s gesteigert werden (Walke 2000b, 255f.).

Architektur

Bei PHS unterscheidet man analog zu DECT in zwei Elemente: das Endgerät (Personal Station) und die Basisstation (Cell Station). Die Basisstationen senden mit max. 500 mW. Sie sind für die Abdeckung eines bestimmten Bereichs von einigen hundert (typisch 150-200m) Metern zuständig und übernehmen Aufgaben wie beispielsweise die dynamische Kanalvergabe. Die mobilen Endgeräte senden mit max. 10 mW. Durch die Trennung in öffentliche und private Frequenzbereiche sind Endstationen auch für diese beiden Betriebsmodi ausgelegt. Durch umschalten im Endgerät kann je nach Verfügbarkeit ein Modus genutzt werden. Durch die annähernde parallele Entwicklung von PHS- und PDC-Systemen sind die Endgeräte zudem in der Lage, gleichzeitig in beiden Systemen zu arbeiten (Dualmode-Endgeräte) (Walke 2000b, 247f.).

Weiterentwicklungen und Verbreitung des PHS-Standards

Durch neue Dienst und Technologien versuchen PHS-Betreiber auch zukünftig, ihre Teilnehmerzahlen gegenüber zellularen Systemen wie PDC und den in 2001 erwarteten IMT-2000-Systemen zu verteidigen. Neben den erweiterten Datendiensten auf 64 kbit/s bzw. 128 kbit/s, sind Multimedia-Dienste (Bilder- und Musik-Downloads), Internet-Integration und andere Dienste bereits in Planung. Die Vorteile des PHS liegen dabei nach wie vor in den preiswerteren Endgeräten und den hohen Datenübertragungsraten (PHS 2000).

Abbildung 2-46 zeigt die weltweite Verbreitung von PHS-Systemen. Neben Japan sind PHS-Netze auch in China, Thailand und anderen asiatischen Ländern im Einsatz.

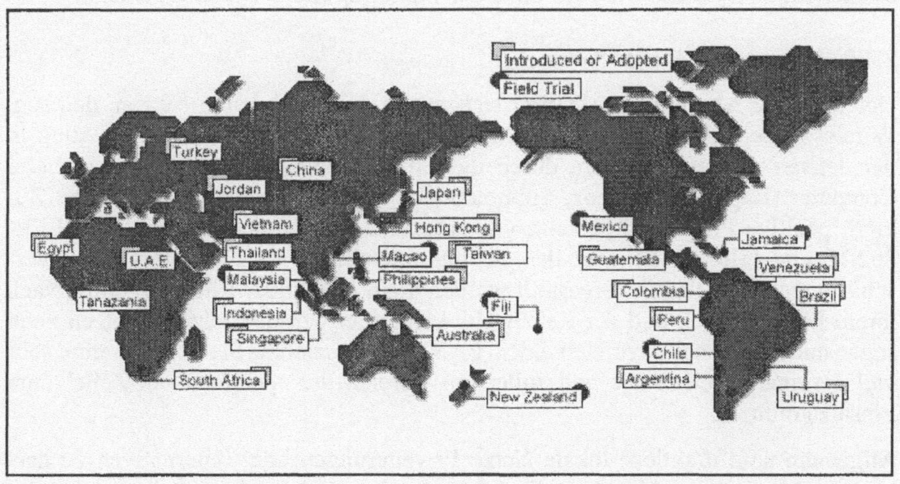

Abbildung 2-46: Weltweiter Einsatz von PHS-Systemen (siehe www.phsmou.or.jp)

Tabelle 2-22: Übersicht zu DECT und PHS

Standard	DECT	PHS
Zugriffsverfahren	TDMA/TDD	TDMA/TDD
Frequenzen [MHz]	1880-1990	1893-1919
Trägeranzahl	10	87
Rahmenlänge	10ms	5ms
Slots pro Rahmen	24	8
Kanäle	120	308
Datenraten	552 kbit/s, 2 Mbit/s geplant	64 kbit/s, geplant 128 kbit/s
Sendeleistung MS/BS	10 mW / 250 mW	10 mW / 500 mW
Reichweite	300 m	150-200 m
Verbreitung	Weltweit	Asiatischer Raum

DECT ist im Gegensatz zu PHS in 110 Ländern weltweit im Einsatz. Es ist Teil der IMT-2000-Familie und somit integriert in das Anwendungsszenario für zukünftige Mobilfunksysteme. Es bietet als IMT-2000-Konzept Datenraten bis zu 2 Mbit/s an. PHS hingegen ist v.a. im asiatischen Raum verbreitet. Dort sind bereits Netze mit 64 kbit/s im Einsatz, die in Konkurrenz zu den zunehmend preiswerteren zellularen Systeme wie PHS bzw. den zukünftigen 3G-Systeme stehen.

2.4.3 Drahtlose lokale Netze

Der folgende Abschnitt beschäftigt sich mit drahtlosen lokalen Netzen, den sog. Wireless Local Area Networks (WLAN). Der Marktanteil für WLANs stieg in den letzten Jahren vor allem durch die Entwicklung leistungsfähiger tragbarer Computer (Laptop, Notebook, Subnotebook). WLANs werden auch für die Zukunft positive Prognosen gestellt, v.a. aufgrund der Standardisierung von IEEE-802.11 und HIPERLAN, mit der die Interoperabilität zwischen Produkten verschiedener Hersteller sichergestellt werden kann (CZ 2001, Rüdiger 2000). Nach ihrem Einsatzzweck und der Reichweite kann man von den lokalen Netzen noch sogenannte Personal Area Networks (PAN) differenzieren. Sie besitzen eine sehr viel geringere Reichweite und sollen im Bereich der ‚persönlichen Zelle' zum Einsatz kommen.

Allgemein sind drahtlose lokale Netze Erweiterungen oder Alternativen zu herkömmlichen lokalen Netzen (z.B. Ethernet, Token Ring) innerhalb bestimmter Reichweiten wie Bürogebäude, Universitäten, Fabrikhallen oder in Privatwohnungen. Das Ziel von drahtlosen Netzen ist zunächst der Ersatz der teuren und unflexiblen Verkabelung. Statt dessen wird i.d.R. Funktechnologie oder Infrarotübertragung eingesetzt.

Die Vorteile der drahtlosen Netze sind vielfältig. Durch den Wegfall von Kabeln kann die Planung vereinfacht und die Flexibilität bei der Installation erhöht werden, da man weniger Rücksicht auf bauliche Gegebenheiten nehmen muss (die einer Verkabelung evtl. im Wege stehen könnten). Drahtlose Netze können sich außerdem verändernden Büroumgebungen sehr viel besser und schneller anpassen. Potentielle Einsatzzwecke sind deshalb gegeben bei einer ungünstigen Ausgangslage für die Kabelverlegung (historische Gebäude), für temporäre Netzwerke (Rettungseinsatz, Messen) oder für dauerhafte Netze für unterschiedliche Benutzer und/oder mobilen Endgeräten (Konferenzräume, Universitäten). Die anfänglichen Investitionskosten für WLAN sind i.a. zwar höher als bei drahtgebundenen Komponenten, allerdings sind die Kosten für eine Erweiterung des Systems bei WLANs geringer: Ist ein drahtloser Zugangspunkt zum Festnetz installiert, können zusätzliche Nutzer ohne weitere Maßnahmen (zusätzliche Anschlüsse) am Netz teilnehmen. Neben diesen Vorteilen gibt es natürlich auch eine Reihe von Nachteilen gegenüber drahtgebundenen Netzen, die v.a. Dienstgüte und Bandbreite bei der Übertragung betreffen. Im Festnetz sind die Übertragungsraten nach wie vor höher und durch die Eigenschaften der leitergebundenen Übertragung ist auch die angebotene Dienstgüte besser als bei WLAN-Systemen. Außerdem gibt es gerade bei der Funkübertragung regulatorische Einschränkungen des verwendeten Frequenzspektrums, die zudem national verschieden sein können. Aus diesem Grund beschränkt man sich meist auf das lizenzfreie 2,4-GHz-ISM-Band (ISM-Bänder (‚Industrial, Scientific and Medical'-Band) von 902-928 MHz, 2400-2483,5 MHz, 5150-5350 MHz und 5725-5825 MHz), für das man keine Zulassungsformalien benötigt. Andererseits gibt es dafür aber auch größere Konkurrenz, denn die einzelnen Standards nutzen dieses Spektrum nicht exklusiv und können sich eventuell gegenseitig stören (u.a. verwenden es Bluetooth und IEEE-802.11 sowie industrielle Mikrowellenöfen) (Schiller 2000, 245ff.).

Im folgenden werden zunächst grundlegende Übertragungstechniken (Infrarot und Funk) und verschiedene WLAN-Konfigurationen (Ad-hoc-Netz, Infrastrukturnetz) vorgestellt. Anschließend werden zwei Standards für WLAN – IEEE-802.11 und HIPERLAN – beschrieben. Beide können mit den jeweiligen Weiterentwicklungen zukünftige Bedürfnisse abdecken. Weiterhin wird der ‚Home Networking'-Standard HomeRF (Home Radio Frequency) erläutert, der auf die Schnurlostechnologie von DECT aufbaut und der im Gegensatz zu den ersten beiden Standards auf die private Nutzung abzielt. Am Ende des Kapitels wird mit dem Bluetooth-Standard der Bereich der Personal Area Networks abgedeckt.

Funk- und Infrarotübertragung

Es existieren im Bereich der drahtlosen lokalen Netze derzeit zwei Übertragungstechniken: die Infrarot-Übertragung im Wellenbereich von 850-950 nm und die Funkübertragung im GHz-Bereich.

Die *Infrarotübertragung* ist auf ca. 25 m beschränkt und hat den sehr großen Nachteil, dass sie leicht abgeschirmt werden kann. Datenübertragungsraten reichen derzeit von 115 kbit/s bis 4 Mbit/s, allerdings sind hohe Datenraten nur bei einer Sichtverbindung möglich. Vorteile der Infrarot-Übertragung ist die überaus kostengünstige Sender- und Empfängerimplementierung. Infrarot-Schnittstellen sind daher bereits in sehr vielen Endgeräten integriert (PDA, Laptop, Mobiltelefon etc.), wobei ein Großteil der Geräte dem sog. IrDA-Standard (Infrared Data Association, vgl. www.irda.org) folgt.

Die Mehrzahl der Netzwerke setzt zur Kommunikation *Funkübertragung* ein, wie sie schon aus den vorhergehenden Kapitel bekannt ist. Die Vorteile gegenüber Infrarot sind die hohen Datenraten bis zu 10 Mbit/s, die langjährige Erfahrung und die Möglichkeit, auch ohne Sichtverbindung Daten zu übertragen. Nachteile liegen in der gegenseitigen Störung der Funkübertragungen und die reglementierten Frequenzbereiche (Schiller 2000, 249ff.).

Ad-hoc-Netze und Infrastrukturnetze

Drahtlose lokale Netze können in zwei unterschiedlichen Konfigurationen realisiert werden, in Form von Ad-hoc-Netzen oder Infrastrukturnetzen.

Die meisten WLAN basieren auf einer *Infrastruktur*, die den Zugang zu anderen Netzen über Basisstationen (Zugangspunkte, Access Points) ermöglicht. Bei Infrastrukturnetzen ist eine direkte Kommunikation zwischen den mobilen Endgeräten nicht vorgesehen. Die Basisstation steuert den gesamten Medienzugriff und den Zugang zu anderen Netzen.

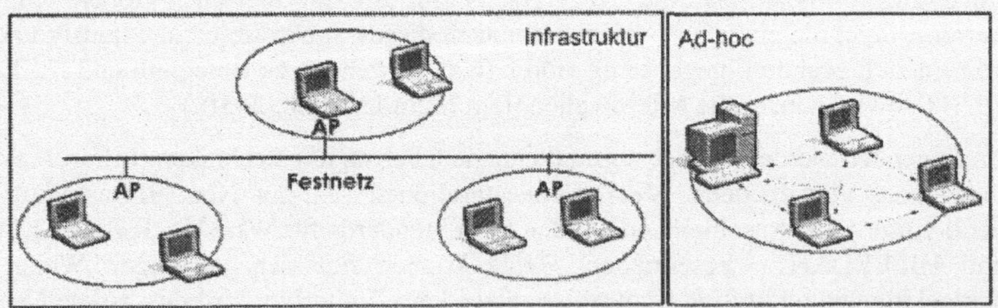

Abbildung 2-47: Infrastruktur- und Ad-hoc-Netzwerk (vgl. Schiller 2000, 251f. und WLANA 1999, 4)

Ad-hoc-Netze hingegen sind selbstorganisierende Drahtlosnetze mit Komponenten, die sich logisch zusammenschließen können. Sie benötigen keine Infrastruktur wie Basisstationen, stattdessen können die Endgeräte direkt und spontan miteinander kommunizieren. Ein typisches Beispiel für ein solches Ad-hoc-Netz ist Bluetooth.

Während Infrastrukturnetze den Nachteil haben, einen Teil der Flexibilität einzubüßen, bieten sie dafür den Vorteil, dass sie sehr einfach zu implementieren sind.

Die Komplexität befindet sich zum Großteil im Zugangspunkt, sodass Endgeräte dementsprechende einfach realisiert werden können. Ad-hoc-Netzwerke benötigen dagegen in jedem Endgerät Mechanismen zur Mediensteuerung, haben dafür den Vorteil der größtmöglichen Flexibilität. Beide Netzwerk-Konfigurationen können aber auch miteinander kombiniert werden.

2.4.3.1 IEEE 802.11

In den frühen 90er Jahren entstanden die ersten Produkte für WLANs, die jedoch durch fehlende Richtlinien zueinander inkompatibel waren. Aus diesem Grund wurde vom amerikanischen Institut of Electrical and Electronics Engineers (IEEE) ein Standard für drahtlose lokale Netze entwickelt. Die Spezifikation mit der Bezeichnung IEEE-802.11 wurde Mitte 1996 fertiggestellt und ist zur Zeit der erfolgreichste Standard für WLAN. Die Bezeichnung ergibt sich aus der Zugehörigkeit zur Gruppe der 802.x-Standards für lokale Netze (z.B. Ethernet), die von IEEE spezifiziert werden. In den nachfolgenden Abschnitten werden die Architektur und die grundsätzlichen Eigenschaften von IEEE-802.11 erläutert.

IEEE-802.11 im Detail

Der Standard benutzt zur Definition ein Referenzmodell (angelehnt an das ISO/OSI-Referenzmodell Schicht 1 und 2), indem zum einen die Bitübertragungsschicht und die Medienzugriffssteuerung definiert werden. Die Bitübertragungsschicht beinhaltet Mechanismen zur Übertragung von Bitströmen und spezifiziert u.a. die Trägerfrequenzen und die Sendeleistungen der Endgeräte. Die Medienzugriffsschicht ist für den Zugriff auf den Übertragungskanal zuständig und für die Definition der Datendienste. Oberhalb dieser Schichten erscheint das IEEE-802.11 wie jedes andere 802.x-LAN. Zur Vereinfachung werden in dieser Arbeit die Protokollschichten nur im Überblick erläutert.

Bitübertragungsschicht

Für die Bitübertragung gibt es drei verschiedene Möglichkeiten: zwei Funkübertragungsstandards und einen Standard zur Infrarotübertragung.

Die *Infrarotübertragung,* für die es keine Beschränkungen im Einsatz gibt (z.B. Lizenzen oder Regulierungen), arbeitet im Bereich von 850-950 nm. Die Reichweite liegt bei normalen Verhältnissen bei ca. 10 m (ohne störende Quellen wie Sonneneinstrahlung), wodurch ein Netz i.a. auf Gebäude beschränkt ist. Der Vorteil bei der Infrarotübertragung: um die einzelnen LANs zu Trennen, genügt eine einfache räumliche Abschirmung. Die Sendeleistungen liegen bei der Infrarotübertragung bei max. 2 W, womit Übertragungsraten von 1 bis 2 Mbit/s erreicht werden (Schiller 2000, 261).

Die *Funkübertragung* arbeitet im Frequenzbereich von 2,4 GHz, genauer im Bereich von 2.400 – 2.483,5 MHz. Bei dieser Alternative gibt es zwei verschiedene

Möglichkeiten für die Bitübertragung: das FHSS-Verfahren (Frequency Hopping Spread Spectrum) und das DSSS-Verfahren (Direct Sequence Spread Spectrum).

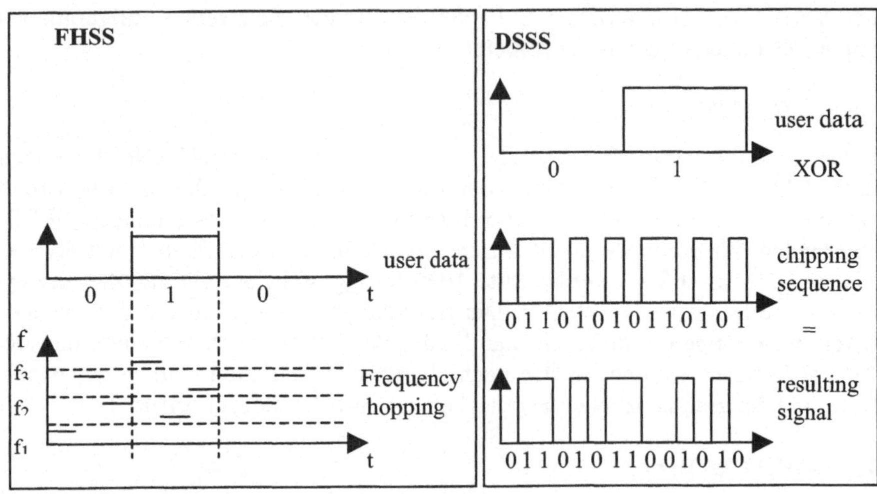

Abbildung 2-48: FHSS und DSSS (Schiller 2000, 90 und 94)

- *FHSS-Verfahren*: Um unterschiedliche Netze zu trennen, setzt man die Technik des Frequenzsprungverfahrens ein. Dabei wird die verfügbare Bandbreite in viele Kanäle aufgeteilt, die in einem kombinierten FDM/TDM-Verfahren benutzt werden. Sender und Empfänger belegen jeweils für eine bestimmte Zeit einen Kanal und wechseln dann zu einem anderen Kanal (ca. 20 Hops/s). Beide Teilnehmer müssen bei FHSS die Sprungsequenz kennen. Der Standard sieht 79 Kanäle mit 1-MHz-Bandbreite vor (in manchen Ländern nur 23 Kanäle (in Spanien und Frankreich werden bestimmte Frequenzen anderweitig genutzt)). Die zwei möglichen Übertragungsraten sind 1 Mbit/s und optional 2 Mbit/s (beschränkt durch die Bandbreite von 1 MHz). Wegen der eingeschränkten Übertragungsraten sinkt der Marktanteil dieser Technik gegenüber DSSS immer mehr (Chayat 1996).
- *DSSS-Verfahren*: Das häufiger eingesetzte DSSS verwendet folgendes Verfahren an: Indem das Nutzsignal (binäre Sequenz) mit einem Bitmuster (Chipping-Sequence) verknüpft wird (XOR-Verknüpfung), wird das ursprüngliche Signal gespreizt – je nachdem wie lang die Chipping-Sequence ist. Diese gespreizten Signale werden nun auf einen Träger moduliert und gleichzeitig übertragen (normalerweise drei Kanäle zugleich). Der Empfänger benötigt in diesem Verfahren die vom Sender benutzte Frequenz und den Chipping-Code, um das ursprüngliche Signal wieder herzustellen. Sender und Empfänger müssen dazu synchronisiert werden. Die Synchronisation übernimmt im Infrastrukturnetz der Zugangspunkt, bei Ad-hoc-Netzen übernehmen alle Stationen dies (festgelegt durch einen Algorithmus). DSSS bietet ursprünglich Datenra-

ten von 1 Mbit/s und 2 Mbit/s an, durch den verbesserten 802.11b-Standard können 5-11 Mbit/s erreicht werden (Boer 1996).

Tabelle 2-23: Übertragungsarten bei IEEE-802.11 (vgl. Schiller 2000, 258ff. und Walke 2000b, 421ff.)

Übertragungsart	Infrarotübertragung	Funkübertragung	
		FHSS	DHSS
Frequenzbereich	850 – 950 nm	2,400 – 2,4835 GHz	
Reichweite	10 m, Sichtverbindung	50 m	
Übertragungsrate	1 Mbit/s, 2 Mbit/s	1 Mbit/s, 2 Mbit/s	1 Mbit/s, 2 Mbit/s; erweiterbar
Sendeleistung	–	100 mW Europa, 1 W USA	

Die beiden Übertragungsarten unterscheiden sich voneinander fundamental und sind somit nicht kompatibel zueinander. In dem neueren 802.11b-Standard wird nur noch das DSSS-Verfahren angewendet, da es im Gegensatz zu FHSS verbesserte Datenraten anbieten kann. Die Sendeleistungen liegen bei der Funkübertragung in Europa bei max. 100 mW, in den USA bis max. 1 W.

Medienzugriffssteuerung

Die Medienzugriffssteuerung (Medium Access Control) ist für mehrere Aufgaben zuständig. Die grundsätzlichen Dienste dieser Schicht sind ein asynchroner Datendienst und ein zeitkritischer Dienst (nur bei Infrastrukturnetzen), wobei der asynchrone Dienst auch Multicast- und Broadcast-Übertragungen unterstützt. Der Datenaustausch besteht aus einem ‚Best-Effort-Modell', d.h. es werden keine Dienstgütegarantien angeboten. Die erfolgreiche Auslieferung wird in dem Standard somit nicht garantiert.

Der Standard 802.11 ermöglicht außerdem sicherheitsrelevante Dienste wie Verschlüsselungs- und Authentisierungsmechanismen, die unter dem Begriff ‚Wired Equivalent Privacy' (WEP) zusammengefasst sind. Weitere wichtige Aufgaben sind die Unterstützung von Roamingkonzepten (Wechsel von Zugangspunkten, treffender wäre der Begriff des ‚Handovers' in Anlehnung an zellulare Mobilfunknetze) und die Leistungskontrolle der Stationen (um Energie einzusparen) (Schiller 2000, 261f. und Diepstraten 1996).

Durch den zentralen Zugangspunkt bei Infrastrukturnetzen können die oben genannten Aufgaben relativ einfach realisiert werden, während bei Ad-hoc-Netzen sich alle beteiligten Mobilstationen gemeinsam und entsprechend koordiniert die

Aufgaben teilen müssen (Walke 2000b, 407f.). Im nächsten Abschnitt werden beide Architekturen kurz vorgestellt.

Architektur

IEEE-802.11 basiert auf einem zellularen Aufbau, der beide Konzepte zulässt, d.h. Infrastruktur- und Ad-hoc-Netzwerke. Die Komponenten und die jeweilige Struktur sind in der Abbildung 2-49 dargestellt.

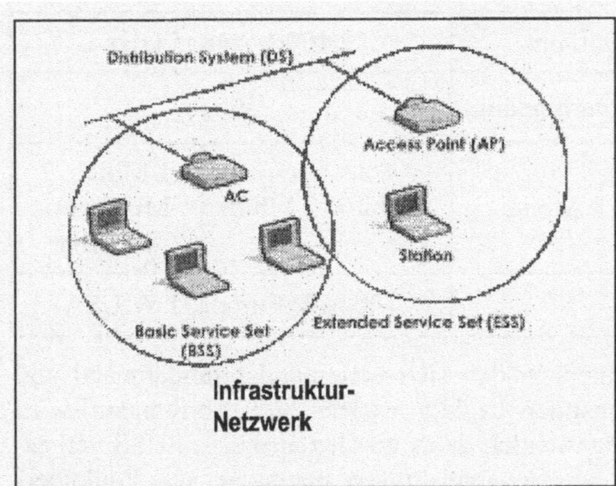

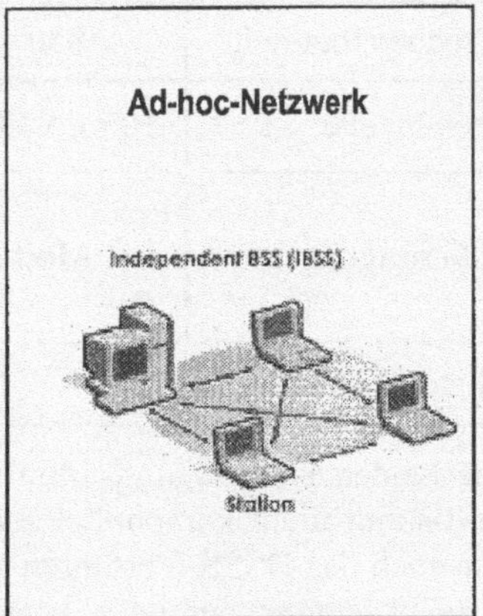

Abbildung 2-49: Infrastruktur- und Ad-hoc-Netzwerk (vgl. Schiller 2000, 254f.)

Bei einem *Infrastrukturnetz* (Abb. links) findet die Datenübertragung innerhalb der Zellen zwischen den Endgeräten (Station) und den Basisstationen (Access Point, AC) statt, wobei jede Basisstation eine Zelle versorgt. Die Zugangspunkte unterstützen u.a. die Verbindungsübergabe (Roaming) zu anderen Zugangspunkten und übernehmen Aufgaben wie Synchronisation der Mobilstationen und die Leistungssteuerung. Endgeräte und zuständiger Zugangspunkt bilden ein Basic Service Set (BSS), welches über ein ‚Distribution System' mit anderen BSS verbunden ist. Dieses logische Netz aus BSS und Distribution System bildet das Extended Service Set (ESS). Über ein Portal können die einzelnen drahtlosen Netze auch miteinander kommunizieren.

Ein *Ad-hoc-Netz* (Abb. rechts) besitzt keine Basisstationen zur zentralen Steuerung. In diesem Fall sind die Endgeräte direkt miteinander innerhalb eines BSS (bzw. Independent BSS) verbunden. Durch Raummultiplex oder Frequenzmultiplex sind mehrere BSS untereinander getrennt. Die fehlenden Zugangspunkte bewirken, dass die Stationen grundsätzlich mehr Aufgaben zur Steuerung übernehmen müssen, sie deshalb auch komplexer aufgebaut sind (vgl. Schiller 2000, 254f. und Walke 2000b, 406).

Weiterentwicklungen des Standards

IEEE-802.11 ist der erfolgreichste Standard für drahtlose lokale Netze. Eine Vielzahl von Produkten, die nach diesem Standard gefertigt wurden, sind bereits am Markt erhältlich. Um die Weiterentwicklung zu Standards mit höheren Datenraten und verbesserten Anwendungen zu gewährleisten, sind neue Projekte der IEEE gegründet worden. Der verbesserte Standard IEEE-802.11a, der im 5-GHz-Bereich arbeitet, soll zukünftig höhere Datenraten bis zu 54 Mbit/s erlauben. IEEE-802.11b, der bereits 1999 verabschiedet wurde (zeitlich also noch vor 802.11a), ist der erfolgreichste Standard der Familie. Die Norm verwendet nur noch das DSSS-Verfahren und bietet Datenraten bis zu 11 Mbit/s im ursprünglichen 2,4-GHz-Bereich. Neben der verbesserten Datenrate wird in dem Standard u.a. auch die Verbindungsübergabe (Roaming) klarer definiert. Mit der sog. ‚Wireless Ethernet Compatibility Alliance' (WECA) (www.wirelessethernet.org) wurde zudem eine Organisation gegründet, welche die Interoperabilität von 802.11b-Komponenten testet (diese erhalten das Wi-Fi-Loga=Wireless Fidelity) (vgl. Schiller 2000, 282).

Unter IEEE-WPAN (802.15) (siehe http://grouper.ieee.org/groups/802/25) werden schließlich noch persönliche drahtlose Netze standardisiert: Ein Beispiel ist Bluetooth, das später in dieser Arbeit noch genauer untersucht wird (Kap. 2.4.3.4, S. 133).

2.4.3.2 HIPERLAN

Der europäische Standard für WLANs wurde 1996 von der ETSI unter dem Namen HIPERLAN (HIgh PERformance Local Area Network) spezifiziert. Neben HIPERLAN 1 gibt es noch drei weitere HIPERLAN-Standards, die sich nach den unterschiedlichen Einsatzzwecken der drahtlosen Netze richten (siehe S. 130). Nach einer Empfehlung der CEPT arbeiten diese Systeme (exklusiv) in den Frequenzen von 5,15 bis 5,35 GHz und 17,1 bis 17,3 GHz. Anschließend wird HIPERLAN 1 als Vertreter eines drahtlosen lokalen Netzwerks etwas näher beschrieben.

HIPERLAN/1 im Detail

Wie bereits IEEE-802.11 stützt sich HIPERLAN/1 auf die unteren Schichten des ISO/OSI-Referenzmodells: die Bitübertragungsschicht, die Kanalzugriffssteuerung (CAC, Channel-Access-Control) und die Medienzugriffssteuerung (MAC, Medium-Access-Control). Die wichtigsten Aufgaben werden nachfolgend vereinfacht dargestellt.

Bitübertragungsschicht

Die Bitübertragung findet im Bereich des 5-GHZ-Bandes statt. In Europa sind dafür drei Trägerfrequenzen im Bereich von 5,15 – 5,25 GHz vorgesehen, optional sind noch zwei Träger im Bereich von 5,25 – 5,35 GHz festgelegt (in den USA zusätzlich der Bereich von 5,725 – 5,825 GHz). Die Bandbreite eines Kanals stellt eine Bitrate von 23,5 Mbit/s für Nutz- und Steuerdaten zur Verfügung, wovon dem Nutzer ca. 10 – 20 Mbit/s bleiben. Neben dem ‚High Bit Rate'-Datenpaket (HBR) mit 23,5 Mbit/s gibt es zusätzlich noch das sog. ‚Low Bit Rate'-Datenpakete (LBR), das mit 1,5 Mbit/s übertragen wird. Die LBR beinhalten eine Empfängerkennung und dienen zur Quittierung (Acknowledgements).

Der HIPERLAN/1-Standard legt für die Reichweite ca. 50 m (innerhalb Gebäude) bei einer maximalen Sendeleistung von 1 W. Unterstützt wird eine Endgeräte-Mobilität bis zu 36 km/h (Schiller 2000, 287f., ETSI 1996b, 82f. u. Walke 2000b, 364ff.).

Kanalzugriffsschicht

Die Kanal- oder CAC-Schicht regelt den Zugriff auf den Funkkanal durch ein bestimmtes Kanalzugriffsverfahren. Dieses bestimmt, welche Station den Zugriff auf den Funkkanal erhält, um im asynchronen oder zeitkritischen Verkehr zu senden. Die von HIPERLAN/1 standardisierte Kanalzugriffsmethode ist das NPMA (Non-Pre-emptive Priority Multiple Access), welches in drei verschiedene Phasen unterteilt ist: die Prioritätsphase, die Konkurrenzphase und die Übertragungsphase. Damit wird sichergestellt, dass Verkehr mit hoher Priorität nicht unterbrochen wird (ETSI 1996b, 58).

Medienzugriffssteuerung

In dieser Schicht wird der organisatorische Teil des Zugriffs gesteuert. Die von HIPERLAN/1 angebotenen Dienste sind mit den in IEEE-802.11 festgelegten Diensten kompatibel, unterstützt wird ein asynchroner und ein zeitbeschränkter Dienst. Zusätzlich bietet HIPERLAN/1 Dienstgüteparameter an, mit denen die Priorität und Lebensdauer (nur bei zeitbeschränkten Diensten, im Bereich von 0 bis 16.000 ms) festgelegt werden. Neben dem Datentransfer werden zusätzliche Funktionen zur Verfügung gestellt, dies sind(ETSI 1996b, 23ff. und Walke 2000b, 334ff.):

- *Adressbildung*: HIPERLANs können sich unter Umständen überlappen, wodurch spezielle Adressstrukturen zur Identifikation einzelner Stationen bzw. HIPERLANs benötigt werden.
- *Energiesparmechanismen*: Diese optionale Funktion dient zum Einsparen von Energie bei batteriebetriebenen Systemen.
- *Kommunikationssicherheit*: Durch die Möglichkeit, Funkübertragungen innerhalb eines bestimmten Bereichs abzuhören, wird in dem Standard ein Verschlüsselungsverfahren verwendet, um die Vertraulichkeit der Daten zu schützen.
- *Weiterleiten*: Bei HIPERLANs gibt es die Besonderheit des ‚Forwarding', bei dem bestimmte Stationen als Relaisstation (Forwarder) dienen. Diese Forwarder können Datenpakete über die Grenzen des eigentlichen Sendebereichs der sendenden Station weitergeben (Multihop Relaying). Dadurch lässt sich die

Reichweite der Stationen erheblich vergrößern. Die Übermittlung sieht sowohl Punkt-zu-Punkt (unicast)-, als auch Punkt-zu-Mehrpunkt (multicast, broadcast)-Übertragungen vor.

Architektur

Der HIPERLAN-Standard kann (wie bereits IEEE-802.11) sowohl Infrastrukturnetze als auch Ad-hoc-Netze unterstützen. HIPERLAN/1 basiert auf einer verteilten Architektur, in der mehrere Stationen (Knoten) ein HIPERLAN bilden. Durch dynamisch vergebene Netzbezeichner (HID, HIPERLAN Identifier) und bestimmte Knotenbezeichner (NID, Node ID) können die einzelnen HIPERLANs und die mobilen Stationen adressiert werden. Folgende Netztopologien (Topologie: die geometrische Anordnung von Knoten und deren Verbindungen) können in HIPERLANs auftreten (Walke 2000b, 331ff.):

- *Überlappende Hiperlans:* Durch das geteilte Medium können Überlappungen von HIPERLANs auftreten. Im Gegensatz zu verkabelten Netzen können verschiedene, überlappende HIPERLANs nicht voneinander getrennt werden (zur Adressierung benötigt man deshalb die eindeutigen Namen NID und HID).
- *Fragmentierte Hiperlans*: Durch ungünstige Ausbreitungseigenschaften kann es zu Fragmentierungen kommen, d.h. einige Stationen sind nicht in Reichweite der anderen, es entstehen zwei ‚unabhängige' Netze.
- *Multi-Hop-Netze*: Bestimmte Stationen dienen als Relaisstation (Forwarder) und geben Datenpakete über die Grenzen des Sendebereichs der ursprünglichen Station weiter (Multihop Relaying). Ein Beispiel für Unicast- und Multicast-Übertragungen wird in Abbildung 2-50 gezeigt.

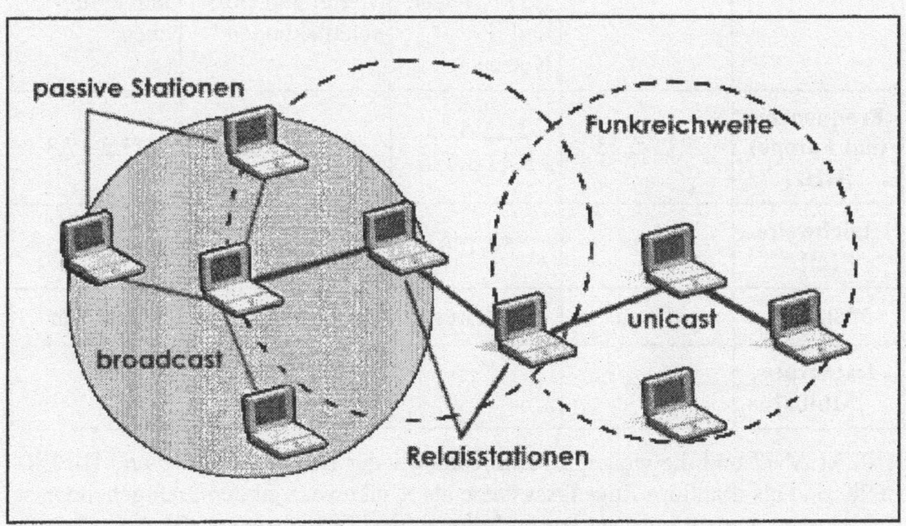

Abbildung 2-50: Multihop-Topologie (vgl. Walke 2000b, 333)

Weiterentwicklungen

Obwohl HIPERLAN/1 verschiedene einzigartige Merkmale besitzt und die Einsatzmöglichkeiten von drahtlosen Büros bis zu Ad-hoc-Netzen bei Großveranstaltungen reichen, gibt es für diesen Standard noch wenige Produkte. Für zukünftige Anforderungen an WLANs wurde deshalb bereits der HIPERLAN/2-Standard spezifiziert. Dieser besitzt neben hohen Datenraten (typische Nutzerraten bis 27 Mbit/s, auf der Bitübertragungsschicht bis zu 54 Mbit/s) zusätzliche Eigenschaften wie Dienstgüteprofile (QoS), verbindungsorientierte Übertragung, Verbindungsübergabe zur Mobilitätsunterstützung, Verschlüsselungsverfahren und Netz- und Anwendungsunabhängigkeit. Letzteres heißt, dass verschiedene Netzwerkprotokolle wie Ethernet oder ATM und vielfältige Anwendungen wie Audio und Video unterstützt werden. Eine Übersicht zu HIPERLAN 2 und den weiteren HIPERLAN-Familienmitgliedern zeigt Tabelle 2-24.

Tabelle 2-24: Übersicht zu der HIPERLAN-Familie (Schiller 2000, 284 und Walke 2000b, 370ff.)

Standard	**HIPERLAN 1** **HIPERLAN/1**	**HIPERLAN 2** **HIPERLAN/2**	**HIPERLAN 3** **HIPERACCESS**	**HIPERLAN 4** **HIPERLINK**
Anwendung	WLAN	bietet Hochgeschwindigkeitszugang zu UMTS-Kernnetz, ATM-Netzen und IP-Netzen	Für große Entfernungen als Punkt-zu-Mehrpunkt-Architektur für Wohnviertel und Geschäftskunden	Verbindung zwischen HIPERLAN und HIPERACCESS über kurze Strecken
Frequenzen (nur Europa) [GHz]	5,15-5,35	5,15-5,35 5,47-5,725	5,15-5,35	17,2-17,3
Reichweite [m]	50	50-100	5000	150
Mobilität	<10 m/s	<10 m/s	Stationär	Stationär
Datenrate [Mbit/s]	23,5	>20	>20	155

HIPERLAN/2 und die weiteren Familienmitglieder HIPERACCESS und HIPERLINK sind als drahtlose Zugangssysteme als Konkurrenz zu den drahtgebundenen Alternativen geplant und werden im Rahmen der ETSI-Projekts ‚BRAN' (Broadband Radio Access Network (www.etsi.org/BRAN/BRAN-ToR.htm)) standardisiert. HIPERLAN/2, das bereits im Jahr 2000 standardisiert wurde, bietet ein Zugangssystem über kurze Entfernungen für UMTS-Systeme und daneben einen Hochgeschwindigkeitszugang zu verschiedenen anderen Netzen (ATM, IP, UMTS-Kernnetz). Die beiden anderen Standards sind zukünftig geplant. HIPERACCESS bietet für größere Entfernungen einen Hochgeschwindigkeitszugang, HIPERLINK verbindet HIPERLAN und HIPERACCESS über kürzere Strecken.

2.4.3.3 HomeRF

Die HomeRF Working Group (HRFWG) (www.homerf.org) ist eine 1998 von mehreren Firmen gegründete Arbeitsgruppe, die einen offenen Industriestandard für digitale und drahtlose Kommunikation im Heimbereich entwickelt. Zielsetzung der Standardisierung ist es, sowohl die Sprachübertragung in hoher Qualität als auch eine schnelle Datenübertragung zu ermöglichen. Die HomeRF-Spezifikation wird inzwischen von über 70 Unternehmen unterstützt. Von den WLAN-Standards wie IEEE-802.11 unterscheidet sich dieser Ansatz durch die Ausrichtung des Einsatzgebietes und damit auch der entsprechenden Anwendungen: HomeRF ist explizit für den privaten Bereich konzipiert und für die Übertragung von Daten und Sprache. Demgegenüber ist IEEE-802.11 v.a. auf den geschäftlichen Einsatz und auf Datenübertragungen ausgerichtet.

HomeRF im Detail

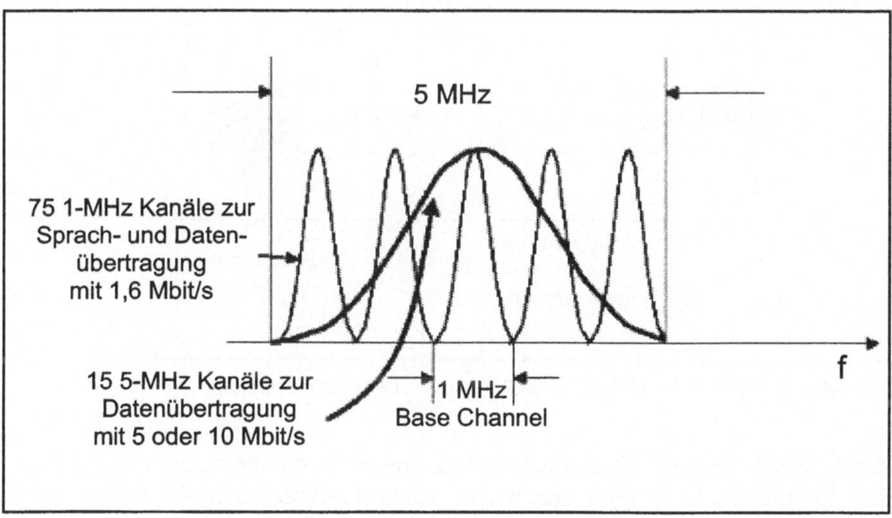

Abbildung 2-51: 1-MHz- und 5-MHz-Frequenzträger (HomeRF 2000a, 7)

Die Spezifikation basiert auf die Kombination zweier, bereits bekannter Technologien: zum einen DECT als Basis für die Sprachübertragung und IEEE-802.11 als Grundlage für die Datenübertragung (DECT; IEEE-802.11). Diese beiden

Technologien werden modifiziert in einem Protokoll für die Übertragung zusammengefasst, dem sog. SWAP-Protokoll (Shared Wireless Access Protocol).

HomeRF nutzt wie 802.11 das lizenzfreie 2,4-GHz-Band und arbeitet mit dem Frequenzsprung-Verfahren FHSS mit 50 Frequenzsprüngen pro Sekunde. Der Standard sieht 75 Frequenzbänder mit einer maximalen Bandbreite von 1 MHz vor, neuere HomeRF-Spezifikationen bis zu 5 MHz. Die erreichbare Übertragungsrate liegt bei max. 1,6 Mbit/s, bei der 5-MHz-Spezifikation sogar bis zu 10 Mbit/s. Die Sendeleistung der Endgeräte liegt bei 100 mW, wobei eine Reichweite bis zu 50m erzielt wird (vgl. HomeRF 2000b).

SWAP unterstützt sowohl das TDMA-Verfahren für die Sprachübertragung und andere zeitkritische Dienste, als auch das bei IEEE-802.11 angewendete Kanalzugriffsverfahren, das für die schnelle Paketdatenübertragung eingesetzt wird (vgl. Walke 1998a, 412ff.). Die Medienzugriffsschicht unterstützt dabei drei verschiedene Dienstkategorien: einen synchronen, verbindungslosen Paketdatendienst, einen (vorrangigen) verbindungsorientierten Datendienst (für Streaming-Übertragungen) und einen symmetrischen Vollduplex-Sprachdienst (HomeRF 2000c, 6f.). Eine vereinfachte Darstellung wird in Abbildung 2-52 gezeigt.

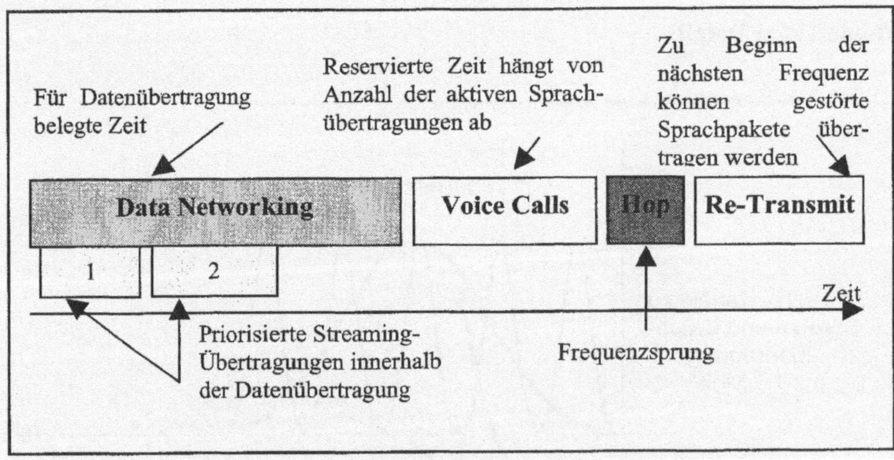

Abbildung 2-52: Aufbau eines HomeRF-Rahmens (HomeRF 2000a, 8)

Ein HomeRF-Rahmen ist 20 ms lang (das entspricht der Frequenzsprungsequenz von 50 Hops/s), bei aktiver Sprachübertragung verringert sich die Länge auf 10 ms. Ein Großteil davon ist typischerweise für die Datenübertragung reserviert. Der erste Abschnitt wird dabei für die sequentielle Streaming-Übertragung (z.B. MP3) belegt, die gegenüber der asynchronen Datenübertragung Vorrang hat. Der letzte Teil des Rahmens wird für die Sprachübertragungen reserviert. Dazu wird er in Zeitschlitze mit festgelegter Länge aufgeteilt, die durch das TDMA-Verfahren belegt werden. Die Länge des Teil-Rahmens für die Sprachübertragung hängt von der Anzahl der aktiven Anrufe ab (somit wird die Datenübertragungsrate immer maximiert). Wird die Sprachübertragung durch Interferenzen gestört, wird die Übertragung (der gestörten Pakete) auf einem anderen Frequenzkanal wiederholt. Die Wahrscheinlichkeit einer erneuten Störung wird somit verringert.

Neben den Sprach- und Datendiensten werden in der Medienzugriffsschicht auch Sicherheitsmechanismen (Authentisierungs- und Verschlüsselungsverfahren) angeboten sowie eine Leistungskontrolle der Endgeräte (Energiesparmaßnahmen) (vgl. HomeRF 2000b).

Architektur

Das SWAP-System unterstützt neben Ad-hoc-Netzwerken auch Infrastrukturnetzwerke.

In *Ad-hoc-Systemen* wird nur die Datenübertragung unterstützt. Jede Station ist in solchen Ad-hoc-Netzen gleichberechtigt, d.h. Steuerungsaufgaben sind dementsprechend auf alle Stationen verteilt.

Demgegenüber stehen *Infrastrukturnetze*, die auch zeitkritische Verbindungen (z.B. Sprachübertragung) erlauben. Dazu wird eine Infrastruktur in Form eines Zugangspunktes (Access Point, AP) zur Steuerung benötigt. Neben koordinierenden Aufgaben realisiert dieser auch den Zugang zum öffentlichen Netz (PSTN).

Unterstützt werden bei HomeRF bis zu vier Sprachendgeräte (in der weiterentwickelten Spezifikation bis zu acht) und bis zu 127 Datenendgeräte, z.B. mobile Rechner (Laptops, Notebooks) oder Personal Digital Assistants (PDA) (vgl. HomeRF 2000a, 10f.).

Weiterentwicklung des HomeRF-Standards

Erste Produkte nach dem HomeRF-Standard existieren bereits. Die Prognose für den HomeRF-Standard ist derzeit aber noch schwierig, vor allem hinsichtlich der Konkurrenzsituation bezüglich Standards wie 802.11 oder Bluetooth. HomeRF will die Datenrate zukünftig auf 10 Mbit/s erhöhen, annähernd die Datenrate von IEEE-802.11, und leistungsfähigere Sicherheitsmechanismen sowie standardisierte Verbindungsübergaben einführen. In neueren Spezifikationen wird außerdem die Anzahl der aktiven Sprach- und Streaming-Übertragungen auf acht erhöht (vgl. HomeRF 2000b).

2.4.3.4 Bluetooth

Basierend auf einer Initiative, die Ericsson 1994 ins Leben rief, wurde im Mai 1998 von fünf Firmen die Bluetooth[1] Special Interest Group (SIG) (www.bluetooth.com) gegründet. Die Initiative hatte das Ziel, eine kostengünstige

---

[1]Der Name Bluetooth leitet sich von dem dänischen Wikingerkönig Harald af Danmark ab, der den Beinamen ‚Blåtand' oder Bluetooth (Blauzahn) trägt (von blå – dunkelhäutig, tan – großer Mann)

und energiesparende Funkverbindung zwischen Mobiltelefonen und anderen Endgeräten zu ermöglichen. Dem Konsortium, ursprünglich bestehend aus den fünf Gründungsmitgliedern Ericsson, IBM, Intel, Nokia und Toshiba, haben sich seit 1998 mehr als 1000 Unternehmen angeschlossen. Ziel ist es, Bluetooth als Defacto-Standard zu etablieren.

Im Gegensatz zu den obigen Standards, kommt die Bluetooth-Technologie in der persönlichen Funkzelle, im Personal Area Network (PAN), zum Einsatz. Die Technik dient vorrangig zur Realisierung von Ad-hoc-Pikonetzen, die eine sehr geringe räumliche Ausdehnung von wenigen Metern (typischerweise unter 10 m) haben. Nachteile der Infrarottechnik, wie die geringe Reichweite, die benötigte Sichtverbindung, und Nachteile der drahtgebundenen Verbindung, die durch Kabel sehr unflexibel ist, sollen dabei überwunden werden. Mit Bluetooth sollen untereinander kompatible Endgeräte geschaffen werden, die einen kostengünstigen Zugang zu drahtlosen Kommunikationsnetzwerken bieten (Schiller 2000, 303ff.). Einsatzgebiete, für die sich Bluetooth anbietet, sind beispielsweise:

- kabellose Verbindung von Peripherieendgeräten über Kurzstreckenfunk (Tastatur, Maus, Lautsprecher etc.),
- Aufbau von Ad-hoc-Netzen (v.a. bei kleineren Endgeräten, die keine Lösung nach dem IEEE-802.11-Standard besitzen),
- Verbindung von verschiedenen Netzen, z.B. GSM-Netz via Mobiltelefon mit lokalem Netz (man empfängt über GSM E-Mails, die an Notebooks weitergegeben werden).

Bluetooth sieht je nach Anwendung eine Reihe von unterschiedlichen Protokollen vor. Diese verschiedenen Übertragungsprofile (z.B. ‚Headset Profile', ‚Cordless Telephony Profile' etc.) folgten dabei dem Ziel, möglichst vorhandene Protokolle wiederzuverwenden (v.a. in den höheren Ebenen). Bluetooth deckt in seiner Spezifikation somit mehrere Protokollhierarchien bis hin zu den Anwendungsprofilen ab. Die Gemeinsamkeit der Protokolle liegt in einer einheitlichen Bitübertragungs- und Medienzugriffsschicht (Mettala 1999). Deshalb werden die wichtigsten Merkmale der beiden Schichten in diesem Kapitel näher erläutert.

Bitübertragungsschicht

Bluetooth nutzt wie viele andere WLAN den unregulierten Frequenzbereich um 2,4 GHz, der mit gewissen nationalen Einschränkungen (in Japan, Frankreich und Spanien werden Teile des Spektrums anderweitig genutzt) weltweit zur Verfügung steht. Das Spektrum wird in 79 Trägerfrequenzen (in Ländern mit Restriktionen entsprechend weniger, z.B. 23 Träger in Frankreich) mit einem Kanalabstand von 1 MHz aufgeteilt. Um Kollisionen bzw. Störungen zu vermeiden, die in diesem Frequenzspektrum durch Mikrowellen und andere WLANs verursacht werden, nutzt Bluetooth ein Frequenzsprungverfahren in Kombination mit Zeitmultiplex (vgl. FHSS). Die ‚Hopping-Rate', d.h. die Sprungsequenz, liegt bei 1600 Sprüngen pro Sekunde (sehr hoch im Vergleich zu IEEE-802.11 mit 20 Hops/s). Alle Endgeräte, welche dieselbe Sprungsequenz besitzen, gehören zu einem Bluetooth-Pikonetz. Jeder Zeitschlitz belegt dabei i.d.R. eine andere Frequenz. Um höhere Datenraten zu erzielen können auch mehrere Zeitschlitze belegt werden (drei oder fünf aufeinanderfolgende Slots) – für die gesamte Paketsendedauer wird dabei eine Frequenz beibehalten, anschließend wird auf der Frequenz gesendet, die beim normalen Senden an die Reihe käme. Bluetooth verwendet als Duplexverfahren das TDD-Konzept, bei dem aufeinanderfolgende Zeitschlitze zum Empfangen und Senden genutzt werden (Ericsson 2001b, 5f.).

Es gibt in Bluetooth zwei Sendeklassen für Endgeräte. Klasse 1 sendet mit max. 2,5 mW, Klasse 2 mit max. 100 mW. Mit Klasse 2 sollen Reichweiten bis zu 100 m über spezielle Sender und Empfänger erreicht werden, der normale Übertragungsbereich liegt aber innerhalb 10 m.

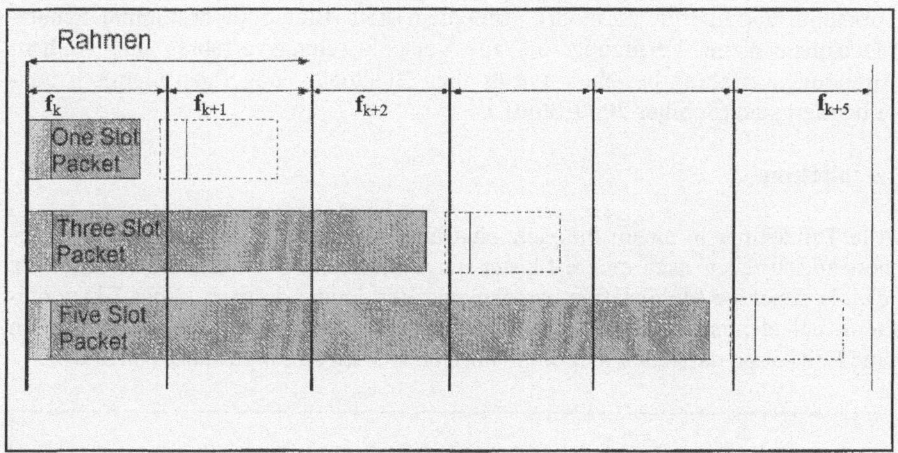

Abbildung 2-53: Multislotpakete (vgl. Morich 2000)

Medienzugriffssteuerung

Ein Pikonetz besteht in einem Bluetooth-System aus genau einer Leitstation (Master) und bis zu sieben Folgestationen (Slaves) – insgesamt also acht Endgeräte pro Pikonetz. In jedem dieser Pikonetze gibt es genau eine Leitstation, welche die Frequenzsprungfolge bestimmt. Die Sprungfolge wird aus einmaligen Parametern bestimmt (u.a. der eindeutigen Gerätekennung), sodass zwei Pikonetze nicht dieselbe Sequenz besitzen (Schiller 2000, 308f.).

Unterstützt werden folgende Daten- und Sprachübertragungsdienste:

- Ein *synchroner, verbindungsorientierter Dienst*, der symmetrische, leitungsvermittelte Sprachkanäle bietet. Für diese Übertragungsart werden zwei aufeinanderfolgende Zeitschlitze für die Aufwärts- und Abwärtsrichtung belegt, möglich sind maximal drei Kanäle à 64 kbit/s.

- Ein *asynchroner, verbindungsloser Dienst*, der paketvermittelte Übertragung anbietet. Es sind symmetrische oder asymmetrische Verbindungen möglich, mit Datenraten bis zu 721 kbit/s vorwärts und 57,6 kbit/s im Rückkanal (asymmetrisch) bzw. je 432 kbit/s (symmetrisch).

Neben diesen Datendiensten gibt es auch in Bluetooth Mechanismen zur Leistungssteuerung der Endgeräte, um Energie zu sparen. Zu diesem Zweck werden für die Endgeräte mehrere Zustände definiert, welche den Energieverbrauch entsprechend drosseln. Im Standby-Modus befinden sich alle unverbundenen Geräte. Daneben gibt es drei Energiesparzustände, die unterschiedliche Leistungsaufnahme haben: der Park-Modus (keine aktive Teilnahme mehr, geringste Leistungsaufnahme), der Hold-Modus (das Gerät kann ggf. sofort mit dem Senden beginnen, höhere Leistungsaufnahme) und der Sniff-Modus (höchste Leistungsaufnahme der Energiesparmodi). Außerdem stellt Bluetooth bestimmte Schutzmechanismen zur Verfügung, die aus Verschlüsselungsverfahren und Authentifizierungsverfahren bestehen und in allen Bluetooth-Endgeräten identisch implementiert sind (Schiller 2000, 309ff.).

Architektur

Alle Teilnehmer in einem Pikonetz sind über dieselbe Hop-Frequenz synchronisiert und arbeiten nach einem Master-Slave-Prinzip. Die Leitstation (Master) ist jeweils diejenige Mobilstation, welche eine Verbindung initiiert (jedes Bluetooth-Gerät hat identische Fähigkeiten bezüglich der Vernetzung, sodass jede Station eine Leitstation darstellen kann), die übrigen werden zu Folgestationen (Slaves).

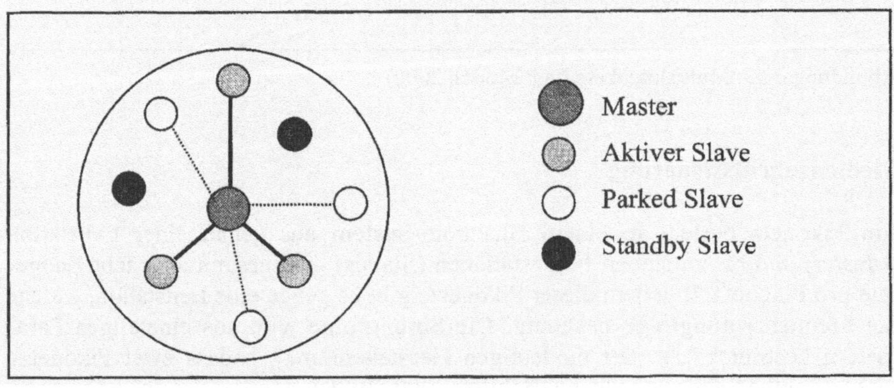

Abbildung 2-54: Master-Slave-Konzept (vgl. Morich 2000)

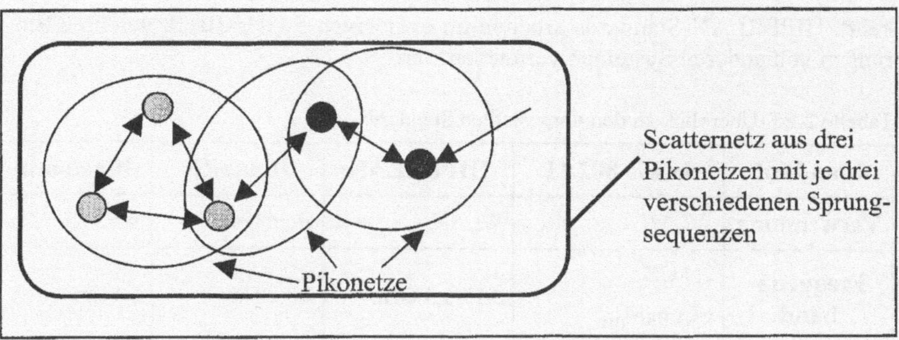

Abbildung 2-55: Scatternetz aus drei Pikonetzen (Schiller 2000, 312)

Das Konzept sieht vor, dass sich bis zu acht aktive Teilnehmer (d.h. Geräte, die Daten miteinander austauschen) dasselbe Pikonetz teilen. Passiv können hingegen bis zu 200 Teilnehmer an einem Pikonetz beteiligt sein. Treten nun mehrere aktive Stationen einem Pikonetz bei, würde zum einen die Bandbreite drastisch sinken, zum anderen unterstützt Bluetooth nur acht Geräte gleichzeitig. Aus diesem Grunde gibt es sog. Scatternetze, die aus mehreren Pikonetzen bestehen. In einem Scatternetz können sich bis zu zehn Pikonetze überlagern, ohne sich gegenseitig zu stören. Je mehr Pikonetze allerdings zu einem Scatternetz hinzugefügt werden, desto mehr sinkt die Leistungsfähigkeit der vorhandenen Netze (Schiller 2000, 312f.).

Geräte können dabei auch an mehreren Pikonetzen teilnehmen. Sie müssen sich dafür nur auf das jeweilige Pikonetz synchronisieren (in den übrigen Netzen gehen sie in den Park- oder Hold-Zustand). Verlässt dabei eine Leitstation ihr Pikonetz, wird der Datenverkehr bis zur Rückkehr unterbrochen.

Weiterentwicklung des Bluetooth-Standards

Erste kommerzielle Bluetooth-Geräte sind bereits am Markt erhältlich, weitere sind in der Planungsphase. Die Prognosen für die Kurzstreckentechnologie sind derzeit äußerst positiv. Welche der vorgestellten WLAN- und WPAN-Konzepte sich letztendlich in bestimmten Bereichen durchsetzt, wird sich aber erst noch zeigen.

Während die ersten beiden Standards IEEE-802.11 und HIPERLAN eher auf den geschäftlichen Bereich abzielen, will der Industrie-Standard HomeRF den privaten Bereich abdecken. Dies zeigt sich v.a. in den preiswerteren Produkten. Bluetooth ist im Gegensatz zu den anderen Standards eher für den Gebrauch in der persönlichen Funkzelle konzipiert, d.h. die Reichweite liegt im Intervall von 10 cm bis ca. 10 m. Zwar können über spezielle Komponenten auch bis zu 100 m erreicht werden, dies wird aber eher die Ausnahme sein. Inwieweit sich die Standards im 2,4-GHz-Bereich gegenseitig stören, ist bislang noch unklar, allerdings wird durch die hohe Sprungrate Bluetooth eher andere Standards stören als umgekehrt. HIPERLAN-Standards arbeiten im exklusiven 5-GHz-Band, wodurch Störungen von anderen Systemen vermieden werden.

Tabelle 2-25: Überblick zu den vorgestellten Standards

Standard	IEEE-802.11	HIPERLAN	HomeRF	Bluetooth
Verwendung	WLAN	WLAN	Heimbereich	WPAN
Frequenzband	2,4 GHz 850-980 nm	5,15-5,3 GHz	2,4 GHz	2,4 GH
Normung	IEEE	ETSI	HRFWG	SIG
Kanalbandbreite	1 MHz für FHSS 22 MHz für DSSS 100 nm für Infrarot	23 MHz	1 MHz; 5 MHz	1 MHz
Bitrate [Mbit/s]	1 oder 2, 11 bei 802.11b	23	1,6; 10	1
Sendeleistung	100 mW (EU) 1 W (US)	10 mW, 100 mW, 1 W	100 mW	1 mW, 2,5 mW, 100 mW
Topologien	Infrastruktur + Ad-hoc	Infrastruktur + Ad-hoc	Infrastruktur + Ad-hoc	Ad-hoc
Reichweite	10-50m	50-100m	50m	<10m

Tabelle 2-25 gibt eine zusammenfassende Übersicht zu den technischen Details der wichtigsten drahtlosen Funknetze für den Nahbereich.

3. Technologien für mobile Informationssysteme

3.1 Protokolle und Datenübertragung bei mobilen Anwendungen

Der Einsatz mobiler Anwendungen im Unternehmen führt meist zu einer Erweiterung der bereits vorhandenen Übertragungsmöglichkeiten (z.B. Internet). Dabei müssen zusätzliche Aspekte betrachtet werden, die bei stationären Anwendungen keine oder nur eine untergeordnete Rolle spielen. Abhängig vom verwendeten Browser bzw. Protokoll kann zwischen zwei Möglichkeiten bei der Datenübertragung unterschieden werden. Diese zwei Modelle, das Web-Modell und das WAP-Modell, werden einschließlich der Protokolle vorgestellt und kurz verglichen. Abschließend wird auf die Möglichkeiten von Push- und Pull-Diensten eingegangen.

3.1.1 Das Web-Modell

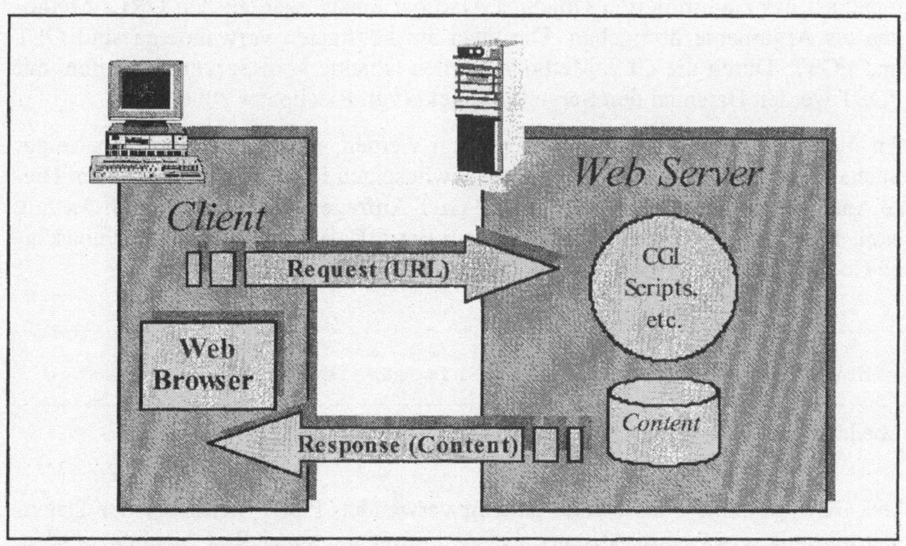

Abbildung 3-1: Das Web-Modell (WAP-100, 11)

Die Hypertext Markup Language ist nach wie vor die dominierende Auszeichnungssprache zur Gestaltung von Seiten im Internet. Mobile HTML-Browser besitzen zwar eingeschränkte Leistungsfähigkeiten im Vergleich zu Browsern im

Desktopbereich, dennoch können HTML-Seiten angezeigt werden. Dies wird als Web-Modell bezeichnet und ist vergleichbar mit vorhandenen Anwendungen im Internet. Bei diesem Modell lässt sich eine Anfrage eines Clients an einen Server wie in gezeigt darstellen.

HTTP

HTTP hat in diesem Zusammenhang nicht nur im Web eine zentrale Bedeutung, sondern auch für mobile Anwendungen. Es stellt sowohl bei HMTL-Browsern als auch bei WML-Browsern die Grundlage für Anfragen und Antworten zwischen Server und Client dar und ist das Standardtransferprotokoll im Web (vgl. Tanenbaum 1997, 708). Ein im Client integrierter Browser kontaktiert einen Server und fordert von diesem bestimmte Informationen, beispielsweise eine HTML-Seite, an. Der Server sendet die gewünschten Daten und schließt die Verbindung wieder. Für die Regelung des Ablaufs der Übertragung werden Protokolle benötigt. In der Regel wird in diesem Fall das Transmission Control Protocol/Internet Protocol (TCP/IP) verwendet. Bei einem mobilen Client kann, wie auch im stationärem Fall, ein Internet Service Provider (ISP) als Zugang zum Internet und damit zum Server dienen.

Der Abruf von Objekten und Informationen über HTTP vom Server erfolgt mit Hilfen einer eindeutigen URL gekennzeichnet. Diese besteht aus dem verwendeten Protokoll (http://), dem Namen des Hostcomputers sowie dem Pfad- und Dateinamen des angeforderten Objektes. Darüber hinaus werden den URLs Methoden als Argumente übergeben. Die zwei am häufigsten verwendeten sind GET und POST. Durch die GET Methode werden Objekte vom Server abgerufen, mit POST werden Daten an den Server geschickt (vgl. Rischpater 2000, 78).

An die URL können Parameter angehängt werden, um beispielsweise bei einer Suchanfrage an eine Suchmaschine die gewünschten Begriffe zu übermitteln. Diese Anfrage entspricht dann einer HTTP GET Anfrage an den Server (vgl. Assfalg et al. 1998, 99-101). Eine Suche nach dem Begriff „WML“ stellt die Suchmaschine Google (vgl. http://www.google.de) als URL beispielsweise so dar:

```
http://www.google.de/search?hl=de&safe=off&q=wml&meta=
```

Abbildung 3-2: Suchanfrage an die Suchmaschine Google

Die GET Methode wird standardmäßig verwendet, POST muss bei der Datenübermittlung, etwa beim Absenden eines Formulars, speziell angegeben werden. Die Verwendung von POST bietet den Vorteil, dass die Daten an den Server übermittelt werden und nach Bearbeitung nicht mehr in der URL des Browsers erscheinen. So können auch bei Datenbanken beispielsweise doppelte Datenübermittlungen vermieden werden (vgl. Assfalg et al. 1998, 101-103).

TCP/IP im mobilen Bereich (vgl. Tanenbaum 1997, 563-565)

Da das verwendete Protokoll aufgrund des ISO-OSI-Referenzmodells unabhängig von dem verwendeten Übertragungsmedium ist, kann TCP/IP ohne weitere Anpassung auch im mobilen Bereich zum Einsatz kommen. Dies liegt auch daran, dass im TCP/IP Modell die beiden untersten Schichten nicht näher definiert sind, so dass nur sichergestellt werden muss, dass das verwendete Medium IP-Pakete versenden kann (vgl. Tanenbaum 1997, 54).

Bei einer mobilen Datenübertagung kommt meist eine Kombination der Übertragungswege aus Funk- und Kabelübertragung zum Einsatz. TCP wurde für verkabelte Netze entworfen und kann im drahtlosen Bereich zu starken Leistungseinbußen führen. Die geringere Zuverlässigkeit der Funknetze bei der Datenübermittlung führt zu einer höheren Anzahl verlorener Datenpakete im Vergleich zu verkabelten Netzen. Das Protokoll versucht dabei mit einem Algorithmus zur Überwachung der Überlast die Transferrate zu senken, um die Überlastung beim Empfänger einzuschränken. Dies macht aber nur in verkabelten Netzen Sinn, da in drahtlosen Netzen in der Regel diese Überlastsituation nicht vor kommt, sondern die Pakete bei der Übertragung verloren werden. Im drahtlosen Abschnitt der Datenübertragung wäre daher eine zügige Übertragungswiederholung der entsprechenden Pakete sinnvoller, im verkabelten Abschnitt hingegen schon die Verlangsamung der Übertragung.

Ein Lösungsansatz hierfür besteht in der Aufteilung der TCP-Verbindung in zwei Teilbereiche, den mobilen und den verkabelten Teil (vgl. Abbildung 3-3). So kann jede Teilverbindung auf die Bedingungen des jeweiligen Bereichs angepasst werden, so dass im mobilen Abschnitt eine schnelle Wiederholung der Übertragung gewährleistet ist und im verkabelten Abschnitt auf die Überlastsituation beim Empfänger unabhängig reagiert werden kann. Dadurch werden beide Verbindungsbereiche homogen und die Parameter für beide Bereiche können getrennt eingestellt werden.

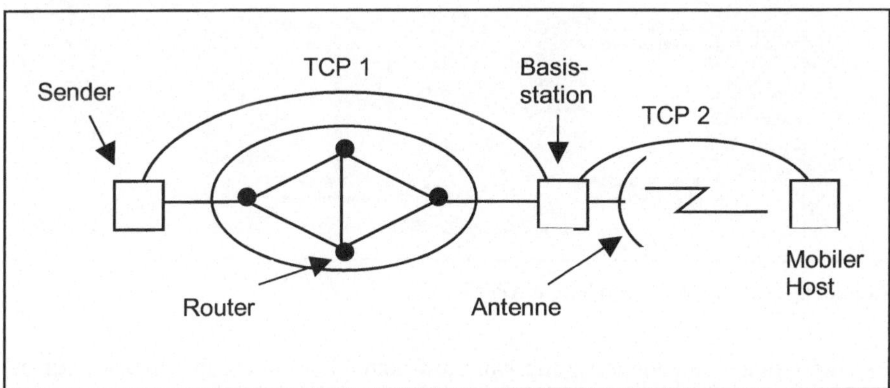

Abbildung 3-3: Aufteilung einer TCP-Verbindung in zwei Teilverbindungen (Tanenbaum 1997, 564)

Das Problem bei dieser Möglichkeit besteht allerdings darin, dass die TCP-Semantik verletzt wird, da jetzt beide Teilverbindungen eine selbständige TCP-Verbindung darstellen und so keine durchgehende Verbindung zwischen dem Sender und dem mobilen Host erzeugt wird.

Bei einem anderen Ansatz wird die TCP-Semantik nicht gebrochen. Dieser basiert auf Änderungen der Vermittlungsschicht in der Basisstation, die sich zwischen Sender und mobilem Host befindet. Dabei können beispielsweise „Snooping A-gents" hinzugefügt werden, die den TCP-Datenstrom zwischenspeichern. Diese übertragen fehlende Pakete erneut, ohne die betroffenen Stationen zu informieren, was eigentlich aufgrund von TCP erforderlich wäre. Dies führt zu einer konstanteren Datenübertragungsrate.

Daneben weist auch HTTP Probleme auf, deren Ursache ebenfalls im Design des Protokolls zur Nutzung im schnurgebundenen Netz liegt. Sind in einem zu übertragenden Objekt weitere Objekte (beispielsweise Bilder in HTML-Seiten) enthalten, so müssen für deren Übertragung eigenständige TCP-Verbindungen aufgebaut werden, was einen Verbindungsoverhead zur Folge hat. Bei einer Anfrage von Daten muss der Browser seine Eigenschaften immer wieder im Header übertragen, was zu einer Übertragung von redundanten Informationen beiträgt. Auch die Übertragung der Daten im ASCII-Format erhöht den Umfang der übertragenen Bytes, da diese effizient komprimiert werden könnten (vgl. Milojicic et al., 1999, 355).

3.1.2 Das WAP-Modell

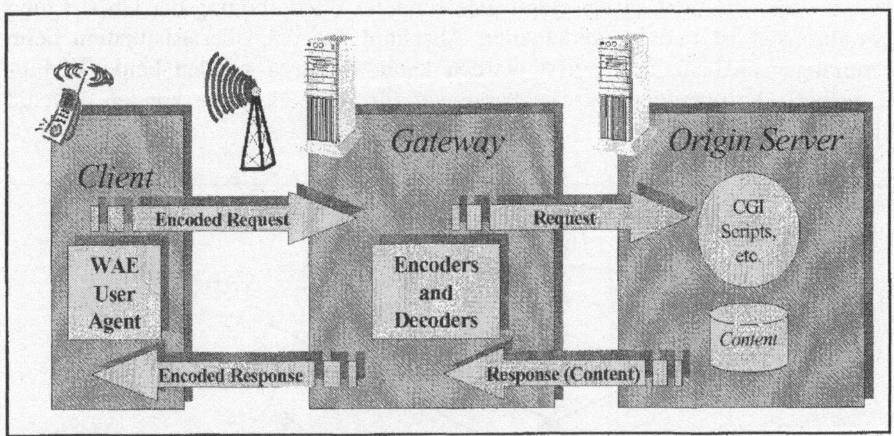

Abbildung 3-4: Das WAP-Modell (WAP-100, 12)

Für die mobile Datenübertragung kann auf dem Client auch ein Browser für die Wireless Markup Language (WML) auf Grundlage des Wireless Application Protocols (WAP) verwendet werden. Mit dem WAP-Standard wurde versucht, vor allem die Probleme, die bei der Kommunikation auf der mobilen Seite auftreten, einzuschränken. Betrachtet man nun das Modell bei einer Verbindung über WAP, so ist diese mit dem Web-Modell vergleichbar und wird in der Abbildung 3-4 im Überblick dargestellt.

Auch hier stellt ein im Client integrierter Browser, der häufig auch als Mikrobrowser bezeichnet wird, eine Anfrage an den Server. Die dabei zum Einsatz kommenden Protokolle sind allerdings unterschiedlich. Es kommt sowohl das im vorhergehenden Modell vorgestellte TCP/IP zum Einsatz als auch das Wireless Application Protocol. Zur Umsetzung dieser Protokolle ist ein Gateway (Rechner zur Umsetzung der Daten zwischen verschiedenen Protokollarten (Vgl. Hansen 1997, 386 und WAP-100)) nötig, das als Vermittler zwischen dem Internet und dem Mobilfunknetz dient (vgl. Rohrbacher/Götz 2001, 18). Der Client stellt unter Verwendung von WAP seine Anfrage an das Gateway, welches die Anfrage in eine http-konforme Anforderung umsetzt und sie an den entsprechenden Server weiterleitet.

Der Server bearbeitet die Anfrage und schickt die geforderten Daten an das Gateway zurück, das die Daten dann im WAP-Standard an den Client weitergibt. Dadurch können bereits am Server vorhandene Web-Technologien auch für WAP-Anwendungen genutzt werden (vgl. WAP-100, 12-13).

Ziel bei der Spezifikation des WAP-Standards war es auch, sicherzustellen, dass die Anfragen der mobilen Clients auf Basis von WAP mit bereits vorhandenen Protokollen und Hardware im Internet kommunizieren können (vgl. WAP-100, 12).

Wireless Application Protocol

Das WAP Protokoll soll einen gemeinsamen Standard für die mobile Datenübertragung sicherstellen und wird vom WAP-Forum (vgl. http://www.wapforum.org/), in dem neben Herstellern von Mobiltelefonen und von mobilen Infrastrukturen auch weitere Hard- und Softwarehersteller vertreten sind, entwickelt (vgl. Rischpater 2000, 44). Das WAP-Forum wurde 1997 durch die Firmen phone.com, Nokia, Ericsson und Motorola zur Schaffung eines Industriestandards für mobile Anwendungen gegründet.

Die Ziele des WAP-Forums sind (WAP-100, 3):

- “To bring Internet content and advanced data services to digital cellular phones and other wireless terminals.
- To create a global wireless protocol specification that will work across differing wireless network technologies.
- To enable the creation of content and applications that scale across a very wide range of bearer networks and device types.
- To embrace and extend existing standards and technology wherever appropriate.”

Da WAP speziell für den mobilen Einsatz entwickelt wurde, soll es im folgenden noch etwas ausführlicher erläutert werden.

Unter der Bezeichnung WAP werden mehrere Bereiche zusammengefasst. Sowohl das eigentliche Protokoll mit seinen Schichten, das für die Datenübertragung zwischen dem WAP-Gateway und dem WAP-fähigen Endgerät zuständig ist, als auch die Auszeichnungssprache WML und die Skriptsprache WMLScript gehören zu WAP und werden vom WAP-Forum gepflegt. WAP spezifiziert ein Gerüst für Anwendungen und Netzwerkprotokolle für schnurlose Geräte wie Mobiltelefone, Pager und Personal Digital Assistants. Die Spezifikation erweitert dabei die Grundlagen für mobile Netzwerktechnologie und Internettechnologie (vgl. Wenz/Hauser 2001, 3 und WAP-100, 3).

Die WAP Architektur ist, wie auch TCP/IP, an den Schichtenaufbau des ISO-OSI-Referenzmodells angelehnt, wie sie in Abbildung 3-5 dargestellt wird.

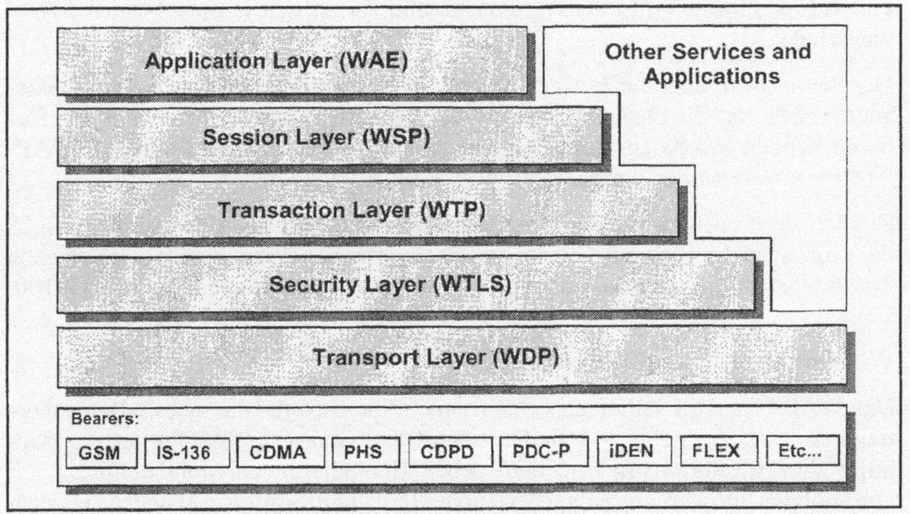

Abbildung 3-5: WAP-Architektur (WAP-100, 15)

Die einzelnen Schichten erfüllen eigenständige Aufgaben und werden nachfolgend kurz erläutert (vgl. WAP-100, 15-17 und Wenz/Hauser 2001, 20-36):

1. Wireless Datagramm Protocol (WDP)

Direkt über den Trägerdiensten ist WDP zuständig für die Kommunikation mit den verschiedenen Netzwerkkarten. Im ISO-OSI-Referenzmodell entspricht dies der Bitübertragungsschicht. Sie hat die Aufgabe, den darüber liegenden Protokollebenen eine transparente und vom verwendeten Übertragungsmedium unabhängige Kommunikation zu gewährleisten.

2. Wireless Transport Layer Security (WTLS)

WTLS ist das optionale Sicherheitsprotokoll der WAP Architektur. Es basiert auf dem Industriestandard des Transport Layer Security (TLS), dem früheren SSL (Secure Socket Layer) Standard, der auch beim TCP/IP Protokoll verwendet wird.

WTLS ist aber speziell für den mobilen Einsatz mit Geräten geringer Bandbreite optimiert.

Zur Realisierung der benötigten Sicherheiten bei der Datenübertragung bietet WTLS folgende Möglichkeiten:

- Datenintegrität
- Vertraulichkeit
- Authentifizierung
- Denial-of-service protection

3. Wireless Transaction Protocol (WTP)

WTP stellt den Dienst für interaktives "Browsing" bereit, damit Anwendungen miteinander kommunizieren können. Während einer sogenannten Browsing-Session fordert der Client von einem Server Daten an, die dieser dann als Antwort an den Client liefert. Diese Anforderung/Antwort-Kombination wird als Transaktion bezeichnet (vgl. WAP-201, 6). WTP hat zum Ziel, zuverlässige Transaktion durchzuführen und dabei auch einen Ausgleich zwischen der benötigten Zuverlässigkeit für die Anwendung und den damit verbundenen Kosten, die im mobilen Bereich eine höhere Rolle spielen, zu erreichen.

WTP unterstützt mit Hilfe von WTLS sowohl sichere als auch unsichere Verbindungen. Darüber hinaus sind noch einige optionale Möglichkeiten enthalten, beispielsweise Ende zu Ende Verbindungssicherheit oder asynchrone Kommunikation (vgl. WAP-201, 12-13).

4. Wireless Session Protocol (WSP)

Mit Hilfe des Wireless Session Protocol wird der oberhalb liegenden Anwendungsschicht eine Schnittstelle für zwei Sitzungsdienste bereitgestellt. Ein verbindungsorientierter Dienst, der oberhalb von WTP arbeitet und einen verbindungslosen Dienst, der oberhalb eines sicheren oder unsicheren Datagramm Dienstes arbeitet. Dabei besitzt ein verbindungsorientierter Dienst die Eigenschaft, dass der Dienstnutzer die Verbindung zunächst aufbaut, sie nutzt und danach wieder löst. Bei einem verbindungslosen Dienst wird die Nachricht unabhängig von einer Verbindung durch das System geschleust (vgl. Tanenbaum 1997, 39-40).

WSP stellt auch HTTP/1.1 in einer kompakten over-the-air kodierten Funktionalität und Semantik bereit. Dadurch ist es WAP-Endgeräten möglich, eine http-Verbindung über das Gateway zu einem Webserver aufzubauen. Wird die Anfrage eines WAP-Endgerätes an einen Webserver gestellt, so ist es unter anderem Aufgabe des Gateways, die binär mit WSP kodierte Anfrage in HTTP/1.1 konforme Anfragen zu übersetzen und umgekehrt.

Ein weiterer wichtiger Bestandteil dieser Schicht ist die Push-Funktionalität von WAP.

5. Wireless Application Enviroment (WAE):

Die Wireless Application Enviroment stellt die oberste Schicht im WAP-Standard dar und basiert auf einer Kombination der Web-Technologien mit Mobilfunktechnologien. Hauptziel von WAE ist es, eine Umgebung herzustellen, die den Betreibern und Serviceanbietern erlaubt, Anwendungen und Dienste anzubieten, die eine breite Masse von drahtlosen Plattformen effizient erreicht.

Entsprechend dem ISO-OSI-Referenzmodells ist sie für die Darstellung der Daten zuständig. Für den Transport und das Sitzungsmanagement sind die bereits vorgestellten, darunter liegenden Schichten verantwortlich.

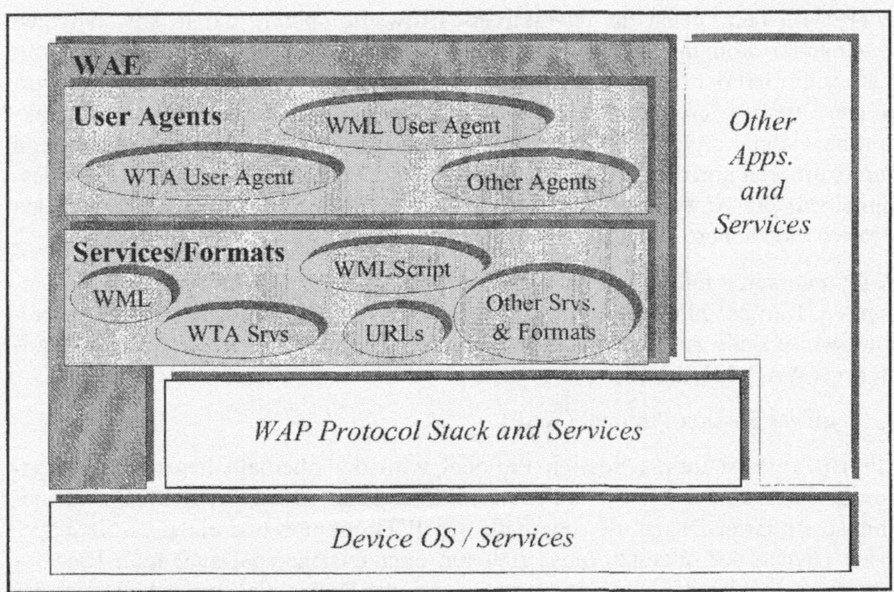

Abbildung 3-6: WAE Client Komponenten (WAP-195, 17)

Die WAE Schicht ist in die zwei Bereiche „User Agents" und „Services/Formats" unterteilt. Dabei wird unter einem User Agent die Software oder das Gerät verstanden, das WML, WMLScript oder andere Inhalte interpretieren kann (vgl. WAP-203, 9).

Bei den User Agents wird zwischen WTA (Wireless Telephony Application, vgl. WAP-169) und WML User Agent unterschieden. WTA ist für die Steuerung einiger Telefonfunktionen mit WAP, beispielsweise dem Telefonbuch oder das Verfahren bei einkommenden Rufen während einer WAP-Anwendung, zuständig. Der WML User Agent ist der eigentliche Browser, auf dem die Seiten dargestellt werden.

Im Dienste und Formate Bereich der WAE Schicht ist auch die Auszeichnungssprache WML und die dazugehörige Scriptsprache WMLScript beschrieben, die in Kapitel 3.4.2 auf Seite 194 vorgestellt wird.

Darüber hinaus gehört auch die Spezifikation für die URL, die weitgehend mit der HTTP Konvention übereinstimmt, in diese Schicht.

3.1.3 Modellvergleich

Ein erster Vergleich von Web- und WAP-Modell zeigt, dass nur wenige Unterschiede vorhanden sind. Das schon im Internet gebräuchliche Web-Modell kann auch im mobilen Bereich eingesetzt werden. Das WAP-Modell baut auf diesem auf und wurde speziell für die mobile Umgebung um bestimmte Komponenten erweitert und angepasst.

Die für die mobile Datenübertragung wichtigsten Protokolle sind das Transmission Control Protocol/Internet Protocol (TCP/IP) und das Wireless Application Protocol (WAP). WAP wird bei einer Übertragung nur dann verwendet, wenn es sich um eine auf diesem Standard basierende Anfrage handelt. Dies muss nicht immer der Fall sein. Wird beispielsweise ein HTML-Browser auf einem PDA genutzt und durch ein Mobiltelefon eine Internetverbindung aufgebaut, so wird vom Client bis zum Server nur TCP/IP verwendet.

Sowohl die Architektur von TCP/IP als auch jene von WAP sind an das ISO-OSI-Referenzmodell angelehnt (vgl. Tanenbaum 1997, 38-51). Zur Veranschaulichung werden in Tabelle 3-1 die Architektur von TCP/IP und von WAP in das ISO-OSI-Referenzmodell eingeordnet.

Tabelle 3-1: Einordnung von TCP/IP und WAP in das ISO-OSI-Referenzmodell

TCP/IP	OSI Modell	WAP
TELNET, FTP, HTTP, SMTP	Anwendungsschicht	WAE
Bei TCP/IP nicht vorhanden	Darstellungsschicht	
	Sitzungsschicht	WSP (opt. WTSL)
TCP, UDP	Transportschicht	WTP (opt. WTSL)
IP	Vermittlungsschicht	WDP
Host-an-Netz (nicht weiter definiert)	Sicherungsschicht	Trägerdienst / Trägernetz (nicht weiter definiert)
	Bitübertragungsschicht	

Zusammenfassend kann man sagen, dass beide Protokollarchitekturen im mobilen Bereich eingesetzt werden können. TCP/IP ist das verbreitetere Protokoll zur Datenübertragung, hat aber einige Besonderheiten, die für eine effiziente Übertragung im mobilen Bereich berücksichtigt werden müssen. WAP hingegen beachtet diese Einschränkungen bereits und ist speziell auf den mobilen Bereich und die damit verbundenen Besonderheiten zugeschnitten.

Um so viele Anwender wie möglich zu erreichen, müssen für eine mobile Anwendung beide Protokolle unterstützt werden. Dies hat weitere Anpassungen, beispielsweise am Server und auch bei der Programmierung zur Folge.

3.1.4 Push- und Pull-Anwendungen

Bei der Übertragung von Daten kann generell unterschieden werden, wann bzw. wie diese zum Endgerät gesendet werden. Dabei lassen sich grundsätzlich zwei Fälle unterscheiden. Der Anwender bekommt die Information erst nach seiner Anfrage (Pull) oder er bekommt die Information ohne eigenes Hinzutun (Push) von einem Server geliefert (vgl. Abbildung 3-7).

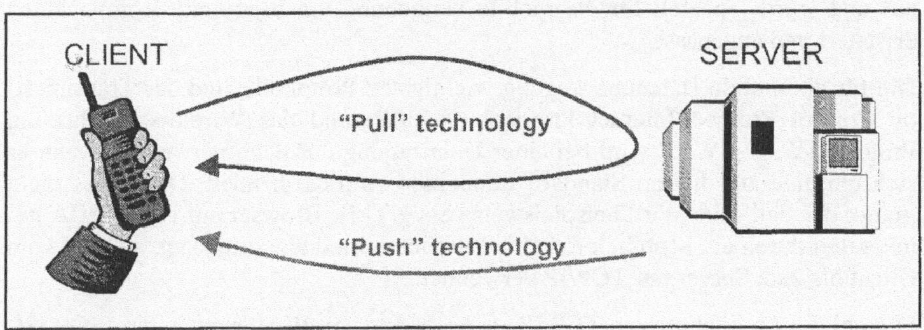

Abbildung 3-7: Push- und Pull-Datenübertragung (WAP-165, 11)

Pull-Technologie

Die bekanntere und weitaus häufiger genutzte Möglichkeit ist Pull. In diesem Fall schickt der Client eine Anforderung (request) an den Server. Bei WAP wird diese meist über ein dazwischengeschaltetes WAP-Gateway weitergeleitet. Der Server antwortet (response) auf die Anforderungen und schickt die gewünschten Daten an den Client zurück. Der Client initiiert somit die Datenübertragung (vgl. Heijden/Tylor 2000, 122).

Der Pull-Ansatz ist bereits im Internet gebräuchlich und wird auch von WAP unterstützt. Im Falle mobiler Datenbankanwendungen kann so beispielsweise eine umfangreiche Adressdatenbank abgefragt werden: Der Client initiiert die Datenübertragung in dem er eine Anfrage in Form eines Namens an den Server schickt. Der Server bearbeitet diese Anfrage und sucht in der Datenbank den entsprechenden Eintrag, den er dann an den Client zurückgibt.

Das Problem bei Pull besteht darin, dass zunächst der Client die Daten anfordern muss, also eine Verbindung zum Server herstellen und die Daten abfragen muss. Bei einigen Anwendungen wäre eine Übermittlung der Daten ohne Initiierung durch den Client durchaus wünschenswert.

Push-Technologie

Beim Push-Ansatz wird die Verbindung serverseitig initiiert. Der Server wird dann als „push initiator“ bezeichnet. Bo Larsson definiert „Push“ folgendermaßen: „The ability to deliver abitrary content between a push initiator and a specific user agent on a mobile client in an asynchronus manner. Push initiators may reside on Internet servers or on dedicated WAP servers.“ (vgl. Heijden/Tylor 2000, 118). Ein weiteres Unterscheidungsmerkmal zu Pull ist die erwähnte Asynchronität der Informationsübermittlung. Der Anwender des mobilen Clients kann sich in der Regel einmal für einen Service anmelden, dann erhält er die gewünschten Informationen immer, sobald sie verfügbar sind oder aktualisiert wurden. So kann der Nutzer eines Dienstes dem Server mitteilen, dass er über bestimmte Ereignisse informiert werden will, wenn diese eintreten. Ein typisches Beispiel hierfür sind Aktienkurse. Der Nutzer wird informiert, wenn eine Aktie einen von ihm gewählten Kurs über- oder unterschritten hat. Bei Datenbanken beispielsweise wäre eine Anwendung denkbar, die den Anwender immer dann informiert, wenn ein neuer Datensatz in eine Tabelle eingefügt wird.

Im Internet über HTTP ist der Push-Ansatz noch nicht realisiert (Microsoft Active Channel ist ein Versuch, push über HTTP und HTML zu realisieren. Hierbei wird die Verbindung jedoch auch immer wieder von Clientseite aufgebaut. Vgl. Heijden/Tylor 2000, 119), eine bereits viel genutzte Push-Anwendung im Internet ist aber beispielsweise eMail (vgl. Heijden/Tylor 2000, 118-119). Dass der Versuch, die Push-Technologie auch im Web einzusetzen, nicht mit Nachdruck verfolgt wird, liegt auch an den Einschränkungen, denen die mobile Kommunikation im Gegensatz zu herkömmlichen Internetanwendungen unterliegt. Über HTTP im schnurgebundenen Netz ist eine regelmäßige Anfrage an den Server ohne Probleme möglich. Im schnurlosen Fall hingegen entstehen aufgrund der Bandbreite und den höheren Kosten oft Probleme bei der Übertragung. Diese Kosten entstehen auch dem stationärem Anwender, wenn er immer online ist, sind aber hier weitaus geringer als bei mobilen Anwendungen. Daneben konnten sich die führenden Browserhersteller bisher nicht auf einen gemeinsamen Standard für Push einigen (vgl. Wenz/Hauser 2001, 59).

Im WAP-Modell hingegen ist die Push-Technologie ab Version 1.2 implementiert. Für die Realisierung wird zusätzlich zu dem eigentlichen Server ein sogenanntes Push Proxy Gateway benötigt. Dieses muss nicht als eigenständiger Server realisiert werden, sondern kann ebenso im WAP-Gateway implementiert sein.

Push-Dienste werden bei mobiler Datenübertragung durch Short Message Service (SMS) (Dienst im GSM Netz zur Übermittlung von Kurznachrichten) schon verwendet. Diese Technik unterliegt aber Einschränkungen, die mit WAP aufgehoben werden. So unterliegt eine SMS Nachricht einer Größenbeschränkung von 160 Bytes und erlaubt keine Interaktivität. Der Benutzer kann nicht direkt auf den Inhalt der Nachricht reagieren.

Führt man das oben erwähnte Beispiel der Information über veränderte Börsenkurse weiter, ist es mit WAP möglich, sofort auf diese Information zu reagieren und die Aktien beispielsweise mit Hilfe eines WML-Formulars umgehend zu verkaufen. Erhält man diese Nachricht, wie bereits von einigen Online-Brokern realisiert, per SMS, so kann man nur über das Internet oder über das Telefon reagieren. Ein weiterer Vorteil von WAP ist die Integration der Telefonfunktionen durch WTA im WAP Standard: Eine in der Nachricht enthaltene Rufnummer kann sofort angewählt werden oder ins Telefonbuch aufgenommen werden (vgl. Wenz/Hauser 2001, 60). Die Adressierung des Clients ist dabei sowohl über IP Adressen als auch über die MSISDN (Mobile Station ISDN Number, eine maximal 15-stellige vollständige internationale Rufnummer im Mobilfunksystem GSM, unter der der Teilnehmer erreichbar ist. Vgl. http://www. Interest.de/online/tkglossar/msisdn.html) möglich und somit für viele technologische Entwicklungen in der Zukunft offen (vgl. Wenz/Hauser 2001, 62).

Wie bereits erwähnt ist Push zur Zeit nur bei Einsatz von WAP möglich, Pull hingegen sowohl im Web als auch bei WAP. Dies hat zur Folge, dass beim Entwurf eines mobilen Anwendungssystems entschieden werden muss, welche Endgeräte und Protokolle am Client genutzt werden, um die Anwendung entsprechend anzupassen. Beim Einsatz der Push-Technologie in Verbindung mit WAP stehen daher derzeit im mobilen Bereich mehr Möglichkeiten offen als mit HTML.

3.2 Systemsoftware und Betriebsysteme für mobile Geräte

Mitte der 80er Jahre kamen die ersten Organizer auf den Markt, also kleine Geräte mit einfachen Anwendungen wie Notizblock, Terminkalender und Adressdatenbank. Die Geräte waren zunächst proprietär sowohl in Hinblick auf Hardware und Software. Erst mit der Einführung der Palm-Geräte erweiteten sich die Funktionen und es bestand die Möglichkeit, benutzerspezifische Applikationen zu entwickeln bzw. einzusetzen. Diese neue, universellere Generation von Geräten, nun PDA (Personal Digital Assistant) genannt, benötigte damit auch ein entsprechendes Betriebsystem. Die Besonderheit von Betriebssystemen für mobile Geräte liegt in der Abhängigkeit von den Beschränkungen der mobilen Hardware. Sie müssen mit den leistungsschwachen Prozessoren, den geringen Speicherressourcen, eingeschränkten Displaygrößen, eingeschränkten Eingabemöglichkeiten und begrenzten Akkulaufzeiten harmonieren. Die nachfolgenden Ausführungen beziehen sich noch überwiegend auf PDAs. Spätestens mit der allgemeinen Verbreitung von UMTS ist jedoch auch bei den dazu passenden Handys und Smartphones mit dem Einsatz der gleichen Betriebssysteme zu rechnen. Um die Besonderheiten bei der Funktionsweise deutlich zu machen, wurde trotz der dynamischen Weiterentwicklung nicht auf technische Details verzichtet.

Auf dem Markt haben sich die drei Systemplattformen Palm OS, Windows Embedded Family (insbesondere Windows CE), sowie EPOC etabliert. Abbildung 3-8 zeigt die Marktentwicklung mit einer Prognose bis 2004. Neben den drei bereits genannten Systemen dürfte in Zukunft auch Pocket-Linux eine gewisse Rolle spielen. Die einzelnen Betriebssysteme bzw. Systemplattformen werden anschließend noch näher beschrieben.

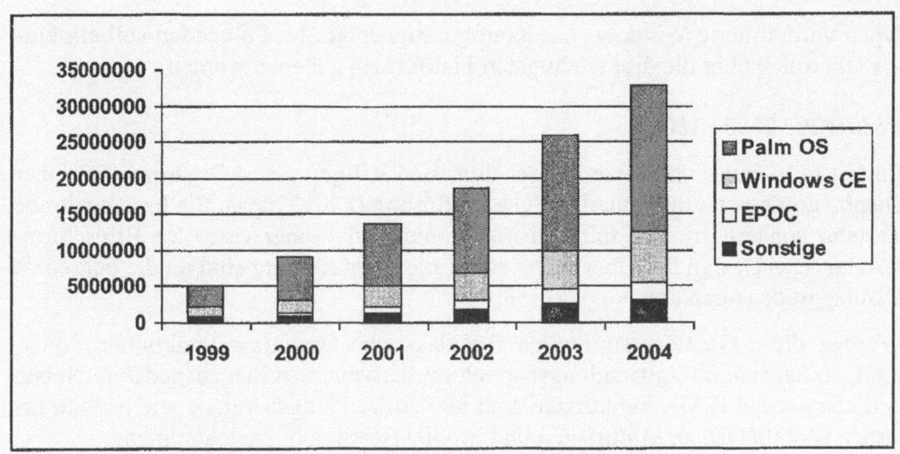

Abbildung 3-8: Anzahl der verkauften Geräte nach Betriebssystem

3.2.1 Microsoft Embedded Family

Überblick und Windows CE Varianten

Microsoft besitzt heute neben seinen Desktop Betriebssystemen eine zweite Sparte, die sog. „Windows Embedded Family" (vgl. Microsoft 2002). Darin sind die Betriebsysteme zusammengefasst, die sich für einen geräteintegrierten Einsatz und damit grundsätzlich auch für mobile Geräte eignen.

Windows XP Embedded, als Nachfolger von Windows NT Embedded ist dabei eine von den entsprechenden Desktop Betriebsystemen abgeleitete Version, die für mehrere Prozessoren verfügbar und auf die spezifischen Anforderungen eines integrierten Systems zugeschnitten ist. Der Einsatz liegt heute zumeist im stationären Bereich. Abgesehen von einzelnen Prototypen findet XP bislang noch keinen Einsatz im PDA - Segment, da die Hardware-Anforderungen meist noch zu hoch sind.

Das zweite Betriebsystem der Windows Embedded Familiy, Windows CE, ist neu entwickelt worden, um den Anforderungen eines mobilen Systems zu entsprechen und ein möglichst breites Spektrum an Gerätetypen zu unterstützen. Darum wurde Windows CE nicht als monolithisches System mit fest definiertem Umfang konzipiert, sondern folgt einem modularen Ansatz. Die Entwickler selbst bezeichnen Windows CE als „Legobaukasten" (vgl. Hall et al. 2001). Die aktuelle Version 3.0 besteht dabei aus über 200 solcher Komponenten. Es ist Aufgabe des Hardwareherstellers, die passenden Module für sein Gerät zusammenzustellen und die spezifischen Gerätetreiber bereitzustellen.

Um Inkompatibilitäten zwischen den Geräten durch die Modulauswahl der Hersteller zu verhindern und den Herstellern eine funktionsfähige Referenzimplementierung zur Verfügung zu stellen bietet Microsoft für die wichtigsten Gerätetypen vordefinierte Windows CE Konfigurationen an. Im Folgenden soll ein kurzer Überblick über die drei wichtigsten Plattformen gegeben werden.

Pocket PC 2000 / 2002

Pocket PCs, früher Palmsize PC genannt, sind stiftgesteuerte Organizer mit einer Displaygröße von einem viertel VGA Auflösung (240x320px). Sie besitzen keine Tastatur sondern arbeiten mit Schrifterkennung oder einer virtuellen Bildschirmtastatur. Das Design der Oberfläche sowie die Menüführung sind an die begrenzte Displaygröße angepasst.

Wurden diese Geräte ursprünglich für klassische Organizer Funktionen konzipiert, so hat sich ihr Anwendungsbereich mittlerweile deutlich ausgedehnt. Neben den klassischen PIM - Funktionen sind nun Anwendungsbereiche wie Mobile Internet, Mobile Office, Multimedia und Mobile Reading hinzugekommen.

Das Betriebsystem beinhaltet einen Microsoft Internet Explorer 4.0 kompatiblen Browser, einen E-Mail Client, den Windows Media Player, die Pocket - Versionen der MS Office-Applikationen Word und Excel, sowie einen integrierten Client für Windows 2000 Terminal Services.

Handheld PCs

Handheld PC 2000 Geräte haben die Ausmaße eines kleinen Notebooks. Sie verfügen über eine kleine Tastatur und werden mit drei Displaygrößen angeboten: Full - Screen (640x480) und Half - Screen (640x240) und SVGA (800x600).

Handheld PC 2000 basiert auf Windows CE 3.0 und bietet im wesentlichen dieselben oben genannten Applikation wie auch Pocket PC. Jedoch ist im Gegensatz zu diesem das „Look & Feel“ der Anwendungen den Desktop Varianten von Windows sehr viel ähnlicher. Besonders im Businessbereich sieht Microsoft die Einsatzmöglichkeiten der Handhelds, insbesondere bei Anwendungen, die ein größeres Display erfordern, wie webbasierten Anwendungen oder Thin Clients für Windows 2000 Workstations.

Smartphones

Smartphones sind eine Kombination aus Handy und PDA, die einen mobilen Internet-Zugang ermöglichen und außerdem alle Funktionen eines elektronischen Organizers abdecken.

Mit der unter dem Codenamen „Stinger“ entwickelten Version der Windows CE Familie versucht Microsoft in den schnell wachsenden Markt für Smartphones einzusteigen. Neben PIM - Anwendungen bietet das Betriebsystem den speziell für Smartphones entwickelten Browser Mobile Explorer, der sowohl WML als auch HTML-Seiten darstellen kann.

Aufbau von Windows CE

Windows CE ist ein modulares 32-Bit-Betriebssystem, das ähnlich wie auch andere Windows Version in verschiedenen Schichten aufgeteilt ist.

Durch die modulare Struktur wird eine bestmögliche Effizienz im Hinblick auf Speicherbedarf und Performance erreicht. Abbildung 3-9 zeigt den schematischen Aufbau eines Windows CE Systems (vgl. Hansmann et al. 2001, 133ff).

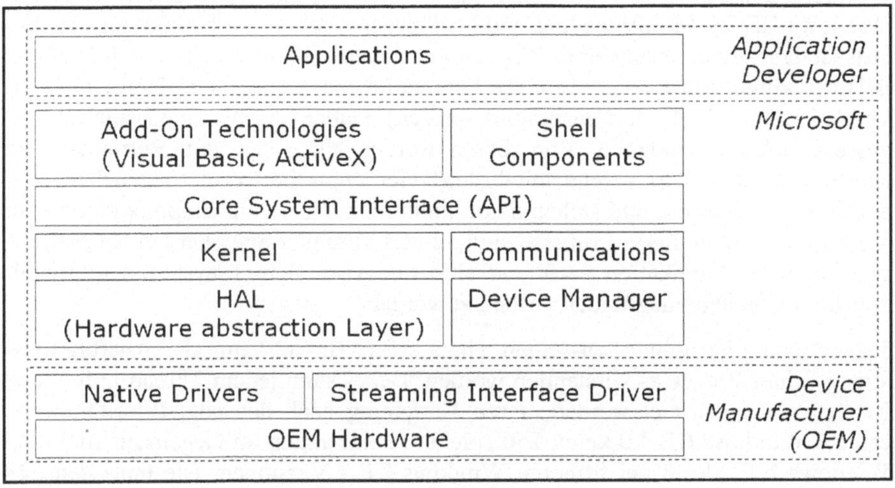

Applications
Application Developer
Add-On Technologies (Visual Basic, ActiveX)
Shell Components
Microsoft
Core System Interface (API)
Kernel
Communications
HAL (Hardware abstraction Layer)
Device Manager
Native Drivers
Streaming Interface Driver
OEM Hardware
Device Manufacturer (OEM)

Abbildung 3-9: Schematischer Aufbau von Windows CE

Der HAL (Hardware Abstraction Layer) trennt die Hardware vom Kernel des Betriebssystems und stellt das korrekte Zusammenspiel zwischen diesem und der Hardware sicher. Der Vorteil ist, dass für unterschiedliche Hardware nicht jedes Mal das komplette Betriebssystem neu angepasst werden muss.

In engem Zusammenhang zum Kernel stehen die „Native Driver“ und die vom Device Manager dynamisch geladenen „Streaming Interface Driver“. Diese werden vom Gerätehersteller programmiert um auf die OEM Hardware zuzugreifen. Die Windows CE API ist die primäre Programmierschnitstelle, auf der alle Systemsoftware, die Shell-Komponenten und Add-On Technologien aufsetzen. Diese wiederum werden von den darüberliegenden Third Party Applikationen verwendet. Die wichtigsten Komponenten des Betriebssystems werden anschließend noch kurz dargestellt.

Speicherverwaltung

Windows CE baut wie auch die Desktop – Varianten auf einem virtuellen Speichermodell auf (o.V. 2001z). Dabei verwendet das Speicherinterface 4 GB virtuellen Speicher, von dem ein Teil für 32 „Slots“ mit je 32 MB aufgeteilt wird. Jedem laufenden Prozess wird einer dieser Blöcke zugewiesen. Ein weiteres GB an virtuellem Speicher kann von den Programmen, die mehr als ihre zugeteilten 32 MB benötigen direkt adressiert werden. Die unteren 2 GB an Speicher sind für real vorhandenen RAM oder ROM reserviert, der verwendete virtuelle Speicher wird vom Memory Mapper darauf abgebildet.

Prozessmanagement/ Multithreading

Um eine bestmögliche Nutzung des Prozessors zu gewährleisten und die virtuelle Ausführung mehrerer Applikationen zur selben Zeit zu ermöglichen, verwendet Windows CE 3.0 Multithreading und Multiprocessing (vgl. o.V. 2001z). Ein Prozess ist dabei eine Instanz eines Programms, die von Windows CE in den Speicher geladen wurde (mit Execute in Place können Programme auch großteils im ROM verbleiben und direkt dort ausgeführt werden). Dabei sind bis zu 32 solcher Prozesse gleichzeitig möglich. Von diesen werden allerdings vom Betriebssystem selbst nach dem Start bereits mindestens vier, typischerweise aber sieben oder acht selbst verwendet und stehen somit nicht mehr für Benutzerapplikationen zur Verfügung. Jedem dieser Prozesse sind 32 MB virtueller Speicher zugeordnet, die nur für diese Applikation verfügbar sind und vom Betriebssystem vor Fremdzugriff aus Sicherheitsgründen geschützt werden.

Jeder Prozess hat mindestens einen Thread. Ein Thread kann als „Ausführungsstrang" eines Prozesses verstanden werden. Dabei kann jedem Thread individuell Rechenzeit zugeordnet werden, deren Verteilung nach den sog. Prioritätsstufen erfolgt. Windows CE 3.0 kennt 256 solcher Abstufungen im Gegensatz zu 13 bei Windows NT oder 8 bei früheren Windows CE - Versionen. Die untersten 248 Prioriätsstufen sind dabei normalerweise dem Betriebssystem, Gerätetreibern oder Echtzeitapplikationen vorenthalten. Die maximale Anzahl der Threads per Prozess ist vom Betriebssystem nicht direkt begrenzt, sondern ergibt sich aus dem verfügbaren Speicher. Da die Programmstränge parallel und unabhängig voneinander laufen sind Möglichkeiten der Synchronisierung notwendig. Diese werden insbesondere dann benötigt, wenn ein Thread auf einen anderen warten muss oder mehrere Threads gleichzeitig auf eine Ressource (z.B. ein angeschlossenes Gerät) zugreifen wollen. Windows CE unterstützt zu diesem Zweck „wait functions", „synchronization objects", „interlocked functions" und „messages".

Echtzeitfähigkeit/ Interrupts

Windows CE ist als einziges Microsoft Betriebssystem in der Lage in einem ehtzeitfähigen System eingesetzt zu werden. Echtzeitfähigkeit bedeutet die Ausführung eines Prozesses innerhalb garantierter Zeitfenster. Damit eignet sich Windows CE in zeitkritischen Applikationen wie beispielsweise Fahrzeugnavigationssystemen, Kommunikationsanlagen und Produktionssteuerungsanlagen. Dies wird erreicht durch einen Systemtimer mit einer Auflösung von einer Millisekunde, 256 Abstufungen bei den Threadprioritäten und „nested interrupt handling".

Ein Interrupt ist ein von Hardwarekomponenten des Systems ausgelöstes Ereignis. Das könnte beispielsweise die Nachricht sein, dass Daten von einem Speichermedium geladen wurden. Interrupts können in unvorhersehbaren Abständen ausgelöst werden und benötigen Prozessorleistung zur Verarbeitung. „Nested interrupt handling" erlaubt dabei diese Interrupts mit so genannten ISRs (Interrupt service routines) so abzuarbeiten, dass eine spezifizierte Durchlaufzeit garantiert werden kann.

Peripherie und Treiber

Windows CE unterscheidet grundsätzlich zwischen zwei Typen von Treibern: Native Treiber und Stream Interface Treiber.

Bei Native Treibern handelt es sich um statisch (im ROM) vorhandene meist low - level Treiber (z.B. für Display- oder Batterie). Stream Interface Treiber sind vor allem Treiber für Peripheriegeräte wie z.B. Drucker oder Modem. Sie werden bei Bedarf dynamisch geladen (vgl. o.V. 2001aa). Für das Laden und spätere Entfernen dieser Treiber aus dem RAM ist der Device Manager zuständig.

Netzwerk und Kommunikationsfähigkeiten

Grundsätzlich unterstützt Windows CE dieselben Kommunikationsschnittstellen wie die aktuellen Desktop - Windows Versionen. Im Gegensatz zu anderen PDA Betriebssystemen ist damit eine wesentlich größere Vielfalt an Schnittstellen vorhanden, wie die folgende Liste zeigt:

- TAPI: Telefonie-Integration, ermöglicht den PDA als Telefon zu nutzen
- TCP/IP: Basisprotokoll im Internet
- RAS: Einwahlverbindungen in Netzwerke über PPP (Point to Point Protokoll) und SLIP (Serial Line Internet Protocol), normalerweise von Modems genutzt
- SNMP: Protokoll zur Verwaltung von Netzwerk Ressourcen
- NDIS: Basisprotokoll für lokale Netzwerke, wie z.B. LAN (Local Area Network), WAN und Token Ring
- DNS: Auflösung von Domainnamen im Internet (auch WINS)
- DHCP: Automatische Zuweisung einer IP Adresse durch einen DHCP Server
- IrDa, FIR: Protokoll der Infrarotschnittstelle
- RDP: Nutzung des Terminal Service Clients zur Remotebedienung/ Fernsteuerung eines Windows 2000 Computers
- CIFS, SMB: Datei und Druckerfreigabe in Netzwerken
- Serielle Kommunikation: Unterstützung der seriellen Schnittstelle
- Wireless Networks: Verschieden Technologien zur drahtlosen Kommunikation, wie zB. Bluetooth, GSM, GPRS und WLAN
- USB: Unterstützung eines USB Host Controllers

3.2.2 Palm OS

Der als Marktführer (43% Marktanteil im 2. Quartal 2001 anerkannte Hersteller von PDAs Palm Computing, ein Tochterunternehmen von 3com, rüstet seine Geräte mit dem selbst entwickelten Betriebssystem Palm OS aus. Palm OS wurde speziell für den Einsatz in kleinen, kostengünstigen Computern entworfen, mit dem Ziel, einfach zu bedienen zu sein, was gleichzeitig zu höherer Leistungsfähigkeit und effizienterer Ressourcennutzung verhilft. Obwohl auch andere PDA-Hersteller (u. a. Handspring, Sony, Kyocera, IBM, Samsung, etc.) ihre Geräte mit dem Palm OS auf Lizenzbasis ausliefern, basieren alle auf der gleichen Hardwarearchitektur. So benötigen alle eine mobile Motorola-CPU aus der 68000-Reihe (DragonBall), ein 160 mal 160 Pixel großes Schwarz/Weiß-Display, sowie mind. 1 MB ROM und mind. 2 MB RAM zur Speicherung des Betriebssystems, der Anwendungen und der Daten. Für die Palm OS-Plattform gibt es eine inzwischen unüberschaubare Fülle an Softwareprodukten. Die meisten der 15.000 verfügbaren Programme werden als Free- oder Shareware vertrieben. Doch auch ca. 7000 kommerzielle Programme sind für Palm OS verfügbar.

Das Palm OS ist wie viele andere Betriebssysteme in Schichten aufgebaut, die in Abbildung 3-10 zusammengefasst sind und die anschließend noch etwas näher beschrieben werden.

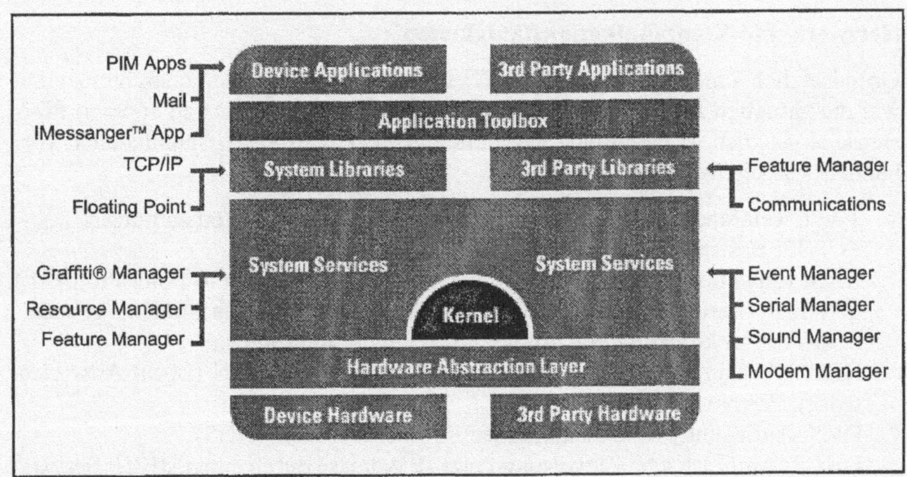

Abbildung 3-10: Palm OS Architektur (Palm 2001)

Über der Hardware, sowohl der integrierten Komponenten (**Device Hardware**), als auch zusätzlicher, durch Steckkarten eingebundener Hardware (**3rd Party Hardware**), befindet sich der **Hardware Abstraction Layer**. Dieser ermöglicht es, dass das Palm OS nicht nur auf einem spezifischen Palm läuft, sondern unabhängig von der Hardwarekonfiguration arbeiten kann.

Über dem Hardware Abstraction Layer befindet sich der **Kernel**. Dieser ist das Herzstück des Betriebsystems und ist multitaskingfähig. Das heißt aber nicht, dass man auf dem Palm mehrere Programme gleichzeitig ausführen kann, wie man es auf den heimischen Computern gewohnt ist. Der Kernel benötigt diese Unterstützung, damit er die komplexe Benutzereingabesteuerung, also die Schrifterkennung, parallel zu den Programmen bearbeiten kann.

Die **System Services** sind palmspezifische Manager für die einzelnen Hardwarekomponenten. So steuert der **Graffiti Manager** zum Beispiel die Benutzereingaben über den Stift. Der **Sound Manager** regelt die Soundausgabe (soweit unterstützt) von MIDI und weiteren Formaten. Der **Serial Manager** überwacht die Schnittstellen des Handhelds.

Der **Resource Manager** ist für die Verwaltung des Dateisystems zuständig. Im Gegensatz zu anderen Betriebssystemen, wie Mac OS, Win9x, usw., die beliebig viele Dateiformate unterstützen, kennt der Palm nur drei spezifische Arten von Dateien:

- Applikationen (Palm Resource) mit der Endung PRC
- Datensätze (Palm Database) mit der Endung PDB sowie
- PQA-Dateien (Palm Query Application), die zum Austausch mit dem PC verwendet werden und eine HTML-ähnliche Struktur besitzen.

Dennoch sind mit Zusatzsoftware auch PC-Dateiformate wie z.B. Exel-, Word- oder PDF-Dateien lesbar.

Der **Event Manager** kümmert sich um die Ereignisse, die im System auftreten können. Dazu gehören die System Events, also die Ereignisse, die von Palm OS selbst ausgelöst werden, die Menu Events, die stellvertretend für Benutzereingaben stehen, sowie Application Events, welche von den Anwendungsprogrammen (z.B. Terminerinnerung) veranlasst werden.

Der **Memory Manager** erledigt die Speicherverwaltung. Da das Palm OS im ROM gespeichert bleibt, verwaltet der Memory Manager nur das RAM, welches in Dynamic RAM (für globale Variablen, systemdynamische Allokationen usw.) und Storage RAM (für persistente Daten, Datenbanken usw.) unterteilt wird. Der Zugriff auf den Speicher ist nur per API möglich, was einen direkten Zugriff verhindert und zur Stabilität des Systems beiträgt. Palm OS unterstützt das Prinzip des „execute-in-place". Die ausführbaren Programme, die ja im RAM gespeichert sind, werden nicht noch mal geladen, so wie es bei den Betriebssystemen der Desktop-Computer ist, sondern sofort von ihrem Speicherort aus gestartet. Da auch nur ein Programm gleichzeitig lauffähig ist und beendet wird, wenn das nächste gestartet wird, entfällt für den Memory Manager die Aufgabe der Speicher-Reallokation.

Weitere Teile der System Services sind der **Feature Manager** und der **Modem Manager**.

Die über den System Services liegenden **System Libraries** erlauben einfachen Zugriff auf die Hardware. Dort befinden sich die Protokolle für die einzelnen Hardwarekomponenten, was dadurch ein komfortables Programmieren ermöglicht. Auf dieser Ebene befinden sich auch Dienste wie die Java Virtual Machine **(3rd Party Libraries)**, sofern sie implementiert ist.

Unter der **Application Toolbox** versteht man die vom Betriebssystem zur Verfügung gestellten grafischen Benutzerschnittstellen (APIs), die zur Interaktion mit dem Palm nötig sind. Dies sind zum Beispiel Schaltflächen, Eingabefelder oder andere Steuerelemente. Die **Device Applications** sind die von Palm mitgelieferten Programme und die **3rd Party Applications** sind die von Fremdanbietern entwickelten Programme.

3.2.3 Symbian OS

Die Firma Symbian Ltd. wurde als Joint Venture von Ericsson, Nokia, Matsushita (Panasonic), Motorola und Psion im Juni 1998 gegründet. Der Hauptfirmensitz befindet sich in Großbritannien mit Büros in Japan, Schweden und den USA.

Abbildung 3-11 zeigt die Basisarchitektur von SymbianOS. Zu beachten ist hierbei, dass höhergelegene Teile des Systems auf darunterliegenden aufbauen und von ihnen abhängen können, dies aber nicht unbedingt in allen Fällen so ist. Die wichtigsten Komponenten werden nachfolgend kurz beschieben.

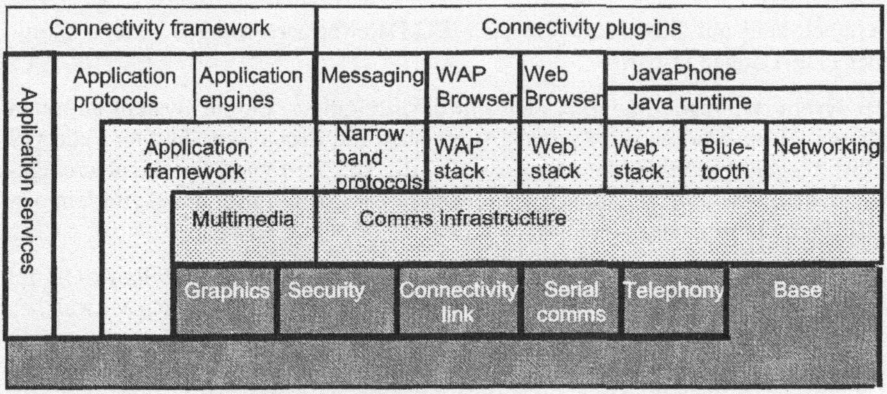

Abbildung 3-11: Architektur des Symbian OS

Base

Der Kernel von SymbianOS beherbergt die Hardwaretreiber, ist zuständig für das Powermanagement und verteilt die Speicherverwaltung zwischen sich und Benutzerprozessen. Benutzerprozesse laufen, im Gegensatz zu den Kernelprozessen, nicht bevorzugt ab. Der Kernel übernimmt gleichzeitig die Steuerung von Benutzerprozessen durch Prozess- und Speichermanagement und führt die Fehlerbehandlung und verschiedene Laufzeitaufgaben durch.

Sicherheitsfunktionen bilden einen wichtigen Teilbereich des Symbian-Kernel. Der Sicherheitsbereich besteht aus zwei Hauptmodulen: einem Verschlüsselungsmodul und einem Modul zur Behandlung von Sicherheitszertifikaten. Das Verschlüsselungsmodul bietet grundlegende Verschlüsselungsalgorithmen (wie z.B. DES, RSA und DAS) sowie einen Zufallszahlengenerator als Grundlage zur Schlüsselerstellung. Das Zertifikatmanagement bietet Funktionen zur Speicherung und Verwaltung von Sicherheitszertifikaten sowie Möglichkeiten zur Signierung dieser.

Application Framework

Die Application Framework Schicht bietet Bibliotheken zur Behandlung von Daten, Grafik und Text und ist für Lokalisierungsaspekte zuständig. Zur Behandlung von Daten kann auf ein Datenbankmanagementteil mit Unterstützung für Client-Server-Zugriff, Transaktionskontrolle und SQL- Kompabilität zur Bearbeitung und Erstellung von Datensätzen zugegriffen werden. Des Weiteren werden auf dieser Schicht die Clipboardverwaltung, Textbearbeitung und Textausgabe über Drucker (sowohl direkt angesteuert als auch über Synchronisations-PC) durchgeführt. Ein Window-Server kümmert sich um die Aufteilung und Zuweisung des Bildschirmes, des Eingabezeigers und Grafik zwischen den laufenden Applikationen. Dieser Window-Server ist weiterhin ein Teil des grundlegenden GUI-Systems auf dieser Schicht.

Multimedia

Die Multimedia Schicht enthält den Multimedia-Server zur Audioaufnahme und Audiowiedergabe sowie Grafikfunktionen. Die Formate werden hierbei auf Plug-In-Basis gehandhabt, was eine Erweiterung der unterstützen Formate durch weitere Plug-Ins zur Laufzeit ermöglicht.

Comms infrastructure

Ein wichtiger Teil des SymbianOS ist seine breite Unterstützung im Kommunikations- und Netzwerkbereich. Die Kommunikationsschicht bietet Module für Netzwerk, GSM Telefonie und Kommunikation, GPRS Kommunikation sowie WAP, Bluetooth und Infrarot Unterstützung.

Der Netzwerkteil implementiert das TCP/IP-Protokoll von UDP und TCP bis hin zu PPP, Telnet und SSL in seiner ganzen Bandbreite. GSM-seitig ist die Schicht zuständig für Datenkommunikation über CSD und HSCSD. Das Telefonieuntersystem bietet Funktionalitäten für Sprachanrufe, Datenanrufe und Faxanrufe sowie SMS-Unterstützung.

Messaging

Die Messaging-Schicht unterstützt das Versenden und den Empfang von SMS, E-Mail und Fax-Nachrichten. Nachrichten können hierbei sowohl an den Nutzer des Gerätes gerichtet sein, als auch an das System selbst (z.B. zur Fernkonfiguration). Abgewickelt wird der Empfang von Nachrichten über spezielle Beobachter-Prozesse (‚watchers'), welche die eintreffenden Nachrichten weiterleiten.

Der Versand und der Empfang von E-Mails wird durch die Unterstützung von Standards wie POP3, IMAP und SMTP ermöglicht, wobei Dateianhänge an Nachrichten möglich sind. Wichtig bei drahtlosem Netzwerkzugriff ist eine zuverlässige Abwicklung des Nachrichtenversandes auch bei plötzlichem Funkverbindungsverlust. SymbianOS unterstützt für alle Nachrichtenarten den Versand sowohl sofort, oder sobald eine Verbindung zum Funknetz besteht. Dadurch wird Offline-Bearbeitung von Nachrichten ermöglicht.

Browsing

Die Browsing-Funktionalität gliedert sich in einen Teil für das Web- und einen Teil für das WAP-Browsing. Der Webteil ist weiter untergliedert in einen Teil, der das empfangene Dokument darstellt und die Dokumentenstruktur behandelt. Ein Serviceprozess vollzieht die Überwachung des Netzwerkstatus und verwaltet Lesezeichen und Verlauf des Browsingvorganges sowie Proxyzugriff und Anmeldungsabwicklung für Seiten mit Berechtigungsschaltung/ Authentifizierung. Auf der WAP-Seite der Browsing-Schicht wurde der WAP1.0 Standard implementiert.

Application protocols, services and engines

Die Application engine ist weiter untergliedert in einen Kalender-, Kontaktmanagement-, Kalkulations-, Rechtschreibungs- und Hilfeteil. Hier werden Terminmanagement mit Erinnerungsfunktionalität und To-do-Listen angeboten. Das Kontaktmanagement bietet Standardfunktionalitäten zur Verwaltung von Kontakten sowie Anbindung an die Messaging-Schicht um so Nachrichtenversand an ausgewählte Kontakte durchzuführen. Die Application engine kümmert sich somit um die konkreten Personal Information Management Aufgaben eines Symbian-Gerätes. Serviceprozesse erweitern dies um eine Zeitsteuerung von Aufgaben sowie Überwachung von Systemfunktionen wie z.B. der Hardwareschnittstellen. Ein weiterer Prozess ist für die Protokollierung aller Vorgänge des Gerätes zuständig.

Java

SymbianOS bietet eine komplette Unterstützung des PersonalJava Systems von Sun. Lizenznehmer sind allerdings frei in der Entscheidung, wie viel sie von dieser Implementation in ihren Geräten übernehmen. PersonalJava in der implementierten Version 1.1.1a basiert weitgehend auf der Java-Version 1.1.6 mit teilweisen Erweiterungen durch Symbian für z.B. weitergehende UNICODE-Unterstützung.

Erweitert wird PersonalJava durch die speziellen JavaPhone-Komponenten. Sie bieten Möglichkeiten auf telefonspezifische Eigenheiten, Batterieüberwachung und Termin und Kontaktmanagement Zugriff zu nehmen.

Connectivity

Der Datenabgleich mit einem PC ist Aufgabe des Connectivity Teils der SymbianOS Architektur. Hierzu stehen zum einen verschiedenartige Konverter zur Verfügung, die Windows-basierte Dokumente in SymbianOS-basierte umwandeln können. Dadurch werden Standardformate wie Word 95-2000 und Excel 95-2000 auf dem Symbian Gerät lesbar. Auch der umgekehrte Weg z.B. ein SymbianOS Textdokument in Wordformat zur weiteren Bearbeitung am PC auszugeben ist möglich. Allerdings ist nur der gleichleibende Inhalt des Dokumentes gewährleistet. Beim Konvertieren z.B. von Word 2000 in Symbian Word und wieder zurück ist nicht mehr das identische Ursprungsdokument vorhanden.

Ein Verbindungsmanagement-Teil ist zuständig für die Kommunikation zwischen einem PC und einem Symbian-Gerät. Hier wird der eigentliche Datentransfer und Abgleich gehandhabt. Weiterhin ist der Ausdruck von Dokumenten über einen am PC angeschlossenen Drucker möglich. Die physikalische Verbindung zum PC ist über alle unterstützen Kommunikationsarten möglich. Auf dem PC ist zur Abwicklung eine Sammlung von Programmen (‚Symbian Connect') zuständig, die für die Konvertierung von Dokumenten auf der PC-Seite sowie für Backup und Wiederherstellungsaufgaben nötig ist.

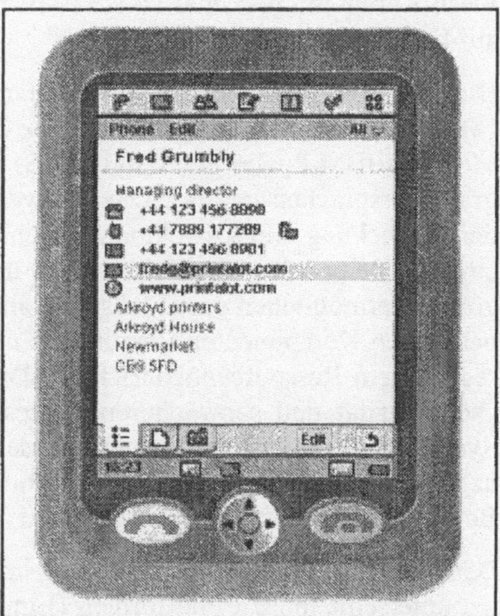

Abbildung 3-12: Beispiel für ein Referenz-Design von Quartz

Eine Weiterentwicklung von Symbian ist Quartz, eine auf dem EPOC-Betriebssystem aufsetzende Referenz-Plattform für drahtlose, Stift-gesteuerte Kommunikationsgeräte. Die Funktionen reichen von der Telefonie bis zum E-Mail-Versand und Webbrowsing. Außerdem werden neben Bluetooth, GPRS, E-POC-Anwendungen auch Java-Applikationen unterstützt. Quartz soll zum Standard für drahtlose Kommunikationsgeräte werden, jedoch gleichzeitig Lizenznehmern genügend Freiheiten bieten, um unterschiedlichsten Produkten Raum für Innovationen zu lassen. Um den unterschiedlichen Anwendungsgebieten vom Mobiltelefon bis zum Organizer Rechnung zu tragen, werden verschiedene Referenz-Designs entwickelt, wobei das erste Quartz ist.

3.2.4 Linux für PDA

Aufgrund des harten Konkurrenzkampfes und geringer Gewinnspannen im Handheld-Markt, wollen viele Hersteller auf die Lizenzabgaben an Microsoft oder Palm verzichten. Allerdings ein komplett eigenes Betriebssystem zu entwickeln ist für die Hersteller allein schon aus Zeitgründen uninteressant. Deshalb liegt es nahe, auf das frei verfügbare Linux als Betriebssystem zurückzugreifen.

Natürlich sind die nicht anfallenden Linzenzkosten nicht der einzige Grund, der Linux auch für PDAs interessant macht. Linux ist ein modernes Betriebssystem mit Protected Memory, Virtual Memory, Multitasking- und Multiuser-Fähigkeit und wurde ursprünglich für den 386-Prozessor entwickelt. Erst mit der zunehmenden Rechenleistung moderner PDAs (Intels StrongARM RISC Prozessor ist mit 206 MHz getaktet) und dem Einsatz größerer Speichermedien (momentan Flash-Karten mit maximal 16 – 32 MB Speicher) wird der Einsatz von Linux auch auf Handhelds interessant.

Die freie Verwendbarkeit, und vor allem der offenliegende Quelltext (Open Source), haben zu einer Verbreitung über diverse Hardwareplattformen (x86, ARM, Motorola/IBM Power PC, NEC MIPS) und der Unterstützung aller gängigen Programmiersprachen geführt. Die weltweite Entwicklergemeinde ist sehr schnell in der Entdeckung und Korrektur von Fehlern. Die leichte Skalierbarkeit erlaubt eine einfache Anpassung von Treibern an neue Hardware. Open Source-basierte Programme ermöglichen ein Höchstmaß an effizienter Programmierung, da alle nicht benötigten Komponenten identifiziert und entfernt werden können, was zu einem reduziertem Ressourcenbedarf führt. Dies ist gerade wegen der begrenzten Speicherkapazität und schwächeren Prozessoren bei PDAs wichtig, um „schlanke" Systeme zu entwickeln. Außerdem setzt Linux auf die hohen Unix-Standards bzgl. Sicherheit und Netzwerkintegration (SSL, SSH, TCP/IP). Auch als Realtime Betriebssystem gewinnt es zunehmend an Bedeutung.

Der GNU C-Compiler, der in jeder Linux Distribution enthalten ist, läuft auf vielen unterschiedlichen Plattformen (Linux, Solaris, Microsoft Windows). Deshalb ermöglichen Embedded Linux-Distributionen typischerweise eine Cross-Development-Umgebung. Auf einer Host-Plattform läuft die eigentliche Entwicklungsumgebung, auf der Applikationen durch Emulation der Zielhardware entwickelt werden. Beim Einsatz von Linux als Host-Entwicklungsumgebung kann ein Großteil der Zielapplikationen auf dem Desktop entwickelt werden, während die Zielhardware noch entwickelt und erarbeitet wird. Entwicklungsumgebungen wie Qtopia und Microwindows ermöglichen eine vollständige Emulation der Grafikhardware des Zielgeräts auf dem Desktop, ohne ständig „cross- kompilieren" zu müssen.

„Der Kernel ist das „Herz" des gesamten Systems. Er wurde so konfiguriert, dass er ein möglichst breites Spektrum von Hardware unterstützt. Außerdem müssen viele Treiber und Features nicht fest hinzugefügt werden, sondern können zur Laufzeit als Kernel-Modul nachgeladen werden. Der modulare Aufbau erlaubt es, den Kernel mit minimalen Speicheranforderungen zu kompilieren, indem nicht benötigte Module weggelassen werden.

Linux wurde als Betriebssystem erst ab dem Kernel Version 2.4 für PDAs interessant, da durch die Unterstützung von „Memory Technology Devices" Flash-ROMs wie Festplatten angesprochen werden können. Beim Booten wird ein komprimiertes Image des root-Filesystems vom Flash-ROM im RAM entpackt. Dadurch bleibt das Image immer konsistent, kann aber nicht einfach geändert werden. Ab dem Kernel 2.4 setzt man auf die beiden neuen Dateisysteme ramfs und cramfs, ein Hybrid aus read-only Filesystem und RAM Disk.

Ramfs ist eine dynamische RAM-Disk, die zur Laufzeit wichtige Verzeichnisse (/etc, /var, /root) enthält und ihre Größe ändern kann. Die Teile des Filesystems, auf die schreibend zugegriffen werden muss, liegen im ramfs, während es sich bei cramfs um ein komprimiertes read-only-Dateisystem handelt. Sowohl ramfs als auch cramfs sind voll kompatibel zu allen Linux Dateisystemen, APIs und Bibliotheken.

Ein weiteres wichtiges Feature ist das verbesserte ACPI Power Management im Kernel 2.4, was zu längeren Akku- und Batterielaufzeiten führt, aber noch nicht vollständig ausgereift ist.

Im Kernel wurde das komplette TCP/IP-Netzwerkprotokoll implementiert (Unterstützung für TCP, UDP, IP und ARP), wobei die Unterstützung von NFS, DNS, DHCP, PPP und SLIP Applikationen bereitstellen. Deshalb ist Linux ausgezeichnet auch für zukünftige mobile Internet-Anwendungen geeignet, die dank GPRS und UMTS das paketorientierte TCP/IP Protokoll nutzen.

Momentan gibt es zahlreiche Linux Portierungen für PDAs. Vielversprechende Ansätze für schlanke PDA-taugliche Linux-Distributionen gibt es von Trolltech mit Qtopia, PIXILs Open Environment und PocketlLinux von Transvirtual Technologies.

3.3 Datenspeicherung und Datenverwaltung

Grundsätzlich lässt sich bei den mobilen Endgeräten feststellen, dass neben einer relativ beschränkten Verarbeitungskapazität auch wenig Speicher zur Verfügung steht. Dies hat natürlich Auswirkungen auf die Datenspeicherung und die Datenverwaltung. Bei der Datenspeicherung wird daher häufig auch der Server zur Lösung von Speicherproblemen mit einbezogen. Nach einem kurzen Überblick über die Datenverwaltung auf dem Server werden zunächst die Datenformate (abhängig vom Betriebssystem) sowie die Datenspeicherung in den Geräten selbst dargestellt. Abgerundet wird dieses Kapitel durch das Thema „Zusatzspeicher“ sowie die Datensynchronisation mit SyncML.

3.3.1 Datenverwaltung auf dem Server

Aufgrund der erwähnten Beschränkungen mobiler Endgeräte besteht eine Lösung in der serverseitigen Datenspeicherung. Dies bietet sich vor allem auch deswegen an, weil die Daten meist auch in anderen Internetanwendungen benötigt werden. Der Server, auf dem die Inhalte letztlich gelagert sind, wird oft auch als „Origin Server“ oder Webserver bezeichnet (vgl. WAP-100, 7). Er ist zuständig für den Zugriff auf die Datenbank, die auf dem selben oder einem entfernten Server liegen kann. Dabei existieren verschiedene Möglichkeiten für die Interaktion zwischen dem Webserver und der Datenbank, die bei (Assfalg et al. 1998) vorgestellt werden (vgl. Assfalg et al. 1998, 17-25).

Bei Webservern muss keine Unterscheidung hinsichtlich der abgelegten Dateien und Inhalte getroffen werden. So können sowohl HTML-Seiten als auch WML-Seiten auf dem selben Server verwendet werden. Lediglich in der Konfigurationsdatei des Webservers müssen die folgenden MIME (Multipurpose Internet Mail Extensions. Internet-Standard zur Unterstützung von binären Dateien. Vgl. Tanenbaum 1995, 671-677) Typen zugeordnet sein, damit der Browser die übertragenen Daten bei WAP korrekt interpretieren und weiterverarbeiten kann:

Tabelle 3-2: MIME Typen bei WAP (Wenz/Hauser 2001, 85-86)

text/vnd.wap.wml	wml	WML
application/vnd.wap.wmlc	wmlc	kompiliertes WML
text/vnd.wap.wmlscript	wmls	WMLScript
applica-tion/vnd.wap.wmlscript	wmls c	kompiliertes WMLScript
image/vnd.wap.wbmp	wbmp	WBMP (Wireless Bitmap Format. Vom WAP Forum entwickeltes Bilderformat für WML-Seiten. Vgl. Brosius 2000)

Der Server kann bereits anhand der Dateinamenerweiterung der angeforderten Seite erkennen, ob es sich bei dem Client um einen WML- oder einen HTML-Browser handelt und entsprechenden Inhalt zurückliefern.

In diesem Zusammenhang bietet vor allem serverseitige Skriptverarbeitung Vorteile. So können zum Beispiel die Daten einer Datenbank, abhängig von der Leistungsfähigkeit des Clients, unterschiedlich dargestellt werden, so dass die Datenhaltung von der Formatierung getrennt werden kann. Dies könnte zwar auch durch andere Technologien, beispielsweise Style Sheets (Style-Sheets sind eine unmittelbare Ergänzung zu HTML zur Definition von Formateigenschaften einzelner HTML-Befehle), realisiert werden, aber aufgrund der mangelnden Unterstützung - vor allem bei mobilen Browsern - ist die Trennung von Daten und Darstellung so einfacher zu realisieren. Dabei muss aber auch auf dem Server klar zwischen den Daten- und den Formatierungskomponenten getrennt werden (vgl. Rischpater 2000, 165-167).

Durch ein Skript kann der Server den Client und den verwendeten Browser identifizieren und so zwar die gleichen Daten, jedoch in dem für den Client optimalen Format darstellen. Des weiteren können für bestimmte Browser(klassen) weitere Formatierungen erstellt werden (vgl. Rischpater 2000, 203-206). Bezüglich weiterer Details wird auf die Kapitel über Mikrobrowser sowie über Protokolle zur Datenübertragung bei mobilen Anwendungen verwiesen.

3.3.2 Datenformate bei mobilen Endgeräten

Im folgenden werden die verschiedenen Datenformate, die von mobilen Endgeräten mit den Betriebssystemen Windows CE und PalmOS unterstützt werden, genauer beschrieben. Da die Datenspeicherung in unmittelbaren Zusammenhang mit den jeweils verwendeten Betriebssystemen steht, wird auf die entsprechenden Ausführungen verwiesen. Die Datenformate repräsentieren dabei eine logische Sicht bzw. die Anwendungsebene, die unter Zuhilfenahme der entsprechenden Betriebssystemroutinen auf die eigentliche Datenspeicherung auf der physischen Ebenen zurückgreift. Auf die physische Datenspeicherung wir im darauffolgenden Kapitel eingegangen.

3.3.2.1 Windows CE

Textformate

Windows-CE unterstützt im wesentlichen alle Datenformate aus dem Office-Paket, allerdings wie bereits beschrieben in konvertierter Form. So wird das Microsoft Word-Format (.doc) auf dem Pocket PC als Pocket Word mit der Endung .pwd gespeichert, Microsoft Excel 5.0 (.xls) wird im Pocket Excel-Format (.pxl) abgelegt. Pocket Word und Pocket Excel sind auf dem Pocket PC bereits vorinstalliert und erlauben das Darstellen (nicht aber das Bearbeiten) auch von unkonvertierten Word- bzw. Excel-Dokumenten sowie die Abspeicherung in verschiedenen Formaten, z.B. können .doc-Dateien im Rich Text Format (.rtf), in Word 97 und Excel-Dokumente in Excel 95 und 97 abgelegt werden. Dabei werden die PC-Dokumente jedoch häufig in ihrer Formatierung verändert oder fehlerhaft angezeigt. Die automatische Konvertierung in ActiveSync muss deaktiviert werden.

Ebenso kann Microsoft PowerPoint (.ppt) mit dem vorinstallierten Pocket PowerPoint dargestellt werden. Bei der Übertragung werden .ppt-Dateien auf dem Pocket PC im Pocket PowerPoint-Format (.pwi) abgelegt.

Windows CE basierte PDAs unterstützen auch das PDF-Format, allerdings sind die PDFs auf dem Pocket PC nicht kompatibel zu den entsprechenden Dateien auf dem Desktop PC, so dass diese bei der Synchronisation wiederum in ein „PDA-verträgliches Format“ konvertiert werden müssen. Dabei können z.B. Bilder im Originalformat übernommen oder auf die Größe des PocketPC-Displays (240 x 320) verkleinert werden. Zum Lesen, Durchsuchen und Navigieren in PDF-Dokumenten steht der Acrobat Reader für PDAs mit Windows CE 3.0 in der Betaversion zur Verfügung. Dieser ist kompatibel zum Acrobat Reader in der Version 5.0, der spezielle Formatierbefehle verwendet, um Dokumente auch auf Geräten mit kleinem Display optimal darzustellen.

Wie von jedem anderen PDA, können auch auf Windows CE basierten Geräten E-Books in verschiedenen Formaten dargestellt werden. Es handelt sich dabei um elektronische Publikationen wie Fachaufsätze, Kurzgeschichten, Erfahrungsberichte, Gesetzestexte und Bücher, die Text, Bilder, Audio, Video und Hyperlinks enthalten. Sie werden auf dem Desktop mittels spezieller Software in das erforderliche E-Book-Format konvertiert und auf den PDA übertragen, wo sie von einem entsprechenden E-Book-Reader gelesen werden können. Palm-formatierte und Windows CE-formatierte E-Books können aber auch ohne Reader-Software dargestellt werden. Das vorinstallierte Pocket Word z.B. kann E-Books im .doc-, .rtf- oder .txt-Format anzeigen.

Das .xdoc prc-Format ist das Binärformat für die Darstellung von E-Books auf allen Plattformen (PalmOS, Windows CE, Epoc OS). Die Dateiendung ist .prc, die übliche Endung aller Datenbanken und Applikationen unter PalmOS. Beim xdoc-Format handelt es sich jedoch um eine Erweiterung des Standard PalmOS DOC-Formats, welches ein Datenbankformat mit integriertem Kompressionsalgorithmus darstellt. Mit dem xdoc prc-Format ist es möglich, sehr große und komplexe E-Books bis zu 10 MB zu erstellen und zu behandeln. Im Gegensatz zum Palm-DOC-Format enthält es embedded 256-Farb-Bilder, die in den Formaten .gif, .jpg und .png vorliegen können und auf dem PDA z.B. mit dem Mobipocket Publisher dargestellt werden können. Auch .html- und .xml-Informationen werden unterstützt. Außerdem ist eine Verschlüsselung mit dem 128-bit symmetrischen Verschlüsselungsmechanismus möglich. Komprimiert wird es mit dem DOC Standard Kompressionsalgorithmus.

Das für Windows CE Plattformen übliche E-Book-Format ist das .lit-Format (Microsoft Reader Texte), das mit dem auf Pocket PCs vorinstallierten Microsoft Reader gelesen werden kann. Die Konvertierung in Microsoft Reader Texte erfolgt mit dem Programm ReaderWorks. Das .oeb-Format ist das Standardformat für Open E-Book, welches u.a. auch vom Microsoft Reader unterstützt wird.

Ein unter Windows CE häufig verwendetes Textdokumentenformat ist das Mobi-Pocket-Format, welches fortgeschrittene Formatierfunktionen bietet und mit dem zugehörigen MobiPocket Reader dargestellt wie auch bearbeitet werden kann. MobiPocket ist auch für andere Betriebssysteme wie PalmOS und PsionEpoc ladbar.

Die Microsoft Smart Phone Plattform, welche die Funktionen eines Mobiltelefons (Voice) mit denjenigen eines PDAs (Datenaustausch) vereint, integriert genauso wie alle Microsoft Mobiltelefone einen Web Browser (Microsoft Mobile Explorer, MME) mit Multimode-Mikrobrowser-Funktionen, der die Formate html, chtml (von iMODE genutztes Format), wml und xml unterstützt. Windows CE basierte PDAs beinhalten einen (Pocket) Internet Explorer, der zur Darstellung dieser Formate geeignet ist.

Genauso wie auf PDAs mit PalmOS und Epoc OS, wird auch auf Windows CE basierten Geräten das Kompressionsformat .zip nativ unterstützt. Die zugehörige Software HandyZIP von CNetX nutzt das .zip-Format direkt auf dem Pocket PC, so dass zip-Dateien in E-mail-Attachments oder direkt im Zip-Archiv geöffnet und dekomprimiert werden können.

Bildformate

Bilder können von allen großen Plattformen angezeigt werden, Details sind aber lediglich auf ausreichend großen Farbdisplays ab 100 dpi erkennbar, wie dies z.B. beim Clié N770c der Fall ist. Unter Windows CE können Bilder in den Formaten .bmp, .gif, .jpeg, z.T. im Vollmodus, angezeigt werden. Diese Bildformate sind aber wiederum nicht kompatibel mit den entsprechenden PC-Dateien. Windows Bitmap (.bmp) wird auf dem Pocket PC als Windows CE 4-Farb Bitmap (.2bp) abgelegt. Zum Lesen von Bilddateien auf Pocket PCs bietet sich z.B. PicturePerfect 5.0 an. Außerdem erlaubt der integrierte (Pocket) Internet Explorer die Darstellung von .bmp-, .gif-, sowie .jpeg-Dateien, die Qualität jedoch lässt zu wünschen übrig, da dieser für die Bildanzeige nicht ausreichend optimiert ist. Der Microsoft Mobile Explorer in Mobiltelefonen unterstützt die Darstellung (monochrome, Graustufen- oder 8-bit-Farbtiefe-Darstellung) von animierten .gif-Dateien, .wbmp- und jpeg-Grafiken. Zusätzlich werden Sicherheitsmechanismen wie die Unterstützung des SSL 3.0-Formats geboten.

Audioformate

Windows CE basierte Pocket PCs weisen unter allen mobilen Endgeräten die besten Audioeigenschaften auf. Sie integrieren einen Windows Media Player, womit .mp3-Dateien (MPEG Audio Layer-3), .wma-Dateien (Windows Media Audio-Dateien), .asf-Dateien (Advanced Streaming Format-Dateien) wie auch .wmv-Dateien (Windows Media Video-Dateien) abgespielt werden können. Die beste Qualität liefert dabei das .wma-Format, da hierfür geringere Bitraten ausreichen. Der Player unterstützt verschiedene Frequenzen und Bitraten (von 32 KB/sec, 22 kHz Stereo bis 128 KB/sec, 44 kHz Stereo), besitzt die Fähigkeit zur Wiedergabe digitalisierter Dateien und eignet sich als Diktiergerät, „wenn man nicht zu lange aufnehmen will" (Rink 2001b). Seit Juni 2001 unterstützen Pocket PCs auch das .mp3PRO-Format, eine neue Version des mp3-Formats, das geringere Bitraten erfordert und damit eine zu wma-Dateien ähnlich gute Qualität liefert. Allerdings ist dazu ein spezieller mp3PRO Player von Nöten.

Auf dem Pocket PC müssen alle Audiodateien im Ordner „My Documents" oder zugehörigen Unterordnern abgelegt werden, egal ob sie sich im Hauptspeicher oder auf einer Speicherkarte befinden, da sie nur von dort vom Media Player abgespielt werden können. Sie werden dann auch automatisch in der Playlist angezeigt.

Die Windows Media Manager Software auf dem Desktop PC erlaubt die Konvertierung vieler Audioformate wie z.B. .asf, .mp3, .wav in das für den Pocket PC optimierte .wma-Format, um diese direkt auf dem Gerät oder auch auf einer Speicherkarte (z.B. Compact Flash-Karte) abzulegen.

Noch zu erwähnen ist, dass Windows CE 3.0 auch Sprachnotizen erlaubt und Multitasking-Funktion aufweist, so dass während dem Nutzen des Media Players andere Funktionen und Features auf dem PDA ausgeführt werden können.

Videoformate

Wie bereits erwähnt, zeichnen sich PDAs mit Windows CE durch die besten Multimedia Eigenschaften aus. Die Videoanwendungen jedoch sind auch auf Pocket PCs noch wenig ausgereift. Demnach können z.B. keine vollständigen Spielfilme, sondern lediglich kurze Sequenzen abgespielt werden. Der Grund dafür sind die zu geringe Rechnerleistung, der nicht in ausreichendem Maße vorhandene Speicherplatz sowie die geringen Ausgabemöglichkeiten auf externen Anzeigegeräten. Pocket PCs liefern Unterstützung für das MPEG-1-Format, wenn auch nur in geringem Maße. So sind z.B. beim iPAQ mit 206 MHz StrongARM CPU nur 19 fps möglich. Das zugehörige Filmmaterial findet z.B. in einem 1 GB großen Microdrive Platz, was einer Filmlaufzeit von etwa einer Stunde entspricht.

Der bereits vorinstallierte Windows Media Player in der Version 7.1 ermöglicht nicht nur das Abspielen von Audio- und Videodateien, wie z.B. dem .wmv-Format (Windows Media Video-Format), die auf dem Pocket PC abgelegt sind, sondern läßt auch Audio- und Videostreaming via Internet zu.

Mit der Installation von Videosoftware wie etwa dem PocketPC Video Player (Pocket TV) von Mpeg können MPEG-Dateien erzeugt und abgespielt werden. Andere Video Player wie Casio's Mobile Video Player oder ActiveSky's Media Player unterstützen lediglich proprietäre Formate wie z.B. .cmf, .sky.

Für Pocket PCs unter Windows CE 3.0 ist außerdem der Macromedia Flash Player verfügbar, der im MS Internet Explorer für Pocket PC integriert ist und das Abspielen von übertragenem Flash-Filmen ermöglicht.

Datenbankformate

Datenbank-Dateien werden auf Windows CE basierten PDAs im .cdb-Format (ADOCE Datenbank-Format) abgelegt und mit der Datenbankapplikation Pocket Access gelesen. Diese Dateien sind jedoch inkompatibel zum Microsoft Access Datenbank-Format (.mdb), so dass dieses bei der Übertragung auf den Pocket PC via ActiveSync in das .cdb-Format konvertiert werden muss. Die ADOCE Steuerung auf dem Pocket PC nutzt dabei den Dateifilter Adofiltr.dll, der in ActiveSync 3.1 integriert ist, um die Konvertierung zu steuern. Das .crb-Format kann von A-DOCE gelesen und verändert werden. Da das interne Windows CE Datenbanksystem jedoch weniger robust als Microsoft Access ist, tritt bei der Konvertierung häufig Datenverlust auf, so dass die Dateien auf dem Pocket PC nur unvollständig verfügbar sind.

Neben Pocket Access gibt es noch eine Reihe weiterer Datenbankformate und auch Datenbankprogramme, die auf dem Pocket PC genutzt werden können. Dazu zählt z.B. PocketDatabase, ein Datenbankprogramm speziell für Windows CE, wodurch Informationen in unter Windows CE integrierten Datenbanken abgelegt und z.B. im .list- Format dargestellt werden können. Bei diesem Format handelt es sich um ein Freeware Datenbank-Format, das ursprünglich für PalmOS erzeugt wurde. Mit dem zugehörigen Datenbankprogramm können benutzerdefinierte List-Datenbanken erstellt werden, die mit einem List-Reader lesbar sind.

Auch das HanDBase-Format ist ein unter Windows CE übliches Datenbankformat, wobei es sich dabei eigentlich um ein Format für pdb-Datenbanken unter PalmOS handelt. Zum Darstellen entsprechender Dateien auf dem Pocket PC ist der HanDBase Reader erforderlich.

Falls die Daten darüber hinaus noch verschlüsselt abgespeichert werden sollen, so existieren dafür weitere Produkte wie Code Wallet Pro, The Safe oder eWallet. Die Funktionalität dieser Datenbanken ist allerdings nicht vergleichbar mit Datenbanken im PC- und Großrechnerbereich. Es handelt sich eher um erweiterte Dateisysteme.

3.3.2.2 PalmOS

PalmOS unterstützt keinen standardmäßigen dateibasierten Zugriff auf Daten, stattdessen werden alle Daten in Objekten (=Datenbanken) abgelegt, aus denen individuelle „records" oder „resources" entnommen werden können. Datenbanken werden über eine creatorID assoziiert.

Es gibt drei Typen von Datenformaten, die auf PalmOS-Plattformen genutzt werden, die Palm database (pdb) (enthält records), die Palm Resource (prc) (enthält resources) und die Palm Query Application (pqa) (enthält records). Alle drei Typen von Datenformaten werden auf PalmOS-Plattform als Datenbank abgespeichert. Es handelt sich dabei um Datenbankformate, die einen integrierten Kompressionsalgorithmus besitzen, um die Palm-Docs an die speziellen Anforderungen der PalmOS-Devices wie geringe Speicherkapazität und kleines Display anzupassen.

Datenbanken enthalten im allgemeinen Header Informationen und eine sequentielle Liste von records (Record-Datenbank) oder resources (Resource-Datenbank). Jede Datenbank kann auch formatlose Daten beinhalten, deren Format von der Applikation definiert wird, die diese Daten erzeugt hat.

Das pdb-Format besteht aus einem Header, gefolgt von einer Reihe von Record Headern und schließlich den records selbst. Pdb-Dateien repräsentieren auf PalmOS-Plattformen eine Record-Datenbank, in der Daten für eine Applikation abgelegt werden, wie etwa Memos oder Adressbucheinträge.

Prc-Dateien werden als Resource-Datenbank abgelegt. Resource-Datenbanken entsprechen den PalmOS-Applikationen, die Code Resources sowie User Interface Resource Elements enthalten. Der Aufbau ist ähnlich wie beim pdb-Format.

Bei der Palm Query Application (Datenbank) werden seit der PalmOS Version 4.0 die zugehörigen Datenbanken als Web Clipping Applications angesprochen (Endung dieser Datenbank bleibt aber .pqa). Eine pqa-Datei entspricht einer pdb-Datei, die Web-Content enthält.

Alle pqa-Dateien auf dem Palm Device werden vom Launcher über die Web Clipping Application Viewer Software angesprochen. Wird eine pqa-Datei zur Betrachtung vom User geöffnet, so aktiviert der Application Launcher die Viewer Software, welche dann den Inhalt der gewählten pqa-Datei anzeigt.

Die nachfolgenden Formate werden von PalmOS-Plattformen unterstützt, d.h. diese Datenformate liegen auf Desktop vor, werden mittels einer Synchronisationssoftware (HotSync) auf den PDA übertragen und dort als .prc/.pdb/.pqa-Dateien abgelegt. Nicht die Dateinamen und Dateiendungen auf dem Desktop legen den Namen oder Typ von Datenbanken fest, die auf dem Handheld erzeugt werden, sondern dies erfolgt durch die Datenbank-Header-Information. Die entsprechende Software muß auf dem Palm natürlich installiert sein, um die Dateien darstellen zu können. In Zukunft ist natürlich mit Erweiterungen oder Unterstützung weiterer Formate zu rechnen.

Textformate

Zur Kategorie der Textformate auf PalmOS basierten Geräten zählen wie auch bei allen anderen Plattformen die E-Books. E-Texte bzw. E-Books können für PalmOS-Geräte in den folgenden Formaten erstellt und gelesen werden.

Das xdoc prc-Format ist wie bereits unter Windows CE beschrieben das Binärformat für die Darstellung von E-Books auf allen Plattformen (PalmOS, Windows CE, Epoc (Psion)) und kann demnach auch auf PalmOS-Geräten genutzt werden.

E-Books im .txt-Format können ebenfalls auf allen PalmOS-Geräten dargestellt werden.

Für das Palm-doc-Format (.prc) für PalmOS-PDAs wird ein Doc-Reader benötigt, z.B. Palm Reader, Smart Doc, Rich-Reader. Zum Erstellen von Palm-Docs werden spezielle Konvertierungstools, wie etwa Palm DropBook, MakeDoc verwendet.

Das doc-Format ist eine Art von Textdokument-Format, das von fast allen PDA-Plattformen genutzt werden kann (PalmOS, EPOC, Pocket PC). Es ist zu erwähnen, daß diese doc-Dateien nicht dem Microsoft Word Doc-Format entsprechen. Je nach Plattform ist ein spezieller Doc-Reader notwendig, um die Dateien lesen zu können.

Das iSilo-Format ist ein proprietäres Dokumentenformat von iSilo. Es handelt sich dabei um ein Textformat mit einigen Vorteilen gegenüber dem doc-Format. Es sind höhere Kompressionsraten möglich und es beinhaltet erweiterte Formatierungsmöglichkeiten (wie bold, italic, horizontal dividers, Hyperlinks). Es ist natürlich ein spezieller iSilo-Doc-Reader zum Lesen der Dateien nötig, wobei auch doc-Dateien damit gelesen werden können. Mit einem speziellen Windows-Programm (z.B. iSiloX3.0 für das iSilo 3.0-Format) ist eine einfache Konvertierung von HTML-Dateien, Text-Dateien, CSS-Formatierungen und Palm-doc-Dateien in das iSilo-Format 3.0 möglich. Es bietet Unterstützung von mehreren Bildformaten, wie jpeg, gif, bmp, png. iSilo 3.0-Dateien können auf Speicherkarten abgelegt werden und von dort aus direkt geöffnet werden, wodurch man die Dateien nicht mehr unbedingt im RAM-Speicher eines PDAs ablegen muß.

PalmReader-Dateien sind ein proprietäres Textdokument-Format (auch bekannt als Peanut-Format), das nur vom PalmReader gelesen werden kann. Der entsprechende PalmReader ist zur Darstellung von PalmReader- und doc-Dateien fähig.

Text-Dateien sind ASCII-Dokumente, die von den meisten PDAs ohne vorherige Konvertierung angewendet werden können. Palm-User können diese Dateien nutzen, indem sie diese z.B. über die Palm PIM Desktop Software in die Palm Memopad Applikation kopieren.

Pdf-Dateien können natürlich auch auf PalmOS-PDAs angezeigt werden, inkl. Tabellen und Grafiken. Nötig dazu ist der Adobe Acrobat Reader für PalmOS (kompatibel zu Adobe Acrobat 5.0) der spezielle Formatierbefehle verwendet, um Dokumente auch auf Geräten mit kleinem Display optimal darzustellen. Natürlich muß vor dem Darstellen der pdfs auf dem Palm eine Konvertierung in das Palm-Format auf dem Desktop erfolgen. Dabei werden die später auf dem Palm sichtbaren Inhalte wie Tabellen, Grafiken etc. festgelegt. Bilder können z.B. im Originalformat übernommen werden oder werden auf die Größe des Palm-Displays (160x160 Pixel) verkleinert. Pdf-Dateien können aber auch mit Hilfe eines Acrobat-to-doc Converters in das doc-Format konvertiert und anschließend mit einem der zahlreich verfügbaren doc-Reader auf dem PDA gelesen werden.

Bild- und Videoformate

Auf einem PalmOS-Gerät können die gängigen Bildformate wie jpeg, gif, bmp, png mittels eines Image Viewers (z.B. Fire Viewer) konvertiert dargestellt werden. Das auf vielen PalmOS-Geräten vorhandene Monochron-Display reduziert jedoch die Qualität.

Die Videoformate für Palm OS-Geräte stecken noch in den Kinderschuhen und es existiert bis jetzt kein „vernünftiges" Format, was sicherlich auch mit der Hardware-technischen Unterstützung zusammenhängt.

Audio-Formate

Manche Palm-PDAs unterstützen das mp3-Format, jedoch muß zum Abspielen der .mp3-Dateien ein mp3-Player in das Device integriert sein, wie dies z.B. im Clié PEG-N770C von Sony (Sony's erster PalmOS PDA mit Farb-Display) der Fall ist. Der dort enthaltene Audio-Player unterstützt neben .mp3-Dateien auch ATRAC3-Dateien (Adaptive Transform Acoustic Coding). Die Sound-Files können sich sowohl im Speicher als auch auf einem Memory-Stick befinden und müssen zuvor über einen Desktop-PC auf den PDA geladen und bei Bedarf umgewandelt werden.

Die PalmOS-Plattform 3.0 und höhere Versionen bieten Unterstützung für das Erstellen und Abspielen von Standard MIDI-Dateien (.smf-Dateien). Die Steuerung von Freuquenz, Dauer und Lautstärke ist möglich. PalmOS unterstützt jedoch keinen sampled Sound, multiple Voices oder komplexe Instrumente. Die Soundwiedergabe ist aufgrund eines „piezoelectric tiny speakers" innerhalb des Geräts insgesammt nur begrenzt möglich. Bei den Alarm Sounds z.B. handelt es sich um .smf-Dateien, die in der System MIDI Sounds Datenbank abgelegt sind und über die SndPlaySmf-Funktion abgespielt werden. Jede .smf-Datei in der Datenbank entspricht einem einzigen record.

Datenbankformate

Das csv-Format (Comma-Separated-Value-format) ist der kleinste gemeinsamer Nenner für Datenbank-Files. Unter PalmOS werden csv-Dateien in die Adressbuch-Applikation importiert und als abgetrennte Kategorie angezeigt.

Das Jfile ist ein(e) Datenbank-Format und –Applikation, die bei PalmOS als .pdb-Datei abgelegt wird. Bei der Jfile Version 5 handelt es sich um eine schnelle, effiziente und benutzerfreundliche Palm-Datenbank-Software, die multiple Feldtypen wie string, integer, floating numeric, date, time unterstützt. Möglich sind 50 Felder pro record mit bis zu 4000 Zeichen pro Feld. Weiterhin wird die Verschlüsselung von Datenbanken unter Verwendung des 64-bit Blowfish Algorithmus, die Verschiebung von Datenbanken auf und von VFS Speicherkarten, die Sammlung und Auswertung von Daten auf dem Palm, uvm. unterstützt. Zum Anzeigen der Jfile-Datenbank sind spezielle Jfile-Reader notwendig (Jfile Reader für PalmOS, z.B. Jfile von Land-J Technologies).

LIST ist ein Freeware Datenbank-Format und Datenbank-Programm, das ursprünglich für PalmOS erzeugt wurde und mittlerweile aber auch von der EPOC- und Windows CE-Plattform genutzt wird. Das Design entspricht dem des Adressbuchs (→ intuitiv und einfach benutzbar) und ist auf zwei Datenfelder plus „Notizfeld" pro Record begrenzt. Nach Installation der list.prc-Datei (Synchronisation via HotSync vom Desktop-PC), ist ein benutzerdefiniertes Erzeugen einer List-Datenbank. Zum Darstellen einer solchen Datenbank ist ein spezieller LIST-Reader notwendig.

Das MobileDB Datenbank-Format und –programm ermöglicht das Editieren, Suchen, Drucken, Kopieren und Beamen von Datenbank-Einträgen. Dieses ist speziell für die PalmOS-Plattform für einen schnellen und einfachen Zugriff auf jegliche flat-file Datenbank-Informationen zugeschnitten. MobileDB 3.0 unterstützt sieben Datentypen (text, integer, sequences, date, time, checkbox, lists) und kann durch Zusatzsoftware erweitert werden. Mit MobileDB-Excel und MobileDB-FileMaker können z.B. Microsoft Excel-Dateien oder FileMaker-Datenbanken direkt in eine auf dem Palm abgelegte MobileDB Datenbank importiert werden. Die entsprechenden Tools sind für Mac und Windows-Rechner verfügbar.

3.3.3 Datenspeicherung unter Windows CE

RAM (Random Access Memory)

Bei mobilen Endgeräten unter Windows CE, wie z.B. Handheld PCs, Palm-size PCs oder Pocket PCs wird das RAM meist konstant betrieben, d.h. es ist nicht flüchtig und kann demnach zur dauerhaften Speicherung von Daten und Applikationen verwendet werden.

Das interne RAM ist bei Windows CE 3.0 auf 256 MB begrenzt, bei vorhergehenden Versionen betrug es maximal 16 MB. Die maximale Dateigröße liegt bei 32 MB, während z.B. unter Windows CE 2.1 die größte Datei auf 16 MB, in den Versionen 1.0 und 2.0 auf 4 MB festgelegt war.

Das RAM wird in zwei Sektionen aufgeteilt, in das Object Store RAM, einen komprimierbaren, nichtflüchtigen RAM-Speicher, welcher für die Speicherung von Daten und Programmen zuständig ist und dem Program Execution RAM oder Programmspeicher, der die Programmausführung übernimmt.

Zu erwähnen ist, dass der Nutzer manuell festlegen kann, wie viel RAM-Kapazität für Datenspeicherung und wie viel für die Programmausführung verwendet werden sollen. Die RAM-Einstellungen werden im Control Panel-Memory vorgenommen, indem der Slider gemäß den Präferenzen des Nutzers verschoben wird. Für die optimale Einstellung sollten die Einstellungen des Herstellers beachtet werden.

Datenspeicherung im Object Store RAM

Das Object Store RAM, dessen Funktionen ähnlich zu denjenigen einer Festplatte auf dem Desktop Computer sind, dient der Speicherung von Daten wie auch ausführbaren Applikationen, die nicht im ROM abgelegt sind. Um die im ROM und RAM abgelegten Dateien zu unterscheiden, werden diese durch ein Flag (Markierzeichen, das ein Bit oder Byte sein kann) gekennzeichnet. Das Object Store besitzt eine Speicherkapazität von bis zu 256 MB und speichert die Daten dauerhaft, also auch wenn die Hauptstromversorgung unterbrochen ist, wodurch der Gefahr von Datenverlust vorgebeugt wird.

Beim Object Store handelt es sich um eines der Module des Betriebssystems, die je spezifische Funktionen erfüllen und gemäß den Präferenzen und gestellten Anforderungen (z.B. geringe Speichererfordernisse) kombiniert werden können. Das Filesys-Modul unterstützt die Windows CE Object Store API-Funktionen.

Physisch gesehen besteht das Object Store aus einem oder mehreren Speicherchips, nichtflüchtigen RAM-Chips. Konzeptionell beinhaltet es drei Typen von dauerhaften Datenspeichern, das Windows CE Dateisystem, die Windows CE Datenbank sowie das Windows CE System Registry. Dateisysteme und Datenbanken müssen jedoch nicht im Object Store abgelegt sein, sondern können sich auch im ROM, in separat installierten Systemen oder auf einem externen Speicher, wie etwa einer PC-Karte befinden.

Unter Windows CE 3.0 beträgt die maximale Anzahl der im Object Store abzulegenden Objekte ca. 4.000.000, bei niedrigeren Versionen konnten lediglich 65.536 Objekte gespeichert werden. Sollen größere Datenmengen abgelegt werden, so empfiehlt sich der Einsatz von Erweiterungskarten. Bei den Objekten handelt es sich um Registry Keys, Registry Values, Verzeichnisse, Dateien, Datenbanken, Records, die bis zu 4 KB an Daten beinhalten, 4 KB große Erweiterung von Records oder um 4 KB große Chunks einer Datei. Eine 12 KB große Datei z.B. besteht aus einer Datei und drei Chunks der Größe 4 KB. Jedes im Object

Store abgelegte Objekt wird über einen Object Identifier (OID) assoziiert. Da allerdings nur eine begrenzte Anzahl an OIDs vorhanden ist, werden freiwerdende Identifier jeweils neuen Objekten zugeteilt. Insgesamt kann ein OID aber nur bis zu 16 Mal wiederverwendet werden.

Der Speichermechanismus des Object Store ist transaktionsbasiert, so dass bei einer Unterbrechung der Stromversorgung beim Speichern von Daten, die Transaktion nach dem Neustart fortgesetzt oder auf den letzten "vollen" Zustand zurückgeführt wird.

Alle Daten und Programme werden in komprimierter Form abgelegt, um die vorhandene Speicherkapazität besser auszunutzen. Die Kompression erfolgt in Echtzeit, wobei zwei verschiedenen Methoden möglich sind. Bei der ersten Möglichkeit wird die gesamte Datei komprimiert, wofür besonders Daten und Programme im ASCII-Format geeignet sind, die zweite Methode spaltet jedes Datenbyte in zwei separate Streams, die anschließend getrennt voneinander komprimiert werden. Diese Methode wird v.a. bei Daten in der Unicode-Darstellung verwendet. Die Dekompression findet bei der Nutzung der Daten bzw. der Programmausführung statt, wo die Programme in das Program Memory geladen werden.

Programmausführung im Program Execution RAM

Die Programmausführung erfolgt im Program Execution RAM. Da RAM- wie auch ROM-basierte Applikationen in komprimierter Form gespeichert sind, müssen diese bei der Ausführung zunächst dekomprimiert und in das Program Execution RAM geladen werden. Die RAM-Funktionalität wechselt also zwischen Laden und Ausführen von Programmen, wobei das Laden den meisten Speicher benötigt.

Beim Programmaufruf wird die auszuführende Applikation in einen eigenen RAM Slot geladen, wobei immer nur ein Programm ausgeführt werden kann, und zwar jeweils im 1. Slot, dem Slot 0. Insgesamt sind in der Windows CE Speicherarchitektur 33 RAM Slots verfügbar, was einer Speicherkapazität von einem GB entspricht, wobei jeder Slot einen Speicherplatz von 32 MB beinhaltet. Ein auszuführendes Programm kann demnach maximal 32 MB betragen. Diese 33 Slots bestehen aus einem virtuellen Speicher, was bedeutet, dass jeweils die Page, auf der das Programm ausgeführt werden soll, RAM-Speicher für diese Applikation allokiert. Das Betriebssystem fordert Pages zurück, die nicht mehr genutzt werden, so dass sie von anderen Programmen in Anspruch genommen werden können. In diesem Zusammenhang wird von On-Demand Paging gesprochen, da das Betriebssystem nur die Memory Page, die den gerade auszuführenden Teil des Programms enthält, dekomprimieren und laden muss. Ist die Programmausführung beendet, wird die Page geschlossen und die nächste kann geladen werden. Es muss also jeweils nur ein kleiner Teil eines RAM-basierten Programms für die Ausführung dekomprimiert und geladen werden.

Windows CE Dateisystem

Mobile Endgeräte unter Windows CE implementieren ein „normales" Dateisystem, in dem ausführbare Applikationen, vorinstallierte Dateien sowie Dateien, die vom Nutzer erzeugt oder installiert werden, abgelegt sind. Die Dateien können bis zu 32 MB groß sein und werden wie bereits beschrieben in komprimierter Form abgelegt. Das Windows CE Dateisystem unterstützt Dateien, die im RAM, ROM und auch auf installierten Dateisystemen gespeichert sein können. Man spricht von einem ROM basierten Dateisystem, RAM basierten Dateisystem und installierten Dateisystemen. Unabhängig vom Typ des Dateisystems erfolgt der Zugriff von Applikationen auf das jeweilige System über das Standard Win32 File-System Application Programming Interface (API).

Noch zu erwähnen ist, dass das Windows CE Dateisystem transaktionsbasiert ist und somit Schutz gegen Datenverlust geboten ist. Sollte die Stromversorgung während einer Datentransaktion unterbrochen werden, so führt Windows CE alle partiellen Operationen auf den zuletzt bekannten Zustand zurück.

Aus Nutzersicht lässt sich sagen, dass das Dateisystem im integrierten File Explorer sichtbar wird und dort vom Anwender verwaltet werden kann. Allerdings sind die meisten Bereiche des Dateisystems für den Benutzer nicht sichtbar. Dazu gehören Datenbankdateien, wie die Kalender-, Appointment- oder Contacts-Datenbank, aber auch die Dateien, die das Registry enthalten. Der Anwender kann lediglich die Items sehen und darauf zugreifen, die im Ordner „My Documents" abgelegt sind. Auch kann der Nutzer Dateiendungen nicht modifizieren. Der „My Documents"-Ordner ist hierarchisch aufgebaut und kann demnach Unterordner enthalten, die aber selbst nicht mehr in Unterordner gegliedert werden können. „My Documents" dient der Speicherung von Nutzerdaten und erlaubt allen Applikationen den Zugriff.

Windows CE Datenbanken

Datenbanken werden in Windows CE basierten mobilen Endgeräten im Object Store in einem separaten Database Volume gespeichert. Beim Database Volume handelt es sich um eine Datei, die alle für eine Datenbank erforderlichen Daten enthält. Genauso wie das Object Store kann ein Database Volume bis zu 256 MB Speicherkapazität beinhalten. Unter Windows CE 3.0 müssen Datenbanken jedoch nicht im Object Store abgelegt sein, sondern können ebenso im ROM, in separat installierten Systemen oder auf einer externen Speicherkarte, wie etwa einer PC-Karte abgespeichert werden.

Windows CE basierte Plattformen besitzen für gewöhnlich eine oder mehrere vorinstallierte Datenbanken, die alternative, strukturierte Speichermöglichkeiten für Nutzerdaten und Applikationsdaten neben deren Speicherung in Dateien und dem Registry bieten. Die Kalender- und Adressapplikationen von Handhelds z.B. nutzen Datenbanken, um ihre Informationen abzulegen.

Windows CE Datenbanken sind transaktionsbasiert und weisen eine Flat-File Struktur auf, die für die begrenzte, effiziente Speicherung in mobilen Endgeräten optimiert ist. Diese Struktur zeichnet sich dadurch aus, dass nur eine Hierarchieebene realisiert ist, so dass die Datenbank nur aus einer einzigen Tabelle besteht, die die Records enthält. Diese werden nicht verbunden, können keine anderen Records enthalten oder mehrdimensional genutzt werden. Die Beziehungen werden durch Datenfelder (Properties) definiert, die alle in einer Reihe liegen und der Strukturierung der Datensätze dienen.

Jede Datenbank besitzt einen Namen und einen Type-Identifier, der genutzt wird, um ähnliche Datenbanken zu identifizieren. Die Microsoft Pocket Suite verwendet z.B. Nummer 24 als Type-Identifier für jede Contacts-Datenbank.

Datenbankabfragen erfolgen sequentiell, d.h. es werden alle Records der Reihe nach mit Hilfe der Befehle SeekFirst(), SeekNext() abgefragt, bis das gewünschte Kriterium erfüllt ist.

Windows CE liefert ein spezielles API, das es Nutzern und Applikationen erlaubt, zusätzliche Datenbanken zu integrieren und zu nutzen.

Datenzugriff

Der Datenzugriff erfolgt unter Windows CE über sogenannte Handles unter Verwendung der Standard Win32 Datei-I/O APIs (CreateFile(), ReadFile(), WriteFile() etc.). Die CreateFile()-Funktion dient dem Erzeugen und Öffnen einer Datei. Dabei gibt sie ein Handle zurück, das die erzeugte oder geöffnete Datei referenziert. Ebenso können Handles für Verzeichnisse zurückgegeben werden. Nachfolgende Lese-, Schreib- und Informationsfunktionen nutzen dieses Handle zur Bestimmung der zu bearbeitenden Datei. Zusätzlich verwenden diese Funktionen einen File-Pointer (SetFilePointer()-Funktion), um den Bereich innerhalb der Datei zu spezifizieren, in dem die Lese- und Schreibvorgänge stattfinden sollen. Ist die Positionierung des File Pointers innerhalb der Datei erfolgt, so werden die Lese- und/oder Schreibvorgänge über die Funktionen ReadFile() bzw. WriteFile() ausgeführt.

Nach Durchführung der Lese- und Schreibvorgänge kann mit der Funktion CloseHandle() ein offenes Objekt-Handle wieder geschlossen werden. Nachdem das letzte ein Objekt referenzierende Handle geschlossen ist, wird das Objekt aus dem Speicher genommen. Dauerhafte Objekte wie Datenbanken und Dateien jedoch bleiben im Speicher erhalten, müssen aber für den nächsten Zugriff zunächst mit CreateFile() wieder geöffnet werden.

3.3.4 Zusatzspeicher für mobile Endgeräte

Vor allem Flash-Speicherkarten nehmen im Bereich mobiler Endgeräte wie PDAs, Handhelds, Pocket PCs oder auch Digitalkameras einen immer größeren Stellenwert ein und finden sich in zahlreichen Variationen. Die Speicherkarten werden dabei als Erweiterungskarten zur Speicherung von Text-, Bild-, Audio- und Videodateien wie auch ausführbaren Applikationen und anderen Dateien eingesetzt. Sie können über weitaus mehr Speicher verfügen und demnach die Ablage größerer Dateien erlauben, als dies im internen RAM der Fall ist. In manchen Fällen erlauben sie sogar Execute-In-Place (XIP)-Funktionalität, so dass die auf Speicherkarten abgelegten Programme direkt ausgeführt werden können und nicht erst in das RAM geladen werden müssen. Daten und Programme werden auf Flash Speicherkarten in unkomprimierter Form abgelegt.

3.3.4.1 Charakteristika und Arten von Flash Speicherkarten

Bei dem in Flash Speicherkarten integrierten Speichertyp, der hauptsächlich die Ablage von Dateien übernimmt, handelt es sich wie bereits angesprochen um einen elektrischen wiederbeschreibbaren Speicher (Flash EEPROM), der nicht flüchtig ist, d.h. es ist keine Versorgungsspannung notwendig, um Daten zu bewahren bzw. diese gehen bei einer Unterbrechung der Stromversorgung anders als beim RAM nicht verloren. In Flash Speichern können Bytes zwar einzeln adressiert und gelesen werden, das Schreiben, Löschen und Neuprogrammieren kann aber nur blockweise erfolgen. Damit ist ein schnelleres Update möglich.

Flash Speicherkarten zeichnen sich für gewöhnlich durch eine NAND- bzw. AND-Architektur aus, hergestellt von Toshiba und Samsung, bei der die Daten in einer Folge von Datenzellen abgespeichert werden, die in 512-Byte große Sektoren organisiert sind, wobei 16 Sektoren je einem Block entsprechen. Die Daten werden Sektor für Sektor sequentiell in den Speicher geschrieben und blockweise gelöscht. Dadurch sind sehr schnelle Schreib-, Lösch- und Programmiervorgänge sowie hohe Datentransferraten von etwa 15 MB/sec möglich. Die geringe Blockgröße erlaubt ein einfaches Dateimanagement und ist speziell für mobile Endgeräte optimiert. Nachteilig ist jedoch, dass keine byteweisen Schreibvorgänge möglich sind und sich der Random Access als langsam erweist.

Flash Speicherkarten bestehen anders als Festplatten aus festen Komponenten, wodurch die Gefahr von Datenverlust und mechanischem Versagen weitaus geringer ist. Außerdem sind sie leicht austauschbar, weisen gute Leseleistungen von 250KB/sec bis über 1 MB/sec sowie gute Zugriffszeiten auf (um die 150 ns, also höher als bei dynamischen Halbleiterspeichern). Darüber hinaus erfordern sie nur einen geringen Platz- und Energieverbrauch von ca. 50 mA (die energiesparsamste Festplatte von IBM benötigt ca. 250 mA), was sie ideal für mobile Endgeräte macht. Ihre Lebensdauer ist mit rund 100 000 Schreib- und Löschzyklen begrenzt, dafür sind sie jedoch sehr widerstandsfähig gegenüber Stößen und Vibrationen und auch sehr kostengünstig.

Die PC-Card-Technologie definiert internationale Standards für Speicherkarten in mobilen Computern, aber auch anderen mobilen Endgeräten wie PDA, Handhelds, Notebook Computer, Digitalkameras etc. Die Standards wurden 1989 von der internationalen Handelsorganisation PCMCIA (Personal Computer Memory Card International Association), bestehend aus über 200 Mitgliedern, entwickelt. Sie sollen die Austauschbarkeit von PC-Karten zwischen mobilen Geräten ermöglichen.

Zu den standardisierten PC-Karten zählen z.B. ATA Flash-Karten, Lineare Flash Speicherkarten, CompactFlash-Karten, Modemkarten, aber auch kleine Formfaktor-Karten wie Miniature-Karten, wofür eigens Standards entwickelt und integriert wurden.

Der PC-Karten Standard liefert physikalische Spezifikationen für drei Typen von PC-Karten, die alle dieselbe Länge und Breite besitzen, sich aber in ihrer Dicke unterscheiden und demnach unterschiedliche Einsatzfelder haben.

- Typ I-Karten mit einer Dicke von 3,3 mm werden meist in Verbindung mit Speichern wie RAM, Flash, OTP oder auch SRAM-Karten eingesetzt und können in allen drei Arten von Kartenslots (Typ I, II, III Slot), welche die PC-Card-Technologie definiert, verwendet werden.
- Die 5,0 mm dicken Typ II-Karten werden hauptsächlich in I/O-Geräten wie Daten/Fax-Modems, LANs oder in Massenspeichern eingesetzt, wobei sie in allen Typ II oder III Slots verwendbar sind.
- Typ III-Karten mit einer Dicke von 10,5 mm finden sich z.B. in Festplatten, können jedoch nur in Typ III Slots genutzt werden.

Die Auswahl an Flash-Speicherkarten für mobile Endgeräte ist sehr vielfältig, wobei CompactFlash-Karten, Multimedia-Karten und SecureDigital-Karten, zumindest bei Windows basierten Pocket PCs am häufigsten eingesetzt werden. Zu beachten ist, dass mobile Endgeräte keine einzige genormte Anschlussleiste besitzen, so dass die Auswahl an Erweiterungen für jeden Pocket PC, Handheld und PDA anders aussieht. Es existiert kein einheitlicher Standard, wodurch die Kompatibilität zwischen den Technologien und Geräten oft nicht gegeben ist.

3.3.4.2 Beispiele für Speicherprodukte

CompactFlash-Karten von SanDisk

Bei den CompactFlash-Karten handelt es sich neben den SmartMedia-Karten um die vorherrschende Technologie unter den Flash Speicherkarten. Sie basieren auf der NAND-Speicherarchitektur und wurden nach dem PC-Card-ATA-Standard entwickelt, so dass sie in allen drei Typen von PC-Card-Slots unter Verwendung eines kostengünstigen Adapters einsetzbar sind. Anders als bei SmartMedia-Karten und Miniature-Karten, befindet sich die Steuerelektronik (Flash-Speicherbausteine und intelligenter Controller) in der Karte, nicht jedoch im Gerät, so dass CompactFlash-Karten problemloser in verschiedenen Medien eingesetzt werden können. Des weiteren hängt die Schnittstelle bei CF-Karten nicht von der verwendeten Flash Variante ab. Sie unterstützen die bei Festplatten übliche ATA/DIE-Schnittstelle für den Datentransfer, wodurch CF-Cards einfach in digitale Geräte integriert werden können (z.B. Notebooks).

CF-Karten liegen meist im Format von 36,40 mm x 42,80 mm vor (ca. halb so groß wie ATA Flash-Karten), sind meist 3,3 mm dick (PC-Karte vom Typ I) und sehr leicht (ca. 11,4 g). Sie zeichnen sich durch eine hohe Speicherkapazität aus, angefangen bei 16 MB, über 32 MB, 64 MB, 128 MB, 512 MB bis hin zu 1024 MB. SanDisk hat für das 1. Quartal 2002 CF-Karten mit einer Kapazität von 1 GB angekündigt, zu einem Preis von voraussichtlich ca. 800 US Dollar. Auch eine 2

GB-Version soll es bald geben. Die erforderliche Versorgungsspannung ist mit 3,3 oder 5,0 Volt relativ gering. Außerdem lassen sich hohe Übertragungsraten bei Download- und Kopiervorgängen realisieren. Die Datentransferrate von/auf Flash beträgt 20 MB/sec, die Datentransferrate vom/auf den Host dagegen 16 MB/sec. Die Schockresistenz liegt bei 2.000Gs.

CompactFlash-Karten werden z.B. von SanDisk, Viking oder SimpleTechnologie hergestellt und finden in zahlreichen mobilen Endgeräten wie Handhelds, Pocket PCs und anderen Windows CE basierten Geräten sowie in Personal Communicators, Palm PCs (Psion), Digitalkameras oder digitalen AudioPlayer ihren Einsatz. Besonders beliebt sind diese Erweiterungskarten bei Pocket PC Usern, da die zugehörigen CF-Slots entweder direkt im Pocket PC integriert oder als externe Option erhältlich sind. Slots für CF-Cards werden z.B. von Herstellern wie Canon, Casio, Hewlett-Packard, Kodak, Panasonic etc. produziert.

CF-Karten dienen der Speicherung von Audiodateien (.wma-, .mp3-Dateien), digitalen und gescannten Bildern, E-Books sowie von Software, der Installation von Applikationen, aber auch der Sicherung von Daten und Programmen, die im RAM verloren gehen können.

PC-ATA-Karten (Advanced Technology Attachment-Karten)

Die ATA Flash Speicherkarten entsprechen im Prinzip den CompactFlash-Karten, allerdings besitzen sie wesentlich höhere Kapazitäten und sind kompatibel zu den PC-Karten vom Typ I und II, basieren also auf den Standards von PCMCIA und JEIDA (Japan Electronic Industry Development Association). Sie sind somit in nahezu jedem tragbaren Gerät mit PC-Card Slot einsetzbar.

SecureDigital Speicherkarte (SD Memory Card)

Die SD Memory Card Spezifikationen wurden von der Secure Digital Association (SDA) eingeführt, einem Konsortium aus Toshiba, Matsushita Electrical Industrial Co. Ltd. (Panasonic) und SanDisk. Bei der SD Speicherkarte handelt es sich um ein neues Format (32,0 mm lang, 24,0 mm breit und 2,1 mm dick, Gewicht von 2 g), das auf dem Multimedia-Karten Standard basiert und damit zu Multimedia-Karten aufwärtskompatibel ist, die wiederum in SD-Slots gelesen werden können.

Die SD-Card basiert auf der NAND-Speicherarchitektur, die mit Toshiba's 0,16 Micron Prozesstechnologie hergestellt wird. Zudem verfügt der Anschluss der SD Speicherkarten über lediglich neun Pins, von denen maximal vier für die Datenübertragung zuständig sind, so dass hohe Datentransferraten von bis zu 2 MB/sec oder sogar 10 MB/sec für schnelle Download- und Kopiervorgänge möglich sind. Die Schockresistenz dieser Karten liegt genauso wie bei CF-Karten bei 2.000Gs.

Trotz ihrer geringen Größe liefern diese Erweiterungskarten eine hohe Speicherkapazität bis momentan maximal 256 MB. Im 2. Quartal 2002 sollen bereits SD-Karten mit doppelter Kapazität von 512 MB verfügbar sein, bis Ende 2002 eine 1 GB-SD-Card. Damit sind diese Erweiterungskarten gut geeignet für die Speicherung von Multimedia-Applikationen, Audio- und Videodateien. Die SD-M1280

(128 MB Kapazität) von TAEC (Toshiba America Electronic Components, Inc.) kann z.B. bis zu vier Stunden Musik oder 40 Minuten Video aufnehmen.

SecureDigital-Karten sind mit der erforderlichen Versorgungsspannung von lediglich 2,7 Volt bis 3,6 Volt wesentlich effizienter als z.B. CF-Karten und liegen bereits formatiert vor. Zur Neuformatierung ist ein spezielles Gerät mit SD Memory Card Formatierfunktion notwendig, damit Daten hinterher auch gelesen oder geschrieben werden können.

Der große Vorteil von SecureDigital-Karten gegenüber allen anderen Flash Speicherkarten liegt in der verbesserten Sicherheitstechnologie, die kryptografische Sicherheitsalgorithmen sowie einen verbesserten Schutz für Copyright-Daten beinhaltet und damit alle drei Ebenen der Sicherheitserfordernisse der Secure Digital Music Industry (SDMI) erfüllt. Es kann sowohl ungeschütztes als auch Copyright-geschütztes Material auf der Karte abgelegt werden, wobei letzteres entweder durch eine kartengebundene Identifikation oder durch einen aktiven kryptografischen Algorithmus gesichert wird, der auf einem Anfrage/Antwort-Mechanismus bezüglich des Privatschlüssels basiert. Somit sind diese Erweiterungskarten besonders gut geeignet für Musik oder Bücher mit Copyrightschutz sowie persönliche Daten, wie etwa das mobile Adressbuch.

SecureDigital-Speicherkarten wurden speziell für den Einsatz in mobilen Endgeräten wie PDAs (z.B. Palm m500), Handys, Handhelds, Digitalkameras, MP3-Player (z.B. SV-SD 05 von Panasonic), Autonavigationssystemen etc. entwickelt, wenn sie auch bisher nur von wenigen Geräten unterstützt werden. Allerdings finden sie bereits in vielen neuen Pocket PCs, wie z.B. in der Compaq iPAQ 3800-Serie oder im Toshiba eGenio 570 ihren Einsatz. Auch im Bereich MP3-Player gewinnt diese Sorte von Speichermedien langsam an Bedeutung.

MultiMedia-Karten (MMC)

Die Multimedia Karten wurden von der SanDisk Corporation und der Siemens AG/Infinion AG entwickelt und im November 1997 eingeführt. Sie wiegen weniger als zwei Gramm und stellen die weltkleinste (24 mm x 32mm x 1,4mm) auswechselbare Speicherlösung für PDAs, Handys, MP3-Player oder Digitalkameras dar.

Die Speicherkapazität von Multimedia Karten beträgt derzeit bis zu 64MB. Dabei kommt die ROM Technologie für read-only Applikationen und die Flash Technologie für read/write Applikationen zum Einsatz. Die Multimedia Karte ist mit einem sieben pin serial interface ausgestattet und kann unabhängig von der Microprozessorart in den verschiedensten Geräten eingesetzt werden.

Die meisten mobilen Kommunikationsgeräte besitzen weniger als ein MB Speicher. Durch den Einsatz einer Multimedia Karte können Faxe, Sprach- oder E-mail-Nachrichten, der Download von Internet Dateien und Software zur Selbstverständlichkeit für mobile Endgeräte werden. Einen weiteren Vorteil bringt die Multimedia Karte für das Global Positioning System (GPS). So kann ein GPS

Handy detaillierte Karten beinhalten, was bis jetzt meist nur fest ins Auto eingebauten Navigationssystemen vorbehalten war.

Durch bestimmte Adapter können Multimediakarten problemlos, z.B. via USB (Universal Serial Bus) an einem Desktop PC angeschlossen werden und damit regelmäßig die Daten aktualisiert werden. Die DOS/Windows Datenstruktur ermöglicht die Kompatibilität zu Desktop PCs.

In der Zukunft sollen in der Multimedia Karte Sicherheitstechniken zum Einsatz kommen, um sicheres mobiles e-commerce, mobile banking in Verbindung mit mobilen Endgeräten gewährleisten zu können. Diese angestrebte Secure Multimedia Karte soll mit der Standard Multimedia Karte kompatibel sein und fälschungssichere Module so

DiskOnChip-Speicher von M-Systems

DiskOnChip-Medien wurden von M-Systems speziell für den PDA-Markt entwickelt. Sie basieren auf der NAND-Flash-Technologie, wodurch schnelle Schreib- und Löschvorgänge möglich werden und liefern eine Speicherkapazität von 16 MB, 32 MB oder 64 MB. Die Speichermedien sind sehr klein (9,0 mm x 11,0 mm x 1,4 mm) und weisen einen geringen Energieverbrauch von etwa 13-14 mA auf (im aktiven Zustand). Außerdem zeichnen sie sich durch eine hohe Lese- (1,4 MB/sec) und Schreibgeschwindigkeit (550 KB/sec) sowie hohe Datentransferraten von über 14 MB/sec aus.

DiskOnChip-Speicher, die unter Windows CE bereits vorinstalliert sind, erlauben eine direkte Speicherung von Daten und Programmen, so dass die erforderte Menge an internem RAM verringert werden kann. Außerdem ermöglichen sie Execute-In-Place (XIP)-Funktionalität. So kann z.B. der Bootcode dort abgelegt und ausgeführt werden.

SmartMedia-Karten (Solid-State Floppy Disk Card)

SmartMedia-Karten stellen die dünnsten verfügbaren Flash-Speicherkarten dar. Sie integrieren keinen Microcontroller, sondern bestehen eigentlich nur aus einem austauschbaren Flash-Speicherchip in reduzierter Größe, der in eine (Plastik)Karte integriert ist. Auch wird im Gegensatz zu anderen Flash-Speicherkarten eine geringere Anzahl an Pins eingesetzt. SmartMedia-Karten sind demnach zwar billig in der Herstellung, weisen jedoch große Kompatibilitätsprobleme auf, da bei Änderung der Spezifikationen des Speicherchips die Kompatibilität mit Applikationen beeinträchtigt wird.

Das Format entspricht in etwa einem Drittel der Größe einer herkömmlichen PC-Karte bzw. Kreditkarte. Außerdem sind SmartMedia-Karten mit einem Gewicht von 2,0 g, womit sie wesentlich leichter als z.B. CF-Karten sind, und den Abmessungen von 45,0 mm x 37,0 mm x 0,76 mm sehr kompakt.

Sie basieren auf der NAND-Speicherarchitektur (NAND EEPROM), wodurch üblicherweise schnelle Schreib- und Löschvorgänge sowie hohe Datenübertragungsraten von 2MB/s möglich sind und die Speicherung von großen Mengen an z.B. Bild- oder Audiodateien begünstigt wird. Die Speicherkapazität liegt bei 16 MB, 32 MB oder 64 MB, die Versorgungsspannung beträgt 5,0 Volt, falls die E-cke links oben abgetrennt ist, 3,3 Volt sollte sich die abgetrennte Ecke rechts oben befinden.

Bei diesem Speichermedium handelt es sich um eine offene Spezifikation, was die Entwicklung neuer Funktionen ermöglicht. Das SmartMedia-Datenformat basiert auf dem ATA- und DOS Dateistandard und integriert einen offenen Schreibschutzmechanismus. Unter Verwendung von SmartMedia Adaptern können die Speicherkarten zwischen verschiedenen Systemen, wie z.B. einer Digitalkamera und einem PC ausgetauscht werden.

SmartMedia-Karten werden hauptsächlich als Speichermedium in mobilen Geräten wie MP3-Playern oder Digitalkameras eingesetzt, sind aber auch in PDAs, Handys, Fax, Druckern oder Scannern zu finden. In Windows CE basierten Geräten jedoch werden sie nicht genutzt, zumindest nicht nativ. Von Pocket PCs z.B. können sie nativ nicht gelesen werden, allerdings ist Unterstützung gegeben, wenn ein entsprechender Adapter eingesetzt wird, z.B. CompactSSFDC von Pretec.

Miniature Cards

Miniaturkarten wurden für den low cost-Bereich entwickelt. Entworfen für ein Linear Flash Interface, benötigt die Miniature Card keine ASICs, Microcontroller oder zusätzlichen Hardwareaufsatz. Der low-cost connector verringert die Kosten für die Karte und den Host selbst, da für die Karte kein Verbindungsstück und am Host kein Auswurfmechanismus benötigt wird.

Die Miniaturkarte ist nur 38mm x 33mm x 3.5mm groß, also viel kleiner als eine PC Karte. Sie unterstützt Flash, DRAM und ROM-Speicher bis zu 64MB und kann sowohl mit 5.0V als auch mit 3.3V betrieben werden. Ein Schreibschutz und ein Burst Mode Support sind ebenfalls integriert.

Diese Eigenschaften prädestinieren diesen Speichertyp nicht nur für PDAs oder Smart Phones, sondern auch für Digital Audio Recorders oder Digitalkameras.

3.3.4.3 Dateisystem der SIM-/Prozessorkarte

Das Dateisystem nach ISO 7816-4 ist durch drei Elemente strukturiert. Zum einen handelt es sich dabei um die „elementary files (EF)“, die die eigentlichen Dateien zum Aufnehmen der auf der Chipkarte abzulegenden Daten darstellen. Das zweite Element bilden die „dedicated files (DF)“, die eine bessere Übersicht über die „EFs“ liefern. Die „dedicated files“ können als Verzeichnisse angesehen werden und können mehrere „EFs“ aber auch wiederum „DFs“ enthalten. Das dritte Element nach „ISO 7816-4“ ist das „master file (MF)“, wobei jede Chipkarte nur ein „MF“ besitzt und dieses die Funktion eines Wurzelverzeichnisses einnimmt. Nach jedem Reset ist immer das „master file“ selektiert.

Jede Datei (EF oder DF) beinhaltet neben dem eigentlichen Dateiinhalt Informationen über sich selbst in einem Dateiheader. Dieser wird beim Erzeugen einer Datei kreiert und stellt beispielsweise Informationen über die Struktur der in der Datei abgelegten Daten und die Zugriffsbedingungen (z.B. Ausführungsrechte wie Lesen, Schreiben, Löschen oder Erstellen) zur Verfügung.

Es ist zu erwähnen, dass eine Chipkarte nicht direkt mit dem Anwender kommuniziert, so dass es z.B. ausreicht, eine Datei nur mit Hilfe einer Zahl zu identifizieren (es sind also keine Dateinamen, wie auf einem Desktopcomputer erforderlich). Für dieses Speicherverfahren ist eine 16 Bit große File-ID (FID) vorgesehen, was auch weniger Speicher beansprucht. Geringe Speichererfordernisse sind von Nöten, da das Dateisystem schließlich im EEPROM der Chipkarte beherbergt ist, das meistens nur 16 KByte beträgt.

Durch die EEPROM-Nutzung sind die Schreibzugriffe auf 500 000 Zugriffe begrenzt, wobei diese Anzahl für Chipkarten in den meisten Fällen völlig ausreicht.

Bei den Chipkarten werden im Vergleich zu einem herkömmlichen Dateisystem verschiedene Dateiformate unterschieden. Das Dateisystem nach ISO 7816-4 stellt bereits vorgefertigte Formate für „elementary files" zur Verfügung. Diese Formate gliedern sich auf in „transparent", „linear fixed", „linear variable" und „cyclic".

„Transparent" ist am ehesten mit einem auf einem PC vorhandenem Dateiformat zu verglichen. Es handelt sich hierbei um eine Binärdatei, bei der die Daten Byte für Byte hintereinander geschrieben werden.

„Linear Fixed" beschreibt eine Struktur von gleich langen (und gleich großen) Datensätzen (Records), welche hintereinander liegen und miteinander verkettet sind. Ein „Record" ist die kleinste Einheit einer derartigen Datei.

„Linear variable" verwendet im Gegensatz zu „linear fixed" Datensätze unterschiedlicher Länge, also Records variabler Länge.

Das „cyclic"-Format besitzt als Erweiterung einen eigenen Zeiger, der immer auf den zuletzt beschriebenen Datensatz zeigt, wobei es sich hier um einen „Ringpuffer" handelt (nach dem letzten Eintrag verweist der Zeiger wieder auf den ersten Eintrag). Ansonsten ist das „cyclic"-Format dem „linear fixed"-Format ähnlich, da es ebenso Records gleicher Länge verwendet.

3.3.5 Datensynchronisation mit SyncML

In Verbindung mit der Datenspeicherung auf mobilen Geräten wurde bereits darauf hingewiesen, dass neben der Speicherung auf dem Endgerät selbst auch die Speicherung von Daten auf einem Server oder einem anderen lokalen Computer üblich ist. In Verbindung mit realen Anwendungen erfordert dies meist einen regelmäßigen Abgleich oder eine Aktualisierung der verteilt gespeicherten Daten. Dieser Vorgang wird als Datensynchronisation oder Sync-Vorgang bezeichnet und spielt im Augenblick vor allem bei PDAs eine Rolle. Am Beispiel von SyncML soll die Synchronisation noch etwas näher beschreiben werden.

Jeder PDA, egal auf welcher Plattform basierend (Windows CE, PlamOS, Epoc OS) ermöglicht es, Daten in den verschiedensten Formaten mit dem PC abzugleichen bzw. von dort zur Ablage auf den PDA zu übertragen. Es handelt sich dabei z.B. um die Synchronisation von PIM (Personal Information Management)-Daten, wie Kalender-, Adress- und Notizinformationen, die Ablage von Text-, Audio- und Bilddateien oder die Installation von Anwendungen. Bei fast allen PalmOS-PDAs ist eine Datenverbindung auch mit Mac OS möglich (bisher allerdings nur mit Mac OS 9.x), nur wenige PalmOS-PDAs jedoch erlauben dies mit Linux. Um die Datenverbindung zwischen einem PDA und einem stationären Rechner durchzuführen, bedarf es je nach Betriebssystem des mobilen Endgeräts einer speziellen Synchronisationssoftware.

Windows CE ist zur Synchronisation und Ablage von Daten verschiedener Formate besonders gut geeignet, da der zugehörige Pocket PC von der Synchronisationssoftware ActiveSync auf dem Desktop direkt in den Windows Explorer integriert wird, so dass PC-Dateien per Drag and Drop leicht verschoben werden können. Die Windows CE basierten Datenformate sind zu den entsprechenden Desktop Computer Formaten inkompatibel und können von Pocket PCs nur in konvertierter Form „verstanden werden" (Rink 2001b), da die Leistung und Kapazität des mobilen Endgeräts nicht ausreichen, um Desktop-Dateien zu laden. Dementsprechend verwendet ActiveSync 3.1 Dateifilter, um bei der Übertragung eine automatische Konvertierung durchzuführen. Bei den Dateifiltern handelt es sich um Dynamic-Link-Libraries (DLL), die die Übertragung steuern. ActiveSync kann beliebig um selbst definierte, applikationsspezifische Filter erweitert werden.

Eine herstellerunabhängige Lösung ist der Ansatz von SyncML, welches ein Konsortium aus mittlerweile 630 Firmen aller Bereiche (u.a. Nokia, Ericsson, IBM, Palm, Panasonic, Lotus und Motorola) darstellt. Auf der Webseite des SyncML-Symposiums sind zur Zeit 11 zertifizierte Clients (z.B. der Nokia Communicator 9210 und Starfish TrueSync Device Stack) und 6 Server (z.B. der Openwave, InfoBank und PumaTech Server) gelistet (Stand 23.08.2001). Ziel von SyncML ist der Entwurf eines Protokolls, welches einen applikations- und geräteunabhängigen Abgleich von Daten ermöglicht - ein symmetrisches Protokoll, das jedes Gerät mit jedem anderen über ein beliebiges Netzwerk verbinden kann (SyncML 2001b).

> *SyncML is a specification for a common data synchronization framework and XML-based format, or representation protocol, for synchronizing data on networked devices. [...] SyncML is specifically designed to handle the case where the network services and the device store the data they are synchronizing in different formats or use different software systems.*(SyncML 2001c, 8)

Um diese Unabhängigkeit zu erreichen, wurde ein plattformunabhängiges Format als Basis verwendet: XML (SyncML 2001c). Zudem wird der physikalische

Transport der Daten in der Spezifikation nicht angesprochen. Abbildung 3-13 bildet das SyncML Framework ab. Applikation A ist einen Dienst, der anderen Applikationen (hier Applikation B) im Netzwerk Datensynchronisation anbietet. Die Verbindung im Netzwerk erfolgt über ein Transportprotokoll, z.B. HTTP oder OBEX.

Um Datensynchronisation anbieten zu können, muss Applikation A das "Data Synchronisation Protocol" implementieren, dies geschieht als Prozess in der Sync Engine. Der Zugriff auf die Engine wird von einem Sync Server gesteuert. Über ihn laufen die Anfragen der Clients und alle Datenpakete, die bei der Synchronisation benötigt werden. Auf Clientseite wird auch ein Teil des Protokolls verwendet, der Umfang der benötigten Befehle ist allerdings erheblich geringer, so das in der Abbildung auf eine explizite Darstellung der clientseitigen Sync Engine verzichtet wird (SyncML 2001c, 11).

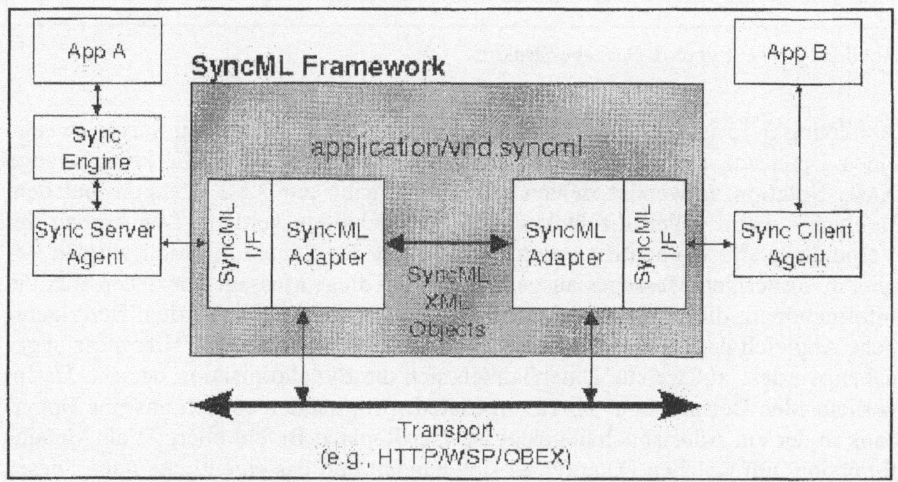

Abbildung 3-13: SyncML Framework (vgl. SyncML 2001c, S. 12)

Das SyncML Framework besteht aus mehreren Teilen: dem SyncML Interface (I/F), dem SyncML Adapter und den zwischen Client und Server ausgetauschten SyncML Objekten, welche die Daten in XML modelliert enthalten, die synchronisiert werden. Interface und Adapter transformieren die Daten in XML gemäß dem Synchronisationsprotokoll des Sync Client bzw. Sync Server, die eigentliche Kommunikation über das Transportmedium findet ausschließlich zwischen den SyncML Adaptern statt. Die Struktur der Objekte ist in Abbildung 3-14 skizziert: die Synchronisationsoperation wird zu einem SyncML Package zusammengefasst, welches mehrere SyncML Messages enthält. Jede dieser Messages ist ein eigenständiges XML-Dokument bestehend aus einem Header und einem Body. Im Header werden Informationen zur Versionierung und zur Identifikation des Client, Servers und der Sitzung übertragen. Der Body enthält mehrere Befehle, mit denen die Synchronisation gesteuert werden kann, z.B. die Art des Datenabgleiches oder welche Daten betroffen sind (SyncML 2001c, 12).

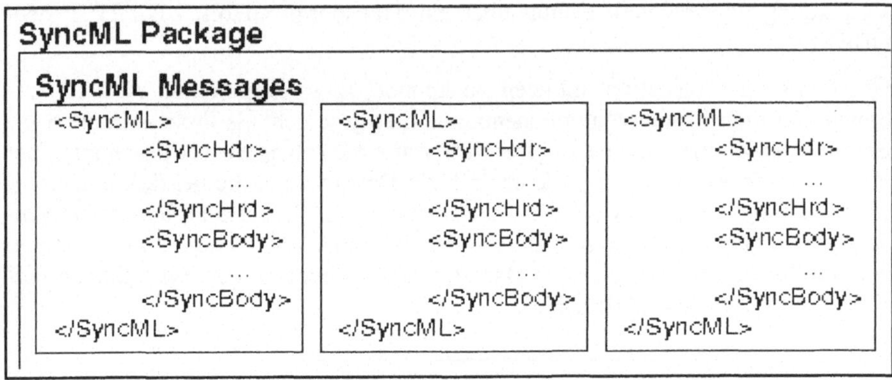

Abbildung 3-14: SyncML Package Struktur

Abbildung 3-15 ist eine SyncML Message, mit der ein Client den Server anweist einen Datensatz mit seinen Daten zu aktualisieren (da SyncML keine strenge XML Notation verwendet, fehlen z.B. die Angabe zur XML-Version und dem Doctype - damit sollen die Dokumente kurz gehalten werden). Der Aufbau der Verbindung, die Authentifizierung und die Art der Synchronisation wurden bereits in vorherigen Messages ausgehandelt. Auf diese Messages beziehen sich die Informationen, die im Status-Element des Bodys übermittelt werden. Der eigentliche Abgleich der Daten wird durch das Sync-Element definiert. Hier muss angegeben werden, auf welche Datenbanken sich die Synchronisation bezieht. Da im vorliegenden Beispiel eine vCard upgedated wird, handelt es sich um eine Datenbank in der ein Adressbuch abgelegt ist. Der Replace-Befehl übergibt als Metainformation, um welchen Datentyp es sich handelt und das eigentliche Item. Dieses besteht wiederum aus zwei Elementen: zum einen wird über die ID des Datensatzes der korrekte Datenbankeintrag angesprochen, zum anderen werden die geänderten Daten übertragen.

Der Client muss dabei nur die lokale ID des Datensatzes angeben. Stimmt die ID nicht mit der ID auf dem Server überein, so ist es Aufgabe des Servers für ein entsprechendes Mapping zu sorgen. Dabei erfolgt der Abgleich erst dann, wenn der Client mit dem Final-Element das Ende der Übermittlung aller relevanten Informationen bestätigt. Der Server führt alle Befehle aus und sendet die Ergebnismeldungen an den Client.

In der Regel initiiert der Client beim Server einen Synchronisationsprozess und übermittelt als erster seine Änderungen in den Daten - wobei es in der Verantwortlichkeit der einzelnen Applikationen liegt zu bestimmen, welche Daten seit der letzten Synchronisation verändert wurden.

```
<SyncML>
	<SyncHdr>
		<VerDTD>1.0</VerDTD>
		<VerProto>SyncML/1.0</VerProto>
		<SessionID>1</SessionID>
		<Target><LocURI>..Server-ID..</LocURI></Target>
		<Source><LocURI>..Client-ID..</LocURI></Target>
	</SyncHdr>
	<SyncBody>
		<Status>
			..Informationen, die der Server abfragt..
			..Status-Codes..
			..Zeitpunkt der nächsten Synchronisation..
		</Status>
		<Sync>
			<CmdID>1</CmdID>
			<Target><LocURI>
				..Server-DB..
			</LocURI></Target>
			<Source><LocURI>
				..Lokale-DB..
			</LocURI></Target>
			<Replace>
				<CmdID>2</CmdID>
				<Meta>
					<Type xmlns='syncml:metinf'>
						text/x-vcard
					</Type>
				</Meta>
				<Item>
					<Source><LocURI>
						..Lokale ID des Datensatzes..
					</LocURI></Source>
					<Data>
						..Hier folgen die Daten..
					</Data>
				</Item>
			</Replace>
		</Sync>
		<Final/>
	</SyncBody>
</SyncML>
```

Abbildung 3-15: SyncML Message zur Übermittlung einer clientseitigen Modifikation (vgl. SyncML 2000, S. 34-36)

Treten Konflikte bei der Datenintegrität auf, z.B. das verschiedene Clients den gleichen Datensatz auf unterschiedliche Weise verändert haben, übernimmt der Server die Aufgabe den Konflikt zu lösen, wobei er dem Client eine entsprechende Nachricht zukommen läßt. Auf Seite des Clients kann andererseits ein Teil des Server-Protokolles implementiert sein, so das der Client an sich befähigt ist, den Konflikt aufzulösen und diese Aufgabe übernimmt (SyncML 2000, 10, 13).

Client und Server führen jeweils intern Protokoll über den letzten sowie den voraussichtlich nächsten Zeitpunkt der Synchronisation (sog. Sync Anker). Sollten die Daten voneinander abweichen (z.B. wenn clientseitig ein Datenverlust aufgetreten ist), wird die gesamte Datenbasis abgeglichen und geprüft (SyncML 2000, 10).

Mit SyncML wird es möglich, identische Daten auf unterschiedlichen (mobilen) Geräten zu nutzen, daher wird eine Datenintegration erreicht. Da das Protokoll auf der Serverseite eine Datenbanknutzung unterstellt, können auch unterschiedliche Applikationen auf diese Daten zugreifen und lokal in einem proprietären Format speichern - die Implementation des SyncML Clients und des SyncML Adapters stellen die benötigten Konvertierungsfunktionen bereit. Insofern wird auch eine applikationsübergreifende Integration erreicht. Besonders bei der Nutzung eines Transportmediums welches einen schnellen, kostengünstigen und häufigen Verbindungsaufbau erlaubt kann eine konsistente Datenhaltung auf dem Server erreicht werden. Durch die umfangreichen Sicherheits- und Integritätsmechanismen kann es vorkommen, das bei schlechten Verbindungen Befehle und Daten mehrfach übertragen werden müssen. Hier wurde die Sicherheit und nicht die Übertragungseffizienz optimiert - allerdings fällt dieser Punkt durch die Performanz aktueller und zukünftiger Transportmedien (GPRS, Bluetooth, WLAN oder UMTS) nicht negativ ins Gewicht.

Die Unabhängigkeit von proprietären Formaten ist der größte Vorteil von SyncML, da vor allem im geschäftlichen Umfeld eine heterogene Hard- und Softwarelandschaft zu erwarten ist; zum einen nutzen die Mitarbeiter ihre privaten Geräte, zum anderen kommen für bestimmte Aufgaben spezialisierte Hard- und Softwarelösungen zum Einsatz. Als nachteilig könnte sich erweisen, das Applikationsprogrammierer eine SyncML Schnittstelle und Teile der SyncML Engine für ihre Anwendungen entwerfen und umsetzen müssen. Entsprechende Applikationen sind in der Regel jedoch mit Synchronisationsmechanismen auszustatten, so das SyncML an die Stelle einer proprietären Lösung treten kann, ohne den Aufwand beträchtlich zu erhöhen.

Entsprechend der Sichtweise von SyncML bezüglich der Synchronisation werden, wie bereits besprochen, nur Daten synchronisiert, nicht jedoch Anwendungen an sich. Angesichts der erreichbaren Datenraten und der Verbindungsqualität sowie der Datenmengen die bei einer entsprechenden Funktion übertragen werden müssen, ist diese Einschränkung sicherlich sinnvoll und verständlich. Ob SyncML in Zukunft in diese Richtung erweitert wird, bleibt abzuwarten.

3.3.6 Mobile Datenbanken

Der Bereich der mobile Datenbanken ist noch ein relativ junger Markt. Ein Überblick wird auch durch wechselnde Produktbezeichnungen schwer gemacht. Ein Forschungsschwerpunkt besteht an der Universität Berkeley, an der auch ein Grundsatzartikel zum mobilen Informationszugriff verfasst wurde (vgl. www-2.cs.cmu.edu/afs/cs/project/coda/Web/docdir/ieeepcs95.pdf).

Zu den wichtigsten Anbieter von Server-Produkten gehören Oracle, IBM, Sybase und Informix. Allerdings geben Analysten auch dem Nachzügler Microsoft mit seinem SQL-Server CE noch gute Chancen sich im Markt erfolgreich zu etablieren. Im Jahr 1998 war Sybase mit einem Anteil von 55 Prozent eindeutiger Marktführer gewesen, gefolgt von Oracle mit 20 Prozent. Insgesamt hatte der Markt für mobile Datenbanken bereits im Jahr 1998 ein Volumen von 52 Millionen US Dollar. Der Begriff der mobilen Datenbank wird in der Praxis nicht einheitlich verwendet. Bei den im Kapitel „Datenformate“ und „Datenspeicherung“ erwähnten Datenbanken handelt es sich gewöhnlich um Standalone-Systeme mit einer sehr geringen Funktionalität. Es sind also eher Dateisysteme als Datenbanksysteme.

Eine Ausnahme ist vermutlich HanDBase, eine preisgekrönte Handheld-Datenbank, die es auch für Pocket PCs gibt. HanDBase besitzt eine intuitive Benutzeroberfläche und mächtige relationale Funktionen. Mit HanDBase lassen sich rasch eigene Lösungen generieren, wichtige Informationen verarbeiten, Daten sammeln, ansehen, editieren, filtern, sortieren, suchen, drucken, exportieren und via Infrarot mit Anderen austauschen. Man kann pro Datenbank 30 Felder aus 15 verschiedenen Feldtypen (z.B. berechnet, Check-Box, Text, Zahl, Link, Notiz, Datum, Zeit, ...) wählen, die Datenbank u.a. per Passwort schützen, pro Datenbank mehr. Praktisch ist im übrigen auch, dass das Programm mit einem "Windows Companion" ausgeliefert wird, d.h. man hat alle Daten bei Bedarf am Desktop PC verfügbar.

Den meisten Systeme, die als mobile Datenbank bezeichnet werden, liegt entweder das Prinzip verteilter DBS oder eine zentrale, serverseitige Datenbank, die auf den mobilen Endgeräten benutzt oder repliziert werden kann (Initiierung von Transaktionen durch mobile DB-Clients), zugrunde. Mobile Datenbanken dienen vorwiegend der Synchronisation und Replikation von Daten der Unternehmensserver und der mobilen Endgeräte. Dadurch, dass Transaktionen immer häufiger mobil ablaufen, wird auch der Bedarf nach diesen Datenbanken zunehmend größer. Sie müssen schnell und kompatibel zu möglichst vielen mobilen Systemen sein. Dabei werden nach der Art der Datensynchronisation zwei Arten unterschieden. Asynchrone Synchronisation erlaubt eine Datenreplikation zwischen zentraler Datenbank und mehreren entfernten Datenbanken. Des weiteren ist auch offline-Arbeit möglich, durch das E-Mail-Warteschlangenprinzip, d.h. die E-Mail wird dann gesendet, wenn der Benutzer online ist. Ein Bespiel für die asynchrone Synchronisation ist SQL Remote von Sybase. Die zweite Variante ist die synchrone Synchronisation, wie z.B. Sybase Mobilink Synchronization Server. Über die

Middleware des Servers erfolgt die Kooperation mit Datenbanken anderer Hersteller, dabei ist jedoch eine ständige Verbindung notwendig.

Am Beispiel „IBM DB2 Everyplace“ von IBM wird dies noch kurz dargestellt. Mobile Geräte, die auf dem Betriebssystem Windows CE oder Palm OS beruhen, werden unterstützt. Die Zwei-Wege Synchronisation erlaubt einen Abgleich der Daten mit der Datenbank. Die Verwaltung der Geräte erfolgt über Mobile Connect und läuft auf einem NT Server. „Mobile Connect“ verbindet auch die mobilen Endgeräte mit den entsprechenden Datenbanken und Plattformen des Unternehmens (vgl. Abbildung 3-16).

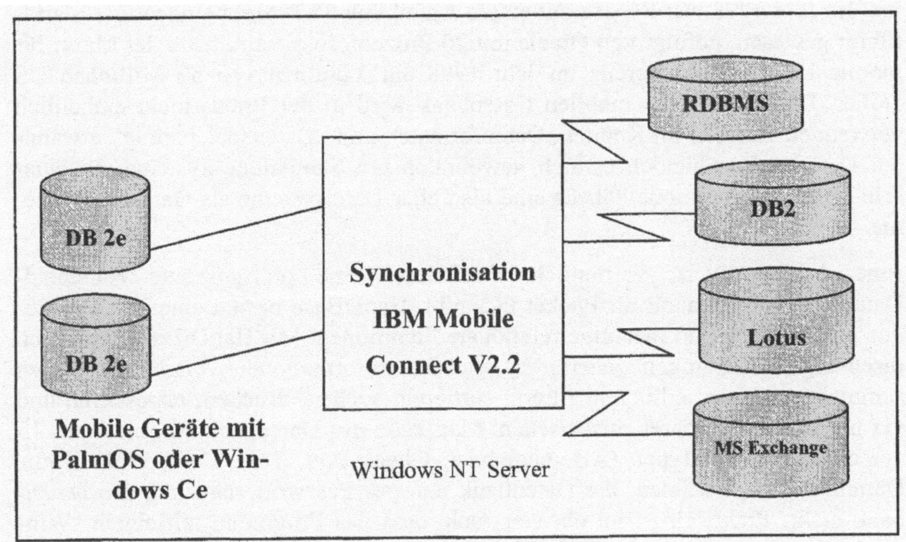

Abbildung 3-16: IBM DB2 Everyplace Version 7 (o.V. 2000i, 3)

Der Bereich mobiler Datenbanken ist durch zahlreiche Allianzen geprägt. So haben sich beispielsweise IBM und Symbian zusammen geschlossen, um gemeinsam Suites für Smartphones zu entwickeln. Dabei besteht die Anwendungsplattform aus dem „Mobile Device Management“ von Tivoli, der „Lotus-Groupware“ Mobile Notes und der IBM-Datenbank DB/2 Everyplace. Die Software ist für Geräte von Nokia und Ericsson bestimmt.

Eng verbunden mit mobilen Datenbanksystemen ist das Thema Embedded DBS. In der Regel handelt es sich dabei um spezialisierte Anwendungen, die z.B. im Gesundheitswesen oder im Bereich der Logistik erhöhten Anforderungen (z.B. Sicherheit) genügen müssen. Technisch unterscheiden sich Embedded-Datenbanken, die oft auch eine Entwicklungsumgebung und eine Schnittstellensammlung beinhalten, kaum von herkömmlichen Datenbanken. Marktführer bei embedded DBS ist derzeit die Firma Sybase mit dem Adaptive Server. Ein weiteres Beispiel für einen mobilen DB-Client ist der IBM DB2 Propagator.

In der nachfolgenden Liste werden abschließend noch einige Produktbeispiele für mobile und embedded DBS mit entsprechenden Quellenverweisen angeführt:

- **Filemaker Mobile**: unterstützt Datenbankanwendungen auf Handhelds unter dem Palm-Betriebssystem (http://www.filemaker.com/products/mbl_home.html)
- **Oracle Lite** Web-to-go
- **iAnywhere Solutions** (Sybase), www.sybase.com/products/mobilewireless/
- **ThinkDB** (Datenbank für Palm von Thinking Bytes Technology)
- **Jfile** (vgl. Palmtop 26/2001)
- **4D embedded Database** (www.4d.com/products/tco/4DVCO.html)
- **Cachè** (von Intersystems, http://www.e-dbms.com/, http://www.intersystems.de/)
- **Coda** - www-2.cs.cmu.edu/afs/cs/project/coda/Web/coda.html
- **Odyssey** - www-2.cs.cmu.edu/afs/cs/project/coda/Web/coda.html
- **Sleepy Cat** – Embedded DB der Universität Berkeley - www.sleepycat.com
- **HanDBase** - www.ddhsoftware.com/handbase.html

3.4 Markup-Sprachen und Mikrobrowser

Für den mobilen Zugriff zum Internet kann, abhängig vom verwendeten Browser im Endgerät, sowohl die Hypertext Markup Language (HTML) als auch die Wireless Markup Language (WML) verwendet werden. Beide Sprachen sind sogenannte Auszeichnungssprachen (Markup Languages), deren Aufgabe es ist, logische Bestandteile eines Dokumentes zu beschreiben. Daher sind in beiden Sprachen Befehle zum Markieren typischer Elemente eines Dokuments (Überschriften, Textabsätze, Listen, Tabellen, Grafikreferenzen) enthalten (vgl. Münz/Nefzger 1999, 32-33).

Sowohl HTML-Dateien als auch WML-Dateien bestehen nur aus ASCII-Text und können daher von jedem beliebigen Texteditor erstellt und bearbeitet werden. Gemeinsam haben die beiden Sprachen auch die Verwendung von sogenannten Tags. Tags dienen zur Kennzeichnung der Befehle in der jeweiligen Sprache und werden durch spitze Klammern markiert.

Ein einfacher Tag könnte so aussehen:

```
<tag> für diesen Text ist der tag zustaendig </tag>
```

Tags können auch ineinander verschachtelt sein und mehrere Attribute enthalten. Diese Attribute können Wertzuweisungen enthalten, um beispielsweise einen Absatz zu zentrieren oder einer Variablen einen Wert zu übergeben (vgl. Münz/Nefzger 1999, 60-61).

Es gibt einige Unterschiede in den beiden Sprachen bei der Verwendung von Tags. Im Gegensatz zu HTML besteht bei WML ein Tag nur aus Kleinbuchstaben, bei HTML ist eine Mischung zwischen Groß- und Kleinschreibung möglich und wird auch vom Browser korrekt dargestellt. Außerdem muss bei WML immer ein Start- und Endtag vorhanden sein, bei HTML sind auch einfache Tags möglich. Ein Beispiel hierfür ist das Break Tag `<br>`. In HTML reicht diese Schreibweise aus, in WML ist dieser Tag zwar auch definiert, muss allerdings mit einem Endtag versehen werden, also `<br></br>`. Hierfür existiert in WML die Kurzform `<br/>` (vgl. Brosius 2000, 38-39).

Neben HTML und WML gibt es weitere Auszeichnungssprachen für Anwendungen im mobilen Web. Zum einen die Hypertext Device Markup Language (HDML), die von phone.com entwickelt wurde und unter anderem von AT&T in Amerika eingesetzt wird (vgl. Rischpater 2000, 301), zum anderen cHTML, auf dem das japanische iMode beruht. cHTML ist eine vereinfachte Version des HTML 3.2 Standards, beide sind aber in Deutschland und Europa wenig verbreitet. Eine kurze Darstellung erfolgt im Anschluss an HTML und WML im Unterkapitel iMode.

3.4.1 Hypertext Markup Language (HTML)

Bei HTML handelt es sich um eine Sprache, die mit Hilfe von SGML (Standard Generalized Markup Language) definiert ist. Im folgenden werden nur kurz einige grundlegende Eigenschaften erläutert und auf die Kompatibilität bei mobilen Browsern eingegangen. Weitere Informationen finden sich unter anderem in (Münz/Nefzger 1999) und (Harms 2000).

Eine Grundeigenschaft von HTML ist die Möglichkeit, Verweise (Links) zu definieren und so zu beliebigen Stellen im Internet weiterzuführen. HTML ist wie auch WML im Klartext verfasst und softwareunabhängig, so dass kein spezielles Programm zur Erstellung von HTML-Seiten benötigt wird. Für die Standardisierung von HTML ist das W3C zuständig.

Wichtige Grundgestaltungsmerkmale von HTML sind (vgl. Münz/Nefzger 1999, 60-137):

- Umlaute und Sonderzeichen sind möglich
- Unterschiedliche Farbgestaltung für Text und Hintergrund
- Meta-Angaben, beispielsweise für Suchdienste und Browser
- Hintergrundbilder
- Verschiedene Absatztypen
- Überschriften
- Textumbrüche
- (Nummerierte) Listen
- Hintergrundmusik
- Unterschiedliche Schriftgrößen und -arten
- Trennlinien
- Mehrspaltiger Textfluss
- Horizontale und vertikale Abstände
- Lauftext

Darüber hinaus können in HTML-Dateien Grafiken in verschiedenen Formaten, Tabellen, mehrere Fenster (Frames) und weitere Objekte eingebunden sein.

Aufbau einer HTML Datei

Eine einfache HTML-Datei beginnt und endet mit dem <HTML> Tag. Innerhalb dieses Tags befindet sich ein vom <HEAD> Tag umschlossener Kopfteil und ein von <BODY> umschlossener Textkörper. Im Kopfteil können neben dem Titel der Seite noch weitere Informationen, etwa für Suchmaschinen, angegeben werden. Im Textteil folgt dann der eigentliche Inhalt der Seite, in diesem Beispiel ein einfacher Absatz, bei dem nur „Hello, World!“ ausgegeben wird.

```
<HTML>
<HEAD>
<TITLE>Hello, World!</TITLE>
</HEAD>
<BODY>
<P>Hello, World!</P>
</BODY>
</HTML>
```

Abbildung 3-17: Aufbau einer HTML-Datei (Rischpater 2000, 80)

HTML und Datenbankanwendungen

In Verbindung mit Datenbanken können Webseiten dynamisch erstellt werden. Eine Datenbank kann beim Aufruf einer Seite abgefragt werden und der Inhalt der Datenbank mit HTML ausgegeben werden. Da eine Datenbank nicht direkt mit HTML-Befehlen angesprochen werden kann, muss sie über eine Schnittstelle im Server bedient werden. Eine verbreitete Möglichkeit ist die Verwendung des Common Gateway Interfaces (CGI), das eine Schnittstelle zu Programmen auf dem Webserver darstellt und auch bei Zugriffen auf eine Datenbank verwendet werden kann (vgl. Münz/Nefzger 1999, 35).

Ein mögliches Szenario einer Datenbankabfrage zeigt Abbildung 3-18.

Dabei wird mit Hilfe eines HTML-Formulars eine Anfrage an eine Datenbank gestellt. Der Webserver erhält die Daten im Formular und ruft das CGI-Script auf, das im weiteren die Anfrage an die Datenbank stellt. Dies kann beispielsweise mit SQL-Befehlen geschehen. Die Datenbank gibt die Daten als Output zurück an den Server und das Skript übernimmt die Formatierung unter Verwendung von HTML-Tags, so dass eine vom Server erzeugte korrekte HTML-Seite an den Client zurückgegeben werden kann.

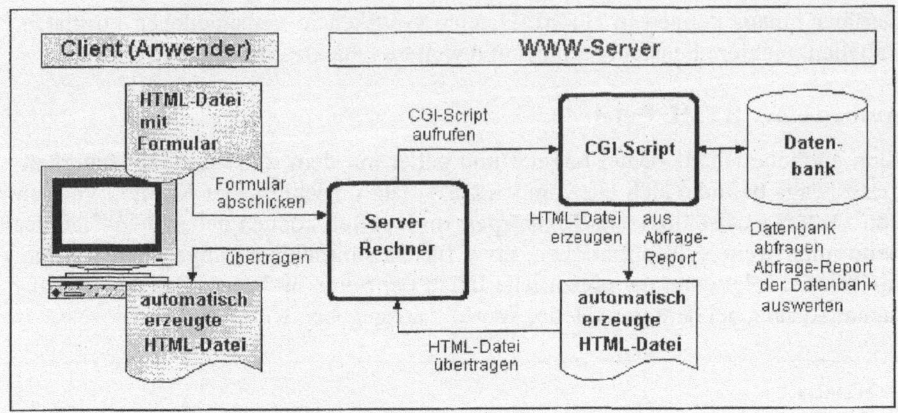

Abbildung 3-17: Datenbankanwendung mit HTML und CGI

Kompatibilität mobiler HTML Browser

Im mobilen Einsatz in Verbindung mit HTML sind einige Besonderheiten zu beachten. Fast alle mobilen Browser unterstützen den HTML 2.0 Standard. Daneben werden einige Merkmale von HTML 3.2 und sogar HTML 4.0 unterstützt. Die Unterstützung aller Merkmale des HTML 4.0 Standards wird aber von keinem mobilem Browser erfüllt. Daher ist es wichtig für Informationsangebote mittels HTML den kleinsten gemeinsamen Nenner zu suchen, der möglichst von allen Browsern unterstützt wird (vgl. Rischpater 2000, 104).

3.4.1 Wireless Markup Language (WML)

Im Gegensatz zu HTML setzt WML bereits ganz auf XML (Extensible Markup Language) und wurde speziell darauf ausgelegt, den Inhalt auf Geräten mit geringer Bandbreite wie beispielsweise Handys und Handhelds darzustellen. Zudem wurde die kleine Darstellungsfläche sowie die eingeschränkte Speichermöglichkeit und Rechenleistung berücksichtigt (vgl. WAP-191, 7).

Auch XML wurde wie HTML aus SGML abgeleitet. Jedoch stellt XML selbst keine Auszeichnungssprache dar. Vielmehr kann mit Hilfe von XML eine neue Auszeichnungssprache, in diesem Fall WML, definiert werden. Im Kopf des WML Dokumentes muss daher auch ein Verweis auf den verwendeten Standard erfolgen (vgl. Abbildung 3-18) (vgl. Münz/Nefzger 1999, 57-58).

Wie in HTML werden in XML mit Hilfe von Tags Operationen definiert, die an den bezeichneten Elementen ausgeführt werden sollen. Im Unterschied zu HTML ist die Bedeutung von XML Tags jedoch vollkommen kontextabhängig. XML stellt die Mittel bereit, die zur Definition eines Tags und zur Angabe des Formats erforderlich sind, in dem das dadurch ausgezeichnete Element wiedergegeben werden soll (Rischpater 2000, 156-157).

WML beinhaltet vier funktionale Bereiche (vgl. WAP-191, 7):

1. Textpräsentation und Layout: In WML kann sowohl formatierter Text als auch Grafik dargestellt werden.

2. Organisation durch Karten und Stapel: WML-Dokumente bestehen grundsätzlichen aus Karten (cards) und Stapeln (decks) (Deck und Card wird in der deutschsprachigen Literatur häufig nicht mehr übersetzt). „Eine Karte ist eine Zusammenstellung von einem oder mehreren Benutzerschnittstellenelementen, wie z.B. Text, Listen [...] oder Zeilen für Benutzereingaben. In der Regel repräsentiert eine Karte den Inhalt einer einzigen Bildschirmseite eines WAP-Terminals [...]. Ein Stapel ist eine einzelne WML-Datei, die die Definition einer oder mehrerer Karten umfasst." (vgl. Rischpater 2000, 224)

3. Navigation und Verlinkung innerhalb von Karten: WML unterstützt die Navigation zwischen Karten und Stapeln. Ebenso können mit WML Aktionen ereignisorientiert im Gerät implementiert werden, beispielsweise zur Ausführung von Skripten oder zur Navigation. Auch Ankerlinks wie in HTML sind in WML möglich.

4. String-Parametrisierung und Zustandsmanagement: Alle WML-Decks können durch ein Zustandsmodell dargestellt werden. Zeichenketten können bei der Anzeige durch Variablen ersetzt werden. Diese Parametrisierung erlaubt effizientes Nutzen der Netzwerkressourcen.

Die Größe eines Decks ist nicht festgelegt. Es sollte aber im Hinblick auf die Übertragungsdauer berücksichtigt werden, dass bei einer Anforderung des Clients das gesamte Deck (und damit auch alle enthaltenen Cards) übertragen wird. Dabei müssen beispielsweise auch die unterschiedlichen Kapazitäten und die verschiedenen Möglichkeiten der Clients und deren Browser in Betracht gezogen werden .

Als Homecard wird diejenige Card bezeichnet, die der Benutzer bei der Übertragung des Decks als erstes sieht. Im weiteren kann der Benutzer dann zwischen den einzelnen Cards wechseln. Da diese bereits übertragen sind, entsteht keine zeitliche Verzögerung beim Wechsel. Auch die Größe der Cards selbst ist nicht festgelegt. Sollte die Card nicht als ganzes auf dem Display dargestellt werden können, so kann der Benutzer die Anzeige scrollen (vgl. Brosius 2000, 45-46).

WML-Tags können grob in vier Kategorien gegliedert werden (vgl. Rischpater 2000, 232):

- Organisations-Tags und ihre Attribute zur Gliederung der Seite in Karten und Stapel.
- Navigations-Tags und ihre Attribute zur Navigation zwischen den Karten.
- Interaktions-Tags und ihre Attribute um interaktive Komponenten wie Ereignisse, Auswahlzeilen oder Eingabeformulare zu erzeugen.
- Formatierungs-Tags zur Festlegung der Darstellung von Inhalt innerhalb einer Karte.

Aufbau einer WML Datei

Ein korrektes Dokument beginnt mit dem von XML geforderten Prolog. Dabei enthält der Prolog sowohl die Information, um welchen XML Standard es sich bei diesem Dokument handelt, als auch einen Verweis auf die Definition des verwendeten Dokumententyps. Der Prolog wird für die Kompilierung der Datei im Gateway benötigt und nicht zum Client übertragen. Dann folgt das Deck mit den einzelnen Cards. Abbildung 3-18 stellt ein Beispiel für ein Deck mit zwei Cards dar.

```
<?xml version="1.0"?>
<!DOCTYPE wml PUBLIC „-//WAPFORUM//DTD WML 1.3//EN"
"http://www.wapforum.org/DTD/wml13.dtd">

<wml>
   <card>
      <p>
         <do type="accept">
            <go href="#Karte2"/>
         </do>
         Hallo Welt!
         Erste Karte...
      </p>
   </card>
   <card id="Karte2">
      <p>
         Zweite Karte !
      </p>
   </card>
</wml>
```

Abbildung 3-18: Aufbau einer WML-Datei (Brosius 2000, 46-47)

Es ist ebenso möglich, dass ein Deck nur eine Card beinhaltet. Dies ist unter Umständen bei dynamisch erstellten Seiten sinnvoll, wenn zu viel unnötige Information beim ersten Abruf übertragen werden würde.

Die Navigation zwischen Cards eines Decks findet in WML mit Hilfe von Links statt. Definitionsgemäß besitzt jede Card eine ID, die eine Identifikation der Card innerhalb eines Decks ermöglicht. Links zu anderen Dateien können wie in HTML mit Hilfe des `<a>` Tags und dem `href="Ziel"` Attributes realisiert werden (vgl. Rischpater 2000, 237-243).

Die Interaktion kann in WML unter anderem mit Tasks erreicht werden, welche Operationen ausführen, die der Browser aufgrund von Ereignissen durchführt. Ereignisse können beispielsweise die Anzeige einer neuen Karte oder der Ablauf eines Timers sein. In WML sind derzeit vier Ereignisse definiert (vgl. Rischpater 2000, 244):

- Das onenterforward-Ereignis, wenn der Benutzer unter Verwendung eines Elements navigiert,
- das onenterbackward-Ereignis, wenn der Benutzer durch ein <prev/> Tag zu einer anderen Karte wechselt,
- das onpick-Ereignis, wenn der Benutzer ein Element auswählt,
- und das ontimer-Ereignis, das vom Browser beim Ablauf eines Zeitintervalls generiert wird.

Darüber hinaus kann Interaktivität mit dem Benutzer durch Auswahlobjekte und Textfelder erreicht werden, um etwa Eingabedaten des Benutzers an den Webserver zu übergeben (vgl. Rischpater 2000, 244).

Da Formulare insbesondere auch für den Zugriff auf Datenbanken verwendet werden können, gibt Tabelle 3-3 eine Übersicht über mögliche WML-Tags in Verbindung mit Formularen.

Der Ablauf einer webbasierten Datenbankabfrage ist bei WML vergleichbar mit der in HTML (vgl. Abbildung 3-17).

Ebenso wie in HTML sind auch in WML Formatierungen des Textes möglich. Dabei sind die meisten Tags kontextbezogen. In der WAP-Spezifikation ist nicht festgelegt, auf welche Weise diese Tags vom Browser angezeigt werden müssen. Der Inhalt kann beispielsweise fett, kursiv oder unterstrichen werden (da das Display nur Schwarz oder Weiß darstellen kann, sollte Text nicht unterstrichen werden, um Verwechslungen mit Hyperlinks zu vermeiden). Außerdem ist eine Ausrichtung des Textbereiches (links, rechts, zentriert), eine Darstellung in Tabellenform und eine Einbindung von Bildern möglich (vgl. Rischpater 2000, 260-266). Als Format für Bilder ist zur Zeit nur das eigene Wireless Bitmap Format (WBMP) möglich. Die Bandbreitenbeschränkung, die geringe Darstellungsfläche auf dem Endgerät sowie die meist nur monochrome Darstellungsmöglichkeit sollte beim Entwurf und beim Einbinden von Bildern in WML-Seiten berücksichtigt werden (vgl. Brosius 2000, 86).

WML bietet durch die Verwendung von Variablen im Gegensatz zu HTML auf einfache Weise die Möglichkeit, dynamische Anwendungen zu erstellen, deren Inhalt kontextabhängig ist. Die Gültigkeit von Variablen ist dabei nicht auf einzelne Decks beschränkt und kann so auch zum Informationsaustausch zwischen verschiedenen Decks verwendet werden. Dabei muss beachtet werden, dass die Variablen nur Textwerte enthalten können. Daher sind keine mathematischen Operationen möglich; sie können nur zum Ersetzen von Text in den Cards eingesetzt werden. In den Quellcode der WML-Seiten können Variablen beispielsweise mit dem <setvar/> Tag definiert werden. Für den Bezug auf eine Variable wird ein Dollarzeichen dem Variablennamen vorangestellt ($variablenname) (vgl. Brosius 2000, 105-115).

Tabelle 3-3: Mögliche WML-Tags in Formularen (vgl. Rischpater 2000, 253-254)

Tag	**Attribut**	**Zweck**
<do>	Type	Bindet einen Task an ein Eingabeelement
<go>	Href, method, sendreferer, accept-charset	Definiert einen Navigationstask, der über die angegebene HTTP-Methode einen Wechsel zu der mit href angegebenen URL vollzieht.
<noop/>		Ein Task-Tag, das nichts bewirkt
<option>	title, value, onpick	Erstellt eine Option mit dem angegebenen Titel und Wert. Das onpick Attribut legt eine URL fest, zu der bei Auswahl des Elements gewechselt wird.
<prev/>		Ein Task-Tag, das die aktuelle Karte aus der Browser-History entfernt und die zu-letzt angezeigte Karte selektiert.
<postfield>	name, value	Veranlasst, dass der serverseitigen Variablen der mit dem value-Attribut angegebene Wert zugewiesen wird.
<select>	name	Definiert eine Liste von option Tags, dass die Auswahl des Benutzers in der durch name bezeichneten Variablen gespeichert wird.
<refresh>		Ein Task-Tag, das dazu dient, die Werte der angegebenen Variablen zu setzen und die aktuell ausgewählte Karte zu aktualisieren.
<template>	openforward, onenterback-ward, ontimer	Definiert die Standardzuordnungen zwischen Ereignissen und Tasks auf Stapelebene. Enthält Null oder weitere <do> oder <onevent> Tags
	type, label, name, optional	Bindet einen Task an eine Benutzerschnittstelle, das durch das type Attribut und das name Attribut identifiziert wird.

WMLScript

Neben WML gibt es auch noch WMLScript. WMLScript ist eine prozedurale Skriptsprache zur Erweiterung der standardmäßigen Browsing- und Präsentationsmöglichkeiten von WML. Dabei ist WMLScript an Javascript, der Skriptsprache von HTML, angelehnt. WMLScript ist speziell für die geringe Bandbreite ausgelegt und stellt eine Schnittstelle zur Integration zukünftiger Dienste sowie für im Gerät enthaltene Anwendungen dar (vgl. WAP-195, 19).

WMLScript kann unter anderem zum Überprüfen von Eingaben bei einem Formular (Datenvalidierung) genutzt werden, um bereits bei der Eingabe die Daten noch im Browser zu prüfen. Eine Überprüfung im Server und damit erst nach Absenden der Daten kann so entfallen. Des weiteren ist ein Zugriff auf Gerätefunktionen wie das Telefonbuch oder den Kalender mit WMLScript möglich. Gerätehersteller können gerätespezifischen Programmcode in Form von Bibliotheken in die Geräte implementieren. Auch eine dynamische Inhaltsgenerierung mit WMLScript ist möglich. Wie auch mit Javascript können so Rechen- und Stringoperationen, Vergleiche und Schleifenabläufe realisiert werden (vgl. Rischpater 2000, 269-270).

WMLScript wird bei der Übertragung im WAP-Gateway kompiliert und erst dann an den Client übermittelt. Der Mikrobrowser im Empfänger führt dann nur noch den kompilierten Code aus (vgl. Brosius 2000, 171-172).

WTAI

Mit Hilfe des seit dem WAP Standard 1.2 spezifizierten Wireless Telephony Application Interface (WTAI) kann beispielsweise ein Anruf von Nummern oder eine Übernahme in das Telefonbuch aus der WML-Seite heraus erfolgen. Bei der Angabe der URL muss dann das Protokoll (wtai://) vorangestellt werden, gefolgt von der gewünschten Bibliothek sowie der Funktion (eine Übersicht über mögliche Bibliotheken und Funktionen findet sich in WAP-170, 19-44) und den dazugehörigen Parametern, etwa der Telefonnummer (vgl. Wenz/Hauser 2000, 169-170).

3.4.2 Vergleich von Mikrobrowsern

Ein Microbrowser ist ein Browser für mobile Kommunikationsgeräte. Obwohl die meisten Browser WAP-Browser sind, wird meist auch HTML unterstützt, sowie die Java-Script-Fähigkeit angestrebt. Ein WAP-Browser interpretiert die in der Seitenbeschreibungssprache WML geschriebenen Seiten und stellt diese dann auf mobilen Endgeräten dar.

Inzwischen gibt es zahlreiche Produkte, wobei hauptsächlich Openwave, Opera und Nokia um die Marktführerrolle konkurrieren. 2001 konnte Openwave seine Marktführerschaft noch verteidigen, wobei aber nach Studien der Giga Information Group davon auszugehen ist, dass der Mobile Explorer von Microsoft diesen ablösen wird. Verstärkt wird der Kampf um die Marktanteile noch durch die Lizenzvereinbarung von Nokia und America Online. Danach ist America Online bestrebt eine Netscape-Version des WAP-Microbrowser von Nokia zu entwickeln und zu vermarkten. Der Browser wird mit speziellen AOL-Funktionen ausgestattet und auf einer Vielzahl von mobilen Kommunikationsgeräten nutzbar sein. Tabelle 3-4 gibt eine Übersicht über bekannte Microbrowser und die Betriebssysteme, für die sie geeignet sind.

Tabelle 3-4: Anbieter von Microbrowser

Hersteller	Bezeichnung und Eigenschaften
Edgematrix	Wapman: für Palm OS, unterstützt auch Java-Funktionen
Sourcforge	WAPUniverse: für Palm OS
4thPass	4thPass: Palm OS
MobileID	WAP-Browser: Palm OS
Openwave	UP.Browser: Viele namhaften Hersteller von Mobiltelefonen einsetzen
AU System Radio	WAP-Browser: Browser für Ericsson
Microsoft	Mobile Explorer: Sony und Benefon setzen diesen ein
Opera Software	Opera-Browser
JaWap	Wabasoft: für Palm OS, WIN CE oder normale Browser

An dieser Stelle ist darauf hinzuweisen, dass aufgrund verschiedener Faktoren eine vollständige Marktübersicht und Evaluation von WAP-Browsern nicht möglich ist. Dies liegt zum einen an der rasanten Entwicklung in diesem Bereich, zum anderen stellt den restriktiven Faktor meist das mobile Endgerät und nicht der WAP-Browser dar. Eine isolierte Beurteilung eines Browsers ist daher oft nicht sinnvoll. Zusätzlich muss eine gelungene Mobilanwendung möglichtst gut an das jeweilige Gerät angepasst sein, weil diese - zumindest noch im Moment - eine heterogene Gruppe mit kaum vergleichbaren Eigenschaften bilden.

Ein entscheidendes Kriterium bei einem Vergleich von WAP-Browsern sind die jeweils unterstützten WAP-Versionen, da viele Funktionen eng mit ihnen verknüpft sind. Die meisten der momentan am Markt erhältlichen Geräte unterstützen mindestens Version 1.1, das somit eine Art Standard darstellt, an dem sich die Hersteller orientieren. So muss eine Abwärtskompatibilität zu 1.1 sowohl in WAP-Version 1.2.1 als auch in 2.0 gewährleistet werden. Version 2.0 wurde zwar bereits Mitte 2001 veröffentlicht, aufgrund der einschneidenden Veränderungen in den verschiedenen Protokollschichten sind aber Endgeräte rar. Betrachtet man die Entwicklung, so stellt man fest, dass die Tendenz in Richtung XML geht. Erwähnt sei an dieser Stelle, dass in WAP 2.0 xHTML (ein um XML-Fähigkeit erweitertes HTML) und cHTML kommen. WML und WML-Script werden aber weiterhin aufgrund der bereits angesprochenen Abwärtskompatibilität zu 1.1 unterstützt.

Bei der Darstellung von WAP-Inhalten ist die Restriktion selten auf der Seite des Browser zu finden. Vor allem bei Mobiltelefonen wird die Darstellung durch das Endgerät bestimmt. Das Anzeigen von Farben ist erst in der WAP Spezifikation 2.0 vorgesehen. In der Ursprungsversion 1.1 (bzw. 1.0) war nur die Darstellung von zweifarbigen Bitmaps (WBMP) vorgesehen, vor allem um Farbdarstellung zu erreichen, können zahlreichen Browsern mittlerweile static und animated GIF angezeigen.

Wie schon in der Einleitung erwähnt, war es wohl der Bedarf an weiterführenden Services für die Benutzer von Mobiltelefonen, der die Entwicklung der WAP-Technologie vorantrieb. Naheliegen wäre, dass die führenden Gerätehersteller auch Marktführer im Bereich der WAP-Browser sind. Allerdings ist die Softwarefirma *Openwave* (ehemals *Phone.com*) weit vor den Eigenentwicklungen der Gerätehersteller, im Markt positioniert. Laut eigenen Aussagen ist die Software von *Openwave* auf ca. 170 verschiedenen Produkten mit Internetzugang integriert. Zu ihren Kunden zählen zum Beispiel *AT&T Wireless*, *Verizon Wireless*, *Siemens* u.v.a.

Openwave

Die Firma Openwave bietet zwei unterschiedliche Browser an. Die Basisversion WAP Edition ist derzeit am weitesten verbreitet und stellt auch den aktuellen Standardbrowser bei den unterschiedlichen Geräten der Kooperationspartner dar. Je nach Alter des Produkts kann die Versionsnummer zwischen 3.0 und 4.1 variieren, gravierende Unterschiede in Art und Funktion der Browser sind dabei nicht zu erkennen. Lediglich bauartbedingte Restriktionen seitens des Mobiltelefons lassen die Browser unterschiedlich wirken. Natürlich hat Openwave kontinuierlich verschiedene Fehler behoben, neue Funktionen integriert bzw. bestehende erweitert. Die zahlreichen Kooperationen und Allianzen, die Openwave eingegangen ist, treiben die Weiterentwicklung der eigenen Produkte stark voran und kann als ein Grund für die starke Marktposition genannt werden. Neben der WAP Edition gibt es die Nachfolgeversion, die sog. Universal Edition. In ihr wurden weitere Funktionen implementiert die auf WAP-Version 2.0 abzielen, z.B. die Unterstützung von GPRS und xHTML. Außerdem ist noch wichtig zu erwähnen, das beide Browser die hauseigene Sprache HDML unterstützen, wofür Openwave ein SDK zum kostenlosen Download zur Verfügung stellt.

Abbildung 3-20: Testgerät Siemens S35i mit Openwave-Browser

Für einen Test des Openwave-Browsers wurde das Siemens S35i ausgewählt, da es momentan sehr weit verbreitet ist und in der Browserversion 4.1 ausgeliefert wird. Im Browser des S35i ist der WAP 1.1 Standard implementiert. Die Navigation im Menüpunkt „Internet" lässt sich nach kurzer Eingewöhnungsphase relativ problemlos vollziehen. Die zwei vorhandenen Funktionstasten sind sinnvoll belegt und erleichtern die Auswahl gewünschter Menüpunkte. Da das Display nur sieben Zeilen darstellen kann sind die Erwartungen an die angezeigte Qualität niedrig zu halten. Für reine Textangebote wie kurze Nachrichten ist die Darstellungsfähigkeit des S35i allerdings ausreichend. Die notwendigen Einstellungen wie Gateway oder Einwahlnummer können in verschiedenen Profilen abgespeichert werden. Eine Voreinstellung zum T-D1 W@P Service ist bereits ab Werk konfiguriert und erleichtert den Einstieg ins mobile Internet.

WAP-Browser für PDAs

PDAs stellen eine heterogene Gerätegruppe dar, die sich nach Betriebssystem und Prozessor unterscheiden lassen. Eine Portierung der vorhandenen Browser aus dem PC-Bereich ist nur mit großem Aufwand möglich. Die vorhandenen Geräte lassen sich in drei große Gruppen mit jeweils unterschiedlicher Anzahl an Browsern einteilen:

Für PDAs mit dem EPOC-System (z.B. Geräte der Firma PSION) gibt es derzeit nur wenige WAP-Browser:

- Opera for EPOC (Opera Software)
- PSION Wap Browser (PSION)

Im Gegensatz dazu stehen für Handhelds mit dem *PalmOS* mehrere Browser zur Auswahl:

- Kbrowser (4thPass)
- AvantGo (AvantGo)
- Mokamba Browser (Mokamba)
- Browse-it (Pumatech)
- Proxiweb (Pumatech)
- Eudora Internet Suite (Qualcomm)
- AirBoss (Geoworks)
- Wapman (Edgematrix)

Angemerkt sei hier noch, dass es bei PalmOS, in den letzten Jahren sehr häufig zu Releasewechseln kam und somit nicht jeder der oben genannten Browser auf jedem Palm funktioniert.

Ähnlich umfangreich wie bei den Handhelds mit PalmOS, sieht das Browserangebot für PDAs mit Windows CE als Betriebssystem aus:

- AvantGo (AvantGo)
- Pocket Browser (Conduits Technologies Inc.)
- EzWAP (EZOS)
- iBrowser (Foliage Software Systems)
- AirBoss (Geoworks)
- Wapman (Edgematrix)
- WinWap (Slob-Trot-Software)
- Klondike (Apache Software Consulting Inc.)
- Pocket Internet Explorer (Microsoft)

Einige ausgewählte Mikrobrowser werden nachfolgend kurz getestet und beurteilt. Dabei handelt es sich einmal um Klondike der Firma Apache Software, um den Winwap-Browser der Firma Slob-Trot Software und um den bereits vorinstallierten Pocket Internet Explorer der Firma Microsoft. Als Testgerät diente ein *i-PAQ* Modell *H3760* von der Firma Compaq mit folgenden Geräteeigenschaften:

- Betriebssystem: *Pocket PC 2002*
- 32-Bit-ARM-Prozessor und 64 MB RAM
- TFT-Display mit 4096 Farben (240x320)
- Touchscreen Display, Software Tastatur, Sprachaufzeichnung, Handschrifterkennung

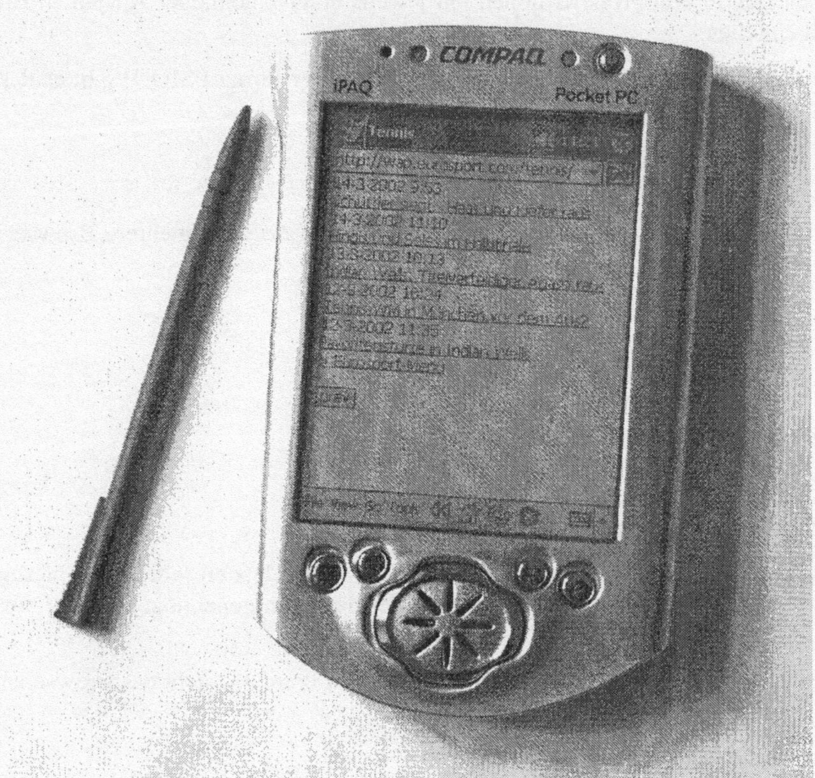

Abbildung 3-21: Testgerät Compaq iPAQ mit dem WinWAP Browser

Klondike WAP Browser

Der verwendete Browser lag in der aktuellen Version 1.60 vor und ist nicht nur für den Pocket PC sondern auch für die Windows32 Plattform verfügbar. Kern der Software ist die von Apache Software selbst entwickelte The Klondike WAP Microbrowser Engine. Die Installation war mühelos, nützlich dabei war das von Microsoft verwendete ActiveSync. Der Browser integriert sich nahtlos in die O-berfläche des COMPAQ iPAQ und vermittelt ein einheitliches Look and Feel. Die Benutzeroberfläche ist übersichtlich gestaltet, die URL-Eingabezeile lässt sich bei Bedarf ausblenden und erlaubt damit das volle Ausnützen der Display-Größe. Die Menü-Buttons erinnern stark an schon von Microsoft Windows bekannte Symbole und sind daher selbsterklärend. Neben diesen Buttons erreicht man alle weiteren Einstellungen über einen übersichtlichen Menü-Dialog.

WinWAP Browser

Die finnische Firma Slob-Trot Software darf mit Recht als Pionier auf dem Gebiet der WAP-Browser bezeichnet werden. Schon 1999 wurde die erste PC-Version von WinWAP auf dem Markt gebracht. Gedanke der Firma war es, WAP-Services nicht nur auf Mobiltelefonen sondern auch auf anderen Geräten zu etablieren. Dabei lag das Augenmerk hauptsächlich auf dem PC-Bereich. Die Portierung des bestehenden Browsers auf weitere Geräteklassen ist noch in einem frühen Stadium, wie an den Versionsnummern leicht zu erkennen ist – aktuelle PDA-Version ist 1.1. Anzuführen ist noch, dass auch BMW in ihrem mobilen Internetkonzept mit Slob-Trot kooperiert und der WinWAP-Browser wohl dort zum Einsatz kommen wird.

Nach der problemlosen Installation, war der Browser ohne weitere Schwierigkeiten sofort verwendbar. Das Ausnutzen der vollen Displaygröße ist ebenso positiv zu bewerten, wie die übersichtliche Anordnung der Funktionen. Wie gewohnt von „normalen" PC-Browsern befindet sich die URL-Eingabezeile am oberen Rand des Displays, wobei sich diese auf Wunsch ausblenden lässt und somit den Inhaltsbereich vergrößert. In die von Mircosoft bekannte Taskleiste integriert der Winwap übersichtlich seine Funktionsbuttons, welche durch ihre Gestaltung intuitiv verständlich sind.

Pocket Internet Explorer

Mit dem eigens für diese Sparte entwickelten Windows CE Betriebssystem verfolgt die Firma Microsoft die selben Ziele wie bei ihren Desktop-Betriebssystemen. Damit wurde auch der bekannte Internet Explorer auf dieser Geräteklasse implementiert. Mit der Vorinstallation des Betriebssystems ist auch schon der Pocket IE vorhanden. Leider können keine Einstellungen über die Art der Verbindungen, des Displays und dem Aussehen des Browsers gemacht werden. Obwohl Pocket IE WAP-Seiten bzw. WAP-Services verarbeiten kann, werden beim „surfen" hauptsächlich HTML-Seiten angezeigt. Als Beispiel hierzu sei die www-Adresse http://wap.eurosport.com genannt. Beim Aufruf dieses WAP-Angebots stellen Winwap und Klondike WML-Seiten dar, der Pocket IE hingegen liefert die „normale" HTML-Webseite. Dies liegt wohl an der Browsererkennung seitens des Anbieters, es wäre jedoch im Hinblick auf die begrenzte Bandbreite beim mobilen Einsatz wünschenswert, diese Auswahl dem Benutzer zu überlassen.

Zusammenfassender Vergleich

Stellt man nun diese drei WAP-Browser nebeneinander, so schlagen WinWAP und Klondike den Pocket Internet Explorer von Microsoft um Längen. Obwohl der Pocket IE laut eigenen Aussagen die meisten Features besitzt, kann er dies nicht entsprechend umsetzen. Somit wird wiedereinmal deutlich, das Firmen, die sich auf Marktsegmente spezialisieren, Vorteile in der Angebotserstellung und Abstimmung ihrer Produkte haben. Es könnte jedoch sein, dass WinWAP seinen „First Mover Advantage" verliert und sich die Marktmacht von Microsoft durchsetzt.

3.5 IMode

Abbildung 3-22: Beispiele für i-Mode-Angebote (NTT DoCoMo 2000)

In der aktuellen Diskussion wird immer wieder der japanische Erfolg von iMode ins Gespräch gebracht. iMode wurde Anfang 1999 von NTT DoCoMo, einer Tochtergesellschaft des japanischen Telekommunikationsunternehmens NTT, auf den Markt gebracht und wurde in Japan sehr rasch ein Erfolg. Für den Zugang zu diesem Dienst brauchen die Kunden spezielle iMode-fähige Telefone. iMode arbeitet mit einer paketbasierten Version des PDC (Personal Digital Cellular)-Standards, ähnlich dem Internetprotokoll TCP/IP. Die Benutzer sind immer online und die Abrechnung erfolgt auf der Grundlage der übertragenen Datenmenge. Die i-Mode-Seiten werden in cHTML geschrieben, einer reduzierten Version von HTML. cHTML wurde ebenfalls vom Telefonkonzern NTT entwickelt und unterstützt die Übernahme bereits bestehender Web-Seiten. Es sind gegenüber HTML einige zusätzliche Tags vorgesehen, die speziell bei mobilen Endgeräten auf deren Restriktionen Rücksicht nehmen (z.B. kleines schwarz-weiß Display, geringe Speicherkapazität, beschränkte Eingabehilfen – keine Maus oder Tastatur). Diese sehr einfache Seiten-Beschreibungs-Sprache ermöglicht es den iMode-Handys cHMTL direkt zu interpretieren. Auch die Anzeige vieler Webseiten ist ohne größeren Aufwand möglich.

Der iMode-Dienst bietet Zugang zu über 7000 offiziellen Portal-Sites und mehr als 45.000 weiteren Sites, die auf dem iMode-Portal nicht gelistet sind. Inzwischen sind mehr als 30 Millionen Kunden in Japan registriert (Stand 2002). Nutzer gehen im Durchschnitt 7 bis 10mal am Tag für 1 bis 2 Minuten mobil ins Internet Abbildung 3-22 zeigt einige Beispiele für iMode-Seiten. Der Markterfolg in

Deutschland nimmt sich dazu vergleichsweise bescheiden aus. E-Plus hatte 2002 etwa 34.000 Abonnenten bei einem potenziellen Kundenstamm von 7,5 Millionen.

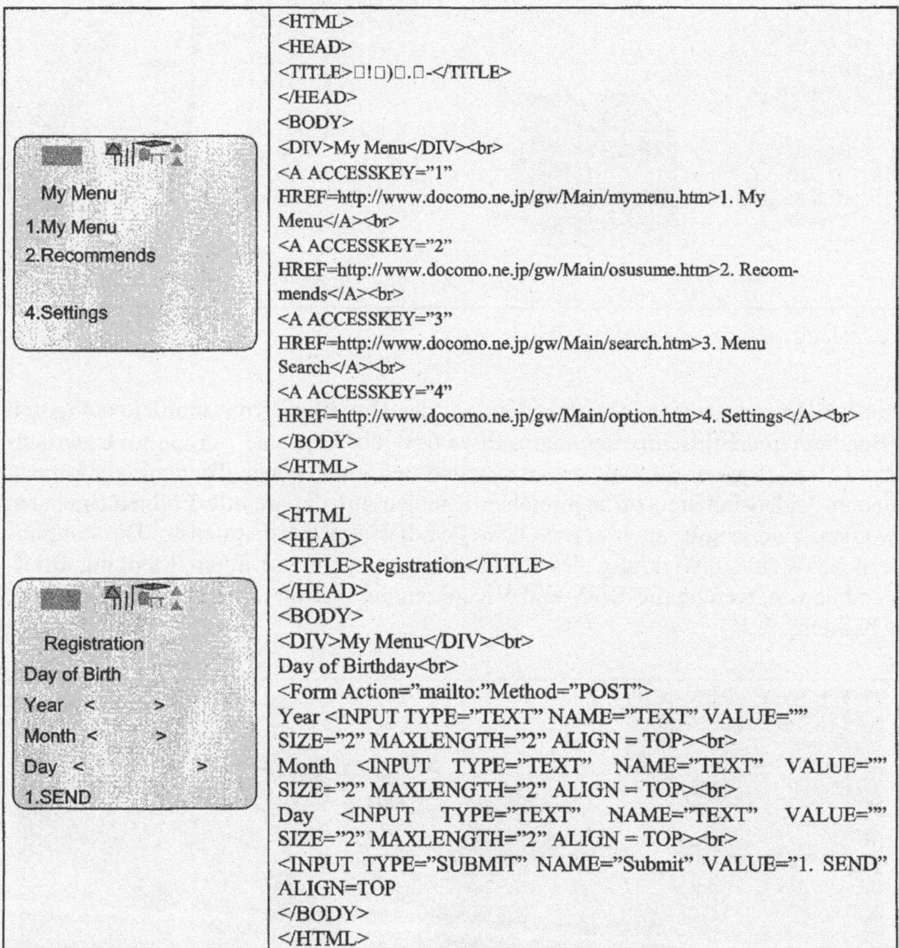

My Menu 1.My Menu 2.Recommends 4.Settings	<HTML> <HEAD> <TITLE>□!□)□.□-</TITLE> </HEAD> <BODY> <DIV>My Menu</DIV> <A ACCESSKEY="1" HREF=http://www.docomo.ne.jp/gw/Main/mymenu.htm>1. My Menu</A> <A ACCESSKEY="2" HREF=http://www.docomo.ne.jp/gw/Main/osusume.htm>2. Recommends</A> <A ACCESSKEY="3" HREF=http://www.docomo.ne.jp/gw/Main/search.htm>3. Menu Search</A> <A ACCESSKEY="4" HREF=http://www.docomo.ne.jp/gw/Main/option.htm>4. Settings</A> </BODY> </HTML>
Registration Day of Birth Year < > Month < > Day < > 1.SEND	<HTML <HEAD> <TITLE>Registration</TITLE> </HEAD> <BODY> <DIV>My Menu</DIV> Day of Birthday <Form Action="mailto:"Method="POST"> Year <INPUT TYPE="TEXT" NAME="TEXT" VALUE="" SIZE="2" MAXLENGTH="2" ALIGN = TOP> Month <INPUT TYPE="TEXT" NAME="TEXT" VALUE="" SIZE="2" MAXLENGTH="2" ALIGN = TOP> Day <INPUT TYPE="TEXT" NAME="TEXT" VALUE="" SIZE="2" MAXLENGTH="2" ALIGN = TOP> <INPUT TYPE="SUBMIT" NAME="Submit" VALUE="1. SEND" ALIGN=TOP </BODY> </HTML>

Abbildung 3-23: Beispiel für cHTML und i-Mode-Handy (NTT DoCoMo 2000)

Da insbesondere gegenüber einer mobilen WAP-Lösung auch technische Unterschiede bestehen, zeigt Abbildung 3-24 noch den Datenzugriff bei iMode. Bzgl. der Unterschiede zu WAP wird auf das entsprechende Kapitel in diesem Buch verwiesen. Sowohl iMode als auch WAP sollen in Zukunft auf xHTML umgestellt werden.

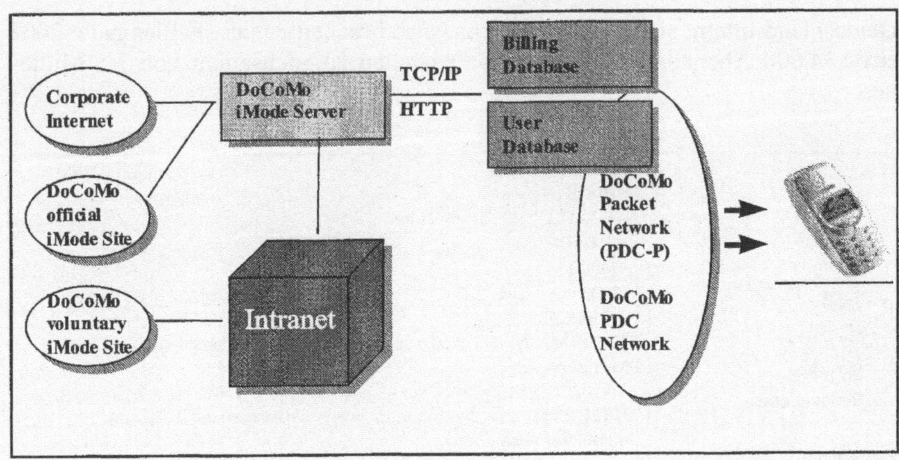

Abbildung 3-24: Datenzugriff bei iMode

Die erfolgreichste iMode-Anwendung ist der Download von animierten Figuren (Bandais) und Bildschirmschonern. Etwa 69% der Umsätze werden im Entertainment-Bereich gemacht. Mit neuen Geräten und einer neuen Technologie können bereits Video-Inhalte von zahlreichen Kanälen auf das mobile Endgerät geladen werden. Und es gibt auch bereits erste java-basierte Internetdienste. Die kontinuierliche Weiterentwicklung des iMode-Dienstes geht vor allem Richtung Breitbanddienste, welche die Bild- und Videokommunikation unterstützen sollen (vgl. Abbildung 3-25).

Abbildung 3-25: Zukunft von i-Mode (NTT DoCoMo 2000)

4. Sicherheit bei mobilen Anwendungen und bei der Datenübertragung

4.1 Sicherheit als Herausforderung und Erfolgsfaktor

Sicherheit gilt sowohl in technischer als auch in anwendungsbezogener Hinsicht als einer der „Key-Enabler" des M-Commerce speziell sowie mobiler Anwendungen generell. Sicherheit ist sehr eng mit Vertrauen verbunden und im speziellen Falle des M-Commerce ist das Vertrauen der Endbenutzer in die Leistungen und die Art der Leistungserbringung des Anbieters die Grundlage und Voraussetzung eines jeden Geschäfts. Eine Analyse der GIGA Information Group (AD Little) über die „*Bestehenden Barrieren des M-Commerce*" (Posegga 2000a) untermauert diese Aussage (vgl. Abbildung 4-1).

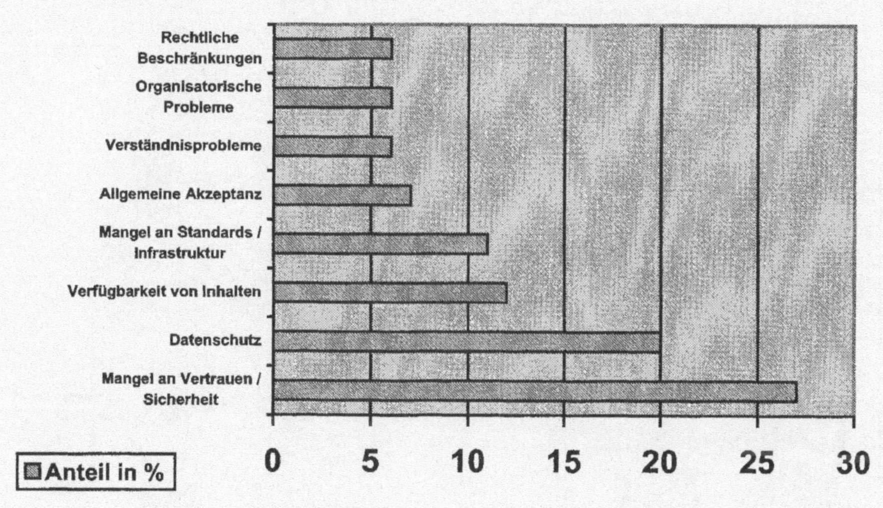

Abbildung 4-1: Barrieren des M-Commerce (Posegga 2000a)

Wenn man in Abbildung 4-1 die beiden Bereiche Datenschutz und Sicherheit bzw. Vertrauen zusammenfasst, macht das Thema „Sicherheit" fast 50% aus. Vor dem Hintergrund der offensichtlichen Bedeutung dieses Themas soll im folgenden ein Überblick zur Sicherheitsproblematik, aber auch zu Lösungsvorschlägen bei mobilen Anwendungen gegeben werden. Dabei werden zuerst praktische Beispiele für Sicherheitsrisiken und Problemfelder erörtert. Anschließend werden die bestehenden technischen Sicherheitsinfrastrukturen, Implementierungen und Standards vorgestellt und konkrete Sicherheitslösungen aufgezeigt. Eine Darstellung in Verbindung mit den rechtlichen Risiken findet sich bei Dornseif et al. (2002).

Am Beispiel eines mobilen Kommunikationsmodells, das auf dem WAP-Protokoll basiert, sollen die Herausforderungen eines umfassenden Sicherheitskonzeptes für mobile Anwendungen noch einmal verdeutlicht werden (vgl. Abbildung 4-2). Dabei können 4 Ebenen unterschieden werden:

- Geräteebene
- Übertragungsebene
- Netzebene
- Anwendungsebene

Um eine sichere Ende-zu-Ende-Verbindung für mobile Anwendungen gewährleisten zu können, ist es notwendig, Sicherheitsmechanismen auf allen 4 Ebenen zu implementieren.

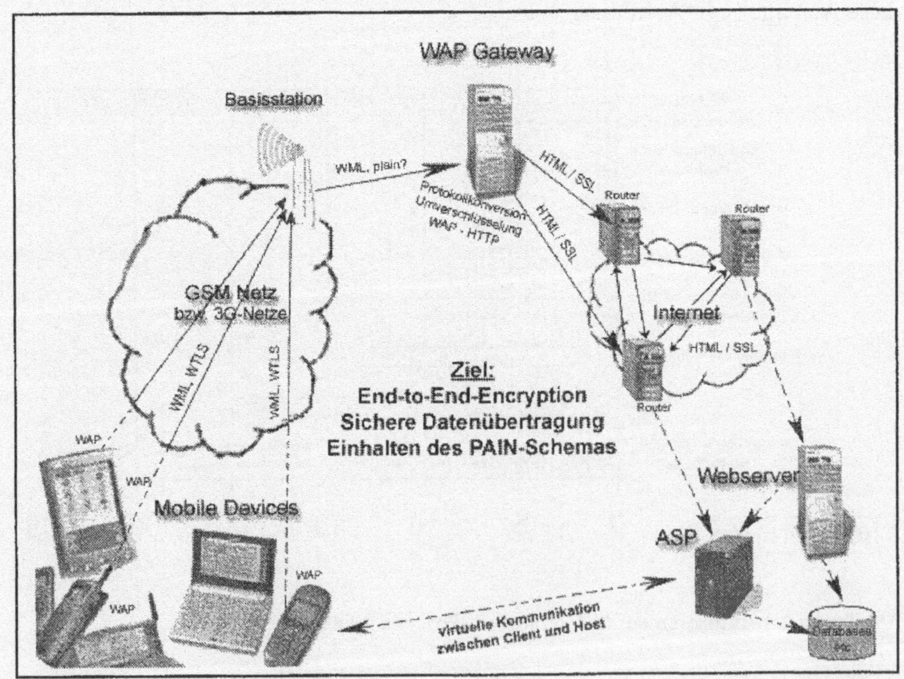

Abbildung 4-2: Kommunikationsmodell auf der Basis von WAP

Die meisten Sicherheitsprobleme lassen sich auf bestimmte allgemeine Anforderungen zurückführen. Folgende Punkte sollten demnach im Zuge eines Sicherheitskonzeptes bedacht werden, um sichere mobile Anwendungen zu gewährleisten (vgl. z.B. Heijden/Tylor 2000, 146-147, Cooke/Brewster 1992):

- Vertraulichkeit / Geheimhaltung (confidentiality): Damit ist der Datenschutz gemeint. Bei personenbezogenen Daten findet hier das Datenschutzgesetz Anwendung (z.B. § 9 BDSG). Nur die beteiligten autorisierten Instanzen sollen während der Kommunikation die Daten im Klartext abgreifen können. Bei der mobilen Datenübertragung kann die Datensicherheit z.B. mit Methoden der Kryptographie erreicht werden.
- Integrität (integrity): Integrität bedeutet, dass die Daten während der Übertragung nicht verfälscht werden dürfen.
- Authentifizierung (authentication): Dies ist die zuverlässige, sichere Feststellung der Identität des Kommunikationspartners, aber auch der Feststellung der Geräteidentität bzw. Geräteeigenschaften und der sonstigen an der Kommunikation beteiligten Entitäten, aber auch der Herkunft bestimmter Daten oder der Urheberschaft einer Transaktion.
- Unabstreitbarkeit (non-repudiation): Nachweis der Urheberschaft und der tatsächlichen Durchführung eines Vorgangs.
- Zugriffskontrolle (access control): Regelung der Rechte in Bezug auf Daten und andere Ressourcen: Wer darf wie auf bestimmte Objekte zugreifen? (Autorisation)
- Verfügbarkeit (availability): Verfügbarkeit von Ressourcen und Daten für rechtmäßige Benutzer

Bei mobilen Anwendungen reicht es nicht, sich auf Sicherheitsmaßnahmen der einzelnen Komponenten oder Beteiligten zu verlassen. Ein Gesamtkonzept einer Sicherheitslösung für den mobilen Bereich muss an vielen Stellen ansetzen und erfordert das Zusammenspiel mehrerer Technologien, Standards, und Systemkomponenten. Dazu gehören die physische Sicherung auf der Geräte- und der Netzwerkebene (z.B. Integrierte Security-Komponenten), sicherheitspolitische Maßnahmen (z.B. Mitarbeitervereinbarungen, Vertragsklauseln), Versicherungsschutz, aber auch softwaretechnischer Schutz auf der Anwendungsebene (z.B. Passwortschutz, Verschlüsselung).

4.2 Beispiele zur Sicherheitsproblematik mobiler Anwendungen

4.2.1 Verlust eines mobilen Endgerätes

Eine Folge der geringen Größe und der Portabilität eines mobilen Endgerätes ist die Anfälligkeit für Diebstahl und Verlust. Deshalb ist es wichtig, dass Dritte im Falle des Verlustes/Diebstahls oder der Unbeaufsichtigtheit des Endgerätes nicht ohne weiteres auf sensitive Daten zugreifen können. Eingebaute Passwortmechanismen (z.B. PIN) in das jeweilige System sollen das Endgerät vor unbefugtem Zugriff schützen. Leider tun sich hier trotz Implementierung von Authentifizierungsmaßnahmen einige Lücken auf. Dies hängt im Einzelfall aber vom jeweiligen Betriebssystem ab. Das Betriebssystem PalmOS bietet zwar einen Passwortschutz für den Benutzer, dieser kann jedoch leicht gebrochen werden. Das Passwort kann bedingt durch diverse Sicherheitslücken in der Verschlüsselung relativ einfach ausgelesen werden. Tools hierzu finden sich im Internet (z.B. PalmCrack, PalmCrypt etc., u.a. bei itil.com, Software für Palms und Handhelds, http://www.palmix.itil.com). Allerdings setzen diese Angriffe immer den physischen Zugriff auf das Gerät voraus.

Tabelle 4-1: Betriebssystemabhängige Schutzmechanismen

	Win-CE	**EPOC**	**PalmOS**
Konzept	Passwort optional	Passwort optional	Passwort optional
Passwort-verwaltung	Klartext bei Hotsync	Unkontrolliert über RS32	Leicht zu brechende Verschlüsselung

4.2.2 SMS Attacken

SMS hat im deutschsprachigen Raum entgegen anfänglichen Erwartungen der Provider eine sehr große Bedeutung erlangt. Die wenigsten Benutzer wissen jedoch, dass auch hier Sicherheitsprobleme auftreten können. Konkret sind dies:

- Das Versenden von Symbolen, die nicht ohne weiteres gelöscht werden können, sog. ICM (Indicator Control Messages). Das sind Kontrollzeichen wie Briefzeichen etc., die man bei Eintreffen einer neuen SMS als Hinweis erhält. Die Aktivierung und Deaktivierung dieser Symbole auf dem Handy erfolgt mittels sogenannten Smart Messages vom Provider aus. Diese ICM-Messages können auch von Dritten erzeugt werden und potentielle Opfer verwirren und belästigen. http://www.2wayinteractive.com bietet einen sog. ICM Cleaner Dienst an, mit dem diese Messages gelöscht werden können. D2 setzt Filter ein, sodass diese Messages von Dritten erst gar nicht versendet werden können. Tools zum Versenden von ICM Messages finden sich im Internet auf einschlägigen Hacker-Seiten.
- Speziell formatierte SMS können die Software einiger Handys zum Absturz bringen. Laut einem Test der Firma 2wayInteractive und xonio.com sind insgesamt 4 Modelle von Nokia davon betroffen. Dies beruht auf einem Softwarefehler, der einen Speicherüberlauf (buffer-overflow) erzeugt. Die Folge ist, dass das Handy „einfriert", es reagiert nicht mehr auf Tastendrücke. Passiert dies in einem Gespräch, kann eine offene Verbindung nicht mehr beendet werden. Der Gesprächspartner ist also weiterhin in der Lage alles mitzuhören. Abhilfe: Entfernen und erneutes Einsetzen des Akkus. Wenn mehrere derartige SMS abgeschickt wurden, hilft nur noch das Einbauen der eigenen SIM Karte in ein anderes, nicht betroffenes Handy und den Erhalt der schädlichen SMS abzuwarten (vgl. Manhart 2001g).
- Massenhafte SMS-Botschaften, Spamming etc.

4.2.3 PDA- Viren und Trojaner

Während Computerviren auf Desktop PCs und Servern schon lange als ernsthaftes Problem erkannt sind, ist die Bedrohung von Handhelds / PDAs durch Viren, Trojaner und Würmer erst seit jüngster Zeit aktuell. Dies wird zu einer wachsenden Bedrohung für Mobilgerätebenutzer führen. In Zukunft wird es leichter möglich sein, schadhafte Programme oder sonstigen bösartigen Code auf dem Gerät zu empfangen, der in der Lage ist, das Gerät zu zerstören oder seine Funktionsweise zu beeinträchtigen. Zunehmende Vernetzung der Rechner / PDAs erleichtert den Viren die Verbreitung. Derzeitig übliche GSM-Handys (Global System for Mobile Communication) sind momentan allerdings absolut virensicher, da Handysoftware nicht drahtlos über das Mobilfunknetz, sondern nur per Kabel und in Spezialwerkstätten manipuliert werden kann. Zugriff auf das SIM-Toolkit (Subscriber Identity Module) hat nur der Betreiber. Zudem lassen sich wie bei Desktop PCs (noch) keine Programme übertragen, die „malicious code" (boshaften Code) enthalten können.

Derzeit ist nur die Darstellung von Inhalten und geringe Interaktion auf kleinen Displays möglich. Dies wird sich aber sicherlich bald ändern. Auch eine zunehmende Standardisierung der Endgeräte wird zu einer weiteren Verbreitung von Viren beitragen, denn Virenprogrammierer orientieren sich augenscheinlich an den weitverbreitetsten Betriebssystemen und Endgeräten. (vgl. "Windows Virenlandschaft" mit MacOS). Einige Beispiele für Viren sollen die Bedrohung etwas anschaulicher machen. Generell lässt sich feststellen, je umfangreicher die Funktionalität und auch die Rechnerleistung mobiler Geräte wird, desto größer wird auch die Bedrohung durch Viren.

„Phage" (erstmals aufgetreten im September 2000 / Palm OS)(F-Secure 2000a)

Phage hängt sich an Programme und verhindert deren Ausführbarkeit. Die Verbreitung findet durch Infrarotdatenaustausch statt. Beseitigt werden kann der Virus nur durch Löschen der befallenen Programme. Erscheint eine graue Box (mit dem Titel Phage) auf dem Palm, ist dies das sichere Anzeichen dafür, dass der Handheld „gephaged" wurde.

„Liberty-Crack" (F-Secure 2000b)

Dies ist ein getarnter / gefakter Gameboy-Emulator für den Palm. Er zerstört und löscht alle Applikationen die sich auf dem Handheld befinden. Die Verbreitung fand durch einen Palm Developers Chatroom statt, anschließend per Infrarotschnittstelle oder Hot-Sync. Der Palm kann aber wieder neu gestartet und mit dem Desktop-PC resynchronisiert werden. Durch regelmäßige Backups kann so ein Datenverlust durch diesen Virus ausgeschlossen werden.

„Vapor" (F-Secure 2000c)

Vapor ist ein Trojaner für das PalmOS. Er versteckt die installierten Applikationen, zerstört diese aber nicht. Das „Verstecken" funktioniert über ein einfaches Verändern der Anwendungsattribute, so dass diese selbst unsichtbar werden.

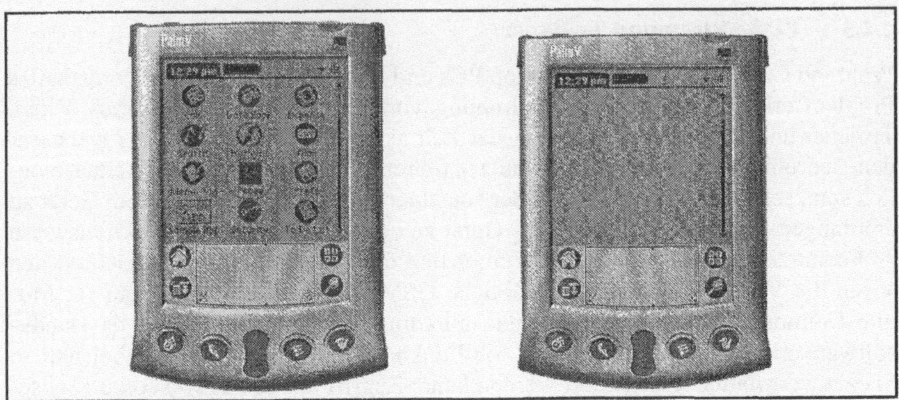

Abbildung 4-3: Nach Ausführen von Phage (links) verschwinden ausführbare Programme (rechts) (F-Secure 2000a)

„Timo fonica“ (Hansen 2000, Sarc 2000)

Hier handelt es sich um einen Wurm, der sich in Spanien verbreitet hat. Er benutzt den Windows Scripting Host um seinen Inhalt auszuführen. Es werden über Webgateways zahlreiche SMS an Mobiltelefone gesendet. Die Telefonnummern stammen hierbei aus dem Outlook Adressbuch. Dieser Wurm zerstört bei Neustart u.a. auch das CMOS des Endgerätes.

4.2.4 Eavesdropping – Belauschen der Funkübertragung

Drahtlose mobile Netzwerke, wie IEEE 802.11b bringen nicht nur Komfort, sondern auch zahlreiche Sicherheitslücken mit sich. Funkwellen breiten sich ohne Richtantennen in alle Richtungen aus. In Funk-LANs ist das auch beabsichtigt, denn nur so können große Bereiche abgedeckt werden. Die Kehrseite ist, dass man nicht kontrollieren kann, wer die Daten empfängt (Malbrich et al. 2001).

Der CCC (Chaos Computer Club) hat zur Abhörgefahr eine Studie (CCC 2001b) durchgeführt, in der diese bestehenden Sicherheitslücken aufgezeigt wurden. Der CCC untersuchte in Berlin mehrere Krankenhäuser, die drahtlose Netzwerke betreiben. Hier reichte es aus, sich mit einem normalen Laptop und einer speziellen WLAN-Karte in den Funkbereich des lokalen WLANs zu begeben und mitzulauschen. Das Ergebnis war, dass viele dieser drahtlosen Netzwerke abgehört werden konnten, sprich die zumeist sensitiven Daten wie Patientenakten, Krankheitsbilder „mitgesnifft“ und teilweise sogar manipuliert werden konnten. Die Krankenhäuser hatten diverse Sicherheitsfeatures, wie WEP Verschlüsselung, oder „Hidden Network“ nicht eingesetzt. Desweiteren sind selbst diese Sicherheitsfeatures fast wirkungslos. Die WEP Verschlüsselung kann mit dem Open-Source-Project Tool Airsnort relativ einfach gebrochen werden. Diese Software muss nur ca. 100–1000MB mithören, um den Schlüssel berechnen zu können. Erste Vermutungen liegen bereits nach ein paar Sekunden vor. Dieser „Exploit" beruht wiederum auf der Schwäche der verwendeten Verschlüsselungsmethode.

4.2.5 SIM-Card Cloning

In GSM Netzen muss sich jeder Mobilfunkteilnehmer beim erstmaligen Einwählen/Einbuchen in eine Funkzelle authentifizieren, d.h. er muss seine Identität vor dem Netzbetreiber eindeutig nachweisen. Diese Authentifizierungsprozedur erfolgt automatisch im Hintergrund mittels eines sog. „Challenge-Response Verfahrens.

Der CCC hat einen Angriff durchgeführt, um die SIM Karte eines D2 Mobiltelefons zu klonen (CCC 1999). Das Resultat ist eine zweite, identische SIM Karte, die voll funktionsfähig ist. Damit lässt sich z.B. auf fremde Kosten telefonieren.

Sicherlich ist dieser Angriff nicht von jedermann ausführbar. Er setzt viel Know-How, technische Geräte, Soft- und Hardware voraus, doch allein die Möglichkeit einer Durchführbarkeit ist beunruhigend. Nach nur 8-12 Stunden ist Ki (der auf der SIM Karte enthaltene geheime Schlüssel mit max. 128 Bit Tiefe) ermittelt (Federrath 2001). Der Angriffsaufbau ist in Abbildung 4-4 dargestellt.

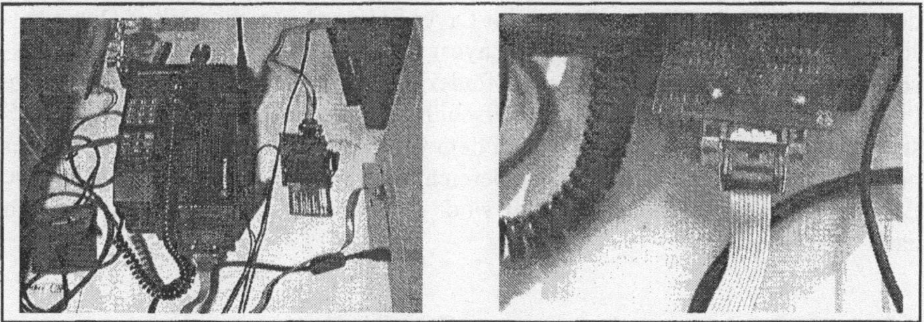

Abbildung 4-4: Versuchsaufbau des CCC zum Klonen von SIM-Karten (CCC 2001a)

4.2.6 Ortung bzw. Peilung des Endbenutzers

Ein weiteres Sicherheitsproblem bei Mobile Computing ist der Zugang zu Standortinformationen von mobilen Benutzern. Dadurch könnten Datenbanken erstellt werden, deren einziger Zweck die Analyse des Nachrichtenverkehrs oder die Analyse der jeweiligen Nachrichtenherkunft bzw. Zieladresse der beteiligten mobilen Rechner ist. Es könnten also unter Zuhilfenahme von statistischen Werkzeugen und computergestützten Auswertungen Bewegungs- und Kommunikationsprofile erstellt werden. Das ermöglicht wiederum Rückschlüsse auf das Verhalten, die Interessen und die Gewohnheiten des mobilen Teilnehmers und noch vieles mehr (vgl. dazu das „Festnetz-Pendant" Cookies). Die Problematik dieses Sachverhaltes ist, dass diese Informationen über den Benutzer zum einen technisch essentiell sind und zum anderen missbraucht werden können. Bei der Standortinformation ist es so, dass der Home-Agent im GSM Netz natürlich wissen muss, wo sich die entsprechenden mobilen Rechner und damit auch die Benutzer befinden. Die Möglichkeiten zum Missbrauch der Standortinformationen von mobilen Teilnehmern sind vielfältig und gefährlich:

- Standortinformationen über Truppenteile / Armeen
- Stichworte: „Überwachung", „Gläserner Mensch", „1984"
- Position von Streifenwagen
- Ist ein Haus ohne Bewohner, wann kommt der Bewohner wieder?
- Wo finden gemeinsame Meetings von konkurrierenden Firmen statt?

Eine Lösungsmöglichkeit wäre ein vertrauliches Standortmanagement (confidential location management), so dass die Verfolgung der Bewegungen des mobilen Teilnehmers und die Bestimmung seines Standortes nur von autorisierten Instanzen wie z.B. den Home-Agents durchgeführt werden können. Dies ist aber sehr schwierig zu realisieren und schwerer zu überwachen. Einige Ansätze dazu sind bereits vorhanden, auf die hier aber nicht näher eingegangen werden soll.

4.2.7 Unsicherheitsfaktor WAP-Gateway

An dem Gateway, dem Übergang von Funknetz zum drahtgebundenen Netz, werden die mit WTLS (Wireless Transport Layer Security) verschlüsselten Daten entschlüsselt, auf SSL (Secure Sockets Layer) umgesetzt und wieder neu verschlüsselt, bzw. auch umgekehrt. Folglich findet im WAP-Gateway eine vollständige Protokollkonversion inklusive Umverschlüsselung von SSL/TLS nach WTLS statt. Das bedeutet aber auch, dass auf dem Gateway, das sich im Regelfall - aber nicht notwendigerweise - im Einflussbereich des Mobilfunkproviders befindet, die Benutzerdaten im Klartext auslesbar sind. Auch dies stellt ein gewisses Risiko dar.

4.3 Sicherheitsvorkehrungen für mobile Anwendungen

Die dargestellten Beispiele zeigen, dass Sicherheit für mobile Anwendungen auf allen beteiligten Ebenen, nämlich auf Geräteebene, Übertragungsebene, Netzebene und Anwendungsebene durchgängig realisiert werden muss. Auf mögliche Maßnahmen soll daher noch etwas näher eingegangen werden.

4.3.1 Geräteebene und mobile Betriebssysteme

Um Sicherheit für mobile Anwendungen bereitzustellen, muss ein besonderes Augenmerk auf die Geräteebene gelegt werden. Dies ist bei mobilen Geräten besonders wichtig, da eine ständige Gefahr des Verlusts oder Diebstahls besteht. Mobile Anwender speichern häufig sicherheitsrelevante Informationen auf ihren Geräten. Stellvertretend zu erwähnen seien hier Kontodaten, Kreditkartennummern, Benutzernamen und Passwörter für Zugänge zu Computersystemen u.v.m.

Betriebssysteme stellen grundlegende Funktionen zur Verfügung, auf die Anwendungen dann zurückgreifen können. Werden z.B. Daten bereits auf Dateisystemebene verschlüsselt, muss ein entsprechender Sicherheitsmechanismus auf Anwendungsebene nicht mehr implementiert werden (Tanenbaum 1995). Aufgrund dieser Bedeutung der Betriebssysteme folgt ein kurzer Sicherheitsvergleich von PalmOS, Windows CE 3.0, Symbian 6.0 (basierend auf EPOC 5.0) und Linux Kernel 2.4 (hier am Beispiel PocketLinux 1.0).

Palm OS

Ein Palm kann durch Setzen eines Sicherheitspassworts gegen unbefugten Zugriff geschützt werden. Dies ist allerdings nicht die Standardeinstellung, sondern muss erst durch den Benutzer gesetzt werden. Um die Passwortsperre dann jeweils zu aktivieren, muss der PDA auf eine bestimmte Art und Weise abgeschaltet werden (Palm 2002).

Alle Informationen, seien es Programme oder Daten, sind Einträge in Datenbanken. Aufgrund dieser Philosophie sind Palm-Anwendungen gefährdet für Buffer-Overflows (Kinpin et al. 2001, Palm 2000). Daten können durch Setzen eines *private*-Attributs geschützt werden. Es ist dann nur nach Eingabe des oben angesprochenen Passworts möglich, diese Daten zu sehen, lesen oder zu verändern. Private Daten sind jedoch lediglich versteckt und können von Programmen ohne weiteres gelesen werden. Nach einer Synchronisation mit einem PC sind sie außerdem mittels eines Texteditors lesbar. In Version 4.0 ist es laut Palm möglich, sicherheitsrelevante Daten zusätzlich zu verschlüsseln (Palm 2002).

Um Sicherheit für drahtlose Datenübertragung zu gewährleisten, wurde von Palm *ECDSA*, ein elliptisches Verschlüsselungsverfahren der Firma Certicom Corporation, implementiert. Dieses Verfahren verringert die Netzlast und wird als mindestens genauso sicher wie RSA oder DSA gewertet (Certicom 2000). Hervorzuheben ist noch, dass für die Palm OS Plattform sehr viele sicherheitsrelevante Softwareprodukte von Fremdherstellern existieren.

Windows CE

Windows CE Geräte können durch ein Power On Passwort geschützt werden. Durch MMU (Memory Management Unit) bietet Windows CE Speicherschutz für bis zu 32 parallele Prozesse. Wenn eine Speicherschutzverletzung auftritt, informiert die MMU das Betriebssystem, welches seinerseits den fehlerhaften Prozess abbrechen kann (Microsoft 2001a). Die Datenspeicherung kann aufgrund der verschiedenen unterstützten Geräte sehr unterschiedlich erfolgen. Microsoft nennt diese Art der Speicherung *Object Store*. Der *Object Store* ist ein abstrakter Behälter, der nach außen eine Schnittstelle zur Datenhaltung anbietet. Dieser Behälter untergliedert sich in mehrere Teilbereiche und kann je nach verwendeter Hardware variieren. Es können unterschiedliche Medien z.B. Flash Memorys, Microdrives u.a.m. benutzt werden. Aufgrund dieser Tatsachen kann eine selektive Betrachtung auf Filesystem-Ebene nicht erfolgen, jedoch ist auch Windows CE nicht als Mehrbenutzersystem konzipiert – eine Berechtigungsverwaltung erfolgt nicht.

Zur weiteren Sicherheit können SSL, SSPI, CAPI Version 2.0 (Digitale Zertifikate) sowie Smartcards eingesetzt werden (Microsoft 2001b). Das Angebot an Fremdsoftwareprodukten ist noch nicht so groß wie für Palm OS, wird in Zukunft aber sicher an Bedeutung gewinnen.

Symbian / EPOC

EPOC bietet sauberen Speicherschutz für die Anwendungen. Der Kernel wird in privilegiertem Modus betrieben und verwaltet den Speicher. Die Programmprodukte sind sehr „robust" programmiert (Mery 2001). Es sind sehr viele kryptographische Module (symmetrische und asymmetrische Verfahren, Hashfunktionen - ein Hash ist ein numerischer Wert, der mit Hilfe einer mathematischen Formel abgeleitet wird und auf einem anderen, ursprünglichen Wert basiert) verfügbar, mit denen Daten und Transaktionen verschlüsselt werden können. Eine Zertifikatsverwaltung ist implementiert. Es gibt sehr wenig Software von Fremdherstellern.

Linux

Linux zeichnet sich durch eine saubere Trennung aller Prozesse aus. Der Kernel wird in privilegiertem Modus betrieben und verwaltet den Speicher. Es werden bereits einige Geräte unterstützt und es sollte aufgrund der Verfügbarkeit der Quelltexte für interessierte Hersteller nicht schwierig sein, Linux an andere Mobilgeräte anzupassen. Es werden zahlreiche Filesysteme unterstützt, Codierung von Filesystemen ist möglich. Benutzerverwaltung ist bei PoketLinux noch nicht implementiert, jedoch könnte dies ohne weiteres erfolgen.

Es sind alle wesentlichen sicherheitsrelevanten Protokolle verfügbar (IPSec, SSL, symmetrische und asymmetrische Verfahren, Hashfunktionen), jedoch ist vieles in PoketLinux noch nicht integriert. Das Angebot an freier Software ist riesig, jedoch muss vieles erst für mobile Anwendungen portiert werden.

Fazit

Die Security-Mechanismen von Palm OS sind unzureichend. Dies hat sich in Version 4.0 zwar entscheidend verbessert, kann jedoch aufgrund der gewünschten Abwärtskompatibilität nicht mit den Konkurrenten mithalten. Leider wurde hier beim Entwurf des Systems nicht an Sicherheitsfragen gedacht. EPOC ist ein ausgereiftes System mit durchdachter Sicherheitsarchitektur, es bleibt jedoch fraglich, ob es den zukünftigen Anforderungen gewachsen sein wird. Das meiste Potential liegt derzeit wohl bei Windows CE und Linux.

4.3.2 Sicherheitsmechanismen auf Smartcards

Eine Smartcard ist eine Plastikkarte im Kreditkartenformat (ID1-Format), die einen eingebetteten Mikrochip beinhaltet. Haupteinsatzgebiete heutiger Smartcards sind die Authentifizierung von Anwendern (z.B. SIM-Karten), Speichern von kryptographischen Schlüsseln sowie verschiedene Arten des bargeldlosen Zahlens (z.B. Bankchip auf Sparkassenkarten, Mensacard). Da Smartcards durch immer neue Funktionen erweitert werden, sind auch andere Anwendungsgebiete denkbar.

Smartcards können nach der Art ihrer Schnittstelle zur Außenwelt eingeteilt werden. Es gibt kontaktbehaftete Karten (z.B. Telefonkarten) sowie kontaktlose Karten, die auf der Basis der sogenannten Transpondertechnologie arbeiten. Auch Kombinationen sind möglich. Eine andere Einteilung richtet sich nach der Art ihrer integrierten Schaltkreise. Die ersten Smartcards ersetzten die Magnetkarten und waren *Speicherkarten*. Speicherkarten sind äußerst billig herzustellen, sind jedoch auch am unsichersten. Eine Verbesserung waren *intelligente Speicherkarten*, die mit zusätzlichen Sicherheitsmechanismen ausgestattet wurden (z.B. heutige Telefonkarten). Momentan aktuell sind *Mikroprozessorkarten* (z.B. GSM-Karten). Durch den integrierten Mikrocomputer kann eine Vielzahl von Anwendungen ausgeführt werden. Zusätzlich wird eine Fülle von sicherheitsfördernden Techniken angewendet. Momentan noch im Entwicklungsstadium befinden sich die *Supermikroprozessorkarten*, welche mit zusätzlichen Komponenten wie integrierter Tastatur, Display, Solarzellen oder Batterie ausgestattet sind.

Um Angreifern möglichst wenig Informationen zukommen zu lassen, werden von den Herstellern kaum Details über die auf den verschiedenen Karten implementierten Sicherheitsmechanismen veröffentlicht. Um trotzdem sicherstellen zu können, dass ein Kartenprodukt den momentanen Anforderungen genügt, ist es ratsam zertifizierte Produkte einzusetzen. Zertifikate für Smartcards werden in Deutschland z.B. vom BSI (Bundesamt für Sicherheit in der Informationstechnik) und TÜV erstellt. Ein Vergleich von momentan auf dem Markt befindlichen Kartensystemen ist aus oben genanntem Grund kaum möglich, daher wird im folgenden auf mögliche Sicherheitsmechanismen eingegangen.

Es sind verschiedene Angriffszenarien auf Smartcards denkbar, welche grob in passive und aktive Angriffe untergliedert werden können. Passive Angriffe (non-invasive Attacks) sind solche, bei denen an der Chipkarte keine physikalischen Änderungen durchgeführt werden. Häufig werden dazu gewöhnliche Smartcard Terminals eingesetzt. Bei passiven Angriffen wird versucht, Sicherheitslücken in Protokollen und Algorithmen auszunutzen (Software attacks), Verbindungseigenschaften des Prozessors zu überwachen (Eavesdropping) oder die Karte außerhalb der Spezifikationen zu betreiben, um so Fehler zu erzeugen. Im Gegensatz dazu stehen aktive Angriffe (invasive Attacks), bei denen die integrierten Schaltungen der Chipkarte beobachtet oder verändert werden. Für aktive Angriffe muss der Chip aus seiner Plastikummantelung herausgelöst und seine Metallschichten freigelegt werden (physikalische Veränderung der Karte) (Meier 2001).

Abschließend ist festzuhalten, dass Smartcards im Mobile-Commerce zu Recht vielseitig verwendet werden. Aktuelle Smartcards können v.a. in Kombination mit anderen Sicherheitsmaßnahmen als sehr sicher betrachtet werden. Allerdings darf bei ihrem Einsatz nicht vergessen werden, dass sich auch die Technologie der Angreifer verbessert – somit ist es wichtig, immer auf dem Stand der momentanen Entwicklung zu bleiben.

4.3.3 Sicherheit in öffentlichen Funknetzen

In diesem Abschnitt soll gezeigt werden, wie Daten während der Übertragung über die Funkstrecke geschützt werden können. Gerade hier sind besondere Sicherheitsmaßnahmen notwendig, da es potentiell jedem möglich ist, die Daten abzufangen, mitzulesen und zu verfälschen.

GSM-Netz

Ein erklärtes Designziel bei der Entwicklung von GSM war es, von vornherein ein geeignetes Sicherheitskonzept zu integrieren, das folgenden Anforderungen genügt (Brookson 1994):

- Schutz vor nicht-autorisiertem Telefonieren (*authentication*)
- Schutz vor unerlaubtem Abhören (*privacy*)
- Schutz der Identität und des Aufenthaltsorts der Teilnehmer (*anonymity*)

Schutz vor nicht-autorisiertem Telefonieren wird durch eine Authentifizierung des Teilnehmers gegenüber dem Netzwerk erreicht. Der GSM-Standard definiert dazu einen *Challenge-and-Response* Mechanismus: Eine 128 Bit lange Zufallszahl RAND wird dabei an die SIM-Karte des mobilen Geräts übertragen. Der auf der Karte gespeicherte Authentifizierungsalgorithmus A3 berechnet anschließend aus RAND und einem geheimen, der SIM-Karte eigenen Schlüssel Ki (Subscriber Key) eine 32 Bit lange Antwort, die Signed Response SRES, und schickt sie zurück an das Netzwerk. Dort wird SRES mit dem in einer Datenbank hinterlegten Ki (*shared secret*) ebenfalls berechnet und mit der Antwort verglichen. Stimmen beide überein, erhält der Teilnehmer Zugang zum Netzwerk. Die Kenntnis von Ki, der auf beiden Seiten geheim verwaltet wird, dient folglich als Identitätsbeweis des Teilnehmers; eine Übertragung des Ki über die Luftschnittstelle wird folglich vermieden.

Zum Schutz vor unerlaubtem Abhören können die Daten verschlüsselt übertragen werden. Hierbei wird ein 64 Bit langer Sitzungsschlüssel Kc (Ciphering Key) mit Hilfe des Algorithmus A8 aus Ki und RAND schon während der Authentifizierung erzeugt. Aus diesem Sitzungsschlüssel und der Rahmennummer des zu übertragenden Datenpakets generiert der Stromchiffrieralgorithmus A5 einen Bitstrom (114 Bit) und „Exklusiv-Oder" verknüpft diesen mit den Nutzdatenbitstrom (114 Bit). Als Ergebnis können die Daten verschlüsselt übertragen werden, da sie ohne Kenntnis des A5-Chiffrierbitstroms wertlos sind. Anzumerken sei hierbei, dass sich der A5-Bitstrom ständig ändert, da sich die Rahmennummer ebenfalls mit jedem neuen Datenpaket ändert. Kc bleibt jedoch - zumindest während eines Anrufes – konstant.

Schutz der Identität gewährt der GSM-Standard durch eine sog. temporäre Teilnehmeridentität TMSI (Temporary Mobile Subscriber Identity). Sie wird zusammen mit der LAI (Location Area Identity), die jede Funkzelle eindeutig identifiziert, auf der SIM-Karte und im aktuellen VLR (Visitor Location Register) gespeichert. Bewegt sich somit der Teilnehmer zwischen verschiedenen Funkzellen, wird seine TMSI ständig geändert. Da jedoch die Zuordnung zwischen

TMSI/LAI und IMSI nur dem Mobilfunknetz bekannt ist, kann man bei Abfangen der TMSI keine Rückschlüsse auf die Position des mobilen Gerätes schließen (vgl. Pesonen 2000, Rossbach 2000).

Die Sicherheitsmechanismen im GSM-Standard sind größtenteils nach dem Prinzip „Sicherheit durch Geheimhaltung" (*security through obscurity*) entworfen worden, wenngleich dadurch eine umfassende wissenschaftliche Analyse durch Kryptographieexperten erschwert oder verhindert wurde. Dennoch hat man seit der Einführung des Standards 1992 einige Sicherheitslücken entdeckt:

- Eine zentrale Rolle in der Sicherheitsarchitektur des GSM-Netzes stellt der Chiffrieralgorithmus A5 dar.[2] Wegen seiner geringen Schlüssellänge von 64 Bit (Kc) ist der A5-Bitstrom mit heutigen Mitteln leicht zu berechnen, wenngleich ein Lauschangriff in real-time nur mit hohen technisch Anforderungen zu realisieren ist.
- Ein sehr hohes Sicherheitsrisiko stellt die Tatsache dar, dass nur zwischen Mobil- und Basisstation verschlüsselt wird. Zwischen Basisstation und dem dahinter befindlichen Netz findet aber in der Regel keine Verschlüsselung statt, d.h. zwischen Basisstation und MSC (Mobile Switching Center) und zwischen MSC und HLR (Home Location Register. Unbefugte könnten hier das Gespräch an sich belauschen und die oben beschriebenen sensiblen Daten RAND, SRES und Kc mithören.
- Kennt ein Angreifer den Sitzungsschlüssel Kc, so kann er leicht den Datenstrom dechiffrieren, da die Rahmennummern der Datenpakete implizit bekannt ist. Kc ändert sich erst bei erneuter Authentifizierung des mobilen Gerätes gegenüber der Basisstation.
- Als weiteren Schwachpunkt muss man das Authentifizierungsverfahren des GSM-Standards ansehen. Da sich nur das mobile Gerät gegenüber der Basisstation identifizieren muss (und nicht umgekehrt!), wäre ein Maskeradeangriff denkbar. Mit einer gefälschten Basisstation - auch bekannt als „IMSI-Catcher" - könnte dann beispielsweise die optionale Verschlüsselung aufgehoben und das Gespräch belauscht werden.
- In einigen GSM-Netzen ist der sog. COMP128-Algorithmus implementiert, eine Kombination aus A3 und A8. Aufgrund eines Fehlers im Algorithmus ist es möglich, den geheimen Schlüssel der SIM-Karte auszulesen und in eine neue zu kopieren. Allerdings ist dazu physischer Zugang zur SIM-Karte notwendig. Eine SIM-Karte „over the air" zu klonen, ist bis jetzt allerdings noch nicht gelungen (weitere Informationen siehe z.B. Pesonen 2000, Rossbach 2000, Goldberg et al. 1998, Lucks 2000).

Die Sicherheitsmechanismen, die von GSM bereitgestellt werden, dienen zur Absicherung bei der Übertragung vom mobilen Client bis zur Basisstation des Netzbetreibers. (Gundersen/Dohmen 2001). Die Sicherheit bei GSM wird durch die

[2] Tatsächlich existieren in der Praxis die Varianten A5/1 und A5/2. Gemeint ist in diesem Zusammenhang der stärkere Algorithmus A5/1. Auf eine differenzierte Betrachtung wird hier aber verzichtet. Möglicherweise soll ein noch besserer Algorithmus A5/3 eingeführt werden.

SIM Karte (Subscriber Identity Module. Im GSM System die Berechtigungskarte der Mobilteilnehmer, die als Chipkarte alle relevanten Daten des Teilnehmers enthält und indirekt den GSM-Anschluss darstellt. Vgl. http://www.interest.de /online/tkglossar/sim_karte.html), das GSM Gerät selbst und durch das Netzwerk erreicht. Die SIM Karte verfügt neben der „International Mobile Subscriber Identity“ (IMSI) und der „Personal Identification Number“ (PIN) ebenso wie die Geräte und die Netzhardware über Algorithmen, um die oben erwähnten Aspekte sicherzustellen (vgl. Gundersen/Dohmen 2001).

GPRS

Der General Packet Radio Service stellt eine Erweiterung des GSM-Netzes dar und ermöglicht dem Teilnehmer, Daten mit dem Internet auszutauschen. Dabei orientiert sich seine Sicherheitsarchitektur an der des GSM-Netzes, wenngleich einige Verbesserungen vorgenommen worden sind.

Die Authentifizierung des Teilnehmers gegenüber dem Netzwerk verläuft im wesentlichen wie im GSM-Netz über den *Challenge-and-Response* Mechanismus. Ein Unterschied ist lediglich, dass sich der Teilnehmer gegenüber dem SGSN und nicht dem MSC identifiziert.

Der Schutz vor unerlaubtem Abhören hat sich verbessert. Eine wesentliche Neuheit ist hierbei die Einführung des Serving GPRS-Support Node (SGSN), was ein höheres Maß an Sicherheit mit sich bringt. Aufgrund der Multi-Slot-Technik werden die einzelnen Datenpakete verschlüsselt über verschiedene GSM-Kanäle, und damit verschiedene Basisstationen versandt. Erst am SGSN wird der ursprüngliche Datenstrom wieder rekonstruiert und entschlüsselt. Im Hinblick auf die Sicherheit bedeutet dies, dass man die Reichweite der Verschlüsselung weiter in das Kommunikationsnetz verlängert hat. Einem Angreifer würde somit das Mithören hinter der Basisstation - im Gegensatz zum puren GSM-Netz - keinen Erfolg bringen, da die ohnehin noch fragmentierten Daten zusätzlich verschlüsselt sind. Weiterhin hat man aus der Schwäche des A5 Algorithmus gelernt und einen neuen Verschlüsselungsstandard eingeführt. Wie bei dem GSM-Standard wird dieser jedoch geheim gehalten, was einerseits ein Attackieren erheblich erschwert, andererseits aber auch keine neutrale wissenschaftliche Analyse der Algorithmen zulässt.

Anonymität des Teilnehmers wird bei GPRS über einen sog. Temporary Logical Link Identifier (TLLI) realisiert, der dem Prinzip des TMSI/LAI im GSM-Netz entspricht.

Zusammenfassend lässt sich sagen, dass die GPRS-Sicherheit immer noch auf der GSM-Sicherheit beruht und es nur zwei wesentliche Neuerungen gibt: Es wurde ein anderer (besserer?) Verschlüsselungsalgorithmus eingeführt und Entschlüsselung findet erst im Zentralnetz statt (Zu den Sicherheitsaspekten bzgl. GPRS: Rossbach 2000, Pesonen 2000, Brookson 2001).

UMTS

Obwohl mit dem Universal Mobile Telecommunication System eine komplett neue Funktechnik eingeführt werden wird, bauen seine Sicherheitskonzepte auf denen von GSM und GPRS auf. Dabei wurde versucht, die oben beschriebenen Mängel zu beseitigen und die bewährten Technologien zu übernehmen.

Die Authentifizierung der mobilen Teilnehmer gegenüber dem Netzwerk erfolgt über den in der USIM-Karte gespeicherten geheimen Ki. Neu ist allerdings, dass sich auch das HLR gegenüber der USIM-Karte identifizieren muss. Damit hat man eine Schwäche des GSM-Standards beseitigt, in dem „false-base-station" Angriffe möglich waren.

Bei der Übertragung per Mobilfunk wird jetzt zusätzlich - im Gegensatz zu GSM, dessen Ziel allerdings auch nicht die Übertragung von Daten ist - ein Integritätsschutz für sensitive Daten z.B. aus der Benutzerauthentifizierung vorgenommen. Damit kann überprüft werden, ob die Daten vollständig und nicht manipuliert übertragen worden sind. Bei der Verschlüsselung selbst können verschiedene Algorithmen eingesetzt werden, die vor jeder Sitzung zwischen dem mobilen Endgerät und dem Netz „ausgehandelt" werden, was ein zusätzliches Maß an Flexibilität bedeutet. Die Länge der Schlüssel (Subscriber Key Ki, Cipher Key Kc, Integrity Key) ist jetzt einheitlich auf 128 Bit hochgesetzt worden. Diese gelten nach dem heutigen Stand der Technik als sicher gegen Brute-Force Attacken. Der Verschlüsselungsendpunkt liegt ähnlich zu GPRS weiter im Zentralnetz, so dass die Daten hinter der Basisstation noch verschlüsselt bleiben. Außerdem sollen die UMTS-fähigen Endgeräte dem Benutzer mehr Transparenz über die momentan vom Netz aktivierten Sicherheitsmaßnahmen bieten (Anzeige des Sicherheitslevels) und sogar eine gewisse Konfigurierbarkeit ermöglichen. So kann dann beispielsweise der mobile Teilnehmer eine Übertragung in ein Netz, das keine Verschlüsselung unterstützt, ablehnen. Schließlich bleibt zu nennen, dass sich das 3rd Generation Partnership Project (3GPP) im Hinblick auf steigende Sicherheitsanforderungen in ständiger Weiterentwicklung befindet. Die Ergebnisse und Spezifikation über die eingesetzten Algorithmen sind öffentlich zugänglich und können damit einer kritischen Bewertung unterzogen werden.

Die Lokalisierung der Benutzer wird - ähnlich zu GSM - entweder über eine temporäre Identität (TMUI/LAI), unter der er beim besuchten Netz bekannt ist, oder über eine verschlüsselte Identität (IMSI) gewährleistet. Beide werden von Zeit zu Zeit verändert, damit die Identität des Benutzers über längere Zeit geheim bleibt.

Fazit

Zusammenfassend lässt sich über die Sicherheit im Mobilfunk somit sagen, dass die Schwächen des Sicherheitskonzeptes im GSM-Netz erkannt und bei der Weiterentwicklung über GPRS zu UMTS sicherheitsverstärkende Maßnahmen eingeführt worden sind. Ein Mithören oder gar Abfangen sensitiver Daten scheint in GPRS und UMTS nur mit so hohem technischen Aufwand möglich, wie er sich z.B. für geheimdienstliche Ermittlungen oder Wirtschaftsspionage lohnen würde.

4.3.4 Sicherheit in lokalen drahtlosen Netzen

Bluetooth

Bluetooth ist mit einer Reichweite von ca. 10 Meter im Bereich des Personal Area Networks (PAN) anzusiedeln. Ursprünglich war der Standard dazu gedacht, einen kabellosen Anschluss für Peripheriegeräte im stationären Bereich zu bieten. Inzwischen hat Bluetooth aber auch für das Mobile Computing an Bedeutung gewonnen, da auch eine Verbindung zu anderen Netzen über Bluetooth möglich ist.

Bluetooth-fähige Endgeräte können in drei Sicherheitsmodi betrieben werden, wobei der Modus 3, „Sicherheit auf Verbindungsebene", maximalen Schutz bietet. Auf diesem Sicherheitsniveau spielen die folgenden Werte eine entscheidende Rolle:

- Bluetooth Adress (BD_ADDR): Eine nicht geheime 48 Bit lange Zahl, die jeden Bluetoothchip weltweit eindeutig indentifiziert.
- Random Value (RAND): Ein 128 Bit langer Wert, der bei Bedarf vom internen Zufallsgenerator erzeugt wird.
- Bluetooth-PIN: Ein Kennwort, das am Bluetooth-Gerät eingegeben werden muss. Es ist auf „0000" gesetzt, falls das Gerät über keine Eingabemöglichkeit verfügt.
- Link Key: Ein 128 Bit langer Verbindungsschlüssel, der auf jeder Seite geheim gehalten wird. Er wird erzeugt aus BD_ADDR, der Bluetooth-PIN und RAND.
- Encryption Key: Ein 8-128 Bit langer Schlüssel, der aus dem Link Key generiert wird und je nach Rechenleistung des Bluetooth-Geräts variabel gehalten werden kann.

Zur gegenseitigen Authentifizierung der Geräte kommt ein *Challenge-and-Response* Mechanismus zum Einsatz, wobei der Link Key den auf beiden Seiten geheimen Schlüssel darstellt. Es kann eine beiderseitige oder einseitige Authentifizierung verlangt werden. Ein Problem besteht hierbei darin, dass die einzig wirklich geheime Variable die Bluetooth-PIN ist, denn Link-Key und RAND werden in Klartext ausgetauscht. Die PIN kann bis zu 16 Stellen haben, wird aber, da sie an allen Geräten eingegeben werden muss, von den Benutzern meist kürzer gehalten. Geräte ohne Eingabemöglichkeit benutzen standardmäßig „0000" als PIN, was aus kryptographischer Sicht ein ernstes Sicherheitsrisiko darstellt.

Einen gewissen Schutz der Daten vor ungewolltem Mithören erreicht Bluetooth durch Verschlüsselung. Zum Einsatz kommt dabei der auf beiden Seiten mit verschiedenen Zufallszahlen immer wieder neu generierte Encryption Key. Obwohl durch zwei Forscher von Lucent Technologies, einer Firma zur Weiterentwicklung von Bluetooth, Möglichkeiten zum Belauschen der Daten aufgezeigt worden sind, kann man dem bis jetzt noch gelassen gegenüberstehen. Bluetooth wird nur in einem PAN eingesetzt, was für einen potentiellen Angreifer heißt, er müsste sich in unmittelbarer Nähe des Senders befinden. Trotzdem sind aber für die Zukunft bessere Sicherheitskonzepte geplant, die vor allem dann notwendig sind, wenn hoch vertrauliche Daten übertragen werden sollen, wie z.B. eine Kreditkartennummer bei der Kommunikation von Kartenlesegerät und Mobiltelefon.

Als weiterer Sicherheitsmechanismus wird oft zusätzlich das sog. Frequence-Hopping aufgeführt. Dabei springt Bluetooth zur Vermeidung von Interferenzen mit einer Rate von 1600 Hops/s über 79 Frequenzen auf dem 2,4GHz-Band hin und her. Jedoch lassen sich die Sprünge mit geeigneter Technik parallel verfolgen.

Ein weitaus problematischeres Thema stellt der Schutz der Privatsphäre dar. Da Bluetoothgeräte ständig ihre Umgebung nach anderen Geräten absuchen, könnten z.B. für kommerzielle Zwecke Bewegungsprofile von Kunden in einem Einkaufszentrum erstellt werden. Über BD_ADDR kann dann jedes Bluetoothgerät identifiziert und einer bestimmten Person zugeordnet werden. Für diesen Fall sieht Bluetooth die zwei Modi *Detectable* and *Non-Detectable* vor. Bei letzterem antwortet das Gerät nicht auf Anfragen anderer Geräte (Zur Bluetooth-Sicherheit: Manhart 2001f, Weissmann et al. 2001, Vaino 2000).

WLAN

Ein weitaus größeres Interesse als Bluetooth wird momentan dem WLAN entgegengebracht. Standards wie HiperLan oder HomeRF haben sich nicht durchsetzen können. Stattdessen bevorzugen Firmen, Universitäten oder Krankenhäuser zum Ausbau ihres LANs den Standard IEEE 802.11b. Mit dem Einsatz von WLANs kommen aber auf ihre Verwender große Sicherheitsrisiken zu. Das Stichwort heißt in diesem Zusammenhang „War Driving", bei dem man sich ausgerüstet mit einem Laptop oder PDA in Reichweite (ca. 300 Meter) der Funknetzwerke begibt und z.B. firmeninterne Daten „ausschnüffelt". Möglich sind diese Attacken einerseits durch fehlende Sicherheitsmaßnahmen bei den Betreibern dieser Netze selbst und andererseits durch ein schlechtes Design im IEEE Standard 802.11b. Im Folgenden wird auf die Sicherheitsarchitektur von 802.11b und vor allem auf seine Schwächen eingegangen. Es werden auch Lösungsansätze auf der Übertragungsebene gezeigt.

Grundsätzlich existieren in 802.11b drei Sicherheitsmechanismen:

- SSID: Service Set Identifier
- MAC: Media Access Control
- WEP: Wired Equivalent Privacy

Das Frequence Hopping mittels FHSS und DSSS stellt – wie bei Bluetooth – auch hier keine echte Sicherheitsmaßnahme dar, sondern dient nur der Vermeidung von Interferenzen auf dem stark frequentierten 2,4-GHz-Band.

Mit der SSID lässt sich ein WLAN als „hidden network" betreiben. Dabei werden die einzelnen Access Points (AP) mit einer SSID versehen und gestatten nur den mobilen Geräten Zugang zum Netz, die auch mit der entsprechenden SSID konfiguriert sind.

Das sog. „MAC-Adress-Filtering" hingegen dient der Identifizierung der mobilen Endgeräte, die eine Verbindung zum WLAN aufbauen wollen. Jeder AP lässt sich mit einer Liste der zugangsberechtigten MAC-Adressen ausstatten, so dass allen Geräten mit einer anderen Adresse automatisch der Zugang verweigert wird. Ein solches Verfahren wird beispielsweise an der Universität Regensburg eingesetzt. Fragwürdig dabei erscheint allerdings die Tatsache, dass MAC-Adressen im Klartext übertragen werden und auch leicht per Software verändert werden können. Maskerade-Angriffe sind somit eine potentielle Gefahr (Arbaugh et al. 2001).

Für den Schutz der Daten während der Übertragung sieht 802.11b die sog. *WEP-Option* vor. Falls WEP-Verschlüsselung aktiviert wird, kann das WLAN im „Open-System-Mode" oder „Shared-Key-Authentication-Mode" betrieben werden. Erst genannter Modus bietet dabei nur eine Verschlüsselung der Nutzdaten an, während sich im zweiten Modus der Benutzer vorher authentifizieren muss. An der Universität Regensburg wird das WLAN im „Open-System-Mode" ohne WEP-Verschlüsselung betrieben.

Die Funktionsweise der WEP-Verschlüsselung sei im Folgenden kurz erklärt: Standardmäßig implementiert WEP einen von jedem Teilnehmer geheim gehaltenen 40-Bit Schlüssel, der aber auf Wunsch auf 104 Bit erhöht werden kann. Zusätzlich existiert ein Initialisierungsvektor IV mit 24 Bit, was dann wieder eine Gesamtschlüssellänge von 64 oder 128 Bit ergibt. Gesamtschlüssel und Klartext dienen als Input für den RC4-Verschlüsselungs-Algorithmus, der den Chiffriertext als Ergebnis liefert. Zusätzlich dazu enthält das zu übermittelnde Datenpaket den IV in Klartext und eine nach CRC-32 gebildete Prüfsumme (Integrity Check Value, ICV), die die Datenintegrität sicherstellen soll.

Die Spezifikationen des 802.11b werden von der gesamten Fachliteratur als unzureichend bewertet. Der Einsatz in Firmen, Banken, Krankenhäusern oder anderen Institutionen, in denen streng vertrauliche Daten ausgetauscht werden, ist ohne zusätzliche Sicherheitsmaßnahmen höchst fragwürdig. Als brauchbare Sicherheitslösung auf Übertragungsebene sieht man eine Kombination aus SSID, MAC-Filtering und WEP-Verschlüsselung an, wenngleich der administratorische Aufwand für größere Netwerke (mehr als 100 Teilnehmer) unverhältnismäßig ansteigt.

Der Einsatz von VPNs (Virtual Private Network) und Authentication Servern gilt momentan als beste Sicherheitslösung für größere Netzwerke. Diese Maßnahmen müssen im drahtgebundenen Netz implementiert werden und werden nachfolgend noch kurz dargestellt.

Authentication Server

Für größere Netzwerke reichen die Spezifikationen des 802.11b Standards nicht aus, um Sicherheit gegen unbefugten Zugriff aus dem WLAN zu bieten.

Der erst kürzlich verabschiedete Standard 802.1x bietet bereits eine Lösung, die einige Schwächen des 802.11b aufhebt. Zum Einsatz könnte dabei z.B. eine sog. Radius-Architektur (Remote Authentication Dial-In User Service) kommen, bei der ein zentraler Server die Authentifizierung der Benutzer überwacht. Abbildung 4-5 zeigt den Ablauf einer Authentifizierung eines mobilen Benutzers.

(1) Der Benutzer bittet um Authentifizierung am AP, die von ihm zunächst abgelehnt wird. (Der Benutzer besitzt noch keinen gültigen WEP-Schlüssel!).

(2) Der AP leitet jedoch die Anfrage verschlüsselt an den Authentication-Server weiter.

(3) Der Authentication Server vergleicht die Benutzerdaten mit denen in einer Datenbank und erteilt - nach einer positiven Bestätigung - dem mobilen Teilnehmer die entsprechenden Rechte.

(4) Der entsprechende AP-Port wird freigeschaltet und der Benutzer erhält einen dynamisch generierten WEP-Schlüssel.

(5) Der Benutzer kann nun die seinen Rechten entsprechenden Dienste im Netzwerk nutzen.

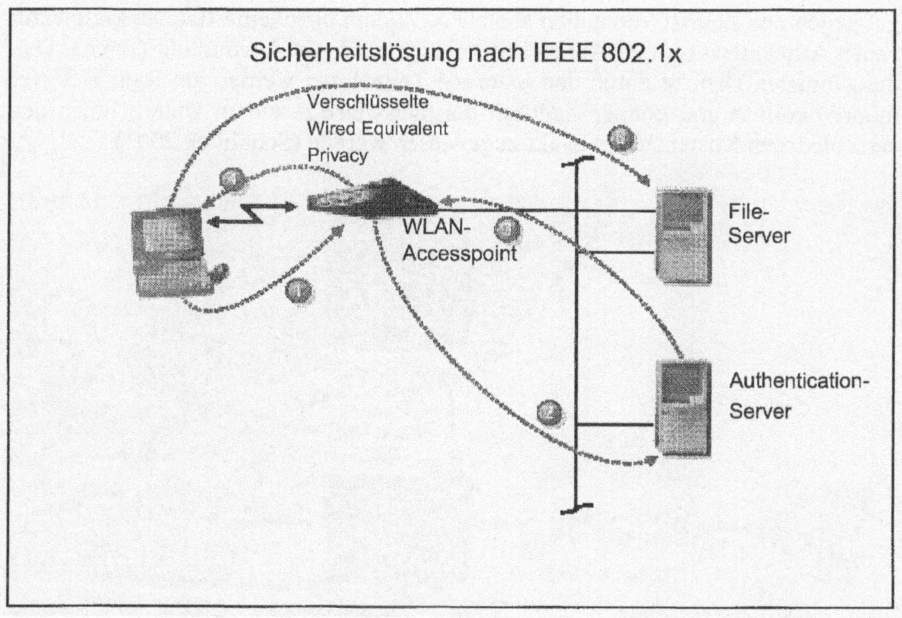

Abbildung 4-5: Absicherung des drahtgebundenen Netzes gegenüber dem WLAN durch einen Authentication Server (Thorne 2001)

Die Vorteile dieser Implementierung liegen auf der Hand. Die Kontrolle der Zugangsberechtigung wird jetzt zentral durchgeführt, da durch den Authentication Server eine Instanz existiert, die für das Schlüsselmanagement verantwortlich ist. Dadurch können die WEP-Schüssel dynamisch erzeugt werden, wodurch schon eine große Schwäche des 802.11b beseitigt worden ist. Zudem müssen die Schlüssel nicht manuell auf den einzelnen APs administriert werden. Die Lösung ist auch gut skalierbar, da neue Benutzer einfach über den Server eingebunden werden können. Weiterhin werden die mobilen Teilnehmer nicht anhand ihrer Hardware identifiziert, sondern anhand der nur ihnen bekannten Daten, was das Sicherheitsrisiko bei Verlust des Laptops für das LAN minimiert. Schließlich bleibt zu nennen, dass in 802.1x das Extensible Authentication Protocol (EAP) integriert ist, welches verschiedene serverseitigen Sicherheitslösungen unterstützt und damit nicht an bestimmte Produkte gebunden ist (Thorne 2001).

Die oben beschriebene Authentifizierungsarchitektur eignet sich generell für den Zugriff aus verschiedenen Netzen, wie z.B. auch aus dem GSM/GPRS-Netz:

Dabei dient der Network-Access-Server (NAS) als Einwahlknoten für den mobilen Teilnehmer. Der NAS teilt dem Radius-Server die Zugangsdaten mit und erhält von diesem - nach erfolgreicher Authentifizierung - das Benutzerprofil für den externen Teilnehmer mit etwaigen Zugriffsrestriktionen. Der Vorteil liegt auch hier in den zentral verwalteten Benutzerdaten durch den Authentication-Server, der keine aufwendige Administration erfordert und das interne Netzwerk gut gegen den Zugriff von außen absichert. Zudem bietet eine Radius-Architektur neben Authentication und Authorization auch noch ein Accounting (AAA). D.h. die genutzten Dienste durch den externen Teilnehmer werden am Radius-Server mitprotokolliert und können dadurch beispielsweise in einem Unternehmen den verschiedenen Kostenstellen exakt zugewiesen werden (Schoblick 2001).

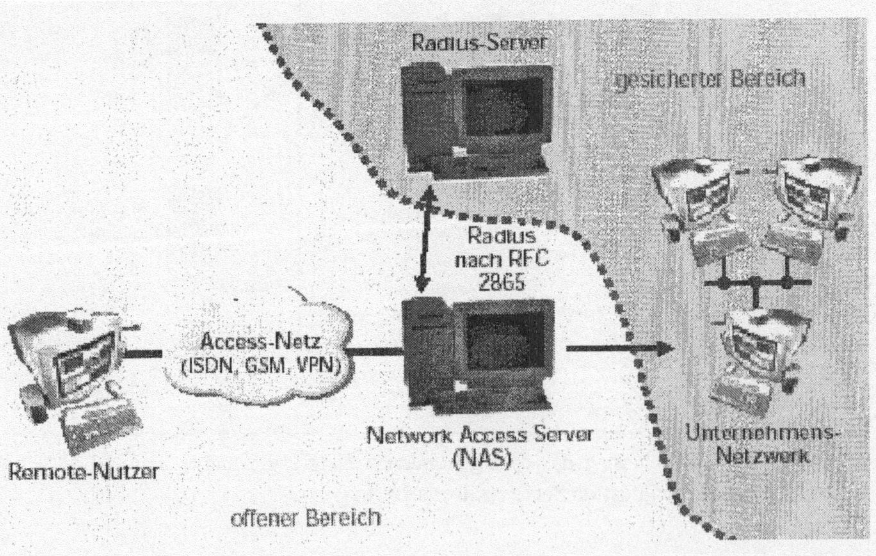

Abbildung 4-6: Einsatz eines Authentication Servers zur Zugangskontrolle aus verschiedenen Netzen (Schoblick 2001)

4.4 Sonstige Sicherheitsmaßnahmen

4.4.1 Virtual Private Network

Obwohl IEEE mit dem den Standard 802.11i versucht, alle bekannten Sicherheitsprobleme von 802.11b zu lösen, müssen bereits jetzt Lösungen für existierende WLANs, die nach 802.11b operieren, gefunden werden. Einen guten Ansatz dabei bietet der Einsatz eines VPN. Notwendig ist dazu die Installation eines VPN-Servers hinter den APs, der als Gateway in das interne Netz dient. Alle Daten werden dann verschlüsselt in einer Art Tunnel vom mobilen Endgerät über den AP bis hin zum VPN-Gateway übertragen. Man bedient sich hier derselben Technik wie in öffentlichen Netzen, bei denen mittels VPN eine sichere Ende-zu-Ende Kommunikation stattfinden soll. Als Tunneling-Protokolle haben sich PPTP und IPSec etabliert. Zwar lässt sich PPTP einfacher konfigurieren, weist dafür aber einige Sicherheitsmängel auf, wie von einem Freiburger Studenten nachgewiesen worden ist (Eisinger 2001). Deshalb empfiehlt sich der Einsatz von IPSec. Ein Grund auch, warum es von den verschiedenen VPN-Anbietern wie z.B. Cisco, Nortel, SonicWall, Avaya oder NetScreen Technologies unterstützt wird. Ein WLAN, das nach 802.11b betrieben wird, kann dann auch ohne SSIDs, MAC-Filtering oder WEP-Verschlüsselung auskommen, da sich die Verschlüsselung im IPSec-Tunnel bis jetzt als sehr sicher erwiesen hat. Nach der Entschlüsselung der Benutzerdaten am VPN-Gateway kann die Authentifizierung wieder durch einen Radius-Server bewerkstelligt werden, aber auch mit Hilfe einer PKI-Infrastruktur oder ähnlichem.

Wie beim Einsatz von Authentication Servern besteht auch hier ein großer Vorteil darin, dass sich die VPN-Server zentral verwalten lassen und leicht skalierbar sind, was administratorischen Aufwand spart. Zudem kann der Zugang zum LAN auch leicht über andere Verbindungen von außen (DSL, Modem, WLAN-Internet) mit dem VPN bewerkstelligt werden, so dass sich die Investition in eine VPN-Infrastruktur selbst bei zufriedenstellender Weiterentwicklung des 802.11 Standards für Firmen lohnen könnte.

Es gibt auch einige Nachteile, die zeigen, dass die VPN-Architektur noch keine endgültige Lösung darstellt. So kann es beim Roaming zwischen verschiedenen Netzen zu Schwierigkeiten kommen. Die mobilen Teilnehmer werden möglicherweise zu mehrfachen Logins aufgefordert. Zudem muss clientseitig IPSec implementiert sein, was nicht selbstverständlich ist. Außerdem unterstützen VPNs noch kein Multicasting (vgl. dazu Schmidt 2001, Thorne 2001).

4.4.2 Einsatz kryptografischer Verfahren

Übertragungskanäle für Computernetzwerke sind nicht absolut sicher zu realisieren. Dies gilt insbesondere für die drahtlose Kommunikation. Andererseits bestehen gerade hier hohe Sicherheitsanforderungen. Für die erwähnten Sicherheitsanforderungen Integrität, Authentizität, Unabstreitbarkeit und Vertraulichkeit kann **Kryptographie** eine Lösung bieten. Integrität, Authentizität und Unabstreitbarkeit können durch elektronische Unterschriften (Signaturen) gesichert werden. Um Vertraulichkeit zu gewährleisten, bietet die Kryptographie das Mittel der Verschlüsselung.

Ein kryptographisches Verfahren gilt als sicher, wenn es trotz der Kenntnis des Verfahrens in der Praxis nicht möglich ist, eine verschlüsselte Nachricht ohne Kenntnis des Schlüssels zu decodieren.

Es gibt zwei wesentliche Gruppen kryptographischer Verfahren: Symmetrische und Asymmetrische.

Symmetrische Verfahren benutzen zum Ver- und Entschlüsseln den gleichen Schlüssel. Beide Kommunikationspartner müssen demzufolge den Schlüssel geheim halten. Das Problem jedoch ist, dass es wie oben angesprochen nicht möglich ist, über einen unsicheren Kanal dem Kommunikationspartner seinen Schlüssel geheim zu übermitteln. Daher müsste der Schlüssel auf einen anderen, sicherer Weg übermittelt werden (z.B. per Post, durch direkte Übergabe...) – und dies bei jedem neuen Kommunikationspartner.

Bei **asymmetrischen Verfahren** werden zum Ver- und Entschlüsseln verschiedene Schlüssel verwendet. Der Schlüssel, mit dem Nachrichten entschlüsselt werden können, ist der sog. private Schlüssel. Privat deshalb, weil er beim Erzeuger bzw. Besitzer des Schlüssels verbleibt. Da der private Schlüssel Nachrichten decodieren kann, muss er sicher verwahrt und geheim gehalten werden. Der Schlüssel, mit dem Nachrichten verschlüsselt werden können, ist der sog. öffentliche Schlüssel. Mit seiner Hilfe können Nachrichten verschlüsselt werden, die dann nur noch der Besitzer des privaten Schlüssels dechiffrieren kann.

4.4.3 Public-Key-Infrastructure

Um einer großen Benutzerzahl den Austausch von Schlüsseln zu ermöglichen, benötigt man eine Infrastruktur, die auch Public-Key-Infrastructure (PKI) genannt wird. „Eine *Public-Key-Infrastruktur* umfasst die Hardware, Software, Personen, Richtlinien und Methoden, die benötigt werden, damit asymmetrische Kryptographie von größeren Gemeinschaften jeglicher Art genutzt werden kann. Innerhalb dieser Public-Key-Infrastrukturen wird Sicherheit durch gegenseitiges Vertrauen erreicht".

Teilnehmer an einer PKI sind alle beteiligten Instanzen. Dies müssen nicht notwendigerweise natürliche Personen sein, sondern es kann sich vielmehr auch um Geräte (z.B. Server, Clients, Drucker) oder Institutionen (z.B. die CA) handeln. Auf Zertifizierungsstellen, Registrierungsstellen und Trustcenter wird nachfolgend noch näher eingegangen.

Zertifizierungsstelle (CA, Certificate Authority) (VeriSign 1999)

CA bürgt dafür, dass Name und öffentlicher Schlüssel zur selben Person gehören. Daher muss sich der Antragsteller bei der CA identifizieren **bevor** ihm ein Zertifikat ausgestellt werden kann. Es sind verschiedene Zertifikatformate im Umlauf, die sich hinsichtlich ihres Aufbaus unterscheiden. Am meisten verwendet werden momentan das X.509 und das PGP-Zertifikat. Typische Komponenten eines Zertifikats sind z.B. öffentlicher Schlüssel sowie Name des Antragstellers, eindeutige Nummer, Gültigkeitsdauer des Zertifikats und – am wichtigsten – die Signatur der CA. Alle Anwender müssen dem öffentlichen Schlüssel der CA vertrauen. Wird dieser kompromittiert, kann auch den Anwenderzertifikaten nicht mehr vertraut werden – sie müssen **alle** neu ausgestellt werden.

Zur Ausstellung von Zertifikaten gibt es zwei grundlegende Vorgehensweisen: Die CA kann ein Schlüsselpaar herstellen und dieses mit dem Zertifikat an den Benutzer geben, oder der Benutzer generiert selbst ein Schlüsselpaar und gibt den öffentlichen Schlüssel zur Zertifizierung an die CA.

Die CA muss eine Liste über ausgestellte Zertifikate führen und möglichst auch einen Schlüsselserver zur Verfügung stellen.

Eine Zertifikatsstelle kann auch selbst Inhaber eines Zertifikats sein. Dadurch können komplizierte Zertifikatshierarchien realisiert werden.

Wird ein Schlüssel während seiner Gültigkeitsperiode kompromittiert (z.B. privater Schlüssel wird entwendet, ein Mitarbeiter scheidet aus, Passwort wird bekannt, etc.), so muss er auf eine Sperrliste aufgenommen und das Zertifikat für ungültig erklärt werden. Diese Sperrliste (CRL, Certificate Revocation List) muss von der CA gepflegt und für alle Teilnehmer der PKI verfügbar sein. Die Verwaltung von Sperrlisten gestaltet sich in der Praxis jedoch als äußerst schwierig, da prinzipiell auch an einen Wiederruf eines Zertifikats hohe Anforderungen gestellt werden müssen. Bei großen CAs besteht zudem noch die Gefahr, dass Sperrlisten relativ groß werden können und somit lokal zwischengespeichert werden müssen. Auf diese Weise kann die Abfragegeschwindigkeit zwar erhöht werden, Änderungen werden dann aber nicht mehr sofort übernommen.

Registrierungsstellen (RA, Registration Authority)

Vor allem in verteilten Institutionen kann es sinnvoll sein, neben der CA noch andere Stellen zu betreiben, an denen die Registrierung erfolgen kann. Eine RA nimmt dann die Benutzeranträge entgegen und beglaubigt die Identität des Antragsteller gegenüber der CA. Die CA erteilt dann das Zertifikat und lässt es über die RA herausgeben. Zusätzlich verwaltet die RA die Benutzerzertifikate.

Trust Center

Der Begriff „Trust Center" wird nur im deutschen Sprachraum verwendet und ist kein international gebräuchlicher Begriff. Man bezeichnet so CAs, die unter strenger gesetzlicher Kontrolle liegen und die Anforderungen für gesetzlich gültige Signaturen erfüllen. Momentan sind z.B. die Deutsche Telekom (Telesec), die Deutsche Post oder D-Trust für die Ausstellung solcher Signaturen zugelassen.

5. Der Markt für mobile Anwendungen und Marktteilnehmer

Da es inzwischen sehr viele mobile Anwendungen gibt, wird an dieser Stelle auf die detaillierte Darstellung mobiler Systemlösungen verzichtet. Hier kann auf das Internet als umfassende Informationsquelle verwiesen werden, wo sich viele Beispiele finden. Anstatt dessen wird der Versuch unternommen, eine Ordnung in die Vielfalt bereits existierender mobiler Anwendungen zu bringen. Nach einem einführenden Überblick wird die Marktsituation anhand von drei Kriterien etwas näher analysiert, nämlich der mobilen Wertschöpfungskette, Geschäfts- und Verrechnungsmodellen und dem bisherigen Wissen über das Benutzerverhalten, das sich gegenüber der traditionellen Internetnutzung deutlich unterscheidet.

Den Abschluss bildet die Auseinandersetzung mit den Marktteilnehmern. Die Verbindung zwischen einzelnen Marktteilnehmern entsteht durch die mobile Wertekette, wobei eine Gliederung aber durch Überlappung von Interessen und Geschäftsbereichen schwierig gemacht wird. Weitere Schwierigkeiten bei der Einordnung ergeben sich in Verbindung mit E-Commerce, aber auch mit der sogenannten Old Economy. Aufgrund der wachsenden Bedeutung des mobilen Marktes soll dennoch der Versuch einer Beschreibung unternommen werden, wobei aber darauf hinzuweisen ist, dass insbesondere Zahlenangaben und Marktdaten einer starken Dynamik unterliegen.

5.1 Anwendungsüberblick

5.1.1 Anwendungsfelder - Auf der Suche nach „Killerapplikationen"

Bereits in der Einleitung wurde auf die optimistischen Markteinschätzungen in Verbindung mit dem Mobile Business hingewiesen. Diese sollen nachfolgend noch etwas ausführlicher dargestellt werden, wobei die Verbreitung und Akzeptanz bestehender und künftiger Anwendungen im Mittelpunkt des Interesses steht. Besonders attraktive und gewinnversprechende mobile Anwendungen werden in der Literatur auch als „Killer-Applikationen" bezeichnet. Als eine der Killerapplikationen identifiziert Manhart das Mobile Payment (Manhart 2001c). Im Diebold Management Report 7/8 (2000) werden z.B. folgende erfolgversprechenden Geschäftsfelder für Mobile Commerce aufgeführt:

- Office-Bereich: z.B. Intranet-Zugriff, Fax, E-Mail
- Finanz- und Abrechnungsdienste: z.B. Brokerage, Bezahlung, Ticketing
- Logistik: Flottenmanagement
- Unterstützung von Customer Relationship Management

- Neue (teilweise exotische) Content-Dienste: z.B. Bildschirmschoner für das Handy-Display, Klingeltöne, Übertragung von Cartoons auf das Handy-Display

Wie die nachfolgenden Studien und Ergebnisse zeigen, besteht aber keineswegs Einigkeit über diese Killer-Applikationen und mögliche Erfolgsfaktoren.

In einer Umfrage von Trend Research (vgl. Heinrich 2001, 5) wurde erhoben, auf welche Informationen ein mobiler Zugriff gewünscht wird. Die Antworten, bei denen Mehrfachnennungen möglich waren, ergeben folgendes Bild:

- 81%: Nachrichten wie E-Mail
- 72%: ERP-Funktionen
- 68%: Intranet-Infos wie Unternehmens-News
- 57%: Web-Informationen wie Börsenkurse, Fahrpläne usw.
- 44%: Zugriff auf sonstige Datenbanken

Eine Umfrage der ARC Group, die in der Zeitschrift Funkschau wiedergegeben wird (Ritzer 2001, 46-48), führt zu nachfolgender Gruppierung in Bezug auf die Einschätzung der Nutzung von WAP-Diensten für mobile Einkäufe und Transaktionen:

1. Information
2. Unterhaltung
3. Messaging

4./5. Mobile Einkäufe sowie Finanzdienste

Bei dieser Befragung wurden Netzbetreiber, Ausrüster, Content-Anbieter, Berater und weitere an diesem Markt interessierte Unternehmen befragt. Für 1 und 2 ist die Einschätzung bei allen Gruppen einheitlich und hoch. An dritter Stelle rangiert bei den meisten das Messaging, wobei aber der Abstand zu 4 und 5 vernachlässigbar ist bzw. die Reihenfolge bei manchen Gruppen auch vertauscht ist.

Von der Unternehmensberatung Diebold wird die Liste der Top-Ten-Anwendungen wie folgt angegeben:

1. Kommunikationsorientierte Dienste wie SMS, E-Mail, Bild-SMS, digitale Postkarten, standortabhängiges Chatten, Echtzeit-Verabredungen
2. Spiele, Unterhaltung und Musik (MP3, Internet-Radio)
3. Lokale Ereignisse
4. Standortabhängige Dienste (darunter Ermittlung des persönlichen Profils und Communities)
5. Online Ratgeber und Führer
6. E-Health-Anwendungen
7. Online-Banking und Online Brokerage

8. Mobiler Zahlungsverkehr
9. Sex, Gewinnspiele und ähnliche Anwendungen

In der Time Labs-Studie erwartet man die nachfolgend aufgezählten Killer-Applikationen im Bereich der mobilen elektronischen Märkte (vgl. Time Labs/Diebold, S. 58). Bei dieser Liste ist allerdings nicht sicher, ob es sich um eine Reihung oder Wertung handelt, da sehr ähnliche Kategorien in einer weiteren Studie von Diebold genannt sind, allerdings in einer etwas anderen Reihenfolge:

1. The usual suspects (Sex, Gambling)
2. Communication-oriented services (SMS, eMail, pictorial SMS's, location-based chatting, real-time dating)
3. Music (MP3, personalised Internet radio)
4. Games
5. Local events
6. Mobile data
7. Location-based services, e.g. chat (involving profiling and communities)
8. Online guides
9. Impulse purchasing
10. Mobile payments

Die Einschätzung des künftigen UMTS-Marktes differiert ebenfalls sehr stark. Relativ optimistisch wird für Deutschland die Situation von der bekannten Studie der Ericsson Consulting Group beurteilt (vgl. Ritzer 2001, 48). Demnach sind für die deutschen Netzbetreiber im ersten UMTS-Jahr etwa 760.000 Kunden zu erwarten. Den Engpass werden möglicherweise UMTS-taugliche Geräte darstellen. Bis 2009 soll die Zahl der Nutzer auf 28 Millionen steigen. Bei Privatkunden geht Ericsson anfangs von einer monatlichen Grundgebühr von DM 25,- aus, die bei Geschäftskunden etwa doppelt so hoch sein wird. Mit der zunehmenden Verbreitung rechnet man mit einem Rückgang dieser Grundgebühr. Bei den Anforderungen rangieren einfache Bedienung, Übertragungsgeschwindigkeit und Sicherheit noch vor den Gebühren.

Eher ernüchternd ist hingegen das Ergebnis einer Befragung des Marktforschungsunternehmens TNS Emnid unter 800 Internet- und Mobile-Nutzern (vgl. Schlabach 2001). Ziel dieser Studie war es, künftigen UMTS-Anbietern bei der Suche nach sogenannten Killer-Anwendungen zu helfen. Etwa die Hälfte dieser Gruppe hat zwar großes Interesse an Stadtplänen und Verkehrsinformationen, viel bezahlen dafür möchte man aber nicht. Lediglich für die persönlichen Kommunikationsdienste wie Mail, Fax, Datenversand, personalisierte Informationsdienste u.a. ist die Zahlungsbereitschaft höher. Auch für Business-Anwendungen ist die Zahlungsbereitschaft höher, verbunden allerdings mit einem eher geringen Nutzungsinteresse. Auf wenig Interesse und praktisch keine Zahlungsbereitschaft stoßen offensichtlich Multimediaanwendungen wie TV, Video oder Musik aus dem Handy. Ähnliches gilt interessanterweise für Zahlungsfunktionen per Handy und mobile Onlinefunktionen. Zumindest ein geringes Interesse wurde schließlich auch für mobile Spiele und für mobile Chat-Funktionen bekundet. Nähere Angaben zur Gruppe der befragten Personen lagen nicht vor. Ohne diese Angaben ist die Interpretation dieser Einschätzungen allerdings auf Mutmaßungen beschränkt und damit nicht sehr aussagefähig.

Relativ nüchtern wird die Situation auch von Ritzer (2001) beurteilt, die unter Berufung auf die Netzbetreiber darauf verweist, dass sich die Killerapplikationen erst allmählich herausbilden werden. Beschworen wird immer wieder der japanische Markt, von dem man sich Anregungen erhofft. Ohne nähere Bewertung nimmt sie folgende grobe Kategorisierung mobiler Anwendungen und Dienste unter UMTS vor (vgl. Ritzer 2001, 47):

- Messaging, das um Grafiken sowie Video- und Audio-Clips erweitert wird
- E-Chatting
- Audio als mobiler Rundfunkempfang sowie mobile Downloads
- Videotelefonie (Videoconferencing, Video Streaming, Video Broadcast)
- starke Zunahme von Interaktivem Spielen
- M-Commerce (allerdings stark abhängig von der Akzeptanz mobiler Zahlungssysteme)
- Navigations- und Lokationsdienste (Person zu Person, Person zu Maschine, Maschine zu Maschine)
- Office-Funktionen (Terminkalender, Zugriff auf Firmendaten), aber auch Instrument zur Kundenbindung.

Spezielle Anwendungsbereiche, auf die hier nur kurz eingegangen werden kann, stellen noch das vernetzte Haus (vgl. z.B. Horn 2002, Reinema 1998, Reinema/Thielmann 2002) und Anwendungen für Autos dar (vgl. z.B. Rauch 2001, o.V. 2000h und 2001u, Waidenmaier 2001). Zu bevorzugten Dienstleistungen im vernetzten Heim gibt es von der CEA (Consumer Electronics Association) einige Trendaussagen. Die folgenden Punkte wurden prozentual am häufigsten genannt (zit. nach Rauch 2001, 52; in diesem Artikel werden auch weitere Studien von Datamonitor, dem Marktforschungsinstitut Mori und der Cahners In-Stat Group zusammengefaßt):

- Ausschalten nicht benutzter Lichtquellen: 72%
- Hinweis auf laufende TV-Sendungen gemäß Interessensprofil: 48 %
- Benachrichtigung am Arbeitsplatz über eintreffende Lieferungen oder Personen: 42 %
- Hinweis über Lebensmittelbedarf durch den Kühlschrank: 37%
- Hinweis dass die Waschmaschine ihre Arbeit beendet hat: 35%

Die genannten Vorlieben können natürlich auch als Hinweise auf die Akzeptanz herkömmlicher mobiler Systeme herangezogen werden.

Abschließend soll noch am Beispiel des japanischen i-mode-Dienstes Angebot und Nachfrage nach entsprechenden Diensten dargestellt werden. Wegen des großen Markterfolges wird die Einführung dieses Dienstes auch in Europa (in Deutschland u.a. durch E-Plus) geplant. In manchen Veröffentlichungen wird sehr kritisch der Erfolg des japanischen Marktes mit I-mode gegenüber dem hierzulande dominierenden WAP-Standard hervorgehoben. Die Gründe für diesen Erfolg werden sowohl in ökonomischen, technologischen als auch in soziologischen Faktoren gesehen. Während zum Thema WAP bisher zahlreiche Studien und Fachveröffentlichungen erschienen sind, existieren bisher nur relativ wenige Publikationen, die sich mit SMS-Diensten befassen. Dies entspricht nicht ihrer praktischen Bedeutung, denn im GSM-Netz wurden in Deutschland im August 2000 mehr als 9 Milliarden SMS versendet. Deutschland ist bei der Nutzung dieser Dienste, die sich einer hohen Beliebtheit erfreuen auch weltweit führend. Die Nutzung von SMS-Diensten liegt damit deutlich vor den WAP-Diensten. Im Juli 2000 wurden über das D2-Netz durchschnittlich etwa 16 Millionen SMS-Nachrichten monatlich übertragen, während die Anzahl der WAP-Zugriffe nur bei etwa 500.000 lag (vgl. Berlecon 2000).

Die nachfolgenden Daten zur Nutzung von i-mode stammen von NTT DoCoMo und beziehen sich auf das Jahr 2000:

Tabelle 5-1: i-mode Nutzungsdaten im Jahr 2000 (vgl. Manhart 2001b)

Angebotsart	**% Anteil am Angebot**	**% Anteil bei der Nutzung**
Entertainment	31	64
Nachrichten	6	19
Einkaufen	4	5
Mobile Banking	42	4
Dictionary	4	4
Stadtinformationen	9	2
Verkehr	3	1
Essen und Trinken	1	1

Speziell bei den Bereichen Nachrichten und Mobile Banking läßt sich beobachten, daß die tatsächliche Nutzung nicht dem Angebotsumfang und damit auch nicht den Erwartungen entspricht. Die Attraktivität von Entertainment-Angeboten hingegen wird auch von anderen Veröffentlichungen bestätigt (vgl. z.B. Zobel 2001, 110). Aus diesen Erfahrungen sollten natürlich auch für WAP-Angebote entsprechende Konsequenzen gezogen werden.

5.1.2 Trends und Marktentwicklung

Arthur D. Little befragte 2001 im Rahmen einer empirischen Studie im deutschsprachigen Raum Unternehmen der Branchen Finanzen, Handel, Konsum, Tourismus, Medien und Telekommunikation nach ihren Erfahrungen und Erwartungen an M-Commerce. Dabei zeigten sich viele Übereinstimmungen zur Situation beim E-Commerce vor einigen Jahren. Mangelnde Erfahrung und wenige übertragbare Beispiele aus anderen Wirtschaftsregionen wirken hemmend und hinterlassen Unsicherheit. Die Erwartungen sowie die Einschätzung von Potenzialen sind aber durchwegs positiv. Dazu zählen z.B. die Erhöhung der Reaktionsgeschwindigkeit, schnellere Angebotslegung, Erschließung neuer Zielgruppen, erhöhte Aktualität bei den Angeboten, erhöhte Kundenbindung und Individualisierung bei Angeboten (vgl. Graeve 2001, 9-10). Um die Erwartungen zu realisieren sind bestimmte Rahmenbedingungen zu beachten und Voraussetzungen zu schaffen. Diese werden in den nächsten Abschnitten noch näher diskutiert, wobei zunächst generell auf die Marktentwicklung eingegangen wird.

Die insgesamt steigende Bedeutung des Themas und des Marktpotenzials wird durch zahlreiche Veröffentlichungen von Analysten und Beratungsunternehmen unterstrichen (vgl. z.B. Durlacher 1999 und 2001b, Berlecon 2000, Time-LABS/Diebold, Buckler et al. 2000, Lehman Brothers 2000, Zobel 2001, 16-17, Gupta 2001).

Nach einer Studie des Frankfurter Forit Instituts wird der Umsatz über M-Commerce von 50 Millionen DM im Jahre 2000 auf über 25 Milliarden DM im Jahre 2004 steigen. Unterstützt wird diese Entwicklung von der stark steigenden Zahl der Nutzer bei den mobilen Kommunikationsgeräten. Im Jahr 2002 sollen mehr als 60% der Deutschen ein solches Gerät besitzen, 2010 bereits 89%. Dies bietet neue Chancen, da die Anzahl der Besitzer von mobilen Geräten die Anzahl der Internetanschlüsse über PC bei weitem übersteigt. Bereits in diesem Jahr sollen mehr mobile IuK-Instrumente wie PDA´s und internet-fähige Handys (WAP-Handys) verkauft werden als herkömmliche PCs oder Laptops (vgl. SAP 2000a).

Cahner In-Stat (www.instat.com) schätzte für das Jahr 2000 den M-Commerce-Markt auf 264 Millionen USD (bei etwa 9,2 Millionen Benutzern). Bis zum Jahr 2005 wird ein Anstieg des Umsatzes auf 24 Milliarden USD erwartet, wobei der Anteil Europas zwei Drittel ausmachen wird. Die Anzahl der Marktteilnehmer wird in diesem Zeitraum ebenfalls kontinuierlich zunehmen und bis 2005 auf über 580 Millionen Benutzer ansteigen. (vgl. Gupta 2001). Ähnlich sieht die Schätzung von Ovum im Report“ Mobile e-commerce strategies“ aus. Für 2005 werden etwa 500 Millionen Nutzer erwartet, die sich wie folgt in Regionen aufteilen:

Westeuropa	33%
Asien/Pazifikraum	26%
Nordamerika	22%
Mittel- und Südamerika	6%
Zentralasien	6%
Mittel- und Osteuropa	3%
Nahost und Afrika	4%

KPMG führte 2001 in Zusammenarbeit mit Compaq, Microsoft und dem Industriestiftungsinstitut eBusiness an der Universität Klagenfurt eine Online-Befragung zum Thema Mobile Business durch (vgl. KPMG 2001). Ziel der Befragung wat herauszufinden, inwieweit die neuen technologischen Möglichkeiten akzeptiert werden und wo die Potenziale liegen. Auch Art und Umfang der momentanen Nutzung sowie Strategien von Unternehmen wurden untersucht. Die Studie wurde im deutschsprachigen Raum durchgeführt und sollte u.a. helfen, Trends und Perspektiven richtig zu deuten. Insgesamt beteiligten sich 407 Personen an der Befragung. Der Fragebogen umfasste u.a. Fragen zu den Themen Nutzungsverhalten, Einsatz mobiler Technologien in Unternehmen sowie zu darauf aufbauenden mobilen Anwendungen. Die wichtigsten Ergebnisse dieser Studie sind (vgl. KPMG 2001, 6-7):

- Über 60 Prozent der Unternehmen (61%) halten die Tarife der Mobilfunkanbieter für zu hoch und sehen die mangelnde Verfügbarkeit geeigneter Endgeräte und die zu geringe Bandbreite der Funkverbindungen als Hemmschwelle für mBusiness-Aktivitäten an (jeweils 57%).
- Fast die Hälfte der Unternehmen (47%) hat bereits eine eigene eBusiness-Strategie entwickelt, aber nur 17 Prozent verfügen über eine eigene mBusiness-Strategie.
- Mehr als die Hälfte der befragten Unternehmen (55%) sehen das Segment Kundenberatung/Kundeninformation als am aussichtsreichsten für mBusiness-Anwendungen an. Der mobilen Bezahlung wird von 49 Prozent der befragten Firmen ebenfalls ein großes Potenzial beigemessen, ebenso dem Bereich Logistik (42%).
- Knapp ein Drittel der Unternehmen (32%) tauschen schon heute mobil Daten mit Vertrieb/Endkunden aus. Künftig planen 34 Prozent der Unternehmen den mobilen Datenaustausch mit Endkunden und 29 Prozent mit dem Vertrieb.
- Von den befragten Unternehmen gaben 42 Prozent an, mit der Verfügbarkeit von UMTS neue bzw. verbesserte Umsatzquellen zu erwarten.
- 53 Prozent der Umfrageteilnehmer würden mobiles Videoconferencing nutzen, wenn die notwendige Technik verfügbar wäre. 52 Prozent möchten mobil Aktien handeln und sind an der Nutzung von mobilen Verkehrsmeldungen interessiert. Fahrplanauskünfte werden schon heute von der Hälfte der Befragten mobil genutzt.
- 84 Prozent der Umfrageteilnehmer legen beim Kauf eines mobilen Endgerätes Wert auf übersichtliche Menüführung sowie ein ansprechendes Design (67%). 42 Prozent planen die Nutzung von Smartphones (Kombination aus PDA und Handy). Sowohl bei Käufern von elektronischen Organizern (PDAs) als auch Mobiltelefonen stehen Farbdisplays (61%/54%) und Bluetooth-Schnittstelle (70% / 61%) ganz oben auf der Wunschliste. Jeweils 43 Prozent der befragten Personen legen Wert auf die Möglichkeit zur mobilen Musik- und Videowiedergabe.
- Nur 37 Prozent der befragten Personen nutzen derzeit WAP-Dienste. 43 Prozent dieser Gruppe gaben an, WAP lediglich ein- bis viermal pro Monat zu

verwenden. 28 Prozent aller Umfrageteilnehmer nutzen WAP seltener als einmal pro Monat.

- 53 Prozent der Umfrageteilnehmer sehen nur einen geringen Anteil der in ihrem Unternehmen anfallenden Daten als für den mobilen Austausch geeignet an.
- 93 Prozent der Teilnehmer nutzen SMS. Es werden mehr SMS pro Tag empfangen als gesendet. SMS-Informationsdienste erfreuen sich einer zunehmenden Beliebtheit.

Eine ausführliche Darstellung zur Marktentwicklung findet sich auch bei Diederich et al. (2001). Die Tendenz ist eindeutig positiv, wobei das Ziel in der Konvergenz von Internet und mobilen Anwendungen gesehen wird. Für die volle Entfaltung der heute erkennbaren Möglichkeiten werden noch etwa 5 bis 10 Jahre benötigt werden. Die nähere Betrachtung bereits heute existierender Märkte zeigt darüber hinaus auch regionale Unterschiede in Form von Standards, Lebensgewohnheiten, verfügbaren Technologien, rechtlichen Voraussetzungen u.a.m., die auch in den nächsten Jahren für eine inhomogene Entwicklung sorgen dürften. Besonders kontrovers ist z.B. die Einschätzung darüber, ob sich dies mobile Internet bereits auf der Basis von GPRS durchsetzen wird, oder ob es noch bis zur flächendeckenden Verfügbarkeit von UMTS dauern wird. Unabhängig von der Geschwindigkeit dieser Entwicklungen ist aber bereits jetzt klar, dass der vielleicht entscheidende Engpass bei den mobilen Endgeräten liegen wird.

Die Entwicklungsphasen des Marktes beschreiben Diederichs et al. (2001, 58-62) in drei Phasen:

- **Phase 1: Entwicklung des WAP-Testmarktes**. Diese Phase ist vergleichbar mit der Entwicklung des E-Commerce Mitte der 90er Jahre. Unvorhergesehene Umsatzentwicklungen und Schwierigkeiten bei der Finanzierung führen dazu, dass viele Firmen nicht überleben. Dabei werden bereits in verschiedenen Segmenten zum Teil hohe Umsätze generiert (z.B. Infrastrukturanbieter, Netzausrüster und Netzbetreiber, Endgerätehersteller, Softwareanbieter für Gateways, Consulting und Projektdurchführung). Es ist aber schwer abschätzbar, welche Firmen überleben werden.
- **Phase 2: Wachstum der Nutzerzahlen**: Der Übergang zur Phase 2 wird fließend verlaufen und wird in enger Verbindung mit dem Durchbruch von GPRS gesehen. Zu Beginn dieser Phase werden die Netzbetreiber eine wichtige Rolle spielen, da sie über einen direkten Kontakt zum Kunden verfügen. Durch die Verbesserung der Navigationsmöglichkeiten werden die Kunden aber einfacher zwischen Anbietern wechseln können. Damit bietet sich eine neue Chance für etablierte Internetanbieter, die ihre Portale an die Besonderheiten des mobilen Internets anpassen können. Das Wachstum des mobilen Internets wird einige Jahre andauern und das tägliche Leben und die Wirtschaft immer stärker beeinflussen.
- **Phase 3: Konvergenz- oder Integrationsphase**. Sie wird spätestens 2010 erwartet und hängt eng mit der breiten Verfügbarkeit von UMTS zusammen. In dieser Phase werden Unterschiede zwischen stationärem und mobilen Internet

in den Hintergrund treten. Es ist heute aber noch nicht absehbar, welche Anwendungen und welche Endgeräte diese Reifephase dominieren werden.

Trotz der im Prinzip positiven Gesamteinschätzung wird die Marktentwicklung natürlich auch von verschiedenen Barrieren behindert. In einer aktuellen Studie, die von Andersen Consulting für die EU Kommission angefertigt wurde, werden fünf Bereich identifiziert (vgl. Andersen Consulting 2002, 133ff. vgl. dazu auch die Einführung zu Kapitel 5.3):

- Handset circle: Behinderung der Marktentwicklung durch zu hohe Preise für Endgräte
- Key enabling technology circle: Hohe Lizenzgebühren und andere Lasten (z.B. in Verbindung mit UMTS führen dazu, daß ebenfalls notwendige Investitionen in Enabling-Technologien zurückgestellt oder ganz aufgeschoben werden (z.B. Billing Infrastruktur, Sicherheit, Lokalisierung).
- Revenue rush circle: Die angespannte Finanzsituation verführt manche Netzbetreiber dazu die eigene Vormachtstellung über Gebühr auszunutzen, was sich letztlich hemmend auf innovative Angebote und Entwicklungen auswirkt, weil die Gewinnerwartung zu gering wird.
- Standardisation circle: Da die Standardisierung zum Teil noch nicht weit fortschritten ist, verhalten sich manche Anbieter abwartend. Das geringe Angebot beeinflußt einerseits die Nachfrage negativ, andererseits sinkt dadurch die Notwendigkeit für eine rasche Standardisierung noch weiter.
- Wait and see circle: Viele potenzielle Anbieter warten generell einmal ab, bis größere Bandbreiten zu niedrigen Kosten, bessere Endgeräte usw. verfügbar sind. Hier entsteht ein Henne/Ei-Problem, da dieses Abwarten die Marktentwicklung insgesamt hemmend dürfte.

5.1.3 Besonderheiten beim Benutzerverhalten und Akzeptanz mobiler Lösungen

Das Kunden- und Benutzerverhalten kann keineswegs von der Situation beim E-Commerce bzw. dem traditionellen Internet auf mobile Anwendungen übertragen werden. Hier gibt es Unterschiede sowohl in Hinblick auf die Kundenmotivation als auch auf die Kundenbedürfnisse. Dem Abruf von (geschäftlichen) Informationen über einen stationären Internetanschluss liegt meist eine konkrete Motivation oder eine gezielte Planung zugrunde, während der Zugang über ein mobiles Endgerät im Augenblick noch häufig spontan erfolgt. Deutlich wird dies durch die unterschiedlichen Einwahldauer (durchschnittlich zwanzig Minuten beim fixen Zugang im Vergleich zu zwei Minuten beim mobilen Zugang, wobei der Hauptgrund neben dem Angebot bzw. der Nutzungsart auch bei den Kosten liegen könnte). Da die Nutzer mobiler Anwendungen ihr Bedürfnis schnell befriedigt haben wollen, werden vorselektierte, präzise auf das momentane Kundenbedürfnis zugeschnittene Anwendungen bevorzugt. (vgl. Gentner et al. 2000).

In diesem Zusammenhang ist aber auch auf die oft erwähnte geringe Akzeptanz insbesondere bei WAP-Anwendungen hinzuweisen. Eine Studie von A.T. Kearney und dem Judge Institute der Business School der Universität Cambridge kommt zu dem Schluss, dass sich die Industrie bei WAP und M-Commerce etwa

26 Prozent der befragten Anwender nicht sagen, wofür sie WAP überhaupt benötigen. Trotz steigender Zahl WAP-fähiger mobiler Endgeräte beabsichtigen demnach nur noch 12 Prozent der Befragten mittels Handy einzukaufen. Ein Jahr vorher waren es immerhin noch 32 Prozent. Offensichtlich ist der Nutzwert für die meisten Kunden nicht groß genug (auch in Relation zu den Kosten und der Bedienbarkeit). Auch andere Studien zeichnen ein ähnlich düsteres Bild. Eine Untersuchung der Meta Group ergab, dass ca. 85 Prozent der Befragten die Bedienung als zu kompliziert empfand, wenn versucht wurde, per WAP an Informationen zu gelangen. Der Aufwand stand in keinem Verhältnis zu den gefundenen Informationen. Zu einem ähnlichen Ergebnis kommt J. D. Power. Nur mehr 25 % (ein Jahr zuvor waren es noch 33 %) der britischen WAP-Handy-Besitzer nutzen das Handy neben Telefongesprächen und dem Versand von SMS auch für andere Dienste.

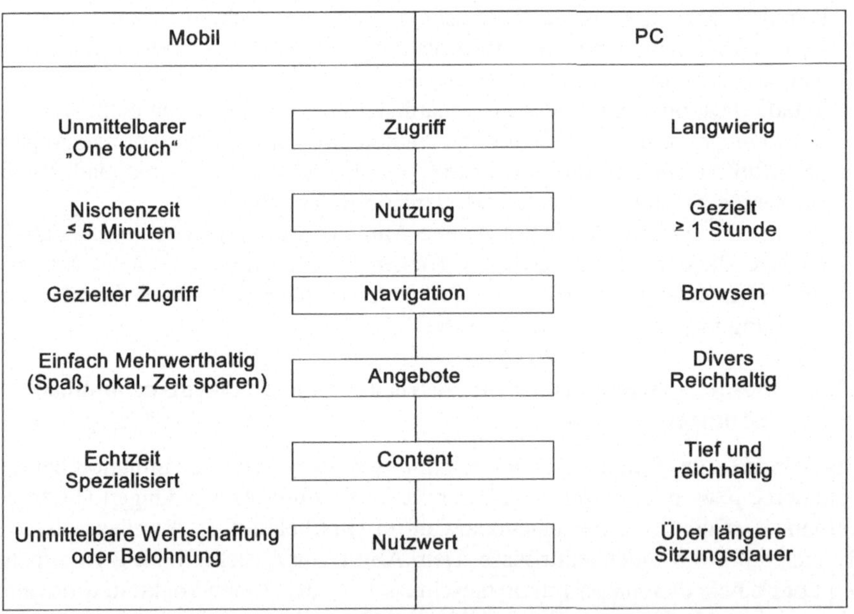

Abbildung 5-1: Mobile vs. traditionelle Internet-Nutzung (Zobel 2001, 116)

Eine etwas andere Sicht auf die Akzeptanz stellt die Wirkung von mobilen Anwendungen dar. Mit damit zusammenhängenden Fragen, aber auch wie man die Wirkung messen oder nachweisen kann, befasst sich das Marketing, welches im Mobile Marketing und Mobile Advertising neue Kommunikationskanäle entdeckt hat. Möglichkeiten der Effizienz- und Wirkungsmessung werden z.B. bei Hinrichs et al. (2001), Wohlfahrt (2001), Wilhelm et al. (2001) und bei Silberer et al. (2001) diskutiert.

Auch wenn über die Erfolgsfaktoren keine Einigkeit besteht, so sind zumindest die Probleme bzw. Misserfolgsfaktoren bei derzeitigen Anwendungen im Mobile Business (die zugleich K.o.-Kriterien darstellen) bekannt:

- hohe Kosten für den Anwender
- niedrige Übertragungsgeschwindigkeit
- schwierige Bedienung der Geräte oder Systeme
- unzuverlässige Dienste

Eine Studie von Arthur D. Little im deutschsprachigen Raum ergänzt diese Liste um begrenzte Darstellungsmöglichkeiten auf den Endgeräten und wenig attraktive Anwendungen (vgl. Graeve 2001). Weitere Gründe für die Unzufriedenheit mit M-Business-Lösungen finden sich bei Möhlenbruch et al. (2001, 16).

Die 2001 durchgeführte Studie von Emnid führt folgende Basisanforderungen der Kunden auf:

- Verbindungsstabilität (94%)
- Performance (93 %)
- Service (91 %)
- Geringe Kosten (93 %)

Es ist also eine sehr klare Tendenz erkennbar, die in der gleichen Studie durch Kritikpunkte an den derzeitigen Anwendungen noch unterstrichen wird (überhöhter Preis: 94%, langsame Verbindungen: 74%, und zu kleine Displays: 64 %).

Gupta (2001) weist darauf hin, dass mobile Anwendungen auch auf die Besonderheiten mobiler Geräte abgestimmt sein müssen, wenn sie erfolgreich sein sollen. Es genügt also nicht bereits existierende Anwendungen (z.B. E-Commerce-Portal) über ein Handy zugänglich zu machen. Besondere Restriktionen entstehen durch die Bandbreite für die Datenübertragung, durch die Größe des Displays und durch die li mitierten Eingabemöglichkeiten. Im besonderen führt Gupta folgende Faktoren als erfolgsrelevant an: leichte Bedienbarkeit und Vertrautheit für den Benutzer, Sicherheit bei mobilen Transaktionen, Kostengünstigkeit, sowie Verständnis für die lokalen Marktgegebenheiten.

Eine wichtige Rolle spielen natürlich noch die Endgeräte selbst. Nach Acta 2001 (wiedergegeben in Wurm 2001b) sind die nachfolgenden Kriterien bei einem Handykauf am wichtigsten. Die Basis der Umfrage bildete die 14- bis 64-jährige Bevölkerung in Deutschland. Mehrfachnennungen waren möglich:

- Einfache Bedienung 66%
- Lange Akkuzeit 63%
- Geringes Gewicht 54%
- Gute Tastatur 51%
- Hohe Tonqualität 46%
- Geringe Größe 41%
- Gutes Design 33%
- Neuestes Modell 32%
- Viele Zusatzfunktionen 29%

- Spiele-Funktionen 11%

Helal (1999) führt folgende Faktoren an, die bei drahtlosen und mobilen Anwendungen zu einer begrenzten Anwendbarkeit führen und damit als „negative Erfolgsfaktoren" zumindest mit berücksichtigt werden müssen.

- Verbindungsunterbrechung oder Verbindungslosigkeit (z.B. durch Netzprobleme, durch beschränkte Akkukapazität, fehlende Roaming-Vereinbarung, Verlust des Gerätes)
- Bandbreitenbeschränkung (beeinflusst u.a. QoS, Reaktionszeiten, aber auch den Energieverbrauch von Geräten durch lange Sende- und Empfangsprozesse)
- Heterogene und fragmentierte Netzinfrastruktur (manche Dienste funktionieren ohne spezielle mobile Middleware oder Proxy-Server nur sehr schlecht)
- Plattform-, System- oder anwendungsbedingte Grenzen
- Weitere Probleme wie Sicherheit, Anonymität, Unterstützung von ortsabhängigen Anwendungen

Zobel fasst die Erfolgswirksamkeit von mobilen Anwendungen in das sogenannte ESM-Prinzip (E = einfacher, S = schneller, M = mehr). Anwendungen, die diese Eigenschaften aufweisen, scheinen für Kunden eine gewisse Attraktivität zu besitzen (vgl. Zobel 2001, 76 ff). In diesem Kontext sind auch der sogenannte One-Click-Einkauf und ähnliche Konzepte angesiedelt. Dass die Praxis aber wesentlich komplexer ist, und auch eine Differenzierung sinnvoll ist, zeigt die Diskussion um Erfolgsfaktoren von mobilen Portalen. Zobel (2001, 140) nennt hier folgende Eigenschaften, die anzustreben sind:

- Hoher Bekanntheitsgrad (im Sinne einer Marke)
- Omnipräsenz in allen Medien
- Hohe „Stickyness" durch Email- oder Personalisierungsfunktionen
- Zahlungsbeziehung zum Kunden

5.2 Gestaltungsfelder und Marktcharakteristik

5.2.1 Die mobile Wertschöpfungskette

Vor dem Hintergrund der zahlreichen Probleme und Unwägbarkeiten in Verbindung mit Mobile Commerce ist vor allem der Erfolgsplanung besonderes Augenmerk zu schenken. Die Voraussetzung dafür sind zunächst weniger die inhärenten Eigenschaften einer Technik, als viel mehr Erfolgskriterien, die für ein Unternehmen besondere Bedeutung haben. Eine sogenannte Leistungsüberlegenheit ist als längerfristiger Wettbewerbsvorteil wichtig und kann durch Orientierung an übergeordneten Zielsetzungen einschließlich nicht-monetären Steuerungsgrößen abgeleitet werden (vgl. Link et al. 2001, 134). Diese werden dann in Übereinstimmung mit den besonderen Eigenschaften mobiler Endgeräte und Anwendungen gebracht, um auf diese Weise Zielgruppen spezifisch eingesetzt zu werden. Genau hier setzen die Überlegungen zur Wertschöpfungskette an.

Wenn nun im vorliegenden Kontext von Wertschöpfungskette gesprochen wird, dann darf natürlich nicht übersehen werden, dass es sich gewöhnlich um keine Wertekette wie bei der Herstellung industrieller Produkte handelt. Manche Autoren verwenden daher den etwas allgemeineren Begriff der „value map" (vgl. Andersen Consulting 2002). Die breitere Verwendung des Begriffes ist aber inzwischen allgemein üblich und wird daher auch in den weiteren Ausführungen verwendet. Der Wertzuwachs im Verlauf des Leistungserstellungsprozesses wird nicht direkt an der „value chain" sichtbar, mit „mobiler Wertschöpfungskette" wird jedoch verdeutlicht, dass für neue Dienstleistungen und Transaktionen über mobile Endgeräte das Zusammenwirken mehrerer Firmen erforderlich ist. Im Vordergrund steht also der Mehrwert für den Kunden, der durch neue Produkte oder Dienste entstehen soll. Die dazu erforderlichen Kooperationen sind mitunter sehr komplex, sollen aber allen beteiligten Partnern einen entsprechenden Gewinn sichern.

Zugang	Switching	Netzwerk-Teil	Ab-rechnung	Kunden-service	Marketing

Netzwerkbetreiber	virtueller Mobilfunknetzbetreiber	
• Vermietet Netzkapazität	• Eigene SIM Karte • Switching Center • Authentifizierung	• Roaming Abkommen • Preismodell: Tarifstruktur • Branding, Marketing

Abbildung 5-2: Virtuelle Netzwerkbetreiber (Zobel 2001, 127)

Die mobile Wertschöpfungskette hängt eng mit dem Geschäftsfeld und der Strategie zusammen. Immer häufiger wird in diesem Zusammenhang die Meinung vertreten, dass vor allem die Kooperation von einzelnen Unternehmen entlang der Wertschöpfungskette zu neuen und erfolgversprechenden Angeboten führen dürfte. In Verbindung damit ist auch das Entstehen neuer Organisationen wie z.B. virtuelle Mobilfunknetzbetreiber zu beobachten. Ein Beispiel für eine entsprechende Wertschöpfungskette stellt Zobel (2001, 127) vor (siehe Abbildung 5-2). Durch die Ausschöpfung freier Kapazitäten und die Vergrößerung des Gesamtmarktes ergeben sich dabei auch eindeutige Vorteile für den Netzwerkbetreiber, der zu diesem Zweck Kapazität bereit stellt.

Dass die Wertschöpfungskette des M-Business aber auch ganz anders aussehen kann, zeigt Abbildung 5-3, wo ein Baukastenmodell präsentiert wird (vgl. Zobel 2001. 122). Die wichtigsten Bestandteile darin sind Infrastruktur, Betreiber, Content, Anwendung und Portale. Man kann diese als aufeinander folgende Schritte (zeitliche Interpretation), aber auch als Komponenten (inhaltliche Interpretation) verstehen, aus welchen das Gesamtangebot zusammengesetzt wird. Der Gestaltungsspielraum für Unternehmen besteht nun darin einen Bereich zu besetzen oder mehrere Bereiche zu einem neuen Produkt oder einer Dienstleistung zu verbinden. Die derzeit beobachtbaren Trends in den einzelnen Bereichen sind bei Zobel (2001, 123-140) näher ausgeführt. Dabei findet sich auch mehrfach der Hinweis auf die Bedeutung von Kooperationen.

Infrastruktur	Betreiber	Content	Anwendung	Portal
Hersteller Endgeräte	Mobilfunk-betreiber	Information-anbieter	Werbung	Horizontal
Netzwerk Dienstleister			Unterhaltung Finanzdienste	
Software Entwickler	Virtueller Netzwerk-betreiber	Aggregator	Navigation Information UM/Kalender	
Plattform Entwickler				
Verkäufer Endgeräte			Zahlung/ Transaktion	Vertikal
System Integrator	Weiterverkäufer	Distributor	Sicherheit Shopping	
WASP				

Abbildung 5-3: Baukasten für die Wertschöpfungskette des M-Business nach Zobel (2001, 122)

Die erste Generation mobiler Anwendungen stellte häufig eine schlanke Version bereits existierender Web-Portale dar. Erst die zweite Generation bringt eine Spezialisierung auf relevante Inhalte, die sowohl der Mobilen Umgebung als auch den heute verfügbaren Geräten entsprachen. Zu den sinnvollen Diensten gehören auf jeden Fall Location Based Services. Bei den kundenbezogenen Entwicklungen im Bereich des M-Commerce spiegelt sich diese Entwicklung in einer Anpassung der Wertschöpfungskette wieder. Die Gruppierung von Dienstleistern entlang dieser Kette mit einer allmählichen Konzentration auf zwei Kategorien von Dienstleistern zeigt Abbildung 5-4.

Man hat es im Mobile Commerce also mit einer Wertschöpfungskette zu tun, die von der Infrastruktur, Technologie, Hard- und Software über Inhalt und Services, Netzwerkoperatoren und Providern bis zu den Endgeräten reicht. Abbildung 5-5 gibt eine weitere Sicht der Aufschlüsselung der daran beteiligten Bereiche und Unternehmen. An diesen und weiteren in der Fachliteratur dokumentierten Beispielen (z.B. Siau et al. 2001, 8) lässt sich erkennen, wie komplex diese Wertschöpfungskette im Einzelfall ist, und dass ein Unternehmen nicht alle Elemente davon abdecken kann. Wie beim Electronic Commerce ist es zweckmäßig für Bereiche, die außerhalb der eigenen Kernkompetenz liegen, geeignete Partner zu finden.

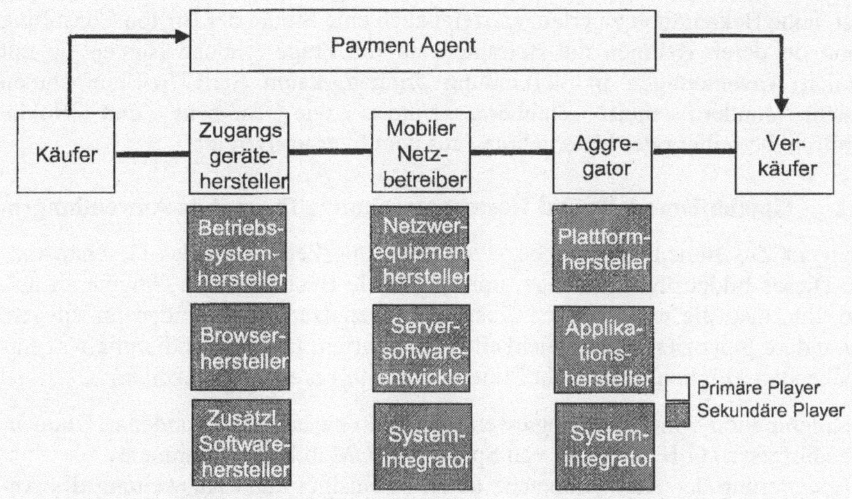

Abbildung 5-4: M-Commerce-Wertschöpfungskette (Graeve 2001, 6)

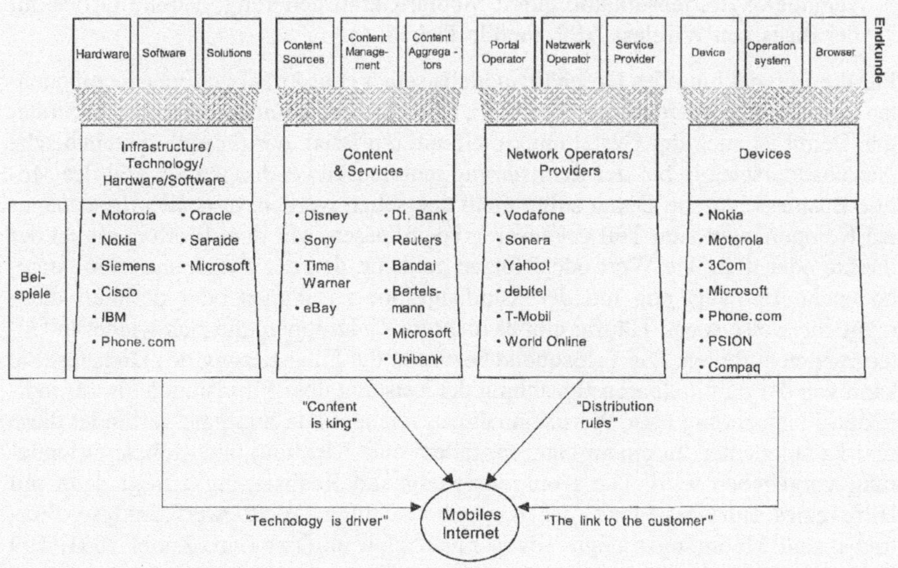

Abbildung 5-5: Mobile Wertschöpfungskette (nach Feiler 2000)

Eine derartige strategische Allianz kann auch die Ausweitung auf andere Geschäftsfelder ermöglichen und reduziert zumindest das eigene Risiko. Außerdem erreicht man einen Zeitvorteil bei der Entwicklung neuer Dienste. Wie schwierig es ist, hohe Bekanntheit zu erlangen, zeigt auch eine Studie der Boston Consulting Group, in deren Rahmen die Befragten auf die Frage, welche Namen sie mit mobilen Anwendungen in Verbindung bringen, kaum Start-Up-Unternehmen nennen, sondern meist etablierte Namen wie Siemens und Nokia, Mobilfunkbetreiber oder Unternehmen aus dem Internet-Bereich.

5.2.2 Geschäftsmodelle und Kostenverrechnung für mobile Anwendungen

In engem Zusammenhang mit der Wertschöpfungskette steht das Geschäftsmodell. Dieses bildet die Grundlage, um im Mobile Business auch Gewinn zu machen, d.h. also die entstehenden Kosten auf Benutzer oder Kunden umzulegen, oder andere Finanzierungsmöglichkeiten zu schaffen. Für die Sondierung von entsprechenden Möglichkeiten sieht Zobel (2001, 198) drei Möglichkeiten:

- Kombination von Technologiewertbeiträgen und latent vorhandenen Kundenbedürfnissen (z.B. Angebot von Spielen bzw. Mobile Entertainment)
- Erweiterung der Kernkompetenz durch M-Business und Ausweitung des Angebots auf neue Kundensegmente (z.B. Erweiterung oder Finanzdienstleistungen durch Mobile Brokering)
- Brechen der bestehenden Kompromisse bei den Prozessen der Kunden (z.B. veränderte Betriebsabläufe durch Mobile Gerätesteuerung, Mobile Office auf der Basis von Wireless ASP, mobile Ticketing).

Für die Entwicklung des Geschäftsmodells selbst geht Zobel von vier Komponenten aus, nämlich Wertbeitrag oder USP, Erlösquellen, Kundensegment und Strategie. Damit ist auch der Gestaltungsspielraum umrissen, der für eine systematische Auseinandersetzung bei der Realisierung mobiler Anwendungen als Teil des Mobile Business besteht. Dabei sollte nicht übersehen werden, dass sich die genannten Komponenten zum Teil gegenseitig beeinflussen. Mit dem Wertbeitrag ist der direkte oder indirekte Wert oder Nutzen gemeint, den der Kunde aus dem Angebot zieht. Er hängt eng mit der Kundengruppe zusammen oder definiert diese möglicherweise sogar. Häufig gibt es mehrere Zielgruppen, die sich wieder in Untergruppen aufteilen. Die Erlösquelle bestimmt die Finanzierung des Dienstes. Sie kann von der unmittelbaren Bezahlung der Leistung über Provisionen bis zur indirekten Finanzierung über Werbeeinnahmen reichen. Die Strategie verbindet diese drei Komponenten zu einem Ganzen, indem eine Richtung und globale Orientierung vorgegeben wird. Die Konkretisierung und Realisierung erfolgt dann mit Hilfe eines Business-Plans, der Kostenbetrachtung, Wettbewerbsanalyse, Vertriebs- und Marketingstrategie sowie Finanzplan umfasst (vgl. Zobel 2001, 199 ff.).

Die Geschäftsmodelle sind natürlich auch in enger Verbindung zur Preisbildung und Preisdifferenzierung zu sehen. Überlegungen zu einer solchen Preispolitik finden sich u.a. bei Albers et al. (2001). Ziemlich eindeutig steht fest, dass die im Internet üblichen Preismodelle nicht auf die Bedürfnisse mobiler Nutzer zugeschnitten sind. Interessanterweise wünschen die wenigsten eine Abrechnung nach Zeit oder Datenvolumen, sondern eine deutliche Mehrheit wünscht sich einen monatlichen Fixpreis mit einem unbegrenzten Zugang zum mobilen Internet (vgl. Zobel 2001, 103). Die Umsatzgenerierung erfolgt übrigens beim M-Business und beim E-Business in teilweise unterschiedlichen Segmenten. Während der Umsatz im Electronic Commerce hauptsächlich im B2B-Bereich entsteht (USA 2000: 87% im B2B-Bereich), wird 2004 im Mobile Commerce ein Umsatzanteil des B2C von 50-80% erwartet. Grund hierfür ist, dass die komplexen, zeitintensiven und umsatzstarken B2B-Transaktionen auch in Zukunft eher im Electronic Commerce (also über das herkömmliche Internet) ausgeführt werden (vgl. Gentner et al. 2000).

Überraschend ist, dass sich etwa 70-80 Prozent der Nutzer einen durch Werbung finanzierten Zugang zu mobilen Internetanwendungen vorstellen können (vgl. Zobel 2001, 103). Dies eröffnet natürlich weitere Möglichkeiten bei der Gestaltung von Geschäftsmodellen. Allerdings zeigte die bisherige Praxis in Pilotversuchen, dass die Benutzer selbst bestimmen wollen, wann sie Angebote erhalten, und die Inhalte müssen einen Bezug zu ihrer Lebensweise haben. Die Mehrheit der Benutzer wünscht einen solchen Service im Durchschnitt auch auf zwei Werbebotschaften pro Tag begrenzt. Ebenfalls als brauchbar hat sich ein Modell erwiesen, das mit Rabatt-Coupons arbeitete. Dabei erhielten die Benutzer beim Betrachten von Werbung Kreditpunkte gut geschrieben, die zu einem verbilligten WAP-Zugang führten (vgl. Zobel 2001, 104).

Diese Erkenntnisse sind natürlich beim Entwurf mobiler Systeme und Anwendungen zu berücksichtigen, um den Erfolg nicht zu gefährden und haben damit auch Einfluss auf das Geschäftsmodell. Einer Untersuchung der ARC-Group zufolge unterscheiden sich die Einschätzungen über erfolgreiche Geschäftsmodelle für mobile Dienste zwischen Content-Anbietern und Netzbetreibern erheblich (vgl. Funkschau 2001a, 6). Grundsätzlich werden dabei folgende Modelle zu den Angeboten unterschieden:

- gratis, mit Werbung
- gratis, mit Sponsoring
- gratis, vom Betreiber finanziert
- flat fee für Komplettservice
- Abonnement für spezifische Dienste
- volumenabhängige Gebühren
- Gebühren pro Transaktion
- sonstige

Die Netzbetreiber erwarten vor allem Transaktionsgebühren, gefolgt von Gratisangeboten finanziert durch Sponsoren, werbefinanzierte Gratisangebote und sogenannte Flat Fees für Komplettservices. Die Contentanbieter sehen hingegen das attraktivste Modell im Gratisangebot durch Sponsoring, gefolgt von Betreiberfinanzierten Gratisangeboten, Abonnements und Werbefinanzierten Gratisangeboten.

Geschäftsmodelle im mobile Business bzw. mobile Commerce hängen natürlich eng mit Partnerschaften und Kooperationen zusammen. Die heute absehbare Marktentwicklung lässt stabile Prognosen aber nur begrenzt zu. Unternehmen müssen sich darauf einstellen, dass in den nächsten Jahren immer wieder Anpassungen erforderlich sein werden. Ein Element, das diese Modelle relativ unsicher macht, sind die sich ändernden Bedarfe und Anforderungen seitens der Nutzer, die überdies an weitgehend freie Internetangebote gewöhnt sind. Vor diesem Hintergrund identifizieren Diederich et al. (2001, 244-245) folgende Einnahmequellen für Anbieter, die dann in entsprechenden Geschäftsmodellen zum Einsatz kommen:

- bessere Auslastung und höhere Nutzung vorhandener Infrastruktur
- kostenpflichtige Abonnements
- transaktionsbasierte Gebühren
- Portalgebühren (Zahlungen und Umsatzaufteilung zwischen Contentanbieter, Netzbetreiber und Portalbetreiber)
- M-Commerce (Vertrieb von Produkten)
- Werbeeinnahmen

Darauf aufbauend lassen sich grob Operator-kontrollierte Geschäftsmodelle, Nutzer-gesteuerte Geschäftsmodelle, Content-Provider-kontrollierte Geschäftsmodelle, sowie Partnerschaften und Allianzen unterschieden. Diese idealtypischen Varianten werden bei Diederich et al. (2001, 245-251) noch etwas genauer dargestellt.

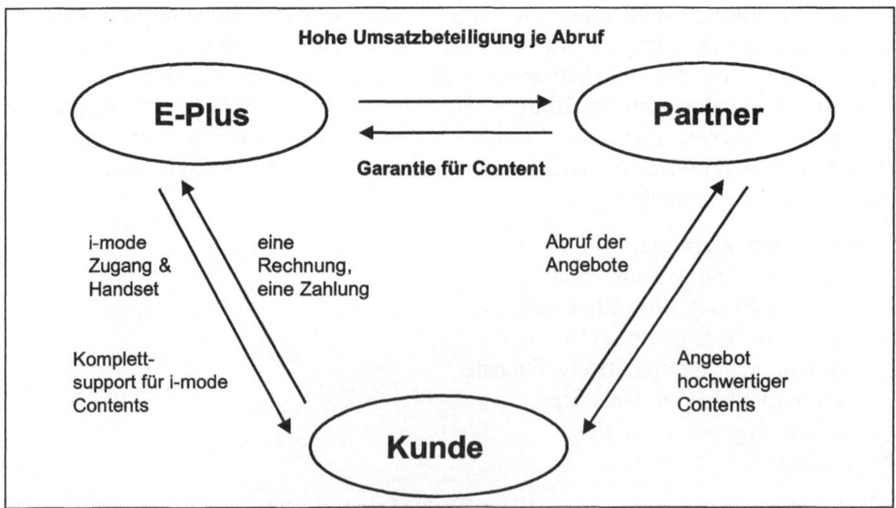

Abbildung 5-6: i-Mode Geschäftsmodell (Wurm 2001a)

Als Vorbild für den europäischen Markt wird immer wieder i-Mode hingestellt. In Japan wurde 1999 mit iMode von NTT ein eigener Dienst eingeführt, der in kürzester Zeit auch zu einem enormen Markterfolg wurde (ein halbes Jahr später gab es bereits 2,3 Millionen Nutzer) (vgl. z.B. Manhart 2001b, Gneiting 2000b, Fuji 2001). NTT DoCoMo nutzte den Vorteil des „First-Movers“ und schaffte es ein Jahr vor WAP eine kritische Masse aufzubauen. iMode ist in Europa bisher nicht etabliert, seine Einführung ist jedoch geplant, weil man an den japanischen Erfolg anschließen möchte. Mit dem Start von GPRS verliert iMode allerdings den bisherigen Vorteil der billigen und paketorientierten Übertragung, zumal der iMode-Dienst in Europa ebenfalls auf GPRS basieren soll. Entsprechende Endgeräte müssen außerdem erst noch Verbreitung finden. Und schließlich werden einige Dienste, die iMode so populär gemacht haben (z.B. Handy-Mails oder das Laden von Klingeltönen) hierzulande bereits von SMS-Diensten abgedeckt. Das i-Mode-Geschäftsmodell wird in Abbildung 5-6 gezeigt.

Bei den Billing-Modellen für Netzbetreiber (Leistungsverrechnung) können folgende Abrechnungsvarianten unterschieden werden (vgl. Funkschau 2001a, 6):

- Zeitabhängige Abrechnung: Grundlage ist der Call Detail Record (CDR), der Teilnehmer-Identifikation, angerufene Nummer, Zeitpunkt und Dauer des Gesprächs enthält.
- Transaktionsorientierte Abrechnung: Grundlage sind das Datenvolumen, der in Anspruch genommene Dienst, die genutzte Bandbreite, Quality of Service der Übertragung und eventuell auch den Anbieter des Dienstes.

Folgende Möglichkeiten stehen schließlich noch den Mobilfunkbetreibern gegenüber ihren Partnern zur Verfügung (vgl. Funkschau 2001a, 6):

- **Provisionsszenario**: Der Netzbetreiber erhält von jedem Umsatz mit Produkten oder Diensten einen festgelegten Anteil
- **Kommission**: Netzbetreiber kaufen Leistungen oder Produkte von Drittanbietern und verkaufen sie an ihre Kunden weiter.
- **Revenue-Sharing**: Aus Einzelleistungen werden Paketangebote erstellt, die dann vom Umsatz aufgeteilt werden (z.B. Bündelung von lokalen Informationen, Verkehrsinformationen, Stadtplänen, Restaurant- und Hoteltipps).
- **Sponsoring**: Diensteanbieter übernehmen für bestimmte Leistungen einen Teil der entstehenden Kosten (z.B. Banken für das Mobile Banking); die Weiterverrechnung an den Kunden erfolgt z.B. auf Basis von Transaktionen.

Einen etwas anderen Weg schlägt Zobel (2001) ein, wenn er der Frage nachgeht, wer für die Kosten von M-Commerce bezahlt. Er nimmt bei den Erlösquellen eine Differenzierung nach der Branchenstruktur vor und unterscheidet zwischen dem Infrastrukturbereich (z.B. Gerätehersteller, Dienstleister, Softwareentwickler, ASPs, Handel, Systemintegratoren), Netzbetreiber, Content-Anbieter, Content-Distributoren und -Aggregatoren, Anwendungsbereich (z.B. Werbung, Unterhaltung, Finanzdienste, Sicherheit usw.) sowie Portalbetreiber. Kooperationen über mehrere Segmente hinweg sind natürlich sinnvoll, was in Verbindung mit der jeweiligen Strategie des Unternehmens zu klären ist (siehe dazu Zobel 2001, 121-158). Legt man die soeben dargestellte Gliederung zugrunde, so kommen folgende Erlösquellen in Frage (Zobel 2001, 128-142):

- Netzbetreiber: Airtime für Sprache und Daten, Transaktionen, Provisionen, Subscription, Pay-per-Use, Werbung, Kundendaten, Verkauf von Lokalisierungsdaten, Auftraggeber (B2B)
- Content-Bereich: Verkaufserlös durch den Verkauf von Inhalten an Dritte, Provisionen, Werbung, andere Kanäle, Auftraggeber (B2B)
- Anwendungen: Transaktionen, Provisionen, Subscription, Pay-per-Use, Werbung, Kundendaten, Airtime Revenue Sharing, andere Kanäle, Auftraggeber (B2B)
- Portalbetreiber: Listinggebühren, Werbung, Subskription, Provision, Airtime Revenue Sharing, Kundendaten

Der Infrastruktur-Bereich ist in dieser Aufzählung nicht enthalten, weil hier gewöhnlich eine direkte Verrechnung möglich ist. Für eine detaillierte Diskussion sowie Beispiele zu den einzelnen Punkten wird wiederum auf Zobel (2001, 211-239) verwiesen. Zwischen den übrigen Sektoren ist natürlich auch eine Vielzahl von Kooperationen möglich, die wiederum zu differenzierten Geschäftsmodellen führen können. Als Beispiele nennt Zobel (2001, 142):

- Gewinnbeteiligung
- Umsatzbeteiligung
- Pro-Kopf-Provision
- Kauf von Listenplatz gegen Bezahlung
- Kauf von Listenplatz gegen Aktien oder Firmenanteile
- Wechselseitige Umsatzunterstützung

Um mobilen Anwendungen wirklich zu einem breiten Durchbruch zu verhelfen, wird es vermutlich notwendig sein, dass sich verschiedene an der mobilen Wertschöpfungskette beteiligten Unternehmen (z.B. Netzbetreiber, Medienunternehmen, Content Provider, Gerätehersteller, Softwareentwickler, ASPs) zur Schaffung von Synergien zusammenschließen. Erfolgversprechend sind vermutlich nur jene Geschäftsmodelle, die die Wertschöpfungskette auch für andere Teilnehmer öffnen. Eine Neuorientierung ist insofern gefordert, als nicht zu erwarten ist, dass durch die Verfügbarkeit der Infrastruktur Geschäft generiert wird, sondern dass nur attraktive Inhalte, aber auch attraktive Dienste und Entertainment-Angebote zu mehr Nutzung führen werden. Das mobile Internet als weiteren Vertriebskanal zu verstehen ist daher eine relativ enge Sicht, die durch das Verständnis vom mobilen Geschäftsfeld abgelöst werden sollte.

5.2.3 Marktüberblick

5.2.3.1 Marktsituation in den verschiedenen Märkten

Europa

In den letzten Jahren war in wohlhabenderen westeuropäischen Ländern der Trend zu einer schnellen Entwicklung des mobilen Internets zu erkennen, vor allem im Vergleich zu Nordamerika, wo die Zahl und das Wachstum der stationären Internetzugänge weiterhin ungeschlagen geblieben ist.

Dies ist vorwiegend darauf zurückzuführen, dass sich in einheitlich in Europa im Gegensatz zu den Vereinigten Staaten der Standard GSM durchgesetzt hat. Merrill Lynch meint beispielsweise dass spätestens im Jahre 2004 mehr Menschen mobil im Internet surfen als über Personal Computer Zugang suchen (vgl. eMarketer 2001). Eine sehr optimistische Vorhersage wenn man an die momentanen technischen Fähigkeiten bzw. Restriktionen der Endgeräte in Bezug auf den Internetzugang denkt. Zudem besitzt Westeuropa die höchste Handydichte sowie die größte Zahl von Handyvertragsabschlüssen pro 100 Einwohner des gesamten Globus im Vergleich der Großraummärkte (vgl. eMarketer 2001).

Dazu tragen gerade die skandinavischen Ländern einen Großteil bei. Sie sind das innovative Zentrum mobiltechnologischer Entwicklung, was schon allein an den Benutzerzahlen deutlich wird. So gab es 1999 in Finnland zum Beispiel mehr Mobilfunkverträge als Festnetzanschlüsse. Dies ist natürlich auch ein Indikator für die technologische Entwicklung und damit das wirtschaftliche Potenzial für Mobile Commerce in einem Markt. Länder mit einer höheren Marktdurchdringung von Mobiltelefonen sind interessanter für alle Beteiligten am mobilen Geschäft, wie beispielsweise Serviceanbieter oder Anwendungsentwickler. Es werden mehr Menschen mit den Dienstleistungen erreicht, ein größerer Markt entsteht.

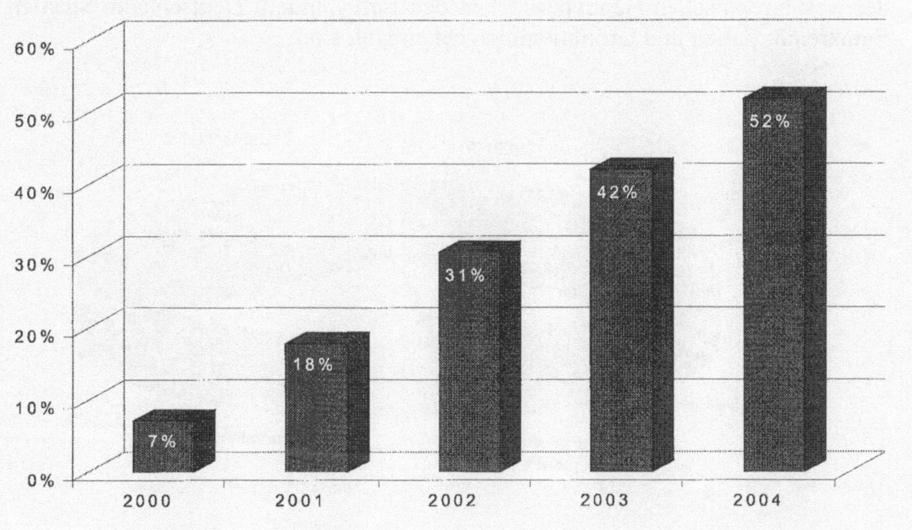

Abbildung 5-7: Wap User Entwicklung in Europa (eMarketer, 2001)

Trotz der Probleme mit der WAP- Technologie wird zudem davon ausgegangen, dass bereits 2004 über 50 Millionen Handybesitzer ihr Endgerät für den schnurlosen Internetzugang nutzen (vgl. eMarketer 2001). Gleichzeitig soll die Zahl der WAP-tauglichen Handys und PDA's im Zeitraum von 2000 bis 2003 von 20,2 Millionen auf 273,5 Millionen steigen, was einen prozentualen Anteil an den Mobilfunknutzern von 85,4% bedeutet. Die rasante Entwicklung wird noch einmal in Abbildung 5-7 deutlich gemacht.

Basierend auf diesen eher positiven Vorhersagen wurde von Durlacher in den Jahren 2000 bis 2003 ein Umsatzwachstum des mobilen Geschäfts in Europa von annähernd 600% auf 23,6 Milliarden US-Dollar prognostiziert. Es ist daher kaum überraschend, dass viele Experten zumindest mittelfristig in Westeuropa den attraktivsten und wachstumsstärksten Markt für Mobile Commerce sehen.

Handys sowie andere Endgeräte wie z.B. PDA's werden die bevorzugte Hardware für den Internetzugang für viele Menschen in Europa werden, gerade wenn man an den Trend zur Verbesserung und Konvergenz der Technologien im Bereich Mobilfunk denkt. Im Zuge dessen sehen die Analysten den Markt für den Inhalt der mobilen Anwendungen ebenso wachsen, vor allem wenn in absehbarer Zeit der GPRS Standard und mittelfristig der UMTS Standard eingeführt wird.

Die vorher genannte Durlacher Studie sieht die Aufteilung der europäischen Länder an diesen Umsätzen im Jahr 2003 wie in Abbildung 5-8 dargestellt.

Diese Aufteilung erscheint einleuchtend, wenn man sie mit den Zahlen des Research Centre of Bornholm vergleicht. Dessen Studien haben ergeben, dass 76% der westeuropäischen Handybesitzer in den fünf Ländern Deutschland, Spanien, Frankreich, Italien und Großbritannien beheimatet sind.

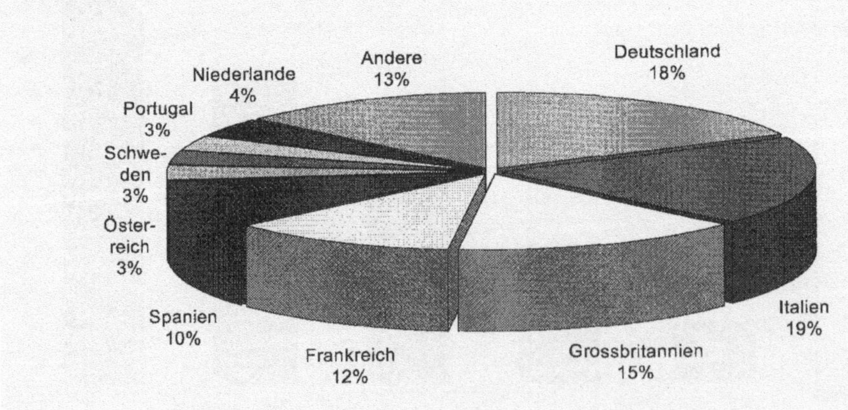

Abbildung 5-8: Verteilung der Mobile Commerce Umsätze in Europa 2003 (eMarketer 2001)

Andersen Consulting sieht eine Umsatzsteigerung aller mobilen Anwendungen von $79,6 Milliarden in 2000 auf $156 Milliarden im Jahr 2010.

Dabei sollen die Umsätze in den Bereichen mobiles Telefonieren und Kurznachrichten in etwa konstant bleiben, wohingegen beispielsweise die Umsätze aus den

Informationsapplikationen im gleichen Zeitraum von $0,1 auf $14,0 Milliarden, aus M-Advertising von $0 auf $6,0 Milliarden und die Transaktionen von $0 auf $26,0 Milliarden steigen sollen. Dies ist ein weiterer Beleg dafür, dass obwohl die Umsätze im Bereich M-Commerce momentan sehr gering sind, die Zukunftsaussichten hier positiv eingeschätzt werden.

Nordamerika

In Nordamerika ist die Ausgangssituation anders als in Europa. Vor allem die Vereinigten Staaten mit ihrer hohen Einwohnerzahl und ihrem hohen technologischen Standard stellen zwar einen lukrativen Markt für Mobile Commerce dar; Probleme ergeben sich jedoch zum Einen aufgrund der Größe des Landes und der damit verbundenen Schwierigkeiten der Netzabdeckung, zum Anderen gibt es in den USA im Gegensatz zu Europa keinen einheitlichen Mobilfunkstandard. Neben GSM existieren in den USA und Kanada fünf weitere Mobilfunkstandards. Deshalb entwickelten sich auch die Konsumentendienste langsamer und es ergaben sich unterschiedliche Netzabdeckungsraten quer über den Kontinent. Diese Tatsachen sind dafür verantwortlich, dass Nordamerika nicht die führende Position auf dem weltweiten mobilen Markt inne hat. Die Handydurchdringungsrate ist in Nordamerika im Vergleich zu Europa und Asien überraschend niedrig. Gerade deshalb ist auch der Zugang zum Internet über stationäre Geräte vorherrschend und wird diesen Status auch noch weit in die Zukunft hinein halten können.

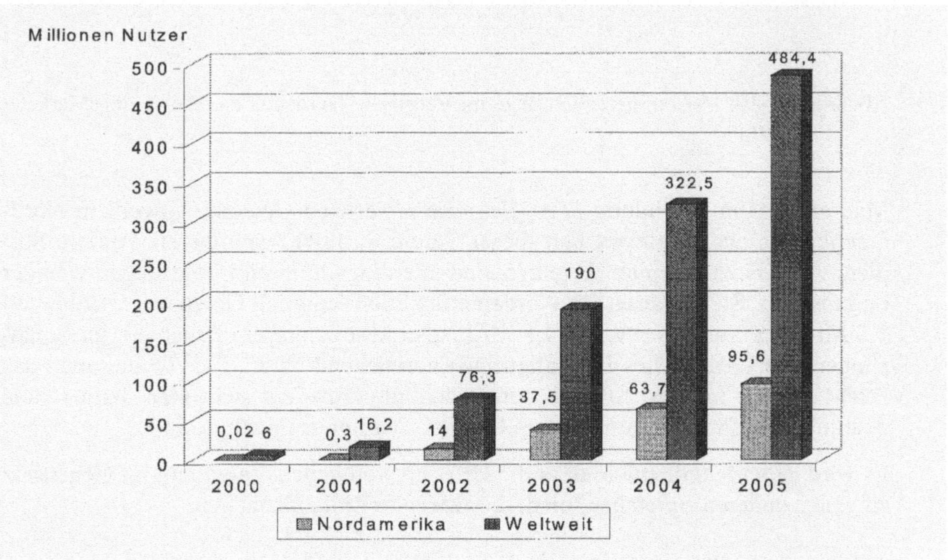

Abbildung 5-9: Nutzer des mobilen Internets in Nordamerika und weltweit (eMarketer 2001)

EMarketer begründet auf den oben genannten Fakten die Aussage, dass Mobile Commerce in Nordamerika noch in den Kinderschuhen steckt (eMarketer 2001). In der Abbildung 5-10 ist dies auch deutlich zu erkennen. Hier werden Mobile Commerce Gewinnprognosen für Nordamerika und weltweit für die Jahre 2000 bis 2004 gegenübergestellt.

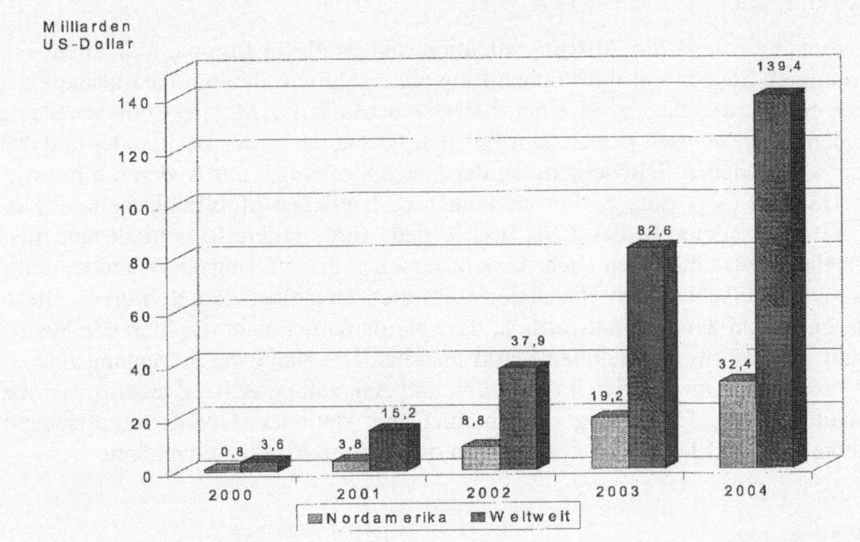

Abbildung 5-10: M-Commerce Umsätze im Vergleich: Nordamerika, Weltweit (eMarketer 2001)

Man erkennt in Abbildung 5-10, dass die erwarteten Gewinne sowohl in Nordamerika, als auch weltweit laut dieser Studie förmlich explodieren. Andere Studien, wie z.B. von Jupiter Research sind allerdings in ihren Erwartungen weniger optimistisch. Sie erwarten für Nordamerika 2004 lediglich Gewinne in Höhe von 1,7 Mrd. US-$ und weltweit 14,5 Mrd., also jeweils nur ein Bruchteil der Schätzungen von Ovum. Dies liegt allerdings vorwiegend daran, dass Ovum auch das B2B-Geschäft in ihren Studien berücksichtigt. Trotzdem sieht man daraus ganz deutlich, dass Prognosen in diesem Bereich sehr unterschiedlich sind.

Es wird außerdem deutlich, dass die USA im weltweiten Vergleich, im Gegensatz zu vielen anderen Bereichen, nicht die führende Rolle innehaben.

Asien und Pazifischer Raum

Je mehr das Festnetz von den Mobiltelefonen ersetzt wird, desto augenscheinlicher wird, dass der asiatisch- pazifische Raum eine interessante Rolle bezüglich der jüngsten technologischen Entwicklung im schnurlosen Bereich spielt. Ein Grund dafür, dass sich immer mehr Bewohner dieser Regionen für die drahtlose

Kommunikation entscheiden, ist, dass die Festnetzinfrastruktur vor allem in den weniger fortgeschrittenen Länder unzulänglich ist. Im Gegensatz dazu ist - vor allem in Japan - die derzeitige mobile Infrastruktur schon weit entwickelt.

Außerdem ist der rasche Fortschritt schnurloser Internettechnologie in Asien vor allem darauf zurückzuführen, dass der Großteil der dortigen Bevölkerung den erstmaligen Kontakt mit dem Internet über das Handy erfährt.

Zudem hat die Liberalisierung des Telekommunikationsmarktes in vielen Regionen erheblich zum Wachstum von mobilen Diensten beigetragen. Auch im asiatisch-pazifischen Raum ist man sehr darum bemüht, die Datenübertragungsgeschwindigkeiten zu optimieren. Der Übergang zu leistungsstärkeren Standards steht mehr oder weniger unmittelbar bevor. Vorreiter auf diesem Gebiet ist Japan, das seit Oktober 2001 den UMTS Standard schrittweise einführt, während in anderen Regionen noch die Umstellung auf den GPRS Standard vollzogen wird.

Die Netzwerkanbieter in Asien hoffen, dass die Einführung von GPRS die Nachfrage nach WAP anregen wird und dadurch auch der Weg zu UMTS geebnet wird. Als WAP erstmals eingeführt wurde, wurde es als Durchbruch in der Technologie angesehen. Jedoch konnte es – wie auch in vielen anderen Regionen der Welt – die hochgesteckten Erwartungen nicht erfüllen. Lediglich in Japan hat es sich durchgesetzt. Hervorzuheben ist der führende Netzwerkanbieter NTT DoCoMo mit seinem Netzdienst i-Mode.

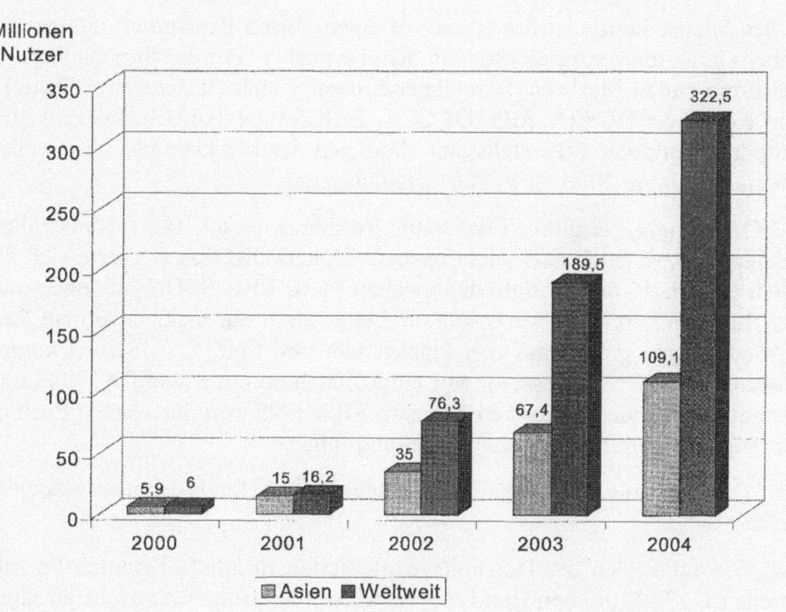

Abbildung 5-11: Nutzer des mobilen Internets in Asia-Pacific und weltweit (eMarketer 2001)

Abbildung 5-11 zeigt nun wiederum die vorausgesagte Entwicklung der Zahl der mobilen Internetuser in Asien verglichen mit dem Rest der Welt.

Anhand der vorher gezeigten Abbildungen im Zusammenhang mit diesem Schaubild erkennt man die herausragende Stellung Asiens auf dem Gebiet des mobilen Internets. Dies ist vor allem auf Japan zurückzuführen. Laut dieser Schätzung wird der Rest der Welt im Laufe der nächsten Jahre diesen Vorsprung allerdings sehr schnell kompensieren.

Begünstigt durch die große Zahl der mobilen Internetnutzer hat sich M-Commerce in Asien respektive Japan bisher weitaus besser durchgesetzt als im Rest der Welt. Außerhalb Japans ist der M-Commerce allerdings noch kaum verbreitet. Laut Jupiter Research Studie (eMarketer 2001) wurden im Jahr 2000 fast alle M-Commerce Umsätze ($0,4 Milliarden) allein in Japan getätigt. Im Laufe der nächsten Jahre sollen auch andere Länder in Asien sowie im Rest der Welt mehr Bedeutung auf diesem Gebiet erlangen. So wird zum Beispiel für 2003 ein Umsatz von $7,6 Milliarden weltweit prognostiziert, wobei davon $3,5 Milliarden auf Japan und $1,5 Milliarden auf den Rest Asiens entfallen.

Letztendlich bleibt zu bemerken, dass diese Region der Welt vor allem wegen seiner hohen Bevölkerungszahl in Zukunft sicherlich einen interessanten Markt für das mobile Geschäft darstellt.

5.2.3.2 Der Markt für Handys

In den letzten Jahren ist das Handy zu einem festen Bestandteil unseres täglichen Lebens geworden, vergleichbar mit dem Fernseher oder der Stereoanlage. Für diesen florierenden Markt ist bezeichnend, dass er sich zu über zwei Drittel auf die fünf Keyplayer NOKIA, MOTOROLA, ERICSSON, SAMSUNG und SIEMENS aufteilt. Abbildung 5-12 stellt den Vergleich der Marktanteile im jeweils dritten Quartal der Jahre 2000, bzw. 2001 graphisch dar.

NOKIA konnte, verglichen mit dem Vorjahresquartal, seine Marktführerschaft behaupten bzw. nochmals leicht ausbauen. MOTOROLA steigerte sich ebenfalls leicht auf 15,7% und festigte den zweiten Platz. ERICSSON hingegen musste einen Rückgang um 1,7% verkraften und liegt somit nur mehr knapp auf Rang drei. Veränderungen gab es auf den Plätzen vier und fünf. SAMSUNG konnte seine Position erheblich verbessern. Mit einer Zunahme um 3% auf 7,3% Marktanteile verdrängten sie den deutschen Konzern SIEMENS von der vierten Position. Dieser rangiert mit nun 7,2% knapp auf Rang fünf.

Im folgenden soll der Verlauf des sogenannten „Handy-Booms“ näher erläutert werden.

Die Verkaufszahlen der Hersteller explodierten förmlich. Konnten im Jahr 1998 bereits ca. 178 Millionen Handys verkauft werden, folgte im nächsten Jahr (1999) ein immenser Anstieg auf ca. 290 Millionen Stück. Doch damit war keinesfalls der Höhepunkt erreicht. Im Jahr 2000 wurde ein weiterer explosiver Zuwachs verzeichnet, so dass die Zahl der verkauften Mobiltelefone die 400 Millionen-Marke mit ca. 405 Millionen Stück knapp übertreffen konnte.

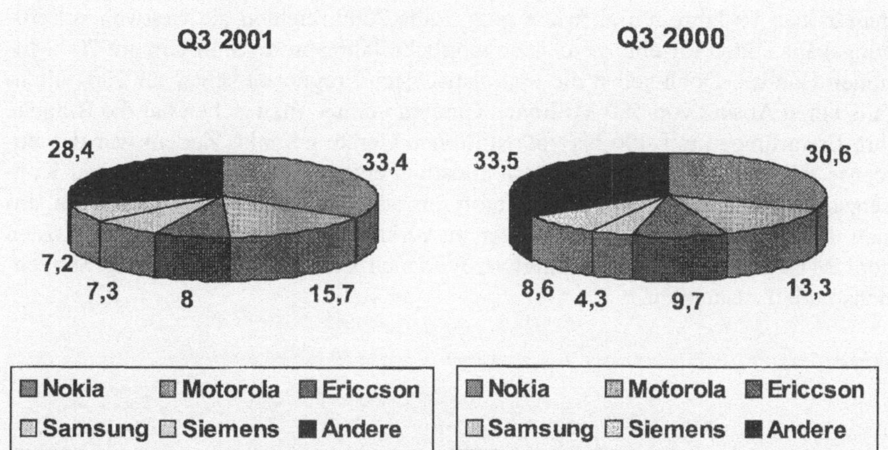

Abbildung 5-12: Marktanteile der wichtigsten Keyplayer im dritten Quartal 2000 und 2001

Die oben genannten Keyplayer konnten in den letzten Jahren ständig neue Verkaufsrekorde bekannt geben. Aufgrund des schier unglaublichen Aufschwungs ließen sich viele Experten von der überschwänglichen Euphorie anstecken und auch die Hersteller setzten weiter auf unvermindert starke Wachstumsraten. Doch in diesem Jahr machte sich erstmals Ernüchterung breit. Die Verkaufszahlen und die damit verbundenen Gewinne konnten den steilen Anstieg nicht halten und flachten ab. Der Erste der fünf größten Hersteller, der sich plötzlich einem Verlust gegenüber sah, war MOTOROLA. So verzeichnete der US-Konzern im ersten Quartal 2001 einen Verlust von 629 Millionen Euro. Mittlerweile wird das Geschäft mit den Mobiltelefonen etwas differenzierter und nüchterner gesehen. So bezeichnet der Finanzchef von MOTOROLA den Handy-Markt im Moment als extrem brisant. Und auch SIEMENS-Manager sprechen von rauhen Zeiten, nachdem sie einen Verlust in der Handysparte im ersten Quartal 2001 von 143 Millionen Euro hinnehmen mussten. Auch die Führungsebene von Ericsson sieht in naher Zukunft keinesfalls eine nahende Trendwende, sondern lediglich ein mäßiges Wachstum. Der schwedische Konzern verzeichnete im zweiten Quartal 2001 ebenfalls einen Verlust in Höhe von knapp 600 Millionen Euro. Der Marktführer Nokia konnte sich zwar in der Gewinnzone halten, aber einen Gewinnrückgang von 20 Prozent nicht verhindern. Abbildung 5-13 stellt die Entwicklung des Mobilfunkmarktes sowie die korrigierten Prognosen nochmals dar .

Diese Einbrüche klingen eigentlich paradox, da die Handybranche mit erwarteten Steigerungsraten von über 20 % immer noch zu den wachstumsstärksten Industriezweigen gehört. Mit zur Zeit rund 700 Millionen Handynutzern sind lediglich 12 % der Weltbevölkerung mobil erreichbar. Die Krise scheint selbstgemacht.

Aus Erfolg wurde Größenwahn, der führte zu Wahnsinnsinvestitionen ohne auf die Gefahr der Sättigung Rücksicht zu nehmen, welche jetzt zu Milliardenverlusten führen – und das mitten im größten Boommarkt der Nachkriegsgeschichte, in dem es fast 10 Jahre nur aufwärts ging. Ende 2000 reichten die weltweiten Fertigungskapazitäten für eine geschätzte mögliche Jahresproduktion von gut 700 Millionen Handys. Doch selbst die optimistischsten Prognosen sahen für 2001 allenfalls einen Absatz von 580 Millionen Geräten voraus. Inzwischen hat die Branche ihre Erwartungen auf 400 bis 450 Millionen Geräte gesenkt. Zudem war das immense Wachstum in vielen Ländern künstlich erzeugt, da Netzbetreiber zur Kundenakquirierung fast jedes Mobiltelefon mit bis zu 400 DM subventionierten, anstatt die Telefone zu normalen Preisen zu verkaufen. Doch mit den hohen Kosten der UMTS-Lizenzen und der damit verbundenen Verschuldung brach das Subventionsmodell zusammen.

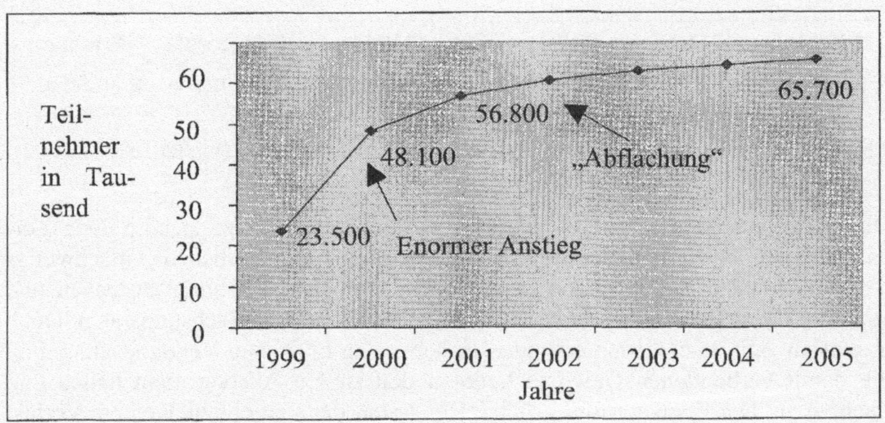

Abbildung 5-13: Entwicklung des Mobilfunkmarktes

Wegen der Probleme, mit denen der Markt im Moment zu kämpfen hat, und den bestehenden Renditeforderungen zeichnet sich in der Branche ein neuer Trend ab. Um Marktanteile zu generieren und Kosten zu senken, werden die Handy-Sparten ausgegliedert, um dann mit denen der Konkurrenten zu fusionieren. Aus diesem Grunde gibt es seit dem 1.Oktober 2001 das Gemeinschaftsunternehmen für Mobiltelefone „SONY ERICSSON Mobile Communications" mit Sitz in London. Ab dem vierten Quartal werden die Einzelmarken SONY und ERICSSON vom Markt verschwinden, so dass die Produkte dann nur noch weltweit unter der gemeinsamen Marke „SONY ERICSSON" erhältlich sein werden. Kürzlich vollzog auch SIEMENS den gleichen Schritt und gab die Kooperation mit TOSHIBA bekannt.

5.2.3.3 *Der Markt für PDAs*

Grundsätzlich lässt sich feststellen, dass zwischen dem PDA-Markt und dem Handymarkt Parallelen zu erkennen sind. Beide Märkte haben mit ähnlichen Problemen zu kämpfen.

Um diese These genauer belegen zu können, soll nun speziell auf die Situation im europäischen Markt näher eingegangen werden.

In Tabelle 5-2 wird die Entwicklung des westeuropäischen PDA-Marktes anhand von Verkaufszahlen und Marktanteilen beschrieben. Es werden hierbei, wie das in der Wirtschaft so üblich ist, die Veränderungen, im Vergleich mit dem Vorjahreszeitraum dargestellt.

PALM verlor zwar Marktanteile (von 61% auf 41.3%), konnte aber dennoch die Verkaufszahlen um über 60% steigern und somit die Marktführerschaft verteidigen.

Einen großen Sprung machte hingegen COMPAQ. Mit einem Absatz von 8.978 Stück im ersten Quartal 2000 steigerte das amerikanische Unternehmen seine Verkaufszahlen um sagenhafte 1018% auf 100.362 Stück. Verantwortlich für diesen Schub zeigte sich die Markteinführung des COMPAQ iPaq, der auf eine extrem starke Nachfrage stieß.

Auffallend bei dem finnischen Unternehmen NOKIA in diesem Quartal war die Tatsache, dass sie ihren Communicator 9110 verbilligt auf den Markt brachte, um die Lager zu räumen und die Einführung des Nachfolgers Communicator 9210 vorzubereiten.

Tabelle 5-2: Marktanteile und Verkaufszahlen des europäischer PDA-Markt im ersten Quartal 2000 und 2001

Verkäufer	**Q1 2001**		**Q1 2000**		**Wachstum**
	Verkaufs-zahlen	Marktanteil	Verkaufs-zahlen	Marktanteil	Q1´01/Q1´00
Palm	347.262	41,3%	215.153	52,1%	61%
Compaq	100.362	11,9%	8.978	2,2%	1018%
Casio	79.870	9,5%	29.330	7,1%	172%
Nokia	78.280	9,3%	49.510	12,0%	58%
Psion	74.820	8,9%	78.720	19,1%	-5%
Handspring	60.262	7,2%	-	0,0%	NA
Ericsson	38.735	4,6%	-	0,0%	NA
Hewlett-Packard	34.210	4,1%	16.515	4,0%	107%
IBM	18.265	2,2%	9.235	2,2%	98%
Other	8.437	1,0%	5.170	1,3%	63%

Bei den mobilen Endgeräten ist allgemein festzustellen, dass der Anteil der Farbgeräte, verglichen mit dem Vorjahreszeitraum, um 9% auf 19% anstieg. Farbdisplays werden wohl entscheidend für den zukünftigen Kauf eines PDA-Gerätes sein, da sie neue Käufer anziehen. Zur Zeit bieten die „farblosen“ Geräte allerdings bedeutende Vorteile wie Preis, Stand-by-Zeit und Akkugröße.

Tabelle 5-3: Marktanteile und Verkaufszahlen am europäischer PDA-Markt im zweiten Quartal 2000 und 2001

Verkäufer	**Q2 2001**		**Q2 2000**		**Q2'01/Q2'00**
	Verkaufs-zahlen	Marktanteil	Verkaufs-zahlen	Marktanteil	Wachstum
Palm	164.175	25,9%	250.500	49,9%	-34%
Compaq	162.050	25,5%	22.100	4,4%	633%
Nokia	67.240	10,6%	63.726	12,7%	6%
Psion	44.355	7,0%	82.260	16,4%	-46%
Handspring	43.230	6,8%	15.490	3,1%	179%
Ericsson	34.460	5,4%	-	0,0%	NA
Hewlett-Packard	33.165	5,2%	17.295	3,4%	92%
Casio	32.000	5,0%	37.925	7,6%	-16%
Sony	19.510	3,1%	-	0,0%	NA
Olivetti	9.597	1,5%	-	0,0%	NA
IBM	8.157	1,3%	7.207	1,4%	13%
Other	16.850	2,7%	5.690	1,1%	196%

Bei den Betriebssystemen verwies MICROSOFT/Windows CE mit einem Marktanteil von 19,6% den Konkurrenten SYMBIAN/Epoc (13,5%) auf Platz zwei. Auch hier ist PALM mit ihrem OS der Marktführer mit einem Anteil von 50,7%. Während des ersten Quartals versuchte HEWLETT-PACKARD mit der Einführung des Jornada 525 die Marktanteile neu zu mischen.

Obwohl das gewaltige Jahreswachstum von über 100% im ersten Quartal dramatisch einbrach, ist der PDA-Markt immer noch einer der am schnellsten wachsenden Märkte weltweit. Verglichen mit dem Vorjahreszeitraum verzeichnete er ein Wachstum von immerhin 26%. Auch bei den Marktanteilen hat sich einiges getan.

COMPAQ schaffte es mit der Markteinführung des iPAQ die Lücke zu PALM deutlich zu schließen. Ein für den PDA-Markt allerdings signifikanter Einfluss war der Verkaufsstart des NOKIA Communicator 9210, dass als erstes richtiges Smartphone gilt. Es ist primär als ein Telefon zu sehen, dass einen eindrucksvollen Farbbildschirm besitzt und die Funktionalitäten eines Organizers vereint. Noch zu betonen ist, dass SONY im zweiten Quartal 2001 in den Markt einstieg und mit neuen Farbgeräten auf Anhieb einen Marktanteil von 3,1% erkämpfte.

40% der ausgelieferten Endgeräte hatten im zweiten Quartal 2001 bereits ein Farbdisplay. Der Anteil der Farbgeräte stieg somit immerhin um die Hälfte.

Tabelle 5-4: Marktanteile und Verkaufszahlen am europäischer PDA-Markt im dritten Quartal 2000 und 2001

Verkäufer	Q3 2001		Q3 2000		Q3'01/Q3'00
	Verkaufs-zahlen	Marktanteil	Verkaufs-zahlen	Marktanteil	Wachstum
Nokia	152.335	28,3%	78.265	12,2%	95%
Palm	108.445	20,2%	244.100	37,9%	-56%
Compaq	66.925	12,4%	36.980	5,7%	81%
Casio	61.560	11,4%	86.745	13,5%	-29%
Handspring	41.450	7,7%	34.710	5,4%	19%
Hewlett-Packard	28.630	5,3%	37.585	5,8%	-24%
Psion	16.190	3,0%	100.710	15,6%	-84%
Ericsson	14.600	2,7%	-	0,0%	NA
Olivetti	13.085	2,4%	-	0,0%	NA
IBM	6.275	1,2%	14.720	2,3%	-57%
Sony	4.735	0,9%	-	0,0%	NA
Sagem	4.180	0,8%	-	0,0%	NA
RIM	3.250	0,6%	-	0,0%	NA
Trium	2.805	0,5%	-	0,0%	NA
Other	13.550	2,5%	10.315	1,6%	31%

Auch im Betriebssoftwarebereich hat sich einiges getan. PALM OS blieb mit einem Marktanteil von 37% zwar noch an erster Position, aber verzeichnete deutliche Einbußen. MICROSOFT schaffte mit ihren Windows CE einen enormen Sprung nach vorne. Bereits 33% der Anteile gehören dem amerikanischen Softwaregiganten und er ist somit auf den besten Weg, Konkurrenten PALM vom

Platz an der Sonne zu verdrängen. Auch SYMBIAN konnte sich verbessern und verzeichnete einen Marktanteil von 21%.

Im dritten Quartal 2001 schaffte es NOKIA erstmals, PALM von der Spitze zu verdrängen. Mit dem ersten richtigen Smartphone, den auf Symbian basierenden Communicator 9210, konnte das skandinavische Unternehmen die Konkurrenz in den Schatten stellen. Nichts desto trotz konnte die allgemeine Richtung des Gesamtmarktes nicht gestoppt werden. Aufgrund eines ständigen Überangebots, den wirtschaftlichen Gegebenheiten und Erwartungen, und den konjunkturellen Durchhänger glitt das Wachstum mit -16% erstmals ins Rezessive ab. Ähnlich wie bei allen Hightechmärkten verlangsamte sich der PDA-Markt im dritten Quartal dramatisch. Ein Jahr zuvor sah man noch Wachstumsraten von über 100%. Hinsichtlich neuer Geräte hat die wirtschaftliche Misere auch Auswirkungen. Sämtliche Hersteller müssen ihre Kosten drastisch senken, was zur Folge hat, dass neue Projekte verschoben wurden. Trotz des konjunkturellen Einbruchs waren die Verkaufszahlen der ersten neun Monate immer noch um ein Drittel höher als die des selben Zeitraums ein Jahr zuvor.

Der Erfolg des NOKIA Communicator 9210 war auch dafür verantwortlich, dass der Markt für Betriebssysteme deutlich durcheinander gebracht wurde. NOKIA verhalf SYMBIAN an die Spitze des Marktes mit 34% und verwies PALM OS mit 29,9% und Windows CE mit 20,8% auf die Plätze.

Abschließend lässt sich festhalten, dass Handyhersteller wie zum Beispiel ERICSSON und NOKIA gegenüber den IT-Dienstleistern und IT-Produzenten einen entscheidenden Vorteil besitzen. Sie genießen, aus dem Handygeschäft hervorgehend, hervorragende Beziehungen zu Distributoren. Daher besteht die Möglichkeit, das Smartphone gegenüber den mobilen „Datenendgeräten" eher im Markt zu etablieren. Verkäufer wie COMPAQ, IBM usw., die aus der IT-Seite der Hightech-Industrie stammen, müssen für die Zukunft ebenfalls solche distributiven Partnerschaften eingehen, um ihre Produkte im Markt zu platzieren. Besonders der finnische Konzern NOKIA kann eine starke Stellung für den weiteren Verlauf aufweisen. Er verfügt über starke Partnerschaften mit Netzbetreibern und hat über diese einen Zugriff auf eine gewaltige Anzahl von Verkaufsstellen in ganz Europa, was einen entscheidenden Vorsprung gegenüber den klassischen „Handheld"-Produzenten darstellt.

Ein entscheidender Faktor für die Entwicklung des PDA-Marktes ist der Preis. Trotz der Subventionen seitens der Netzbetreiber besteht dennoch eine Barriere zur breiteren Annahme der Produkte. Denn es gibt nicht sehr viele Leute, die bereit sind, für z.B. einen Handheld PC weit über 250€ zu bezahlen.

Wird die weit verbreitete Verfügbarkeit von GPRS- Dienstleistungen, unter Berücksichtigung eines vernünftigen Preises einigermaßen garantiert, und werden die mobilen Endgeräte ebenfalls preislich angepasst, so wird der Markt der PDA-Geräte stark wachsen. Vor allem das Smartphone wird von dieser Entwicklung profitieren. Allerdings müssen sich die Hersteller auf einen harten Wettbewerb einstellen, was aber letztlich dem Endverbraucher zu Gute kommt.

Tabelle 5-5: (geschätzte) Verkaufszahlen für Smartphones und Handhelds in West-Europa

	2000	**2001**	**2002**	**2003**
Smartphones	0	231.000	1.670.000	5.600.000
Jahreswachstum		NA	623%	235%
Handhelds	2.230.000	3.360.000	4.988.000	7.080.000
Jahreswachstum		50,6%	48,4%	41,9%

5.3 Ausgewählte Marktteilnehmer und Akteure im Mobile Business

5.3.1 Überblick über Marktsegmente und Gründungsdynamik

Obwohl es inzwischen zahlreiche Publikationen zum Themengebiet Mobile Business gibt, ist es bisher nicht gelungen, den Markt zufriedenstellend zu beschreiben. Erste Überlegungen zu einer systematische Darstellung der Marktteilnehmer finden sich bei Lehner/Watson (2001a), wo versucht wird die Keyplayer in einem Strukturmodell abzubilden. Mit Key Player bezeichnet man Unternehmen, die aufgrund ihrer nennenswerten Marktanteile oder aus sonstigen Gründen maßgeblich für den jeweiligen Markt sind. Nach dem Modell von Lehner/Watson kann es Keyplayer in folgenden Bereichen geben: Netzbetreiber, Service Provider, Hardwarehersteller, Anbieter von Mobile Solutions und Vertrieb. Ergänzend dazu kommen Institutionen auf Regierungs- und Behördenebene, Standardisierungsgremien und sonstige Initiativen.

In einer Studie von Nicolai/Petersmann (2002) wird untersucht, welche Bedeutung Unternehmensgründungen im Mobile Business besitzen. Es ist in Verbindung mit neuen Technologien eine immer wieder diskutierte Frage, ob die Chancen eher von Neugründungen oder von etablierten Unternehmen wahrgenommen werden. Etwas anders formuliert geht es natürlich auch um die Frage, ob eine größere Zahl von Neugründungen zu erwarten ist. Neben Japan gilt ja Europa als führend im Bereich Mobile Business. Dies hat u.a. damit zu tun, daß anders als in den USA mit GSM bereits ein einheitlicher Mobilfunkstandard existiert. Innerhalb von Europa zählt wiederum Deutschland zu den wichtigsten Märkten.

Die Ergebnisse der Studie von Nicolai und Petersmann (2002) belegen, daß bereits in einer sehr frühen Phase des Mobile Business die etablierten Unternehmen dominieren. Dies steht im Widerspruch zu einer in der Literatur zu Unternehmensgründungen häufig vertretenen These, daß zuerst Startup-Unternehmen neue Technologien in marktfähige Angebote und Anwendungen übersetzten. Die Analyse der wichtigsten Portale macht deutlich, daß im B2B-Bereich die etablierten Unternehmen etwa im Verhältnis 5:1 dominieren. Zu den etablierten Unternehmen sind in diesem Fall auch Internetgründungen wie e-Bay, Travelocity, Amazon, Yahoo oder Lycos zu nenne, die ihr Angebot um mobile Nutzungsmöglichkeiten erweitert haben (vgl. Nicolai/Petersmann 2002).

Eine mögliche Ursache für die geringe Anzahl an Neugründungen kann darin liegen, daß sich der Markt insgesamt noch in einer frühen Phase befindet. Dazu kommen eine noch nicht vollständig entwickelte Infrastruktur, Kurseinbrüche auf den internationalen Technologiemärkten u.v.m. Außerdem gibt es Hinweise, daß First-Mover-Vorteile eher die Ausnahme sind. Dem Aufbau einer Marke hingegen kommt eine enorme Bedeutung zu. Dies ist natürlich mit entsprechenden Kosten verbunden. Anders als beim traditionellen Internetbusiness befinden sich mit den Netzbetreibern Akteure in der Wertschöpfungskette, die eine sehr mächtige Marktposition einnehmen und auf die Entwicklung des Mobile Business einen entsprechenden Einfluß ausüben. Sie besitzen auch die Informationen über die Aufenthaltsdaten (Lokalisierung) und über das Navigationsverhalten ihrer Kunden. Dazu kommt, daß mit der Telefonrechnung eine einfache Möglichkeit zur Abwicklung von Zahlungen besteht. Berücksichtig man darüber hinaus die gerätetechnisch bedingten Restriktionen bei mobilen Anwendungen, dann bleiben oft nicht mehr viele attraktive Einnahmequellen für mobile Anwendungen übrig. Einige Mobile-Business-Gründungen wie Starwap, Canbex oder CityKey mußten sogar Insolvenz anmelden. Andere wurden von finanzkräftigen Unternehmen übernommen. Insbesondere bei Portalbetreibern gilt, daß die Aktivitäten von etablierten Unternehmungen getragen werden. Paybox hat eine Bank im Rücken, bei Handy.de ist es ein Medienunternehmen, bei iobox ein Telekommunikationsunternehmen (vgl. Nicolai/Petersmann 2002).

Die Organisationen, die in diesem Markt tätig sind, sind nicht unabhängig voneinander und interagieren in vielfältiger Weise. Die Zusammenhänge wurden mit Hilfe der Wertschöpfungskette im vorhergehenden Abschnitt näher veranschaulicht. Die Wertschöpfungskette im Mobile Business reicht dabei von der Infrastruktur, Technologie, Hard- und Software über Inhalt und Services, Netzwerkoperatoren und Providern bis zu den Endgeräten. Die Situation kann noch keineswegs als stabil angesehen werden. Die nachfolgende Aufzählung gibt einen groben Überblick über die wichtigsten Segmente:

- Mobile Business im engeren Sinne (z.B. Portalbetreiber, Aggregatoren und Provider in den Bereichen Content/Community/Application)
- Anbieter von Basislösungen (z.B. Payment Solutions, Security Solutions).
- Netz- und Infrastrukturbetreiber
- Serviceprovider, virtuelle Netzwerkoperatoren und Wireless ASP
- Hardware- und Geräte-Hersteller (Handys, Handheld-Computer, sonstige mobile Geräte wie z.B. Wearables oder Auto-PCs, sowie die gesamte Infrastruktur, die für den Betrieb von Funknetzen benötigt wird)
- Vertriebsorganisationen (Verkauf mobiler Endgeräte und Dienstleistungen, einschließlich Service und Kundendienstinfrastruktur)
- Systemintegratoren, Consulting
- Anwendungsentwicklungen und technische Dienstleistungen

- Entwickler von Systemsoftware (z.B. mobile Betriebssysteme, Entwicklungsumgebungen, Datenbanksysteme und Browser) und von spezialisierten Softwaretools (z.B. Content Conversion HTML/WML)

Zu den genannten Bereichen kommen noch Regierungs- und Behördeneinrichtungen, Standardisierungsinstitutionen sowie sonstige Initiativen.

Die wichtigsten Segmente werden im Folgenden noch etwas näher beschrieben. Es handelt sich dabei um ein Auswahl, wobei an dieser Stelle nochmals auf die starke Marktdynamik hingewiesen werden soll.

5.3.2 Netzwerkoperatoren

Netzwerkoperatoren bzw. Netzbetreiber sind Unternehmen, die ein Mobilfunk- oder Festnetz aufbauen und betreiben. *„Sie organisieren und überwachen den Netzbetrieb, sie werben die Kunden, offerieren Telekommunikationsdienste und erstellen die Kundenabrechnungen."* (Büllingen et al. 2000, 20) Eine genaue Definition ist in § 3 des Telekommunikationsgesetzes (TKG) festgelegt. Gemäß § 3 Nr. 2 TKG ist das Betreiben von Telekommunikationsnetzen das *„Ausüben der rechtlichen und tatsächlichen Kontrolle (Funktionsherrschaft) über die Gesamtheit der Funktionen, die zur Erbringung von Telekommunikationsdienstleistungen oder nichtgewerblichen Telekommunikationszwecken über Telekommunikationsnetze unabdingbar zur Verfügung gestellt werden müssen."* Ein „Telekommunikationsnetz" ist gemäß § 3 Nr. 21 TKG *„die Gesamtheit der technischen Einrichtungen (Übertragungswege, Vermittlungseinrichtungen und sonstige Einrichtungen, die zur Gewährleistung eines ordnungsgemäßen Betriebs des Telekommunikationsnetzes unerlässlich sind), die zur Erbringung von Telekommunikationsdienstleistungen oder zu nichtgewerblichen Telekommunikationszwecken dient"*.

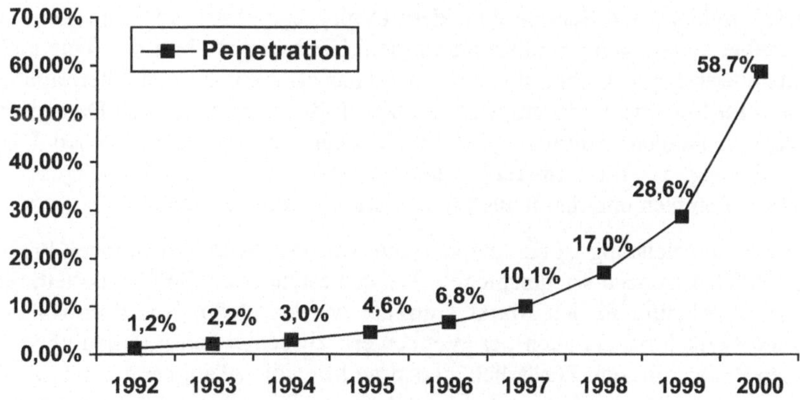

Abbildung 5-14: Penetration im Mobilfunkmarkt (Regtp 2001, 25)

Die zusätzlichen Voraussetzungen eines öffentlichen Telekommunikationsnetzes ergeben sich aus § 3 Nr. 12 TKG. Dabei bestimmen sich die notwendigen technischen Einrichtungen eines Telekommunikationsnetzes im Sinne des § 3 Nr. 21 TKG nach dem Zweck des jeweiligen Netzes. Dies bedeutet z.B. für das Angebot von Sprachtelefondienst, dass nach dem heutigen Stand der Technik das betreffende Telekommunikationsnetz aus mehr als zwei Übertragungswegen bestehen muss, die mit mindestens einer Vermittlungseinrichtung verbunden sind.

Telekommunikationsdienstleistungen, die über ein Telekommunikationsnetz erbracht werden, können auch Mobilfunkdienstleistungen sein, also solche, die für die mobile Nutzung bestimmt sind, vgl. § 3 Nr. 8 TKG.

Deutschland besitzt den größten Telekommunikationsmarkt in Europa und weltweit sogar den Drittgrößten. Die mobile Telekommunikation ist damit ein hochattraktiver und dynamischer Markt, der den am stärksten wachsenden Anteil in der deutschen Wirtschaft repräsentiert (Vgl. Ericsson Consulting 2000, 10).

Das bisherige starke Wachstum wird auch im Jahr 2000 in den deutschen Mobiltelefonnetzen (D1, D2, E1, E2) erneut übertroffen. Während es 1999 noch 68,7 Prozent Wachstum sind, steigert sich die Teilnehmerzahl im Jahr 2000 von 23,470 Millionen auf 48,145 Millionen . Dies entspricht einem relativen Zuwachs von 105 Prozent. Die Penetrationsrate, welche sich aus Mobiltelefone pro Einwohner zusammensetzt, erreicht im Mobiltelefondienst Ende 2000 in Deutschland bei rund 59 Prozent. Damit liegt Deutschland, gemessen an den absoluten Teilnehmerzahlen, im europäischen Vergleich vor Italien und Großbritannien an der Spitze. Auch in Anbetracht der Penetrationsrate nähert sich Deutschland schrittweise den diesbezüglich führenden Ländern Finnland, Norwegen, Schweden, Island und Österreich an, welche schon jeweils Penetrationsraten von über 70 Prozent zum Jahresende 2000 erreicht haben. Die Penetrationsraten entwickeln sich im Zeitraum von 1992 bis 2000 exponentiell, wie Abbildung 5-14 zeigt.

Die Liberalisierung des Telekommunikationsmarktes 1998 führt zu einer Vielzahl von Netzbetreibern und Service Providern (Vgl. Regtp 2001, 25). Die Rolle der Netzbetreiber ändert sich grundlegend mit dem Übergang zur breitbandigen mobilen Datenübertragung. Während sie bisher primär als Anbieter von Übertragungsleistungen für Sprache auftreten, wird in Zukunft die Nachfrage nach Datendiensten erheblich steigen. Folglich wird es zwischen den unterschiedlichen Übertragungsleistungen für Sprache und Daten zu Verschiebungen im Verkehrsaufkommen und damit auch in der Erlössituation kommen.

Die Übertragungsleistung ist ein knappes Gut, was sich auch in den hohen Preisen für die UMTS-Lizenzen wiederspiegelt. Daher besteht auch die Gewissheit, dass keine neuen Akteure in den Markt eintreten werden. Jedoch wird sowohl der technische Fortschritt, als auch der Wettbewerb zwischen den Netzbetreibern zu sinkenden Preisen führen. Zusätzlich zu den traditionellen Tätigkeiten, müssen die Netzbetreiber auch als Anbieter von Inhalten, Transaktionsdiensten, mobile Commerce Dienstleistungen, Portale sowie Billing-Dienste für Dritte auftreten. Dies beruht darauf, dass sie sich von den Mitbewerbern differenzieren müssen, umso eine Intensivierung der Kundenbindung zu erreichen. Ferner benötigen die Netzbetreiber neue Einnahmequellen zur Finanzierung moderner Netzwerkinfrastruktur bzw. um den Preisverfall in bei bisherigen Sprach u. Datendiensten aufzufangen.

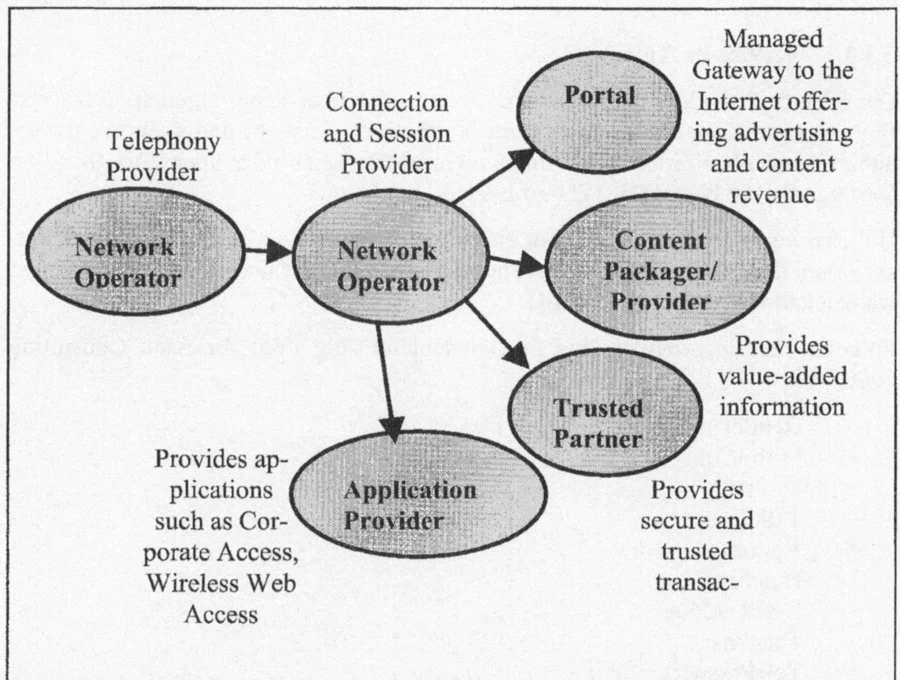

Abbildung 5-15: Neue Aufgabengebiete der Netzbetreiber

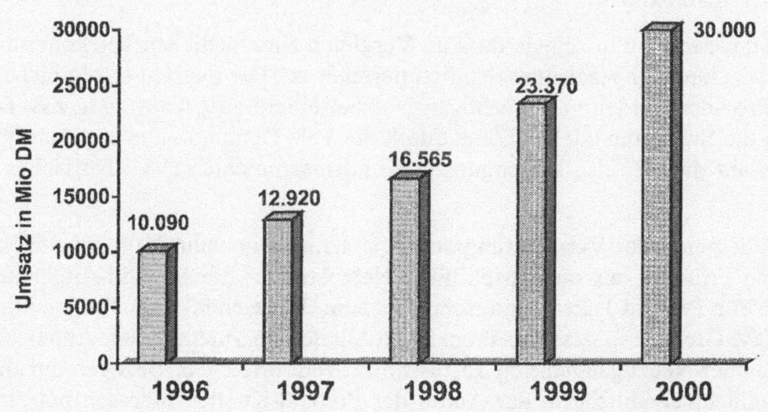

Abbildung 5-16: Mobiltelefondienst - Entwicklung der Umsätze (Regtp 2001, 27)

Die Neupositionierung ist sowohl mit Chancen als auch mit Risiken verbunden. Denn nur wenn die Netzbetreiber sich die entsprechenden Kompetenzen schnell aneignen oder das Know-How durch Kooperationen erwerben, können sie ihre Marktposition stärken und dadurch wettbewerbsfähig bleiben (Vgl. Büllingen 2000, 28-29 und 2).

5.3.3 Service Provider

Ein Service-Provider ist ein Diensteanbieter, der über keine eigenen Netze verfügt, sondern Kapazitäten von einem Netzbetreiber erwirbt und diese weiterveräußert. Deshalb offeriert er in eigenen Geschäftsstellen oder über Einzelhändler, Verträge für die Netze D1, D2 und E-Plus.

Üblicherweise gibt es im Angebot eines Diensteanbieters alle drei deutschen Netze, wobei der Kunde für jedes Netz aus mehreren unterschiedlichen Tarifvarianten wählen kann (Vgl. Debitel 2001d).

Folgende Serviceprovider sind in Deutschland tätig (Vgl. Ericsson Consulting 2000, 11):

- Debitel
- MobilCom
- D-plus
- Talkline
- Victorvox
- Hutchison
- NetzTel Plus
- Tangens
- TelePassport
- Cellway
- Drillisch
- RSL Com

Die Kundenzahlen in zeigen, dass im Vergleich zum restlichen Telekommunikationsmarkt hier das Wachstum deutlich geringer ist. Die meisten erfolgreichen Service Provider werden von mächtigen Netzbetreibern aufgekauft, wie z.B. Debitel durch die Swisscom oder Talkline durch die Tele Denmark. Die Netzbetreiber erhalten auf diese Weise kostengünstig Kundenstammdaten (Vgl. Durlacher 1999, 17).

Im Mittelpunkt der Vermarktungsstrategie standen im Jahr 2000 sowohl bei den Service Provider, als auch Mobilfunk-Netzbetreiber die Prepaid-Angebote. Die Preise für Prepaid-Pakete unterschritten zum Jahresende zum Teil deutlich die 100-DM-Grenze, so dass die Prepaid-Mobiltelefone zuletzt einen Anteil bei den Teilnehmer-Neuzugängen von 75 bis 80 Prozent erreichen. Bezogen auf die Gesamtteilnehmerzahl dürfte der Anteil der Prepaid-Kunden indessen bei zirka 50 Prozent liegen. Die Zahl der Beschäftigten bei den Service Providern im Mobiltelefondienst steigt im Jahr 2000 von 6.100 auf 7.300 an (vgl. Abbildung 5-18) (Regtp 2001, 26).

Tabelle 5-6: Kundenzahlen der Service Provider im Inland (Mobilfunk) (Vgl. Connect Online 2000)

Kundenzahlen	Juni 1999	Dezember 1999
Debitel	2.100.000	2.800.000
MobilCom (mit Cellway/Telepassport)	1.050.000	1.360.000
Talkline	870.000	950.000
D-Plus (seit 2/00 bei Mobil-Com)	410.000	500.000
Hutchison	360.000	480.000
Victor Vox	310.000	380.000
RSL Com (ehemalig Motorola Telco)	170.000	240.000
Drillisch (mit Alpha Tel)	190.000	270.000
Netz Tel Plus	10.000	20.000
Tangens	Start 7/99	20.000

Trotzdem gibt es auch bei den Service Providern im Jahr 2000 Umsatzsteigerungen, wenn auch nicht so deutliche, wie bei den Netzbetreibern (vgl. Abbildung 5-17).

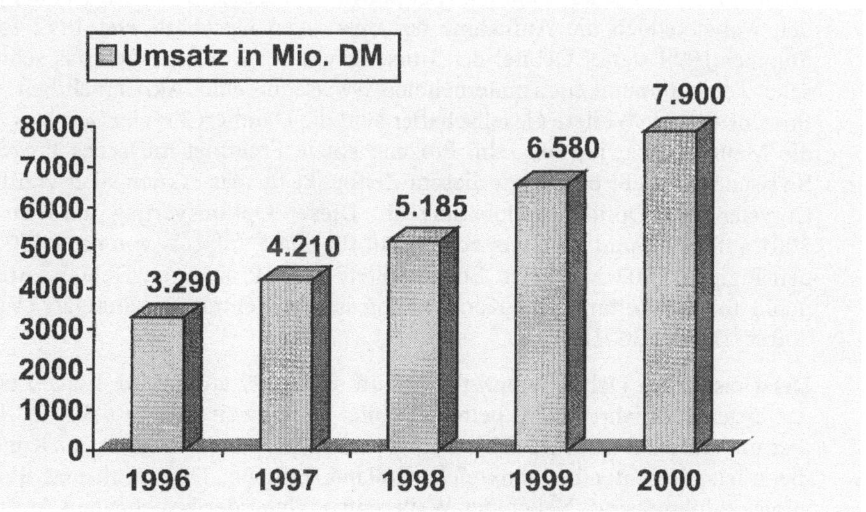

Abbildung 5-17: Umsatzzahlen der Service Provider insgesamt (Regtp 2001, 27)

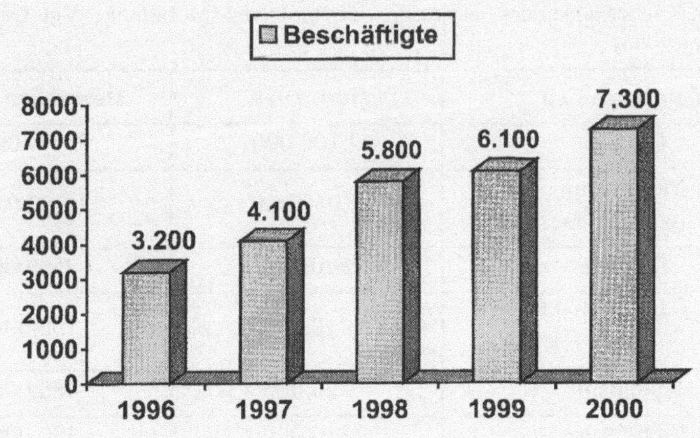

Abbildung 5-18: Beschäftigtenentwicklung bei den Service Providern (Regtp 2001, 28)

Einige ausgewählte Service Provider werden anschließend noch etwas näher dargestellt.

Debitel

Das Unternehmen Debitel ist nicht nur in Deutschland der größte netzunabhängige Service Provider, sondern auch in Europa. Im Mobilfunk hat sich Debitel, gemessen am Kundenbestand, direkt hinter den Netzbetreibern der Netze D1 und D2 positioniert (Vgl. Debitel 2001b). Im Jahre 1991 wird Debitel gegründet, wobei jedoch die Aufnahme des operativen Geschäfts erst 1992 folgt. Im Sommer 1999 startet Debitel den Börsengang, bei welchem sich das schweizerische Telekommunikationsunternehmen Swisscom eine Aktienmehrheit von 74 Prozent sichert. Weitere Gesellschafter sind die DaimlerChrysler Services AG und die Metro AG zu jeweils zehn Prozent, sowie Freefloat mit sechs Prozent. Die Swisscom schließt bereits zu diesem Zeitpunkt für das Aktienpaket von Daimler Chrysler eine Optionsvereinbarung ab. Dieser Optionsvertrag wird im Januar 2001 aufgelöst, und die Swisscom erhält für den Kaufpreis von rund 470 Millionen Franken (307 Millionen Euro) weitere zehn Prozent an Debitel. Ausgangspunkt für die Leitung und Koordination ist die Zentrale in Stuttgart (Vgl. o.V. 2001x; Debitel 2001b).

Der Umsatz des Debitel-Konzerns beläuft sich 1999 auf 2 Mrd. Euro. Zum Ende des ersten Halbjahres 2000 betreut Debitel europaweit nahezu 6,3 Mio. Teilnehmer und beschäftigt 2.753 Mitarbeiter, wobei nahezu 35 Prozent der Kunden auf die Auslandstöchter in Frankreich, Holland, Belgien, Dänemark und Slowenien zurückzuführen sind. Neben der Weiterentwicklung der bestehenden Auslandsgesellschaften ist Debitel auch bestrebt, die Möglichkeiten für eine Expansion in europäische Zukunftsmärkte zu prüfen. Der Markteintritt hängt vor allem vom Stand der Deregulierung im Bereich der Telekommunikation im jeweiligen Land sowie der strengen wirtschaftlichen Kriterien, die an die Neugründung einer Auslandsgesellschaft gelegt werden, ab.

Debitel verfügt über ein differenziertes und engmaschiges Vertriebsnetz mit derzeit 5.500 Verkaufsstellen in Deutschland und zirka 7.000 Vertriebspartner im europäischen Raum. Das Unternehmen vermarktet seine Produkte in erster Linie über die Vertriebspartner Metro, Electronic Partner, Mercedes-Benz, Photo Porst, Bosch-Fachhandel, Ruefach, BMW, Selectric und Chris Keim Com (Debitel 2001b).

Das Dienstleistungsangebot von Debitel umfasst die Bereiche Festnetz, Internet und Mobilfunk. Damit erhält der Kunde ein vollständiges Produktangebot auf der Basis einer einheitlichen Systemplattform und einheitlicher Prozesse. In Abhängigkeit vom Telefonierverhalten bietet der Service Provider unterschiedliche Tarife und Sevice-Leistungen an, wie z.B. den Geschäftskunden-, Prepaid-, Familientarif oder maßgeschneiderte Tarife für Geschäftskunden. Als Komplettanbieter ist Debitel auch in der Lage Konvergenzprodukte für den Kunden zu gestalten. Auch in Zukunft wird Debitel auf moderne Technologien setzen, obwohl es als erstes Unternehmen bei der Versteigerung der UMTS Frequenzen ausgestiegen ist (Golem/Ad 2000b). Über eine Partnerschaft mit D2 Vodafone wird Debitel D2-UMTS-Dienste auf einer nicht-exklusiven Basis vermarkten und somit Elemente der D2-Netzinfrastruktur nutzen. Damit wird die bestehende Geschäftsbeziehung ausgebaut und die neue Position, beschreibt der Vorstandsvorsitzenden von Debitel wie folgt: *„Als netzunabhängiger Enhanced Service Provider erweitern wir unser erfolgreiches Geschäftsmodell und steigern unsere Wertschöpfungstiefe durch das Angebot von neuen eigenen Produkten und Dienstleistungen."* (Debitel 2000a)

Des weiteren gestattet Debitel im Rahmen der Zusammenarbeit mit D2-Vodafone seinen Kunden Dienste, die im Zusammenhang mit neuen Technologien wie HSCSD und GPRS stehen, sowie Location-based Services über mobile Kommunikationsgeräte zu nutzen (Vgl. Debitel 2000a).

MobilCom

Im Jahr 1991 gründet Gerhard Schmid, heutiger Vorstandsvorsitzender der MobilCom AG, die MobilCom Communicationstechnik GmbH mit Sitz in Schleswig. Diese vermarktet zum Netzstart von D2 Mannesmann im Juni 1992 zunächst nur dessen Netzanschlüsse und Mobiltelefone. Danach übernimmt das Unternehmen auch die Anschlüsse von D1 und E-Plus und es folgen Firmengründungen zur Vermietung von Mobiltelefonen, sowie eine Erweiterung des Direktvertriebs. Die Unternehmensgruppe wandelt sich im Jahr 1996 in die Aktiengesellschaft MobilCom AG um und geht als erstes Unternehmen an den Neuen Markt. Mit Hilfe der im Sommer 1997 gegründeten MobilCom Cityline GmbH, schafft MobilCom den erfolgreichen Einstieg in das Festnetz- und Internetgeschäft. Die France Telecom besitzt eine Beteiligung von 28,5 Prozent an der MobilCom. Der Anteil stammt aus einer Kapitalerhöhung bei MobilCom für den die France Telecom etwa 3,7 Milliarden Euro bezahlte. Ob die France Telekom mittelfristig ihr Engagement bei

MobilCom verstärken wird ist aufgrund der wirtschaftlichen Entwicklung zur Zeit ebenso fraglich wie der unabhängige Weiterbestand des Unternehmens.

Hutchison

Die Hutchison Telecom GmbH ist auf dem deutschen Markt als Service Provider erfolgreich. Hervorgegangen ist die Telecom Hutchison aus dem im Jahr 1986 gegründeten Telekommunikationsunternehmen ABC Telecom. Die Hutchison Telecom Hongkong erwirbt im Jahr 1991 68 % der ABC TELEKOM und diese wird unter dem Namen Hutchison Mobilfunk GmbH als Diensteanbieter für das Mobilfunknetz D2 in Deutschland mit Sitz in Münster tätig (Vgl. Hutchison 2001b; Hutchison 2001d; Hutchison 2001f).

Nur ein Jahr später, 1992, erwirbt Hutchison Mobilfunk GmbH eine Diensteanbieter-lizenz für das Mobilfunknetz D1 und 1994 für E1.

Im Jahr 1996 erfolgt dann die 100-prozentige Übernahme der Hutchison Mobilfunk GmbH durch den britischen Telekommunikationskonzern Orange plc. Im Mai 2000 erwirbt die France Telecom den britischen Mobilfunk-Anbieter für fast 100 Milliarden DM von der Vodafone-Gruppe. Im Zuge der Mannesmann-Übernahme hat Vodafone Orange zunächst erhalten, aber dann später aus Wettbewerbsgründen wieder abtreten müssen. Seither bündelt France Telecom in Orange seine gesamten Mobilfunkaktivitäten, auch die von MobilCom (Vgl. Telecom Channel/Afp 2001a; Telecom Channel/Pb 2001c).

Mit dem Start ins Festnetz und der Aufnahme des Geschäftsfeldes Verkehrstelematik im Jahr 1998 wird die Hutchison Mobilfunk GmbH in die Hutchison Telecom GmbH überführt (Vgl. Hutchison 2001f).

Der Vertrieb der Dienstleistungen der Hutchison Telecom erfolgt über die fünf Vertriebszentren Berlin, Frankfurt, München, Münster und Hamburg, sowie über 12 eigene Shops, die sich u.a. in Augsburg, Berlin, Bonn, Düsseldorf, Hamburg, Leipzig, Nürnberg und Stuttgart befinden.

Ferner arbeitet das Unternehmen mit über 1000 Fachhändler bundesweit zusammen und ist durch Kooperationspartner in 750 Vertriebsstandorten präsent (Vgl. Hutchison 2001e). Für die Betreuung der Vertriebspartner hat der Service Provider ein Sales Support Center (SSC) eingerichtet. Um die Händlerbetreuung zu optimieren, wird das Know-How unterschiedlicher Abteilungen dort zusammengefasst, wie z.B. Customer Management, die Händlerbetreuung des Vertriebsinnendienstes und das Hardware-Team. Die Mitarbeiter des SSC können dann die eingehenden Anrufe direkt und sachkundig beantworten, wie z.B. Informationen zur Warenverfügbarkeit, Beratung zu Tarifen und Produkten oder Hinweise zu unterstützenden Werbemitteln. Sehr fachspezifische Fragen werden dagegen zeitnah in den nachgeschalteten Fachabteilungen geklärt (Vgl. Hutchison 2001a).

Im vergangenen Jahr 2000 kann das Unternehmen hinsichtlich Umsätze und Kundenzahlen eine erfolgreiche Bilanz ziehen. Diese werden in Tabelle 5-7 gegenübergestellt.

Tabelle 5-7: Wichtige Kennzahlen zu Hutchison Telecom (Vgl. Hutchison 2001e; Hutchison 2000a)

	1998	**1999**	**2000**
Umsatz	K.A.	460 Mio. DM	540 Mio. DM
Mitarbeiter	K.A.	600	640
Mobilfunkkunden	K.A.	670.000	750.000

Das Münsteraner Unternehmen vereint als Service Provider neben Mobilfunk-, Festnetz-, Internet- und Telematikdienste, auch kundenorientierte Zusatzleistungen. Dazu gehören beispielsweise SMS-gestützte Dienste für den Mobilfunk und spezielle Abrechnungsservices, so dass Kunden auf Wunsch eine sekundengenaue Abrechnung erhalten. Im Mobilfunk offeriert Hutchison Telecom neben den Tarifen der Netzbetreiber auch eigene Angebote, die sich nach dem persönlichem Telefonierverhalten seiner Kunden richten (Vgl. Hutchison 2001b).

Ziel des Service Providers ist es, sich im UMTS-Umfeld als Infomediary, d.h. als zentrale Schnittstelle zwischen Netzbetreibern, Content- und Applicationprovidern, zu positionieren, wobei Kooperationen mit attraktiven Partnern für neue Produkte und Services ein wichtiger Bestandteil sind. In Deutschland erhält der Mutterkonzern Orange plc. im Rahmen der Group 3G zwei UMTS Frequenzen. Orange ist neben der spanischen Telefonica und dem finnländischen Telekommunikationsunternehmen Sonera Corporation Gründungsmitglied der "Group 3G". Dabei sind Orange und Sonera jeweils mit 30 Prozent und die Telefonica mit 40 Prozent am Konsortium beteiligt, wobei die Konsortialmitglieder gemeinsam Sprach-, Daten-, Multimedia- und Internet- Dienste in Deutschland anbieten wollen (Vgl. Hutchison 2000c).

Auf dem Gebiet der Telematik ist die Hutchison Telecom bemüht durch innovative Lösungen Kunden zu gewinnen. Aus diesem Grund hat der Service Provider ein Kompetenz-Center eingerichtet, um Kunden maßgeschneiderte Telematiklösungen auf Grundlage der GSM-Technologie anzubieten. Das Telematik-Kompetenz-Center soll Aufgaben von der Projektplanung, Umsetzung bis hin zum Service in der Betriebsphase übernehmen. Telematik nutzen vor allem Flottenbetreiber zum Beispiel aus der Speditions-, Logistik- und Transportbranche. Sie können mit dieser Technik Fahrzeuge über den SMS-Service europaweit lokalisieren und kontaktieren. Die Daten werden anschließend kostengünstig als SMS an die Dispositionszentrale geleitet. Auf diesem Weg können nicht nur Positionsdaten sondern auch umfassende Textnachrichten zwischen den Fahrzeugen und der Dispositionszentrale ausgetauscht werden. Dadurch können die Fahrzeuge flexibler eingesetzt werden, da Aufträge auch kurzfristig angenommen und disponiert werden können. Auch stationäre Objekte wie Windanlagen, Ökostationen oder größere Gebäude lassen sich damit steuern und überwachen.

Das Telematik Kompetenz Center gibt die Zusammenarbeit mit vier neuen Technologiepartnern, der DI CO TEC GmbH, der ICS Datensysteme GmbH, der infoport GmbH und der Socratec GmbH im März 2001 bekannt. Dadurch soll ein umfangreicher und kompetenter Service den Kunden angeboten werden, da die Spezialisten aus verschiedenen Bereichen der Telematik kommen.

Ob Ortung, Spur- und Sendungsverfolgung, Messaging, Auftragsverwaltung, Fahrdatenerfassung und -übermittlung, Ladungs- und Fahrzeuginformationen, die Technologiepartner decken das gesamte Spektrum der Telematik im Flottenmanagement ab. Darüber hinaus verfügen sie über die nötigen Kapazitäten, um auch größere Projekte abwickeln zu können (Vgl. Hutchison 2000b; Hutchison 2001c).

Talkline

Ein weiterer in Deutschland tätiger Service Provider ist die Talkline GmbH & Co.KG. Das Unternehmen ist eine private Telefongesellschaft, die im Jahr 1991 als Mobilfunk Service Provider gegründet wird und ihren Sitz in Elmshorn hat. Die Geschäftsführung unterliegt dem Vorsitzender der Geschäftsführung Klaus Rasmussen und Frank Schubert. Als 100-prozentige Tochter der dänischen Telefongesellschaft Tele Danmark gehört sie seit dem Start in den liberalisierten Telekommunikationsmarkt zu den führenden Anbietern in Deutschland, wie auch der Tabelle 5-8 entnommen werden kann (Vgl. Talkline 2001a).

Tabelle 5-8: Wichtige Kennzahlen zu Talkline

	1999	**2000**
Umsatz	0,99 Mrd. DM	2,64 Mrd. DM
Mitarbeiter	1.450	1.850
Mobilfunkkunden	0,95 Mio.	1,7 Mio.

Das Angebot an Dienstleistungen von Talkline umfasst auch eine eigene Telefonauskunft, die auch mit Gesprächspartnern aus dem Mobilfunknetz verbindet (Vgl. Talkline 2001b).

Für Mobilfunkkunden bietet das Elmshorner Unternehmen neben den klassischen Tarifen der Mobilfunknetzbetreiber auch maßgeschneiderte eigene Tarife an (Vgl. Talkline 2001e). Eine weitere Serviceleistung von Talkline ist UMS - der Multimessage Pool von Talkline. Der Multimessagepoool ist ein neuer Anrufbeantworter für die Medien Telefon, Fax, Mobiltelefon und PC mit Internetanschluss. Unabhängig vom Ort kann der Kunde mit UMS jederzeit und überall auf alle möglichen Nachrichten flexibel zugreifen (Vgl. Talkline 2001f).

Bei der Produktstrategie will Talkline das Angebot für Geschäftskunden verstärken. *„Geplant sind mobile Zugänge zu firmeninternen Daten und Applikationen, und für "Business Communitys" werden eigene Tarife und Funktionalitäten für Mobilfunk-/Festnetz-/ Internet- und Mehrwertdienste angeboten."*

Einen weiteren innovativen Service, das "Mobile Office", bietet Talkline seinen Mobilfunkkunden seit März 2001 an. Mit „Mobile Office“ können Adressen, Termine, E-Mails und Dateien mit einem PC, Notebook oder WAP-fähigen mobilen Kommunikationsgerät auf einem zentralen Server gespeichert und verwaltet werden. Der 25 MB Onlinespeicher sowie ein sicheres Anwenderkonto bieten für den privaten wie für den professionellen Gebrauch genügend Spielraum, um auch von unterwegs bequem auf die wichtigsten Daten zugreifen zu können, wobei die Anmeldung und Nutzung für alle Talkline Mobilfunk- und talknet-Kunden gratis ist. Lediglich die Verbindungsgebühren für den Web- bzw. WAP-Zugang fallen an. Für den Zugriff auf die Daten im Mobile Office benötigt man lediglich die Kennung und ein Gerät mit Internet-Schnittstelle, dabei ist es auch möglich, dass zum Beispiel eine Datei von mehreren Leuten an verschiedenen Orten bearbeitet wird, stets aber jeder Nutzer eine aktuelle Version zur Verfügung hat. Fast alle Dateiformate von MS Word, Excel über JPEG bis hin zu MP3 werden akzeptiert, und mit Hilfe einer kostenlosen Zusatzsoftware, lassen sich aus PC-Standardprogrammen wie z.B. Microsoft Outlook Daten importieren (Vgl. Talkline 2001d).

5.3.4 Hardware- und Infrastrukturhersteller

„Ohne Funknetze gibt es keine mobile Kommunikation, und ohne Infrastruktur arbeitet kein Mobilfunknetz. Auf diesen einfachen Nenner kann man die Frage nach der Infrastruktur, dem Inneren der nur außen stets drahtlosen Netze, bringen.“ (Ericsson 2001c, 6)

Die Infrastrukturanbieter liefern die notwendige Ausrüstung für ein mobiles Netzwerk. Jeder Anruf per Mobilfunk bedarf einer komplizierter technischen Infrastruktur mit Empfangs- und Sendeanlagen, mehrere Datenbanken und Tausende Kilometer Kabel. Die Lieferanten der Infrastruktur müssen durch innovative Netzwerklösungen überzeugen und haben daher auch die Entwicklung neuer Technologien wie WAP, GPRS, EDGE und UMTS stark forciert.

Die Infrastrukturanbieter verfügen über ein besonderes technologisches Wissen und Erfahrungen, so dass sich hohe Eintrittsbarrieren für andere Unternehmen ergeben. Aus diesem Grund werden sich auch mit dem Ausbau der UMTS-Netze hinsichtlich der Akteure keine größeren Änderungen ergeben (Vgl. Büllingen 2000, 20; Rausch 2001, Durlacher 1999, 15).

Die Entwicklung breitbandiger, mobiler Kommunikation fordert auch gleichzeitig Innovationen im Infrastrukturbereich. Denn während es für HSCSD, GPRS und EDGE genügt, neue Komponenten bereitzustellen bzw. zu installieren, müssen dagegen für UMTS komplett neue Übertragungsnetze errichtet werden. Das bedeutet für die Infrastrukturanbieter einerseits technologische Herausforderungen und Investitionen, sowie andererseits, auch die Chance hoher Einnahmen (Vgl. Büllingen 2000, 23).

Die Infrastrukturanbieter können in die drei unterschiedliche Arten unterteilt werden. Es gibt Unternehmen, die bereits auf dem Gebiet der traditionellen Telefonie

Erfahrungen gesammelt haben, wie z.B. Lucent Technologies, Alcatel oder Nortel Networks. Unternehmen wie Cisco hingegen, konzentrieren sich auf Systemlösungen für Internet und Intranet. Schließlich gibt es noch Motorola, Nokia und Ericsson, die sich auf mobile Geräte spezialisiert haben. Doch durch die zunehmende Konvergenz von Sprach- und Datendiensten verschwinden die Unterschiede zusehends (Vgl. Detourn et al. 2000, 8-10).

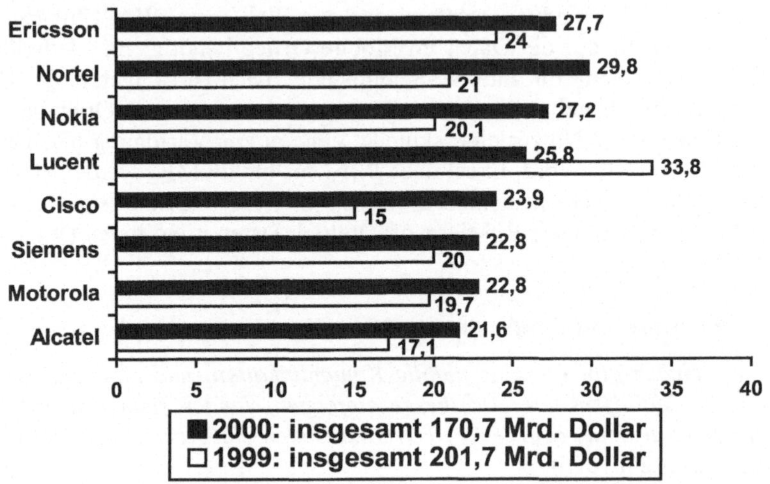

Abbildung 5-19: Die wichtigsten Infrastrukturanbieter (Gartner Dataquest 2001)

Im Jahr 2000 haben die acht wichtigsten Infrastrukturanbieter Alcatel, Cisco, Ericsson, Lucent, Motorola, Nokia, Nortel und Siemens einen Umsatz von insgesamt rund 201,7 Mrd. Dollar erreicht. Wie sich die Zahlen auf die einzelnen Unternehmen aufteilen und der Vergleich zum Vorjahr, kann der nachstehenden Abbildung entnommen werden. Dabei muss aber noch berücksichtigt werden, dass die Daten für Lucent ohne Avaya, einem Spin-off von Lucent Technologies sind, die zusammengefasst 33,23 Mrd. Dollar ergeben würden (Vgl. Lucent 2000). Ferner sind Alcatels Daten für 1999 durch das ausgegliederte Komponentengeschäft neu bewertet worden. Für Siemens wurde für 1999 ebenfalls eine Neubewertung, aufgrund geänderter Wechselkurse vorgenommen (Vgl. Gartner Dataquest 2001).

Die Marktforschungsergebnisse von Gartner Dataquest beruhen auf einer kombinierten Analyse. Aus diesem Grund ist sowohl der internationale Markt für Telekom-Ausrüstung bei Service Providern als auch für Unternehmen untersucht worden. Danach erreichte Nortel Networks für das Jahr 2000 die Spitzenposition und konnte sich im Vergleich zum Vorjahr um zwei Positionen verbessern (Vgl. c't/dal 2001a).

Die Aussichten für die Zukunft sind derzeit wechselhaft, da sich die Netzbetreiber mit den Investitionen für die neuen UMTS Netze noch zurückhalten. Das Marktforschungsinstitut Forrester Research begründet das Verhalten der Netzbetreiber folgendermaßen. Obwohl die immensen Lizenzgebühren für das schnelle mobile UMTS-Netz zwar gezahlt seien und zusätzlich für den Aufbau der Netze ein Aufwand in Höhe von rund 250 Mrd. Euro entsteht, müssen die Unternehmen auf die ersten Einnahmen noch lange warten. Deshalb erwartet Forrester Research für die Telecom-Unternehmen im Jahr 2003 erstmals wieder ein Umsatzwachstum von drei bis 25 Prozent durch Gebühreneinnahmen für Zugang und Nutzung (Vgl. Computer Welt Online 2001d).

Außerdem gibt es Diskussionen, seitens der Netzbetreiber mit der Regulierungsbehörde, ob es denn sinnvoll sei, sechs UMTS Netze zu errichten, wie es in den Lizenzbestimmungen vereinbart wurde. Stattdessen wollen die sechs Lizenznehmer die notwendige Infrastruktur zum Teil gemeinsam errichten, um dadurch 20 bis 40 Prozent der Netzkosten einzusparen. Die Behörde räumte ein, gesprächs- und kompromissbereit zu sein, falls die Unabhängigkeit der Anbieter gewahrt bliebe (Vgl. o.V. 2001r, 6). Außerdem werden zunehmend Forderungen seitens der Netzbetreiber laut, dass sich die Mobilfunkausrüster an den Kosten für die Netze beteiligen sollen. So eine Vorfinanzierung sieht beispielsweise Ericsson eher als eine kurzfristige Überbrückung, ist allerdings zu bestimmten Zugeständnissen gegenüber den Netzbetreibern bereit (Vgl. o.V. 2001k, 1; c't/jk 2000).

5.3.5 Content Aggregator und mobile Portale

Portale wie Yahoo, Lycos oder Excite sind heutzutage nicht nur mehr reine Suchmaschinen, sondern bieten auch zahlreiche Informationen rund um das tägliche Leben an. Diese reichen vom Horoskop über Politik bis zum Wetter und werden mindestens einmal täglich aktualisiert. Schließlich sind es die Inhalte, welche die Nutzer in das Internet locken. Aber von noch größerer Bedeutung wie im stationären Internet wird der Inhalt bei mobilen Lösungen sein. Dies lässt sich am besten an dem sensationellen Erfolg von i-Mode in Japan zeigen. I-Mode ist der mobile Internet-Dienst, den NTT DoCoMo 1999 startete und den zwischenzeitlich über 12 Millionen Japaner nutzen. Bereits zu Beginn stellte NTT DoCoMo nicht die Technologie in den Vordergrund, sondern attraktiven Inhalt. Über 500 Partner liefern mittlerweile Inhalte, die das gesamte Lebensspektrum abdecken und täglich kommen allein von DoCoMo rund 50 neue Seiten und Portale hinzu (Vgl. o.V. 2000s, 110; o.V. 2000b, 16).

In Europa dagegen wurde ein neues Übertragungsprotokoll WAP eingeführt, welches zu Beginn beim Benutzer als teuer und langsam galt. Dies wurde noch zusätzlich durch das unattraktive Design der WAP-Seiten verstärkt, die an die Möglichkeiten und Erfordernisse von WAP-fähigen Geräten nicht angepasst sind. Doch inzwischen beschränken sich die Seiten auf die unterwegs wichtigen Informationen und bieten eine durchdachte Navigation. Aber auch bei der Gestaltung setzt sich ein praktischer Minimalismus durch (Vgl. Endres 2001a, 116-117).

Im vergangenen Jahr wurden mit mobilem elektronischen Handel europaweit über 2,5 Milliarden DM umgesetzt, davon allein 483 Millionen in Deutschland. Bis zum Jahr 2003 sollen nach dem Verband für Informationstechnologie Bitkom, jährliche Wachstumsraten von 200 Prozent in fast allen europäischen Ländern durchaus realistisch sein, wobei mobile Anwendungen als der wichtigste Umsatzträger gelten. Ob sich diese Zahlen bestätigen werden, ist derzeit noch umstritten. Eine Untersuchung der Düsseldorfer BBDO hat ergeben, dass die Unternehmen, welche für den Inhalt zuständig sind, unzureichend vorbereitet sind. *„Nur jede fünfte Company plane konkrete Projekte. Die meisten seien noch dabei, ihre E-Business-Strategien umzusetzen, und hätten keine Kapazitäten für neue Ideen."*

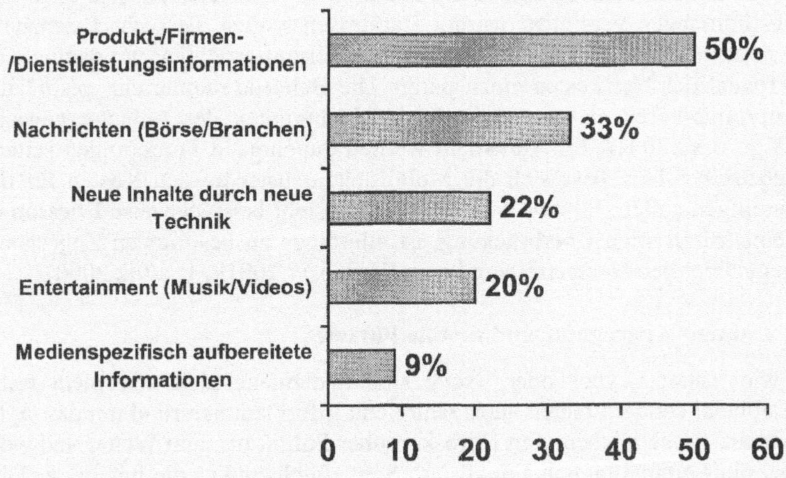

Abbildung 5-20: Kundenanforderung mContent (Göttgens et al. 2001, 8)

Die Technik sei zwar vorhanden, aber es fehle noch an Geschäftsideen. Das fehlende Angebot spiegelt sich daher im Verhalten der Benutzer wider. Laut BBDO besteht bei den Benutzern der Wunsch nach Informationen an erster Stelle. Dagegen ist der Bedarf an Transaktionen oder die Bereitschaft für Unterhaltung zu bezahlen gering, wie Abbildung 5-20 zeigt.

Daher gilt generell das Motto: „content is king". Content Provider sind Anbieter von Inhalten, die ihre Informationen über diverse Vertriebskanäle anbieten, wie z.B. Reuters, Bloomberg, BBC oder CNN. Dabei kann der Content Provider wählen, ob er die Informationen selbst anbietet oder über klassische Portale wie Yahoo! oder Lycos verbreitet. Diese bezeichnet man auch als Content Aggregators, die Informationen für die mobile Verbreitung aufbereiten und dem Kunden zur Verfügung stellen. Um am Markt erfolgreich zu sein, müssen derartige Unternehmen einen Mehrwert bieten, beispielsweise eine hohe Aktualität oder das Angebot personalisierter Informationspakete. Olympic Worldlink bietet mit dem

Dienst „Mobile Futures" Informationen von Optionsmärkten oder allgemeine Firmeninformationen und Nachrichten in Echtzeit an an (Vgl. Durlacher 1999, 16; Büllingen 2000, 32-34).

Ein weiteres Beispiel ist die Nachrichtenagentur Reuters, die Informationen über verschiedene Partnerschaften mit Vodafone, Nokia und Ericsson, sowie über die bereits existierenden Portale Yahoo! und Excite anbietet. Für ein direktes Eingreifen in den Bereich „Mobile Commerce" hat Reuters zusammen mit Aether Systems das Unternehmen Sila Communications gegründet im Mai 2000. Sila Communications bietet mobile Datendienste in Europa und Asien an. Über unternehmenseigene drahtlose Datenzentren werden die Dienste für die Kunden betreut, entwickelt und gesteuert. Mit Sila wird der Zugang zu Unternehmensinformationen, Reuters-Inhalten, Internet-Informationen und -anwendungen, E-mail und sichere Transaktionen netzunabhängig über beliebige Endgeräte möglich sein. Zunächst erfolgt eine Konzentration auf den Markt für Finanzdienstleistungen und das Angebot von M-Commerce-Lösungen. An dem Joint Venture ist Aether Systems mit einem Anteil von 60 Prozent und Reuters mit den verbleibenden 40 Prozent beteiligt. Reuters bringt seine Tochter für mobile Anwendungen, Futures Pager, ein Unternehmen mit Sitz in Großbritannien, in das neue Unternehmen mit ein. Futures Pager ist für die Bereitstellung von Paging- und Echtzeitdiensten für Finanzmarktdaten zuständig (Vgl. Reuters 2000).

Eine weitere interessante Vereinigung ist der Verband der deutschen Content Wirtschaft. Dieser wurde zur Erarbeitung und Etablierung von technischen Standards unter Zusammenschluss von acht Unternehmen gegründet. Dazu zählen unter anderem CSC Ploenzke, 21st Channels und Contens Software. Ziel der Initiative ist es, dass sie Unternehmen entlang der Content-Wertschöpfungskette eine Informations-, Kommunikations- und Kontaktplattform bieten. Dazu gehören Firmen aus den Bereichen Content-Providing, Content-Technology und Content-Delivery. Zu den Hauptaufgaben des Verbandes gehören die Entwicklung von Standards, die Klärung von rechtlichen Fragen, die Förderung von Content-Management und digitalisierten Workflows, die Bereitstellung von interaktiven Plattformen sowie die Organisation von Arbeitskreisen. In den Arbeitskreisen sollen Themen wie Content-Billing, -Management, -Vermarktung, -Pricing, -Syndication und Personalentwicklung behandelt werden (Vgl. o.V. 2000g, 6).

Dies zeigt, dass das Spektrum der Content Provider von Buch- und Zeitungsverlagen über Unternehmen der Musik- und Filmbranche bis zu Betreiber von Datenbanken reicht. Die Verfügbarkeit über attraktive Inhalte wird mit erhöhter Zahlungsbereitschaft honoriert. Die bereits etablierten Inhalteanbieter wie Bertelsmann, der Burda-Verlag oder Time Warner verfügen über einen festen Namen und einen großen Kundenstamm. Daher werden sowohl Netzbetreiber, Service Provider und Gerätehersteller bestrebt sein, mit ihnen zu kooperieren (Vgl. Büllingen 2000, 34).

Im Anschluss wird exemplarisch das mobile Portal von Jamba vorgestellt.

Jamba!

Jamba ist das zur Zeit umfassendste deutsche mobile Portal. Es bietet eine Vielzahl von Services, Links und Verweisen die großteils sowohl über SMS als auch per WAP empfangen werden können.

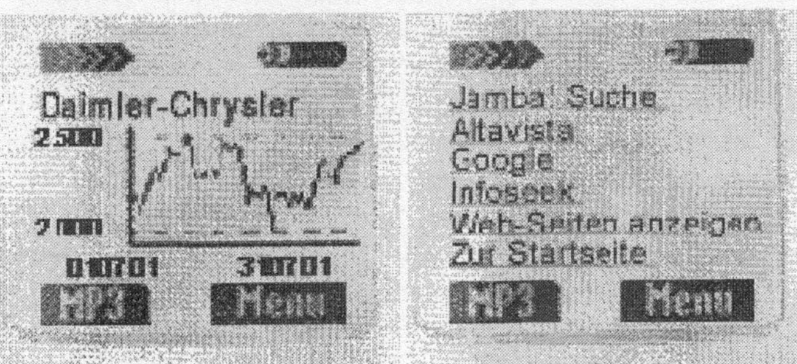

Abbildung 5-21: Beispiele für das mobile Portal von Jamba

Die wichtigsten Kategorien sind dabei:

- Börse: Aktuelle Informationen und Charts
- City: Überblick über Veranstaltungen, Events und Locations
- Fun: Spiel und Spaß
- Horoskope
- News
- Sport
- Wetter

Zusätzlich noch folgende, auf WAP (bidirektional) optimierte Bereiche:

- Email: Nutzung der Jamba Email – Adresse
- Treffpunkt: Dating o.ä.
- Shopping: Produktbestellungen per WAP
- Suche: Suchmaschine für WAP – Inhalte

Wie für Portalseiten (im Internet) üblich, gibt es auch bei Jamba eine ganze Palette von Möglichkeiten, die aber meist nicht die Tiefe und Professionalität von spezialisierten Firmen bieten. So ist es für den Kunden möglich Organizer – Fähigkeiten zu Nutzen, bietet dabei aber nicht so viel Unterstützung wie space2go.com. Ferner kann man, wie schon bei 12snap Klingeltöne und Logos auf sein Handy geschickt bekommen. Ein Unterschied besteht darin, dass Jamba mehr Zahlungsoptionen anbietet. Neben den bekannten Servicenummern kann hier auch ein paybox – Account genutzt werden.

Interessanter ist der Jamba Finder. Dies ist eine Realisierung eines Location Based Services, der einem WAP – Nutzer ermöglicht, Kinos, Cafes, Bars, Kneipen oder auch Diskos in der Umgebung aufgelistet zu bekommen. Der Benutzer muss dafür sowohl Jamba als Portal nutzen, als auch eine eigene Bestätigung abgeben um zu verifizieren, dass er mit der Nutzung seiner Positionsdaten einverstanden ist. Der Service funktioniert derzeit aber nur im D1 – Netz.

5.3.6 M-Commerce und M-Services

Unter dem Begriff Mobile Commerce werden alle kunden- oder geschäftsorientierten Anwendungen zusammengefasst. Daher bilden insbesondere mobile Finanzdienstleistungen die Grundlage, da erst durch sie die entgeltliche Abwicklung von Geschäftsvorgängen möglich ist. Bereits seit 1997 können Online-Transaktionen über das GSM-Netz ausgeführt werden und seitens der Benutzer ist die Nachfrage nach Finanzdienstleistungen sehr groß wie Abbildung 5-22 zeigt.

Aber auch die Banken sind bestrebt, sichere Verfahren zu entwickeln, um über einen zusätzlichen Distributionskanal dem Kunden einerseits eine bequeme und leicht zugängliche Plattform für elektronische Transaktionen zu ermöglichen. Andererseits können die Bankinstitute auf diesem Weg ihre Kosten senken und ihren Workflow optimieren. Aber auch die Netzbetreiber, Hersteller von Netzkomponenten und Endgeräten wollen aufgrund der überaus positiven Prognosen in Form von strategischen Allianzen für die Marktentwicklung in diesem Bereich tätig werden (Vgl. Büllingen 2000, 58).

Der Bereich der mobilen Finanzdienstleistungen umfasst in erster Linie Mobile Banking, Mobile Broking und Mobile Payment (Nähere Informationen bei Durlacher 1999, 40-45).

Bei der Entwicklung von Lösungen sind Unternehmen wie beispielsweise Brokat, Dr. Materna, Sybase, IBM oder Siemens tätig. Brokat nimmt hier als international führender Anbieter von Software für e-Business-Lösungen, eine Schlüsselstellung ein. Im Marktsegment Internet-Banking ist das Unternehmen weltweit Marktführer. Die modulare e-Services Plattform Twister ist eine branchenübergreifende Software, welche IT-Systeme und Anwendungen im Unternehmen integriert und bindet diese sicher an verschiedene elektronische Kanäle wie Internet oder Mobilfunk an. Bereits mehr als 2000 Kunden setzen Twister-Lösungen ein, darunter Allianz, Axa, Deutsche Bank 24, ABN Amro, Cable & Wireless HKT, Consors, DBS-Bank Singapur, debitel, Schweizer Post, SE-Banken, Toronto Dominion Bank und Union Bank of California (Vgl. Brokat 2001).

In der Studie "Finanzdienstleistungen als strategische Positionierungsmöglichkeit im M-Commerce" von der Unternehmensberatung Mummert+Partner wurden insgesamt 64 Kreditinstitute und 70 dem M-Commerce nahe stehenden Unternehmen befragt, um Aufschluss über ihre derzeitige Positionierung, sowie die Einschätzung der Experten zur Zukunft dieses Marktes zu geben. Im Anschluss werden die wichtigsten Ergebnisse präsentiert.

Beim Mobile Banking, Mobile Brokering und Bezahlen per Handy ist ein Wettlauf zwischen den Kreditinstituten und Nicht-Banken entbrannt. Obwohl bereits vier von fünf Kreditinstituten M-Commerce-Projekte durchführen, hält sich die Investitionsbereitschaft bei den meisten Instituten allerdings noch in Grenzen. Als

Pioniere werden nach einer Studie von Mummert und Partner die Deutsche Bank, die Commerzbank und Consors gesehen.

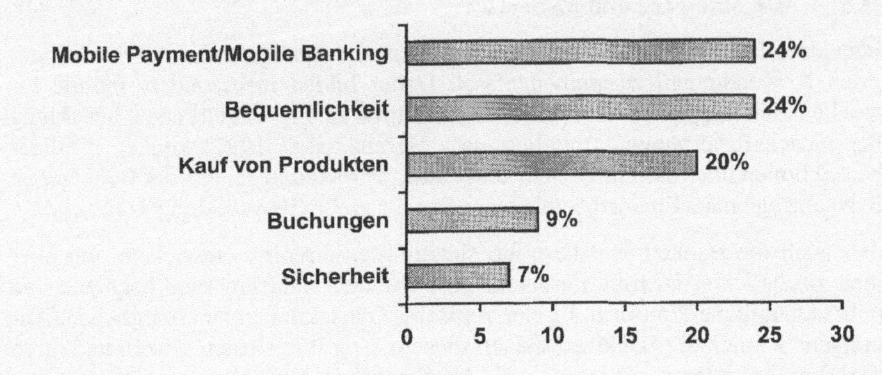

Abbildung 5-22: Kundenanforderungen M-Commerce (Vgl. Göttgens et al. 2001, 8)

Etwa 84 Prozent der befragten Institute bieten bereits mobile Finanzdienstleistungen an oder planen zumindest den Einstieg. Besonders attraktiv ist der Bereich des Mobile Payments. Speziell branchenfremde Sparten wie Infrastrukturanbieter, Anwendungsentwickler und Endgerätehersteller wollen hier im Bereich der mobilen Zahlungsabwicklung, laut Studie 52,5 Prozent, den Kreditinstituten Konkurrenz machen. Der Einstieg ins Mobile Banking interessiert von den branchenfremden Unternehmen immerhin noch 37,5 Prozent. Mit 46,9 Prozent sehen die Kreditinstitute die größte Bedrohung von den Portalbetreibern ausgehen. Von den 64 in die Untersuchung einbezogenen Kreditinstituten bezeichnen nur 9,4 Prozent ihre Investitionsbereitschaft im M-Commerce als hoch, dagegen verhält sich die Mehrheit mit 71,9 Prozent noch abwartend zurück. Obwohl die Investitionsbereitschaft noch niedrig ist, haben die Banken die langfristige Entwicklung im M-Commerce erkannt, und während heute noch 87,6 Prozent der Kreditinstitute dessen Bedeutung für gering bis niedrig halten, sind vier von fünf der Befragten der Meinung, dass in drei Jahren M-Commerce eine mittlere bis sogar sehr hohe Bedeutung haben wird. Mehr als die Hälfte der Kreditinstitute schätzt den Einfluss mobiler Endgeräte im Vertrieb noch als sehr gering ein, aber im Jahr 2004 wird der mobile Vertrieb für jeden zweiten Anbieter von Finanzdienstleistungen eine hohe bis sehr hohe Bedeutung haben (Vgl. Golem 2001b). Das Mobile Payment gilt mit über 70 Prozent als absoluter Umsatzfavorit. Aber auch dem Mobile Brokering räumen die Institute den gleichen Stellenwert ein, während Experten hier eher zurückhaltend sind. Mobile Banking sehen zwar 56 Prozent der Institute, aber nur 45 Prozent der Experten als einen großen Umsatzbringer. Laut Untersuchung, beabsichtigen 89,5 Prozent der Kreditinstitute einen Einstieg in finanzdienstleistungsfremde Geschäftsfelder nur in Zusammenarbeit mit einem Kooperationspartner zu planen. Ausgeprägter ist die Kooperationsbereitschaft bei den

Newcomern im Finanzgeschäft, von ihnen suchen 92,5 Prozent für diesen Schritt einen Partner. Dagegen sind nur 17,6 Prozent an einer Partnerschaft mit einem branchengleichen Unternehmen interessiert, 82,4 Prozent beabsichtigen mit mehr als nur einem Unternehmen kooperieren zu wollen.

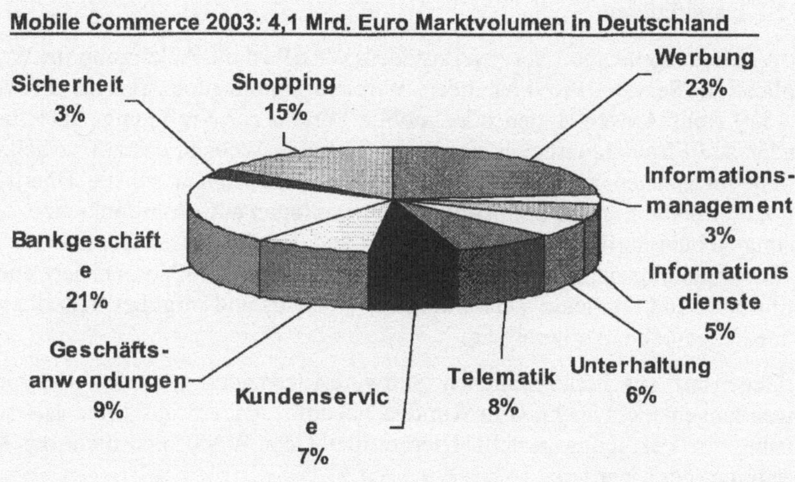

Abbildung 5-23: Prognose zur Verteilung der M-Commerce-Umsätze nach Anwendungsfeldern (Durlacher 1999, 62)

Das Bezahlen von Rechnungsbeträgen über Mobiltelefone in der deutschen Finanz- und Mobilfunktechnik-Branche wird der Studie zufolge, als eine unentbehrliche und umsatzstarke Zukunftsanwendung gesehen. Daher stellt das Bezahlen per Mobiltelefon bei Finanzdienstleistungen die so genannte "Killerapplikation" dar.

5.3.7 Wireless Application Service Provider (WASP)

Mieten statt kaufen. Dieses neue Konzept soll, wenn es nach Meinungen von Computerexperten geht, die Software-Branche revolutionieren. Mit Application Service Providing (ASP) (Die Abkürzung ASP wird für Application Service Provider und auch für Application Service Providing verwendet) sehen Experten einen neuen Markt entstehen, in welchem immer mehr Anbieter ihre Büroanwendungen, Betriebssysteme oder Grafikprogramme zur Miete über das Internet oder Mobilfunknetz anbieten. Marktforscher wie Dataquest schätzen, dass der Umsatz im Bereich ASP weltweit von 3,6 Milliarden US-Dollar im Jahr 2000 bis 2004 auf mehr als 25 Milliarden US-Dollar steigen wird. Aber auch Mietsoftware in einer mobilen Variante soll innerhalb des nächsten Jahres die mobile Kommunikationsgeräte erobern und laut Gartner Group bereits etwa 15 Prozent des gesamten Marktanteils von ASP ausmachen (Vgl. o.V. 2001v; o.V. 2000c, 34).

Begriffsverständnis

Das Konzept des Wireless Application Service Providing (WASP) stellt eine Erweiterung des Application Service Providing (ASP) um die mobile Komponente dar. Da sich viele Dienstleister auch aus Marketinggründen am IT-Markt als WASP bezeichnen, soll im Folgenden geklärt werden, welche Kriterien einen WASP klassifizieren.

Ein Wireless Application Service Provider (WASP ist die Abkürzung für Wireless Application Service Provider oder Wireless Application Service Providing) (WASP) stellt Anwendungen oder mobile Portale zur Verfügung, über die Anwender und Firmenmitarbeiter von einer zentralen Website aus auf verschiedene Unternehmensdaten zugreifen können. Ferner übernehmen sie die Übertragung von Web-Inhalten und Administrationsanwendungen auf Mobilfunknetze, die Erstellung gebührenpflichtiger Datendienste und Inhalte für M-Commerce, sowie die Bereitstellung der kompletten Infrastruktur. Ein WASP organisiert auch die komfortable und effiziente Verwaltung des Contents und sorgt bei Bedarf auch für die mediengerechte Aufbereitung.

Im Gegensatz zur herkömmlichen Software-Lizenzierung werden die mobilen Anwendungen nicht mehr vom Kunden gekauft, sondern auf Mietbasis für die Nutzung zur Verfügung gestellt. Hierbei bleibt der WASP und nicht der Kunde Eigentümer der Lizenzen.

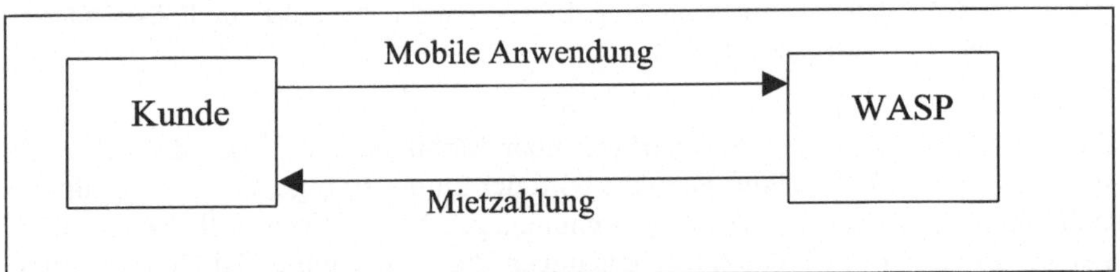

Abbildung 5-24: Kontraktverhältnis

Der Kunde meldet sich bei einem Wireless Application Service Provider an und kann von überall, mit jedem mobilen Endgerät auf die gemietete Anwendung zugreifen. Die Daten des Unternehmens liegen im Rechenzentrum des WASP. Abhängig von der Geräteart können ihm je nach Anwendung unterschiedliche, jedoch vordefinierte Inhalte angezeigt werden. Er bezahlt neben den Online-Gebühren wie beim normalen ASP entweder einen Pauschalbetrag oder nutzungsabhängige Gebühren.

Bei der Abrechnung von Leistungen, dem sog. „Billing", haben sich folgende Zahlungsmodelle etabliert:

- **Flatrate-Modell** – die Nutzung eines Dienstes wird für einen bestimmten Zeitraum pauschal in Rechnung gestellt.

- **Prepaid-Modell** – es wird seitens des Kunden ein bestimmtes Leistungskontingent erworben und dann aufgebraucht.
- **Usage-based-Modell** – hier wird mit Hilfe einer Messgröße, wie z.B. die Verbindungszeit oder übertragenes Datenvolumen, die effektive Nutzung des Services bestimmt.
- **Ressourcen- oder infrastrukturiertes Billing** – hier werden die Kosten für die Hard- und Software der Serverlandschaft, die Kosten für den serverseitigen Datenverkehr, die Prozessor- und Speichernutzung, sowie Backup und Replikationen in Rechnung gestellt.

Im Zuge der Vertragsgestaltung zwischen dem Kunden und dem WASP werden Vereinbarungen über Unterstützungsleistungen geregelt und in den sogenannten Service Level Agreements (SLAs) zusammengefasst. Diese haben meist nur eine vertragsergänzende Funktion und können je nach Vertrag inhaltlich stark differieren. Folgende Leistungskomponenten sind jedoch in SLAs häufig zu finden:

- Instandhaltung und Instandsetzung der Hardware und der Datenübertragungsfunktionen
- Beseitigung von Softwarefehlfunktionen
- Aktualisierung und Updaten der Software
- Systembackups, erstellen von Sicherheitskopien
- Schulungen
- Beratung
- Fehlerhilfe via Telephon (Support)

Nachfolgend werden einige Beispiele für WASP-Lösungen kurz vorgestellt.

DISTEFORA Mobile – SMS-Receiver / mobileSound / mobileVote

DISTEFORA Mobile ist ein führender europäischer Mobile Solution Provider, der neben der Infrastruktur auch die Applikationen für mobile Business-Lösungen anbietet. Innerhalb von DISTEFORA Mobile haben sich drei Kerngeschäftsfelder herauskristallisiert: die Mobile Infrastructure Solutions, Mobile Community Solutions und die Mobile Commerce Solutions.

Im Bereich Infrastructure Solutions hat sich der SMS-Receiver für problemlosen E-Commerce etabliert. Mit dieser Applikation ist eine Firma in der Lage, SMS von ihren Kunden zu empfangen und zu verarbeiten und somit ein direktes Kundenfeedback über Produkte zu erhalten. Zudem bildet der SMS–Receiver die Basis aller SMS-Interaktionen zwischen der Firma und dem Kunden. Kernstück bildet das GSM-Empfangsmodul, das sich wie ein Mobiltelefon in lokale Netze einbucht. Je nach eingelegter SIM-Karte im mobilen Endgerät ist dieses Modul für jeden Nutzer unter der entsprechend angezeigten Nummer bei z.B. einer ankommenden SMS erreichbar. Eine spezielle SMS-Receiver-Software überwacht angeschlossene GSM-Module, liest beim Receiver ankommende SMS verzögerungsfrei aus und stellt diese zur Weiterverarbeitung zur Verfügung.

Diese Applikation ist vor allem für Firmen geeignet, die Produktinformationen möglichst effektiv publik machen wollen. Vorteile für die Firma bestehen in der bereits aufbereiteten Form der Antworten des Endkunden, da die Antwort-SMS zuerst beim WASP zentral zusammenlaufen und nach einer Konvertierung an die e-mail-Adresse der Firma weitergeleitet werden. Auch bei einem Anrufwunsch des Kunden muss dieser nur die im Mobiltelefon angezeigte Nummer wählen, wodurch er automatisch mit dem Call-Center der Firma verbunden wird.

Im Bereich Community stellt DISTEFORA Mobile die Applikation mobileVote vor. Damit ist es möglich, Abstimmungen und Umfragen über Mobiltelefone zu realisieren. Zweckmäßig erweist sich diese Lösung beispielsweise in Fußballstadien, bei größeren Open-Air-Veranstaltungen oder Versammlungen. Dabei werden dem Publikum während der Veranstaltung die verschiedenen Antwortmöglichkeiten bekannt gegeben. Die Abstimmungsteilnehmer können durch Senden eines Textes oder lediglich eines Buchstaben (z.B. „A") an die Servicenummer per SMS auf entsprechende Fragen antworten. Alle Antworten werden bei DISTEFORA Mobile in einer Datenbank gespeichert und ausgewertet. Nach Abgabe der Stimme erhält der Teilnehmer eine Bestätigungs-SMS. Die Auswertungsergebnisse werden sofort auf Leinwänden, im Internet oder im Fernseher publiziert, so dass der Abstimmungsteilnehmer oder der interessierte Zuschauer das ständig aktualisierte Ergebnis in Echtzeit mitverfolgen kann. Diese Applikation ist vor allem für Veranstalter großer Events sinnvoll, die innerhalb kurzer Zeit ein Meinungsbild von einem großen Publikum erhalten wollen.

AvantGo - Pharma mobile

Die 1997 gegründete Firma AvantGo ist eine der führenden Firmen im Bereich mobiler Unternehmenssoftware. Der Schwerpunkt liegt dabei in der Automatisierung der Geschäftsprozesse und in der Verbesserung des Informationsaustauschs zwischen Firmen. Neben dem Verkauf von Applikationen bietet AvantGo zum einen die mobile Infrastruktur und zum anderen die entsprechende Software und Services an. Zudem besteht ebenso die Möglichkeit, bereits bestehenden Firmensoftware von AvantGo hosten zu lassen bzw. einer bei AvantGo laufenden Applikation nur die Firmendaten zu liefern. Die Palette der Produkte von AvantGo ist weitreichend. Sie führt vom AvantGo M-Business Server über Microsoft Exchange & Lotus Notes Products und individuell angepassten Produkten bis hin zu den AvantGo Applications. Eine dieser Applikationen ist AvantGo Mobil Pharma, die im Folgenden vorgestellt wird.

Mit AvantGo Mobil Pharma bietet AvantGo der pharmazeutischen Industrie eine Plattform an, auf die mit Hilfe mobiler Endgeräte, beispielsweise mit einem Personal Digital Assistent (PDA), zugegriffen werden kann und wo entsprechende Daten abgerufen werden können. Dies erweist sich besonders bei Vertreterbesuchen von pharmazeutischer Firmen bei Ärzten als Vorteil. Dabei kann der Vertreter innerhalb weniger Augenblicke auf die nächstgelegenen Standorte des Kunden oder auf bereits bestellte Produkte des entsprechenden Arztes zugreifen.

Im weiteren ist ersichtlich, welche Produkte der Arzt in bestimmten Anwendungsfällen besonders häufig oder eher selten den Patienten verschreibt. Demzufolge können besonders häufig gebrauchte Medikamente gezielt angeboten werden oder alternative Medikamente mit gleichen Inhaltsstoffen detailgenau beschrieben und verkauft werden.

Vorteile seitens der Vertretungen der Pharma-Industrie ergeben sich in dem schnellen und vor allem einfachen Zugriff auf Kunden- und Produktdaten. Dadurch ist es dem Repräsentanten einer Firma möglich, den Zeitbedarf für einen Besuch bei einem Arzt bzw. Kunden zu minimieren. Zudem erhält der Vertreter auf seinem mobilen Endgerät immer aktuelle Daten, so dass Fehlinformationen fast ausgeschlossen werden können. Daraus resultieren natürlich effektivere Vertretergespräche, die zu einem schnelleren Ergebnis führen. Im Weiteren kann auch Detailwissen angezeigt und weitergegeben werden, was für einen Arzt bei Kauf neuer Medikamente einen hohen Stellenwert hat.

space2go – enterprise2go / office2go

Das Technologieunternehmen space2go mit Hauptsitz in Berlin bietet Messaging- und Kommunikationslösungen für das mobile Internet an. Die angebotenen Services stehen dem Kunden in zwei Nutzungsvarianten zur Verfügung. Im ersten Modell kann der Anwender eine Unternehmenslizenz erwerben und eine Installation im eigenen Haus durchführen. Alternativ stellt space2go in einem zweiten Modell seine Produkte als Webservice im Rahmen eines WASP-Modells zur Verfügung.

space2go bietet zwei verschiedene Business Solutions an:

- **enterprise2go** als branchenunabhängige Unternehmenslösung mit Hilfe derer Unternehmensdaten aus dem eigenen Intranet mobilisiert und betriebliche Anwendungen um mobile Zugriffsmöglichkeiten erweitert werden.
- **office2go** als Lösung für Betreiber von webbasierten Consumer-Portalen, die dem Kunden einen mobilen Zugriff auf persönliche Informationen ermöglicht.

enterprise2go – „Firma zum Mitnehmen“

Viele Firmen sind auf den Einsatz von Außendienstmitarbeiter angewiesen, die den direkten Kundenkontakt herstellen. Die Qualität ihrer Arbeitsergebnisse ist stark abhängig von der Aktualität der verfügbaren Daten, wie Kundenadressen, Termine, Notizen, E-Mails, aktuelle Lagerbestände etc. Diese Informationen können über mobile Engeräte wie PDAs, Laptops, Handys unter Verwendung des enterprise2go Services als Echt-Zeit-Informationen abgerufen werden und stehen dem mobil arbeitenden Mitarbeiter jederzeit und aktuell zur Verfügung. Firmen sind dadurch imstande betriebliche Abläufe zu beschleunigen, Prozesskosten zu senken, den Vertrieb zu intensivieren und den Kundenservice zu verbessern.

Geht ein mobile request im Mobile Integration Center von space2go ein, verbindet sich der enterprise2go-Server im Moment des Zugriffs über eine sichere VPN-Leitung/SSL (128bit) mit dem Intranet oder der Groupware des Kunden, liest die angeforderten Informationen aus, konvertiert die Daten in ein für das jeweilige Endgerät passendes Format und übermittelt diese letztendlich. Die enterpreise2go-Lösung kommt völlig ohne Software auf dem mobilen Endgeräten aus. Auf Wunsch kann sogar die Oberfläche für Web, WAP und PDA an das Corporate

Design des Kunden angepasst werden. Interessant ist, dass, im Unterschied zu herkömmlichen (W)ASP-Lösungen, keine Informationen im Mobile Integration Center abgelegt werden, weder die Anwendungsdaten noch sensible Zugangsdaten. Sämtliche Daten verbleiben beim Kunden, der somit für das Update bzw. Aktualität dieser selbst verantwortlich ist. Enterprise2go übernimmt lediglich die Abwicklung der mobilen Zugriffe.

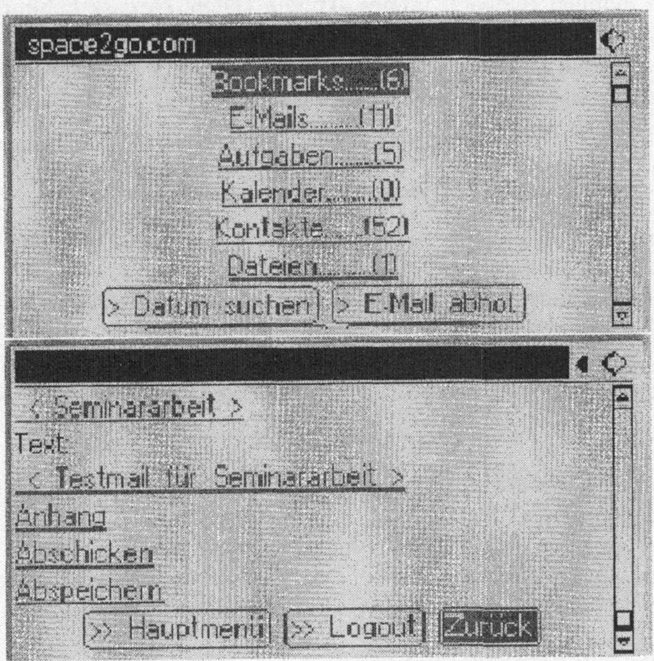

Abbildung 5-25: Beispiele von space2go

Neben dem MS Exchange Server, der standardmäßig zur Verfügung steht, können zusätzliche Intranet-Anwendungen mobilisiert werden, wie z.B. SAP R/3 bzw. mySAP. Mit dem neuen Service SAP2go – enterprise2go for SAP - wird die Funktionalität der SAP-Standardsoftware auf mobile Endgeräte ausgedehnt und soll insbesondere auf den Gebieten Customer Relationship Management (CRM), Business Intelligence (BI), Supply Chain Management (SCM) den Kundenservice verbessern und die Kosten im Unternehmen senken. Außerdem werden mit dem externen Service von space2go die Projektzeiten für die Mobilisierung des SAP-Systems drastisch gegenüber bisheriger Lösungen, die eine Installation beim Anwender vorsehen, verkürzt. Das Zurückgreifen auf einen bereits stabilen Service und das damit verbundene geringere Risiko eines solchen Projekts dürfte wohl einige Unternehmen in Zukunft zur Inanspruchnahme dieses Dienstes bewegen.

office2go – „Büro zum Mitnehmen"

Für alle Unternehmen, die über keinen eigenen MS Exchange Server verfügen bietet space2go das Produkt office2go an. Bei dieser ausschließlich internetbasierte Groupware und Messaging–Lösung werden im Hosting-Modell alle Daten im Gegensatz zu enterprise2go im Rechenzentrum von space2go gespeichert.

Office2go richtet sich aber auch an Webseitenbetreiber, die die Attraktivität ihrer Webseite durch das Einbinden eines Online-Organizers mit integrierter Messaging-Lösung erhöhen wollen, ohne große Investitionen für Hard- und Software tätigen zu müssen. Die Endkunden erhalten nach der Anmeldung eine eigene E-Mail-Adresse und haben über das Web Interface des Betreibers Zugriff auf E-Mails, SMS-Versand, Kalender, Adressen, Lesezeichen, Dateien, ja sogar Routenplaner. Die gewünschten Daten können natürlich nicht nur von jedem PC aus abgerufen werden, sondern auch mit einem WAP-Handy oder internetfähigem Organizer. Office2go informiert außerdem über eingegangene E-Mails, Anrufe und Faxe per SMS. Durch das spezielle „look & feel" für den Endkunden stellt dieser Service ein ausgezeichnetes Marketinginstrument dar. Dem Betreiber ist es dabei selbst überlassen, welche Funktionen (SMS, FAXout) er kostenpflichtig macht und welche Teile des Service er zur Kundengewinnung gratis anbieten möchte.

Materna – Annyway

Im Bereich Internet und Mobilfunk stellt das Software-Unternehmen Materna Information & Communications seine integrierten Mehrwertdienste unter dem Namen AnnyWay vor. AnnyWay hat sich als Brand für diverse Geschäftsfelder etabliert. Ein Zweig davon sind die sog. AnnyWay Mobility Services. Idee dieses Dienste ist es, eine bestehende Messaging-Infrastruktur unter kostenminimierenden Gesichtspunkten in die drahtlose Welt einzubinden. AnnyWay nutzt dabei die Erfahrung als SMS-Marktführer speziell für den Business-Sektor. So kann beispielsweise auf Microsoft Exchange, Lotus Notes, ERP- und CRM-Systemen mobil zugegriffen werden. Dies setzt aufgrund der lokalen Unabhängigkeit Produktivität frei und begünstigt die dynamischen Aspekte einer Firma. Die Funktionsweise diese Services erklärt sich wie folgt:

In einem ersten Schritt wird zunächst die Infrastruktur des Kunden unter dem Blickwinkel von bestehenden Messaging-Lösungen und anderen kooperierenden Diensten wie ERP (z. B. SAP) oder CRM (z. B. Remedy) analysiert. Im Weiteren stellt Materna eine AnnyWay Mobility Box in Form eines Windows 2000 Server zur Verfügung, der zum einen mit dem internen Nachrichten-System und zum anderen über eine bestehende Verbindung (VPN und Internet) mit dem AnnyWay Mobility Center, der zugleich die WASP-Plattform darstellt, verbunden ist. Dieser Center bietet ein SMS- oder WAP-Portal an und ist an verschiedene wireless network services wie Bluetooth oder WLAN angeschlossen.

So bietet AnnyWay mit der Mobility Box ein Interface an, mit dessen Hilfe man sich z.B. von einer SAP-Plattform aus Hinweise zu aktuellen Änderungen im operativen Geschäft zukommen lassen kann. Zusätzlich sind Aufgaben- und Terminverwaltung vom mobilen Endgerät aus ebenso möglich, wie die Abfrage einer Kontaktadresse aus dem persönlichen Exchange Kontakt-Verzeichnis. Im Weiteren wird der Kalender bei jedem neuen Termin auf den aktuellen Stand gebracht.

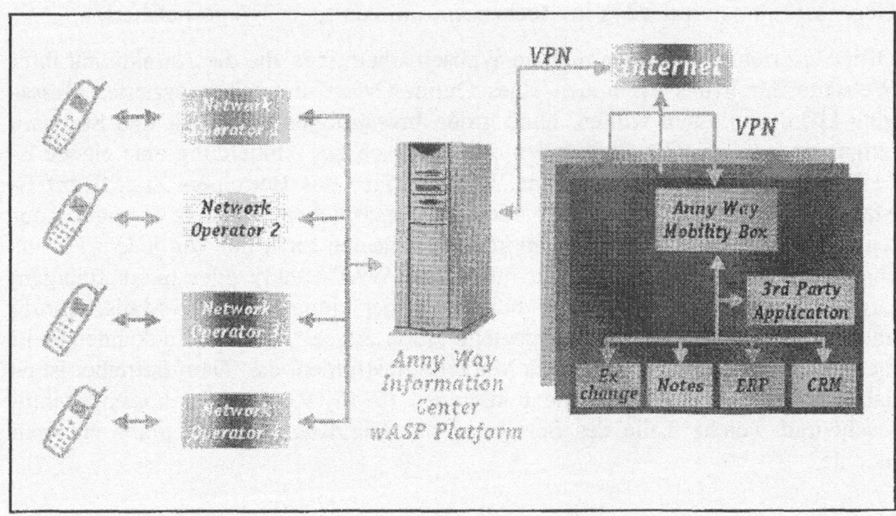

Abbildung 5-26: Funktionsweise des Anny Way Mobility Service

5.3.8 Weitere Marktteilnehmer

Neben den bereits genannten Marktteilnehmern gibt es natürlich noch zahlreiche weitere Firmen, die im Umfeld von mobilen und drahtlosen Anwendungen bereits tätig sind oder neue Geschäftsfelder entwickeln. Zu erwähnen sind u.a. Messaging-Dienste, Dienstleistungen im Bereich „Sicherheit", Location Based Services sowie in Verbindung damit Geo-Informationssysteme. Eine vollständige Aufzählung ist weder möglich noch beabsichtigt. Zur Abrundung der bisherigen Ausführungen, werden im Anschluss noch Softwaredienstleister und Solution Provider, Payment Agents und Systemintegratoren vorgestellt.

Softwaredienstleister und Solution Provider

Da viele Firmen über kein oder zuwenig eigenes Know How verfügen, entwickelt sich hier ein attraktives Marktsegment für entsprechende Dienstleistungen. An zwei inzwischen etablierten Anbietern wird das Leistungsspektrum noch etwas näher dargestellt.

BeMobile Bertelsmann Mobile Solutions

BeMobile ist das Mobile Business der Bertelsmann mediaSystems GmbH, dem global agierenden IT-Serviceprovider der Bertelsmann AG. Die wichtigen Kennzahlen für die Entwicklung vom Umsatz, und die Anzahl der Beschäftigten können den nachfolgenden Abbildungen entnommen werden.

BeMobile kann wie in Abbildung 5-28 dargestellt in den Bertelsmann Konzern eingeordnet werden.

Die einzelnen Dienstleistungen umfassen die Analyse des mobilen Kommunikations- und Servicebedarfs, Beratung, individuelle Konzeption, Integration von Lösungskomponenten in bestehende Infrastrukturen, Betrieb und Support. Als Betreiber der unabhängigen Internet Community www.wap.de stellt BeMobile darüber hinaus ein personalisierbares WAP-Portal vor, welches mehr als 2.000 Links in elf Rubriken anbietet.

Dabei sollen nicht nur die Bedürfnisse mittelständischer Unternehmen abgedeckt werden, sondern die Anforderungen von Global Playern (Vgl. Golem/J.I 2000a; BeMobile 2001c).

„*Unsere Kunden haben den großen Vorteil, dass wir die Dienste von Consultant, Systemhaus, Service-Provider und Content-Broker unter einem Dach vereinen. Alle Lösungsmodule vom komplexen Content-Management-System bis zu personalisierbaren Portalkomponenten stellen wir individuell zusammen. Betrieb und Betreuung der Mobile Solutions übernimmt BeMobile in den Hochsicherheits-Rechenzentren der Bertelsmann AG in Gütersloh, New York und Shanghai - rund um die Uhr, rund um den Globus*", so Dr. Ingo Schneider, Geschäftsleiter bei BeMobile (Golem/J.I 2000a).

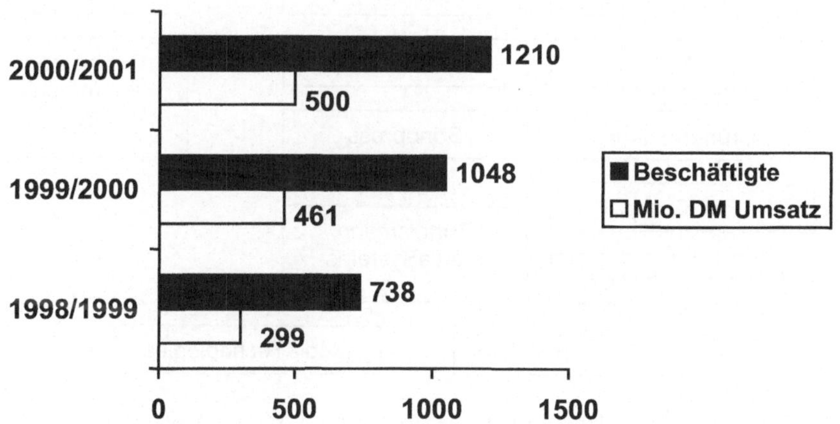

Abbildung 5-27: Entwicklung der Umsätze und Beschäftigtenzahlen der MediaSystems (Vgl. MediaSystems 2001)

Ein Beispiel für die Arbeit von Bemobile ist die Umsetzung eines regionalen WAP-Portals in Zusammenarbeit mit der Deutschen Presseagentur und der „Neuen Westfälischen", welche die größte Tageszeitung in Nordrhein-Westfalen ist. BeMobile hat nach umfassender Beratung, die Anbindung an die Redaktionssysteme der Regionalzeitung und der dpa übernommen. In diesem Fall war insbesondere die Einrichtung eines komfortablen und einfachen Zugriffs für Aktualisierungen durch Redakteure mittels ftp, E-Mail und in Zukunft über eine Weboberfläche wichtig. Anschließend erfolgte die Integration verschiedener Inhalte, wie die regionalen Nachrichten der dpa-info.com und die Inhalte der „Neuen Westfälischen". Als nächstes mussten alle gängigen Textformat in mobile Formate wie SMS oder WAP transformiert werden. Damit konnte die „Neue Westfälische" ihre Kundenbeziehungen entscheidend verbessern und sich auf diesem Wege schnell im mobilen Markt positionieren (vgl. BeMobile 2001b).

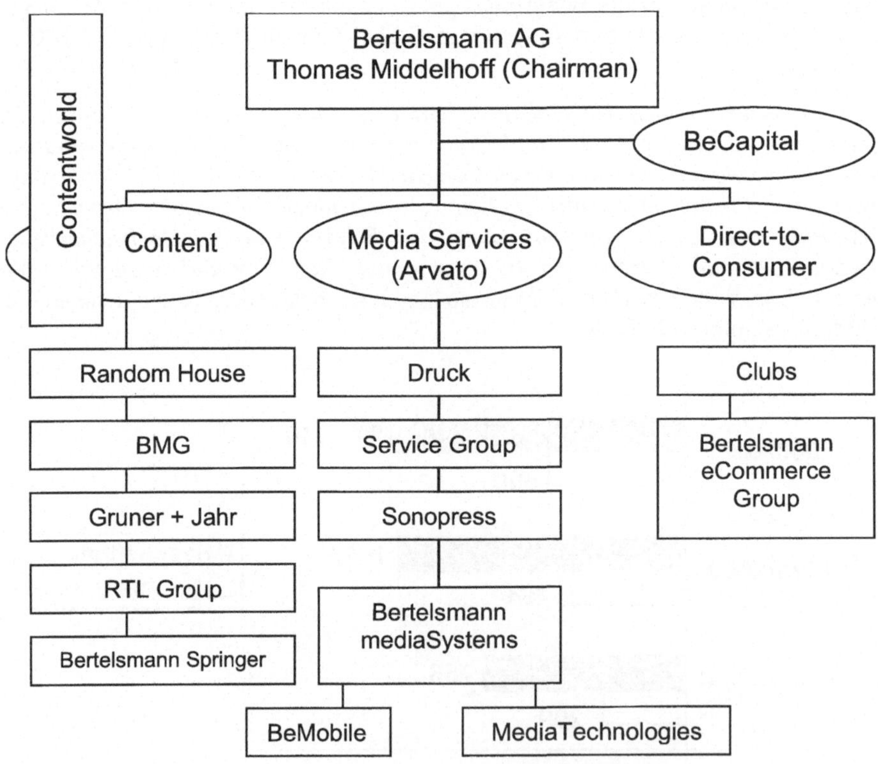

Abbildung 5-28: Unternehmensstruktur der Bertelsmann AG (BeMobile 2001c, 5.)

Ein weiteres innovatives paneuropäisches M-Commerce-Projekt ist die seit März 2001, zuerst für Deutschland live geschaltete neue M-Commerce Plattform für den Internet-Medienhändler BOL.com. Die von BeMobile entwickelte und betriebene Plattform ermöglicht mit allen WAP-fähigen Mobiltelefonen und internetfähigen PDAs, den Medienshop mobil zu nutzen. Kunden von BOL.com können sich damit von unterwegs und zu jeder Zeit per WAP über aktuelle Neuerscheinungen informieren, Bücher oder Musik-CDs im Angebot suchen und diese online bestellen. Zur Auswahl steht ein Sortiment von insgesamt mehr als fünf Millionen Buchtitel, sowie 800.000 Musik-CDs. Außerdem kann auch mit Web-Clipping auf das Angebot genutzt werden. „Mit dieser Technologie werden die BOL-Seiten für Handhelds mit dem Betriebssystem PalmOS und der Software "Mobile Internet Kit“ abrufbar und sind optimal an das kleinere Display angepasst.“ (vgl. BeMobile 2001b) Nach der erfolgreichen Einführung in Deutschland, soll das Projekt auch auf andere europäische BOL-Shops ausgeweitet werden (vgl. BeMobile 2001a)

BeMobile kann nur deshalb dieses umfangreiche Leistungsangebot seinen Kunden anbieten, weil es von dem gewaltigen Know-how im internationalen Medien- und E-Commerce-Umfeld des Gütersloher Medienkonzern Bertelsmann profitiert.

Danet Internet Solutions GmbH

Im Jahr 1987 wird die Danet Internet Solutions GmbH in Weiterstadt bei Darmstadt als 100-prozentige Tochtergesellschaft der Danet GmbH gegründet. Die Danet GmbH hat sich als ein führendes Beratungs- und Software-Unternehmen im Bereich der Telekommunikation in Europa etabliert. Zu Beginn hatte sich die Danet Internet Solutions GmbH zunächst auf die Realisierung Internet-basierter Software-Lösungen für den Electronic Business-Bereich spezialisiert. Doch inzwischen hat sie ihre Aufgabenbereiche auf WAP-Anwendungen, Mobiles Internet, Internet Security, Wissens-/Contentmanagement, Handels- bzw. Risikomanagementsysteme, sowie Warenwirtschaft- und Finanzbuchhaltungssysteme erweitert. Innerhalb der Danet-Gruppe weist die Danet Internet Solutions GmbH mit einem Umsatz von 48,3 Millionen DM das stärkste Wachstum für das Jahr 2000 auf. Das Dienstleistungsangebot der Danet Internet Solutions GmbH umfasst insbesondere die technische Beratung, Produkt- und Systemintegration, schlüsselfertige Applikationsentwicklung, Installation, Wartung, Support von Produkten und Lösungen sowie die Bereitstellung und der Betrieb kompletter Hard- und Software-Umgebungen (vgl. Danet IS 2000b; Danet IS 2001a). Des weiteren ist die Danet Internet Solutions als Partner von Nokia in Deutschland, Österreich und der Schweiz zuständig für Vertrieb und Support des neuen Nokia Active Servers. Der Nokia Active Server bildet die Voraussetzung für die Bereitstellung mobiler Internetdienste. Gestützt auf diese langjährigen Erfahrungen und auf Basis des WAP-Gateways von Nokia, bietet Danet Internet Solutions als Systemintegrator und Entwickler von Komplettlösungen ein umfangreiches Lösungsportfolio zur Realisierung WAP-basierter Dienste an. Als Beispiel hierfür dient die Implementierung einer WAP-Gateway-Lösung für Connect One, einem Mobilfunk-Netzbetreiber in Österreich. Auf diese Weise können Kunden mit mobilen WAP-Endgeräten Einblick in ihre Girokonten und Wertpapierdepots nehmen. In einem weiterem Schritt sollten dann auch Transaktionen wie z. B. Überweisungen, Kauf und Verkauf von Aktien möglich sein. Dazu war die Installation des Nokia WAP-Servers notwendig gewesen, sowie die Integration in bestehende Internet-/Intranet-Strukturen. Der für die Anwendung erforderliche hohe Sicherheitsstandard basierte auf dem Einsatz der neuesten Verschlüsselungstechnologien (vgl. Danet IS 2001c). Darüber hinaus unterhält das Unternehmen Vertriebs- bzw. Projekt-Partnerschaften mit Herstellern wie z.B. Intershop und Brokat (vgl. Danet IS 2001b). Die Danet Internet Solutions hat bereits verschiedene WAP-Anwendungen realisiert, wie beispielsweise das personalisierbare WAP-Portal für T-Mobil oder Solomon (Taiwan). Die Danet Internet Solutions GmbH entwickelt WAP-Portale mit ihrer Java- und XML-basierten Wissensmanagement-Plattform Knet (Knowledge Network). Es werden sowohl Oracle als auch Sybase Datenbanken unterstützt. Diese erlaubt eine persönliche Konfiguration der Informationen und die komplette Pflege der Portalinhalte durch Autoren und Redaktionen über das Internet, wobei der gleichzeitige Zugriff bedeutend für die effektive und dezentrale Pflege ist. Daher können vorhandene Inhalte optimal in die Prozessabwicklung integriert werden.

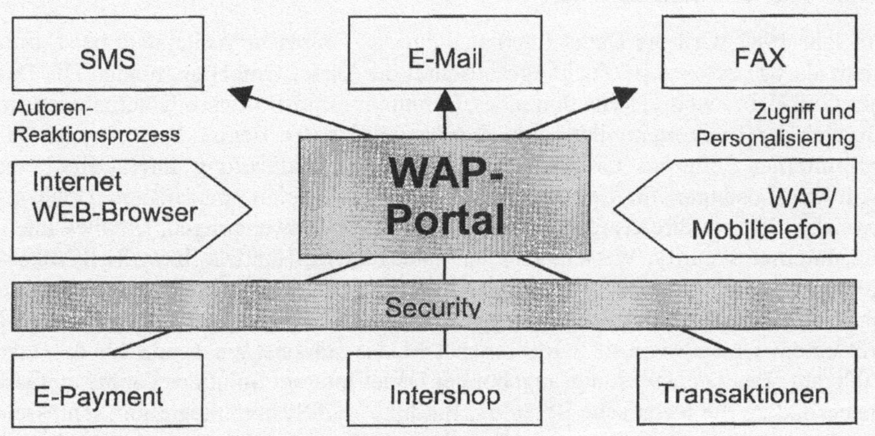

Abbildung 5-29: WAP Enterprise Portal (vgl. Danet IS 2000a, 2.)

Die gewissenhafte Administration von Benutzerdaten ist umso wichtiger, je umfangreicher ein Portal wird und damit die Menge der bereitgestellten Daten sowie die Anzahl der Benutzer. Die individuellen Nutzerprofile müssen erstellt, aufbereitet, bereit gestellt und gepflegt werden. Für das Nutzerprofil müssen daher die expliziten Daten des Kunden erfasst werden, wie z.B. Adresse, die Kreditkartennummer und Zahlen aus einem Kaufauftrag. Außerdem werden auch noch aus dem Suchverhalten des Nutzers Daten gesammelt. Für die komplexe Administration von Benutzer- und Adressdaten, welche bei den unterschiedlichsten Applikationen anfallen, wird ein standardisierter einheitlicher Verzeichnisdienst eingesetzt. Dieser versorgt alle Anwendungen des Portals mit den benötigten Daten und gewährt einen schnellen und einheitlichen Zugriff auf konsistente Benutzer- und Administrations-Stammdaten von den unterschiedlichsten Anwendungen.

Tabelle 5-9: Leistungsangebot von BeMobile und Danet Internet Solutions im Vergleich (o.V. 2000f, 100-101)

Unternehmen	BeMobile	Danet Internet Solutions
Tätigkeitsbereich		
Industrie		Ja
Handel	Ja	Ja
Medien	Ja	
Banken		Ja
Versicherungen		Ja
Sonstige		Internet/Service Provider, Netzbetreiber, Automobilindustrie, Luftverkehr, Transport
Dienstleistungen		
Mobilfunk generell	Ja	Ja
SMS	Ja	Ja
WAP	Ja	Ja
GPRS/UMTS	Ja	Ja
Infrastruktur	Ja	Ja
Billing		Ja
Content	Ja	Ja
Sonstige		Business Intelligence, Securtity, Wissensmanagement
Softwareerstellung/ Systemintegration		
Mobilfunk generell	Ja	Ja
SMS	Ja	Ja
WAP	Ja	Ja
GPRS/UMTS	Ja	Ja
Infrastruktur	Ja	Ja
Billing		Ja
Content	Ja	Ja

Sonstige	i-Mode (HTML), Web Clipping	Business Intelligence, Security, Wissensmanagement
Hardware-Installation/Anpassung		
Endgeräte (Mobiltelefon, Organizer,...)		
Server	Ja	Ja
Netzwerktechnik		
Sonstige		
Weitere Dienstleistungen	Wireless ASP (Entwicklung, Betrieb, Hosting), Betrieb der WAP-Community www.wap.de	Wartung, Support, Schulung, Betrieb v. Systemen, Anwendungen, Standard-Software Produkte

Die Danet Internet Solutions hilft ebenfalls bei der Planung des Portals und der Bedarfsanalyse. Aber auch bei der Erarbeitung von Struktur, Layout, Funktionen und Infrastruktur erhält der Kunde Unterstützung. Nach der Implementierung werden bei Bedarf auch Schulungen angeboten. (vgl. Danet IS 2000a, 2.)

Aber auch die Sicherheitsaspekte werden bei den Lösungen von Danet Internet Solutions, durch eine verschlüsselte Verbindung, Zugriffsschutz, Anpassung an Firewall-Systeme, sowie die digitale Signatur integriert. Im Anschluss werden die Dienstleistungen von BeMobile und Danet Internet Solutions in Tabelle 5-9 abschließend zusammengefasst.

Payment Agents

Payment Agents vermitteln die Zahlungsströme zwischen dem Endverbraucher und den einzelnen Playern der Wertschöpfungskette oder auch nur zwischen diesen. Sie sind vor allem die Operatoren der Micropayments, zu deren Verarbeitung spezielle Systeme benötigt werden. Banken und Finanzdienstleister sind daher prädestiniert für diese Aufgaben, weil diese die nötigen Systeme besitzen. Dienstleistungen dieser Art werden vor allem in der Zukunft völlig neue Geschäftsmodelle, wie zum Beispiel solche, die großenteils auf Transaktionen basieren, ermöglichen. Daher kommt Anbietern solcher Leistungen eine wichtige Rolle im neu entstehenden Markt des Mobile Commerce zu.

System Integratoren

System Integratoren bieten zwar nur sekundäre Dienstleistungen, also Dienste ohne Kundenkontakt an, haben allerdings ebenfalls eine Aufgabe, die für eine erfolgreiche Marktentwicklung kritisch ist. Sie integrieren die heterogenen Systeme, die entlang der Wertschöpfungskette auftreten, und fügen diese im Idealfall zu einem für den Kunden einheitlichen Ganzen zusammen. Dazu gehört auf technischer Seite die Programmierung einheitlicher Schnittstellen, die Schaffung geeigneter Datenformate und die Integration der verschiedenen System. Allerdings muss auch die wirtschaftliche Integration der einzelnen Marktteilnehmer geschafft werden. Dies wird unter anderem auch dadurch erreicht, das sich einzelne Player entlang der Wertschöpfungskette ausbreiten und mehrere Funktionen übernehmen. Die Integration rollenübergreifender Geschäftsprozesse wird dadurch wesentlich vereinfacht.

5.4 Standardisierungsgremien und sonstige Interessensgruppen

Standardisierungsgremien und sonstige Interessensgruppen werden eine enorm wichtige Rolle bei der weiteren Entwicklung des Mobile Business bzw. des mobilen Marktes spielen. Ausgewählte Organisationen, Foren und Gremien werden daher im Folgenden noch kurz vorgestellt. Ein umfassender Überblick findet sich im Lexikon für Mobile Computing und mobile Internetanwendungen des Autors (siehe Lehner 2002a, ein Zugriff auf das Lexikon ist auch über das Internet bzw. mobil über WAP möglich: www-mobile.uni-regensburg.de).

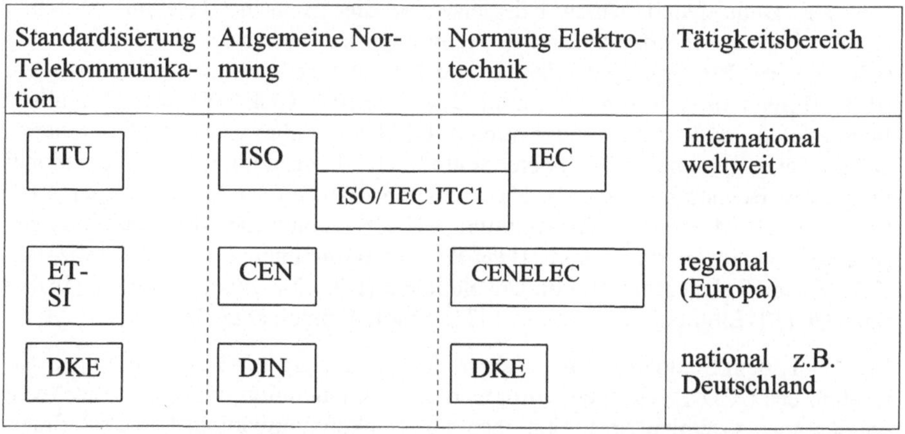

Standardisierung Telekommunikation	Allgemeine Normung	Normung Elektrotechnik	Tätigkeitsbereich
ITU	ISO	IEC	International weltweit
	ISO/ IEC JTC1		
ET-SI	CEN	CENELEC	regional (Europa)
DKE	DIN	DKE	national z.B. Deutschland

Abbildung 5-30: Ausgewählte Normungsorganisationen zwischenstaatliche Gemien (vgl. Bergmann/Gebhardt 1999, 476)

Spezifikation, Normen und Standards werden einerseits durch offiziell anerkannte Normungsorganisationen und zwischen staatliche Standardisierungsgremien, andererseits durch nicht offizielle, private Standarisierungsorganisationen erstellt. Zu letzteren zählen zwischen den einzelnen Industriekonsortien, Allianzen und Benutzervereinigungen. Zwischen den einzelnen Gruppen gibt es meist abgestimmte Anerkennungs- oder Überleitungsverfahren. Nicht-offizielle Organisationen vereinen meist interessierte Firmen wie Gerätehersteller oder Netzbetreiber um möglichst rasch technische Spezifikationen und Anwendungen für neue Produkte zu entwickeln. Die Produkte, die in Umlauf gebracht werde (gehandelt und benutzt) müssen nicht zuletzt auch den technischen und gesetzlichen Anforderungen hinsichtlich Sicherheit, Gesundheit, Umweltverträglichkeit und elektromagnetischer Verträglichkeit (EMV) genügen. Ein entsprechendes Prüfungs- und Zulassungsverfahren ist in jedem Fall zu durchlaufen. Abbildung 5-30 zeigt ausgewählte Normungsorganisationen und zwischenstaatliche Gremien.

5.4.1 Institutionen mit öffentlicher Bedeutung

ITU - International Telecommunication Union

Die International Telecommunication Union wird bereits am 17.5.1865 in Paris unter dem Namen „International Telegraph Union" von 20 Staaten gegründet und ist seit dem 15.10.1947 eine Unterorganisation der Vereinten Nationen mit dem Hauptsitz in Genf (Schweiz). Leiter der ITU ist der noch bis zum Jahr 2002 amtierende Generalsekretär Yoshio Utsumi aus Japan. Die ITU stellt ein Bindeglied zwischen Regierungen und dem privaten Sektor bei der Koordination globaler Telekommunikationsnetze und –dienste dar (ITU 1999a, Siemens 2001e).

Die weltweit tätige Organisation setzt sich gegenwärtig aus 653 Unternehmen und staatlichen Institutionen aus 189 Ländern zusammen. Zu den Mitgliedsunternehmen aus Deutschland zählen beispielsweise die Deutsche Telekom Mobilnet GmbH, E-Plus Mobilfunk, Lucent Technologies, Viag Intercom, Siemens AG (ITU 1999b). Bis zum 30.06.1994 ist die ITU in vier Komitees gegliedert, dem BDT (Bureau of Telecommunication Development), CCIR (Comité Consultatif International des Radiocommunications), CCITT (Comité Consultatif International de Télégraphique et Téléphonique)und schließlich dem IFRB (International Frequency Registration Board). Nach einer Strukturreform im Dezember 1992 tritt am 1.7.1994 eine neue Konstitution in Kraft. Es entstehen drei neue Sektoren (Büros): Radiocommunication (ITU-R), Telecommunication Standardization (ITU-T) und Telecommunication Development (ITU-D). Dabei werden die bisherigen CCITT-Empfehlungen von den ITU-Empfehlungen abgelöst.

Im ITU-T, dem Standardisierungssektor, der am 1. März 1993 als Nachfolgeorganisation des CCITT gegründet wird, werden in Kooperation mit anderen weltweit operierenden Gremien Spezifikationen für Telekommunikationsdienste definiert und vorgeschlagen. ITU-T unterhält 14 Forschungsteams zu allen Teilbereichen der Telekommunikation. Die ITU-R bündelt die früheren Aktivitäten des CCIR und des IFRB. Der dritte Sektor, ITU-D, beschäftigt sich u.a. mit der Entwicklung in ländlichen Regionen (Rural development) und universellem Zugang (universal access), mit Private Sector-Partnership und mit Humanressourcen.

Die ITU trägt die Verantwortung für die Regulierung, Standardisierung, Koordinierung und Entwicklung der internationalen Telekommunikation. Diese Organisation ist neben ETSI und 3GPP u.a. für die UMTS -Standardisierung zuständig. Die ITU legt unter anderem auch die IMT2000 Norm fest. Diese IMT2000 Norm beschreibt dabei die Anforderungen, die ein System erfüllen muss, um der Familie der 3.Generation-Systeme anzugehören (z.B. UMTS). Zunächst konzentriert sich die Standardisierung auf die Funkschnittstelle, wobei unterschiedliche Interessen zwischen Europa, Japan und USA zu harmonisieren sind. Da diese Harmonisierung wegen der Unterschiedlichkeit der 2.Generation-Systeme nicht vollständig gelingt, wird letztlich nicht nur ein Weltstandard sondern eine 3.Generation-Systemfamilie entstehen (Alcatel 2000).

Außerdem werden frühere Modem-Standards der CCITT inzwischen von der ITU weiterentwickelt. Weitere Projekte der ITU sind IP-Interworking (Numbering, Naming, Adressing & Routing), UIFN (Universal International Freephone Number) und Callback. Ferner befasst sich eine neue Initiative mit dem „Electronic Business". Die ITU veranstaltet außerdem alle vier Jahre, zuletzt 1999, die Telekom-Weltausstellung in Genf, sowie regelmäßige kontinentale Ausstellungen (IHK Braunschweig 2000, ITU 1999a, Siemens 2001e; Telecom Austria 2001).

European Telecommunication Standards Institute (ETSI)

Seit Beginn der 80er Jahre gibt es in Europa unter der Führung der Europäischen Union Bestrebungen, europaweit gültige Standards für die Telekommunikation zu schaffen. Aus diesem Grund wird 1988 das „European Telecommunications Standards Institute“ gegründet.

Dabei handelt es sich um eine Non-Profit-Organisation, die im südfranzösischen High Tech Research Park "Sophia Antipolis" in der Nähe von Nizza beheimatet ist. Die Organisation zählt mittlerweile 789 Mitglieder aus 52 Ländern innerhalb und außerhalb Europas. Bei den Mitgliedschaften werden volle Mitgliedschaften, außerordentliche Mitglieder und Beobachter mit unterschiedlichen Beteiligungsrechten unterschieden. Als Beispiel sind hier zu nennen Alcatel, E-Plus Mobilfunk, Ericsson, Fraunhofer-Institut, Hewlett Packard, IBM, Lucent Technologies sowie diverse europäische Ministerien.

Die ETSI Organisation besitzt folgende Organe: eine Generalversammlung, einen Vorstand, eine „Technische Vereinigung“, sowie ein Sekretariat. Die „Technische Vereinigung“ entwickelt und verbreitet technische Standards. Heute arbeiten in ihr mehr als 3.500 internationale Experten in über 200 Arbeitsgruppen. Ziel der ETSI Organisation ist die Etablierung von einheitlichen, langfristig gültigen Telekommunikationsstandards sowohl innerhalb, als auch außerhalb Europas. Der Anspruch an die ETSI-Standards ist innovativ, dynamisch und immer marktorientiert. Deshalb finden viele von ETSI entwickelte Standards ihren Weg in technische Direktiven oder Regelungen der Europäischen Gemeinschaft und treiben darüber hinaus weltweite Standardisierungsprogramme voran. Mehr als 5.000 ETSI-Standards sind bereits verabschiedet. Außerdem arbeitet ETSI eng mit internationalen Organisationen wie der ITU, genauer ITU-T und ITU-R zusammen (ETSI 2000a). Die Tabelle 5-10 zeigt, wichtige Standardisierungen der ETSI Organisation aus der Vergangenheit, Gegenwart und Zukunft.

IEEE

Institute of Electrical and Electronics Engineers; Veröffentlicht z.B. die 802.x LAN Standards; US-amerikanisches Standardisierungsgremium, das vor allem im Netzwerkbereich zu Hause ist. Von ihr stammen die 802.xx-Standards. Die Telefonie wird eher marginal behandelt, wie etwa im WLAN-Standard.

Tabelle 5-10: Überblick der ETSI Aktivitäten (ETSI 2001)

Wichtige ETSI Standards		
3.Generation & GSM	Technische Aktivitäten von ETSI	HIPERLAN/2
Aeronautical Radio		Lawful Interception
API (Third Party Service Applications)		Maritime Radio
ATM		Man-Machine Interface
Aurora - Distributed Speech Recognition		MESA (Public Safet Partnership)
DECT		Radio & Telecommunications Terminal Equipment Directive
DVB		Service Provider Access
Electromagnetic Compatibility		Telecommunications Management Network (TMN)
Electronic Signature		TETRA
Generic Addressing and Transport (GAT) protocol		VoIP
Harmonized Standards and Regulatory issues		VPN
HIPERLAN/1		xDSL

5.4.2 Entwicklungs- und Standardisierungsgremien

UMTS-Forum

Das UMTS Forum ist eine internationale unabhängige Organisation, die 1996 gegründet wurde und aus mehr als 240 Mitgliedern besteht. Zu den Mitgliedern gehören Unternehmen aus unterschiedlichen Bereichen wie z.B. DeTeMobil, Arthur Anderson, Ericsson, ETSI, Institut für Nachrichtentechnik, Lucent Technologies, Nortel Networks, Nokia und Vodafone. Eine vollständige Liste der Mitglieder wird unter http://www.umts-forum.org/members.html aufgeführt).

Das UMTS Forum arbeitet als „Katalysator" mit anderen Organisationen eng zusammen und ist für die Einführung und Entwicklung von UMTS/IMT-2000, der dritten Mobilfunkgeneration, zuständig. Es werden Themen wie technische Standards, Nachfrage auf den Märkten, Geschäftsmöglichkeiten, sowie die Konvergenz von mobiler Kommunikation und Computerindustrie diskutiert. Außerdem arbeitet das UMTS Forum mit internationalen und regionalen Institutionen zusammen, wie ITU, GSM Association, 3GPP, CEPT und ETNO. Den Aufbau des UMTS Forums zeigt Abbildung 5-32.

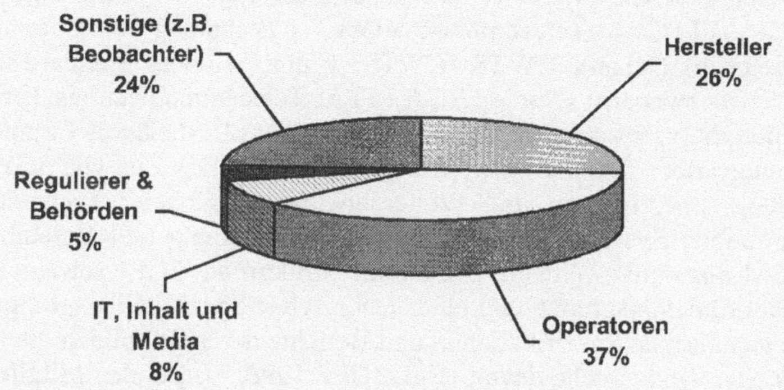

Abbildung 5-31: Mitgliederaufteilung des UMTS-Forums in Prozent (UMTS-Forum 2000, 6)

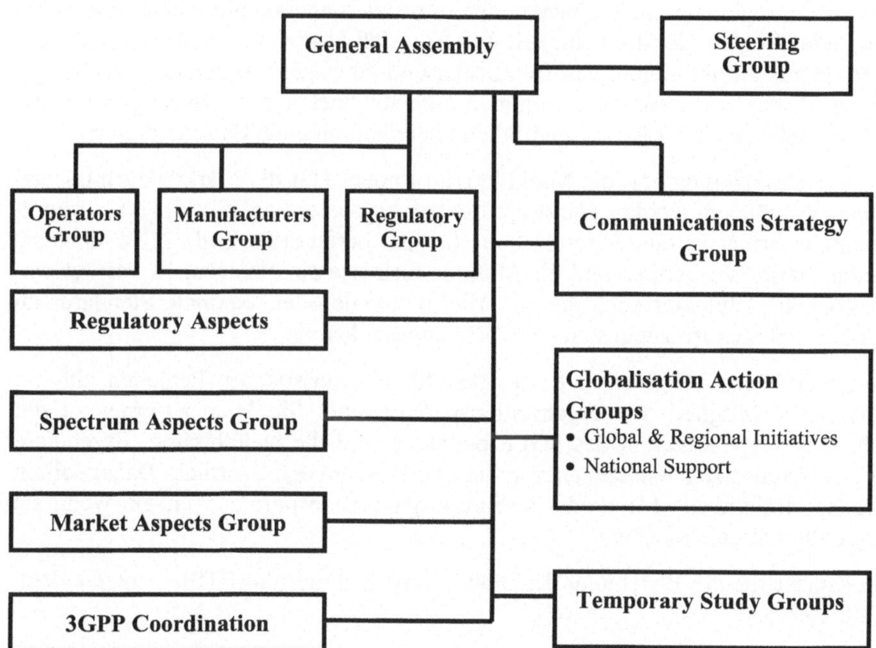

Abbildung 5-32: Struktur des UMTS Forums (UMTS Forum 2000, 4)

Third Generation Partnership Project (3GPP)

Offiziell anerkannte Standardisierungsorganisationen erarbeiten seit 1998 in dem gemeinsamen Projekt 3GPP die globalen technischen Spezifikationen für den Standard der dritten Mobilgeneration. Dieses ist auf Initiative der ETSI zurückzuführen. Weitere Gründungsmitglieder sind neben der ETSI (Europa): ARIB (ARIB: Association of Radio Industries and Businesses, http://www.arib.or.jp) (Japan), TTC (TTC: Telecommunications Technology Committee, http://www..ttc.or.jp) (Japan), CWTS (CWTS: China Wireless Standardisation Group, http://www.cwts.org) (China), TTA (TTA: Telecommunications Technology Association, http://www.tta.or.kr) (Korea) und T1 (T1: Standards Committee T1 Telecommunications, http://www.t1p1.org) (Amerika). Das Ziel von 3GPP ist die Entwicklung, Spezifikation und Weiterentwicklung globaler Technologiestandards für mobile Systeme, sowie eine Weiterentwicklung und Vereinheitlichung des GSM-Standards weltweit. Die interne Struktur des 3GPP setzt sich aus einer Projektkoordinationsgruppe und einer technischen Spezifikationsgruppe zusammen. Die technischen Spezifikationen und Berichte der 3GPP bilden die Basis für Standards oder Teilbereiche davon (Vgl. 3GPP 1998, 3). Bei den Mitgliedern der 3GPP kann unterschieden werden in Organisations- und Marktrepräsentationspartner sowie individuelle Mitglieder.

Ein Organisationspartner ist eine offene Standardisierungsorganisation mit einem nationalen, regionalen oder einem anderem offiziell anerkannten Status, in dessen Land oder Region, der die Fähigkeit und Autorität besitzt, regionale oder nationale Standards zu definieren, veröffentlichen und zu setzen. Außerdem muss derjenige noch das Partnerschaftsabkommen unterzeichnet haben. Die Organisationspartner treffen sich bei Bedarf und fällen übereinstimmende Entscheidungen.

Die Standardisierung soll die Marktdefizite finden. Um die Marktbedürfnisse erkennen zu können, werden Marktrepräsentationspartner benötigt. Ein Marktrepräsentationspartner ist eine Organisation, die sich bereit erklärt, die 3GPP über die Marktsituation zu beraten und die Marktbedürfnisse aufzuzeigen. Er verfügt weder über die Fähigkeit noch die Autorität nationale oder regionale Standards zu erlassen, hat aber trotzdem sich der 3GPP angeschlossen.

Die „Individual“ Mitgliedschaft ist offen für alle juristischen Personen, die ein registriertes Mitglied der Organisationspartner sind. Sie können ferner zu der technischen Spezifikation des 3GPP beitragen und die ausführbaren Ergebnisse des 3GPP umsetzen, handeln aber in der 3GPP eigenverantwortlich. Daher sollten sich die „Individual“ Mitglieder an ihre Organisationspartner wenden, wenn sie der 3GPP beitreten möchten.

Die Kosten für die Errichtung der 3GPP werden durch die ETSI getragen (Vgl. 3GPP 1998b).

Bluetooth Special Interest Group (SIG)

Der Bluetooth-Standard hat das Ziel, die Kurzstrecken-Kommunikation zwischen Endgeräten wie Notebooks, Organizer, PDAs und Mobiltelefonen zu unterstützen.

Als weitere Einsatzgebiete sind die Fernsteuerung von Druckern, Fernsehern, Radios oder anderen elektronischen Geräten zu nennen. Damit sichergestellt ist, dass sich die Technologie problemlos in viele Geräte implementieren lässt, gründen die Initiatoren Ericsson, IBM, Intel, Nokia und Toshiba im Jahre 1998 eine Interessengemeinschaft. Diese entwerfen die offene, nicht mit Lizenzgebühren belegte Spezifikation Bluetooth, welche nach dem dänischen Wikingerkönig Harald Blauzahn benannt wird. Die am 20.05.1998 der Öffentlichkeit vorgestellte Special Interest Group (SIG), regt die Beteiligung aller Unternehmen an, die daran interessiert sind, ein genormtes Verfahren zur schnurlosen Verbindung aller Arten von Geräten über kurze Entfernungen zu entwickeln. Inzwischen haben sich der SIG mehr als 2000 Unternehmen, wie Lucent, Microsoft, Motorola oder 3Com angeschlossen. Die Struktur der SIG zeigt Abbildung 5-33.

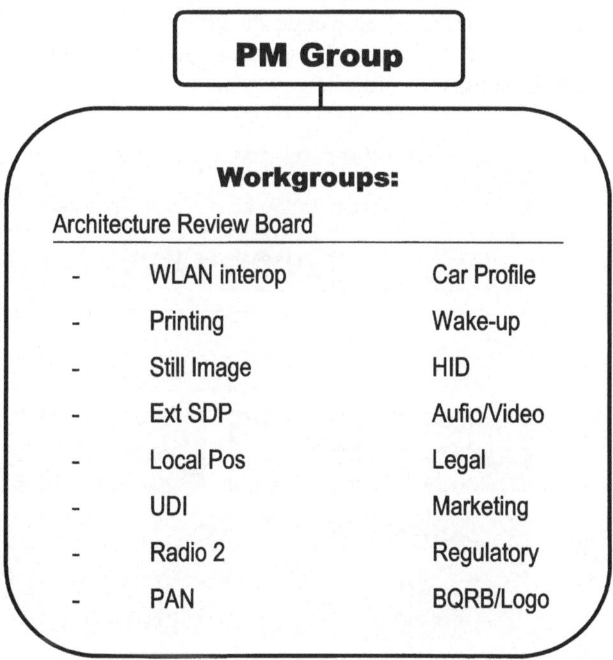

Abbildung 5-33: Strukturschema der Special Interest Group (Mettala 1999)

Symbian

Das britische Unternehmen Psion trennt sich im Juni 1998 von Software Psion, einer Tochtergesellschaft, die seit Beginn der achziger Jahre Erfahrungen in der Entwicklung von Software für mobile Anwendungen, insbesondere dem Betriebssystem EPOC, sammelt, und gründet im Dezember 1998 zusammen mit Ericsson, Motorola, Nokia und Psion das unabhängige Joint-Venture Symbian. Diesem Konsortium schließt sich auch im Mai 1999 Matsushita, dessen Produkte auch unter den bekannten Namen wie National oder Panasonic verkauft werden, an, wobei jedoch Psion als Hauptanteilseigner fungiert. Symbian beschäftigt rund 720 Mitarbeiter in insgesamt 11 Geschäftsstellen. Der Hauptsitz ist in London, weitere Niederlassungen existieren in Tokio und Kanazawa (Japan), Ronneby (Schweden), Cambrigde (England) und der San Francisco Bay Area (USA) (Psion 2000a, Symbian 2000a).

Symbian besitzt, entwickelt und lizenziert eine Softwareplattform für Smartphones und Organizer, d. h. mobile Kommunikationsgeräte der nächsten Generation, die auch Wireless Information Devices genannt werden. Diese Plattform bietet ein Betriebssystem (EPOC), Anwendungen, Entwicklungstools und Benutzerschnittstellen. Ferner werden auch Technologien wie Java, Bluetooth und WAP unterstützt. Ziel ist es, einen Massenmarkt für die mobilen Kommunikationsgeräte der nächsten Generation zu schaffen, sowie offene Standards zur Förderung der Interoperabilität zu verbreiten. Dazu ist eine enge Zusammenarbeit mit Anbietern von drahtlosen Netzen, Content Providern, Messaging Providern und Anbietern von unternehmensweiten Lösungen erforderlich.

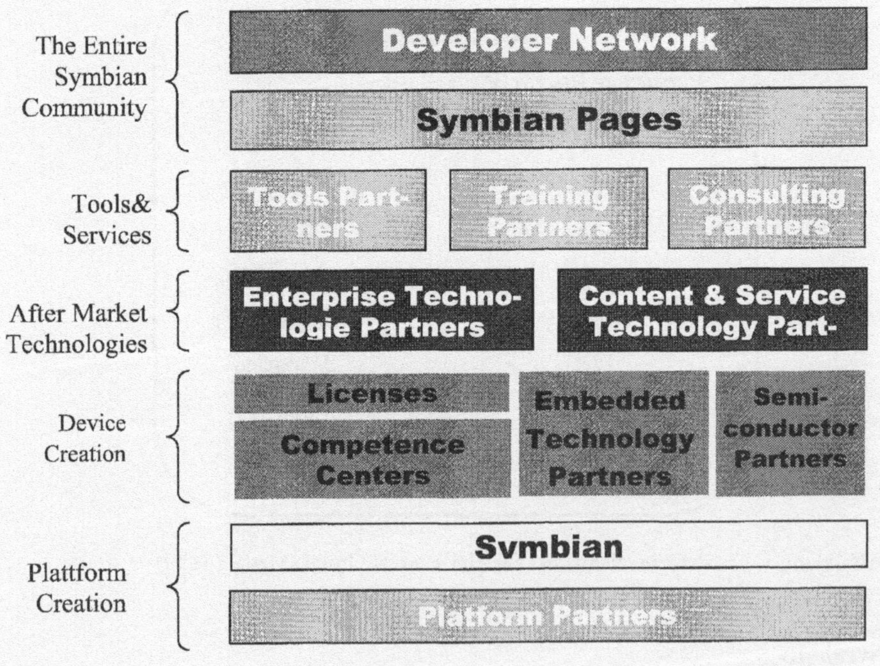

Abbildung 5-34: Übersicht der Geschäftsfelder und Partnerunternehmen von Symbian (Symbian 2000b)

Daher hat Symbian strategische Partnerschaften mit dem größten japanischen Netzwerkbetreiber NTT DoCoMo, aber auch mit bedeutenden Unternehmen wie beispielsweise Kenwood, Sony, Sanyo, Sun Microsystems, Oracle, Qualcomm, Texas Instruments, ARM, IBM, Cadence, Siemens und Sybase (Symbian 2000a, Symbian 2000b, Übersicht über alle Partner von Symbian unter http://www.symbian.com/Partners/partners.html).

Das Weltwirtschaftsforum in Davos (Schweiz) verlieh im Januar 2000 Symbian die Auszeichnung als einen der weltweit führenden schnellsten und „smartesten" Technologie-Pionier. Das Forum würdigt damit das Engagement von Symbian bei der Entwicklung eines weltweiten Standards für Wireless Information Devices, aber auch das Zusammenbringen von zahlreichen Unternehmen in einer Zeit eines technologischen Umschwungs. Die Gründung von Symbian zeigt wie Wettbewerber eines Produktbereichs ihre Arbeit technologisch miteinander verzahnen, um ihre ganze Branche voranzubringen.

ECTF (Enterprise Computer Telephony Forum)

Das nichtkommerziell arbeitende Enterprise Computer Telephony Forum hat sich zum Ziel gesetzt, die Entwicklung eines offenen, wettbewerbsorientierten Marktes für Computer-Telefonie-Lösungen voranzutreiben. Das von Herstellern wie Intel getragene Gremium fördert dazu die Entwicklung entsprechender Standards und Konventionen.

HomePNA (Home Phonline Networking Alliance)

Vereinigung, die einen Standard für Home-Networking über das Telefonkabel mit 1 Mbps entwickelt hat. Mitglieder sind namhafte Firmen wie AMD, IBM. HP, Intel und Compaq. Da in Deutschland die meisten Wohnungen nicht verkabelt sind, dürfte der Standard hier keine große Bedeutung erlangen.

LIF

Das Location Interoperability Forum ist ein globales Standardisierungsgremium, das es sich zur Aufgabe gemacht hat, Spezifikationen für die Positionsbestimmung in mobilen Netzwerken zu definieren (siehe Location Based Services).

WAP-Forum

Das WAP-Forum ist eine Non-Profit Organisation, die aus dem Zusammenschluß der Mobilfunkhersteller Ericsson, Nokia, Motorola und Phone.com 1997 hervorgegangen ist. Ziel dieses Zusammenschlusses war und ist es, einen weltweiten Standard für den Datenverkehr in Mobilnetzen zu definieren, um so Produkt-Kompatibilität gewährleisten zu können.

5.4.3 Kommerziell orientierte Zusammenschlüsse

ASP Industry Consortium

Das ASP Industry Consortium ist eine internationale Interessengruppe, die im Mai 1999 von 25 führenden Technologieunternehmen gegründet wurde. Ziel ist die

Förderung der Application Service Provider-Industrie durch die Unterstützung der Forschung und die Verdeutlichung der strategischen messbaren Vorteile dieses sich noch in der Entwicklung befindlichen Dienstleistungsmodells. Das Konsortium beschäftigt sich mit der Ausbildung für den Markt standardisierten Definitionen für die Industrie, betreibt Diskussionsforen und die Unterstützung wünschenswerter Praktiken. Das ASP Industry Consortium wurde im Mai 1999 von 25 führenden Technologieunternehmen gegründet. Diese Unternehmen sehen die gemeinsame Notwendigkeit, ein größeres Verständnis für die schnell wachsende ASP-Industrie zu entwickeln und Richtlinien für ASP-Geschäftspraktiken festzulegen. Inzwischen haben sich mehr als 750 Unternehmen dem ASP Industry Consortium angeschlossen. Es gibt auch mittlerweile weitere Niederlassungen des Konsortiums in Frankreich, Deutschland, Großbritannien und Skandinavien. Aufgrund des Vorsprungs der Europäer gegenüber den Amerikanern im Bereich Wireless ASP, hat das ASP Industry Consortium die Gründung einer mobiler Untergruppe im Februar 2001 unter der Vorsitzenden, Shirley Cotterill von Cisco Systems beschlossen. Dieses ist unter anderem für mobile Netzbetreiber, Infrastrukturanbieter und Systemintegratoren gedacht.

Mobile Electronic Signature Consortium (esign Consortium)

Am 22. Dezember 1999 gründet die Brokat AG zusammen mit führenden Unternehmen aus den Bereichen Mobilfunk- und Informationstechnologie das „eSign"-Konsortium für mobile digitale Signaturen. Neben Brokat gehören zu den Gründungsmitgliedern der Hersteller mobiler Endgeräte Siemens, die Mobilfunkbetreiber E-Plus Mobilfunk GmbH, D2 Vodafone und VIAG Interkom, die SmartCard-Hersteller Schlumberger und Gemplus sowie das T-TeleSec Trust Center der Deutschen Telekom und cryptovision. Als neue Mitglieder kommen im Februar 2000 noch die Unternehmen D-Trust, HypoVereinsbank, ORGA Kartensysteme, Sonera Smarttrust und TC TrustCenter hinzu. Das auch häufig mit mSign bezeichnete Konsortium umfasst derzeit 35 der erfolgreichsten internationalen Unternehmen und auch in Zukunft wollen sich weitere nationale und internationale Unternehmen anschließen (Vgl. eSign 2000, eSign 1999).

Eine digitale Signatur bildet beim Mobile Commerce die Grundlage für den mobilen Einkauf und das sichere Bezahlen per mobilem Kommunikationsgerät, da sie die Identität des Benutzers mit Hilfe eines bestimmten Verschlüsselungsverfahrens sicher stellt. Die Folge ist die zunehmende Konvergenz von Mobilfunk und Internet. Der bisher isolierte Gebrauch von verschiedenen elektronischen Vertriebskanälen erfüllt nicht mehr die Bedürfnisse der Konsumenten. Diese erwarten integrierte Angebote und Dienstleistungen, auf die sie unabhängig von Ort und Zeit zugreifen können. Ziel des Konsortiums ist, die Entwicklung einer einheitlichen Schnittstelle für Anwendungen zur Einbindung des Mobiltelefons in die Internetwelt, d.h. den gesamten Prozess zur Authentifizierung und Autorisierung zwischen allen Marktteilnehmern sicherzustellen. Durch diesen Standard lassen sich neue Geschäftsprozesse schnell implementieren und einrichten.

Das mSign Protokoll, auf das sich die Mitglieder geeinigt haben, definiert die Schnittstelle zwischen E-Commerce-Anbieter und Mobilfunkbetreiber. Über die nun in der ersten Version erhältlichen Schnittstellen können die verschiedenen Rollen wie Authentifizierung, Autorisierung, Datenhaltung und Zertifizierung von verschiedenen Akteuren eingenommen werden. Das Standard-Protokoll, des mSign Konsortiums unterstützt alle denkbaren Kombinationen (Vgl. Golem 2000e).

Am 03. Februar 2001 kündigen Radicchio und das mSign Konsortium an, dass sie zukünftig im Rahmen einer strategischen Partnerschaft miteinander kooperieren wollen. Beide international führenden Initiativen beabsichtigen einen Standard für die mobile digitale Signatur zu entwickeln.

"Diese Verknüpfung unserer Ressourcen und unserer jeweiligen Erfahrungen ist ein großer Schritt in Richtung des gemeinsamen Zieles. Unsere Organisationen werden enorm von dem Know-how, das beide unabhängig voneinander erworben haben, profitieren. Wir freuen uns auf den Austausch der Expertisen und werden daran arbeiten, neue internationale Standards im M-Commerce zu setzen", erklärt Bugovics, Sprecher des mSign Konsortiums (eSign 2001).

Bei Radicchio handelt es sich um eine Initiative, die sich aus mehr als fünfzig weltweit namhaften Unternehmen aus den Bereichen Technologie, Telekommunikation und Security Provider zusammensetzt. Außerdem ist sie auf dem Weg, weltweit führend im Bereich eines PKI-gesteuerten, sicheren drahtlosen E-Commerce zu werden. PKI steht für Public Key Infrastructure und sorgt für die Sicherstellung einer Kommunikation zwischen zwei Partnern, derart, dass, keiner der Parteien eine falsche Identität angeben kann (eSign 2001, Hansen 1996, 453-454, Weiter Informationen unter http://www.radicchio.org).

HRFWG

HomeRF Working Group. Die HRFWG wurde gegründet, um eine breite Markteinführung von Endgeräten zu ermöglichen, die den drahtlosen Zugriff auf lokalen Inhalt sowie auf das Internet für Sprache, Daten und Streaming-Medien. Die HRFWG hat eine Spezifikation für die drahtlose Kommunikation entwickelt, die Shared Wireless Access Protocol (SWAP) genannt wird.

LISA

Localisation Industry Standards Association - LISA befasst sich mit der Globalisierungs- und Lokalisierungsthematik in unterschiedlichen Industrien. Innerhalb LISA repräsentieren über 240 Mitglieder die führenden IT-Firmen und Lösungsanbieter in den vertikalen Märkten Telecom, Medizin, Versicherungen, Pharma und Automobilindustrie – mit dem Ziel internationale Geschäftspraktiken und den globalen Handel zu stärken.

Mobey-Forum

Zusammenschluss führender Online-Finanzdienstleister mit Herstellern von Handys zur Förderung des M-Comerce bei Finanzdienstleistungen. Fördert die Verwendung der Mobilfunktechnologie im Rahmen von Finanzdiensten unterstützt und die Verbreitung offener Standards. Das Forum fokusiert sich auf Dienste wie „mobile Payment", „mobile Banking" und „mobile Brokerage".

VATM

Verband der Anbieter von Telekommunikations- und Mehrwertdiensten. Im Vordergrund der Tätigkeit des Verbands steht die Wahrung und Förderung der gemeinsamen wirtschaftlichen und ideellen Interessen seiner Mitglieder und damit die Bildung eines deutlichen Gegengewichtes zur aggressiven Presse- und Lobbyarbeit der Deutschen Telekom. Die Sicherung fairer Wettbewerbsbedingungen steht dabei an erster Stelle. Ziel ist eine kontinuierlichen Verbesserung der Wettbewerbsbedingungen.

5.4.4 Sonstige Initiativen

Initiative Mobiles Netz (IMN)

Führende deutsche Internetunternehmen aus dem Bereich Mobile Commerce schließen sich am 29. Mai. 2000 in Berlin zu einem Interessenverband, der Initiative mobiles Netz zusammen. Dazu gehören Unternehmen, die mobile Internetdienste beispielsweise über WAP-fähige Mobiltelefone anbieten. Diese Initiative ist damit auch der erste Branchenverband von Mobile-Commerce-Unternehmen in Deutschland. *„Die IMN versteht sich als Interessenvertretung deutscher Mobile-Commerce-Firmen gegenüber der Politik, in Gesetzgebungsverfahren und in internationalen Gremien. Sie will die Öffentlichkeit über Funktionsweise und Bedeutung des Mobile Commerce informieren.*" (Initiative Mobiles Netz 2001) Zu den Gründungsmitgliedern gehören Europas führender Internethändler für Flugtickets Tiss.com, die erste deutsche WAP-Katalog-Suchmaschine WAPJAG.COM, der WAP-Cityguide StarWap, sowie die Firma bedhunter.com, welche Hotelbetten per WAP-fähige Kommunikationsgeräte vermittelt. Mittlerweile hat die IMN bereits 31 Mitglieder und weitere M-Commerce-Unternehmen haben ihr Interesse an einer Mitgliedschaft bekundet.

Die Initiative ist auch politisch engagiert und fordert in einem offenen Brief an den deutschen Bundeskanzler, eine Unterstützung für die Förderung der Aus- und Weiterbildung von M-Commerce-Spitzenkräften durch Stiftungsprofessuren, Berufsakademien und die Gründung spezialisierter Hochschulen (vgl. Initiative Mobiles Netz 2000b).

„Ein erster Erfolg der IMN-Aktion ist die Zusage der Bundesregierung, die "Zukunftsinitiative Hochschule" bis zum Jahr 2003 mit 1,8 Milliarden Mark aus den Zinsersparnissen der UMTS-Auktion in Deutschland zu fördern. In den nächsten drei Jahren soll der Milliardenbetrag in den Ausbau von Universitäten und Be-

rufsschulen investiert werden. Außerdem ist geplant, hochqualifizierte Wissenschaftler und Dozenten aus dem Ausland zu werben." (Initiative Mobiles Netz 2000b)

Ferner startet die Initiative Mobiles Netz als Kooperationspartner der Modalis Research Technologies Inc., Berlin, welches ein mit internationalen Fachleuten und Entscheidern aus M-Commerce und Mobility Wirtschaft zusammengesetztes Forum ist, mit dem Titel "mbusiness-insight". Modalis Research Technologies ist ein global im B2B-Bereich agierendes Marktforschungsinstitut, welches auf interaktive Marktforschungs- und Modellierungstechniken für Produktentwicklung und Kundenzufriedenheitsmessung spezialisiert ist. Zu den Aktivitäten von Modalis gehört unter anderem auch die regelmäßige Befragung von internationalen Experten, um neueste Entwicklungen im M-Commerce zu erforschen. Die IMN unterstützt das Forum bei der inhaltlichen und thematischen Ausrichtung von Befragungen. Ziel des "mbusiness-insight"-Forums ist es, für Entwicklungen im M-Commerce richtungsweisend zu sein.

FMK

Forum Mobilekommunikation (für Netzbetreiber und Handyhersteller). Es übernimmt eine Mittlerfunktion in allen Fragen der Mobilkommunikation, bereitet wissenschaftliche Literatur und Forschungsergebnisse auf, produziert und versendet Informationsunterlagen, initiiert Symposien, Expertenhearings und Informationsveranstaltungen und bietet BürgerInnen, Medien und öffentlichen Institutionen einen Informationsservice.

6. Ausblick

Wo führt die Reise hin? Die Entwicklung des M-Commerce durchläuft im Augenblick eine schwierige Phase, die nicht zuletzt durch die Erfahrungen mit dem E-Commerce beeinflusst ist. Es gibt wohl kaum eine Frage im Kontext von M-Commerce, die so häufig gestellt wird, wie jene nach Erfolgsfaktoren, Killerapplikationen und dem „richtigen" Geschäftsmodell. Es gibt aber wohl auch kaum eine Frage, die so wenig klar beantwortet werden kann. Dennoch kann als sicher angenommen werden, dass die Zukunft des Internet mobil ist. Eine besondere Herausforderung für Unternehmen im Dienstleistungsbereich besteht daher darin, sich rechtzeitig auf Veränderungen und neue Chancen einzustellen.

An dieser Stelle sollen abschließend noch einmal einige wichtige Punkte angesprochen werden. An erster Stelle ist hier die Tatsache zu erwähnen, dass mobile Dienste dem Endverbraucher über ein homogenes System angeboten werden müssen. Dies ist eine wichtige Erfolgsvoraussetzung, da sonst ein für den Kunden unübersichtlicher Markt entsteht und die Angebote auch kaum Verbreitung finden dürften.

Es soll zunächst einmal auf die Grenzen der zahlreichen Marktstudien hingewiesen werden. Ein klares Bild eines zukünftiges Marktes besteht derzeit nämlich in keiner Weise und Prognosen fallen sehr unterschiedlich aus. Die Basis der verschiedenen Studien bleibt unklar und Unternehmen sollten sich nicht ausschließlich auf positive Prognosen verlassen. Eine realistische Einschätzung der Marktsituation ist aber für viele Investitionen unabdingbar. Wie sich der Markt für Mobile Commerce entwickeln wird bleibt abzuwarten. Nach Graeve sind allerdings mehrere Szenarien denkbar, die je nach Entwicklung des Marktes wahrscheinlicher werden. Die Telco Dominanz bezieht sich auf die vorherrschende Stellung der Netzwerkanbieter, die sich aufgrund Wettbewerbsvorteile wie direktem Zugang zum Endkunden und Besitz der Kundenschlüsseldaten entwickeln könnte. Eine Alternative sind Portale als der logische Zugang des Endkunden zum mobilen Internet. Schließlich ist noch das Szenario eines uneinheitlichen Marktes denkbar, in dem kein Player eine vorherrschende Stellung einnehmen kann und auch keiner im alleinigen Besitz der Schlüsseldaten des Kunden ist (Marktanarchie). Im dritten Szenario wird vor allem über den Preis versucht Kunden zu akquirieren und zu halten.

Durch das Mobile Internet und die allgemeine Verfügbarkeit mobiler Technologien (WLAN, Bluetooth etc.) entstehen generell neue Herausforderungen und zugleich neue Chancen der Verbindung von realer und virtueller Welt. Das in diesem Buch dargestellte Zusammenwachsen von Internet und Mobiltelefonie vor allem in den neuen Generationen der Mobilfunknetze erlaubt erstmals die konsequente Umsetzung der Konvergenz bestehender Netze. Durch die transparente Zusammenführung von Mobilnetz und öffentlichem Telefonnetz bzw. dem ISDN und dem Internet entsteht ein globaler Absatzmarkt mit deutlich steigenden Wachstumsraten. Die technologischen Grundlagen und Rahmenbedingungen sind folglich bereits geschaffen.

Es ist auch deutlich zu erkennen, dass ein starker Innovationsschub sowohl bei mobilen Endgeräten als auch mobilen Dienstleistungen herrscht. So werden „All in One“ Lösungen im Bereich mobiler Endgeräte, beispielsweise also Smartphones die wohl zukunftsträchtigsten Chancen und Wachstumspotenziale haben. Aber es sind ebenfalls Neuerungen im Bereich der mobilen Anwendungen zu erwarten, die neben neuen Formen der Dienstleistungen auch Veränderungen in vielen Lebensbereichen mit sich bringen. Es ist hierbei beispielsweise an mobiles Internet in der Kleidung, in Uhren und Schmuck zu denken (Wearable Computing), aber auch an neuartige medizinische Serviceleistungen.

All dies verlangt jedoch als Grundlage schnelle Netze wie UMTS. Und genau hier könnte zumindest kurzfristig der Engpass liegen. Bedingt durch diverse Beteiligungen, Fusionen, etc. herrscht eine extreme Unüberschaubarkeit auf diesem Markt. Da jedoch als sicher anzunehmen ist, dass mobile Kommunikationstechnologien eine hohe Bedeutung und einen großen Einfluss auf fast alle Unternehmens- und Lebensbereiche haben werden, ist es wichtig, sich bereits heute damit zu beschäftigen und nicht auf UMTS und "Mobile Multimedia" zu warten. Hier gilt es seitens der Wirtschaft frühzeitig zu reagieren, entsprechende Modelle und Konzepte zu entwickeln und an Musteranwendungen zu erproben.

Literatur

Aigner, M.: Mobile Solutions – Smarte Handys und PDAs starten mobile Offensive. In: Computer Zeitung, Nr. 12, S. 32, Konradin Verlag, Leinfelden, 22.03.2001.

Albers, S., **Schäfers**, B.: Preispolitik im Mobile Commerce. In: Silberer, G. et al. (Hrsg.): Mobile Commerce – Grundlagen, Geschäftsmodelle, Erfolgsfaktoren. S. 229-243, Wiesbaden 2001.

Ames, P., **Gabor**, J.: Evolution of Third-Generation Cellular Standards. In: Intel Technology Journal, Ausgabe 2 , 2000.

Assfalg, R.; **Goebels**, U.; **Welter**, H.: Internet-Datenbanken: Konzepte, Modelle, Werkzeuge. Bonn 1998.

Atzeni, P.: Database systems: concepts, languages & architectures. London 1999.

Balzert, H.: Lehrbuch der Software-Technik: Software Entwicklung. Heidelberg 1996.

Batini, C.; **Ceri**, S.; **Navathe**, S.: Conceptual database design: an entity-relationship approach. Redwood City 1992.

Bekkers, R.; **Smits**, J.: Mobile telecommunication: standards, regulation an applications. Deventer 1998.

Bergmann, F., **Gebhardt**, H.-J.: Taschenbuch der Telekommunikation. München/Wien 1999.

Berke, J., **Hennersdorf**, A.: Standleitung ins Handy, in: Wirtschaftswoche, Nr. 50, S. 212, Verlagsgruppe Handelsblatt GmbH, Düsseldorf 2000.

Bettstetter, C., **Vögel**, H-J., **Eberspächer**, J.: GMS Phase 2+ - GPRS. In: IEEE-Communications Surveys, Bd. 2, Nr. 3, 1999.

Borchers, D.: Heinzelmännchen drahtlos - Generationswechsel der Handys. In: c't, Nr. 3, Verlag Heinz Heise GmbH&Co.KG, Hannover 2000.

Brosius, F.: WML: WAP Anwendungen programmieren. München 2000.

Bublitz, M.: Schnittstellen zwischen GPRS und GSM. In: Funkschau, Ausgabe 26, S. 62-63, WEKA Fachzeitschriften-Verlag, Poing 1999.

Büllingen, F.; **Wörter**, M.: Entwicklungsperspektiven, Unternehmensstrategien und Anwendungsfelder im Mobile Commerce, Bad Honnef, Diskussionsbeitrag Nr. 208, November 2000.

Bundesministerium für Wirtschaft und Technologie (BMWi): Entwicklung der Auslandsaktivitäten deutscher Telekommunikations-Dienstleistungsunternehmen im Vergleich zu den Marktaktivitäten ausländischer Telekommunikations-Dienstleistungsunternehmen in Deutschland, Bericht TD2017, 2001a.

Bundesministerium für Wirtschaft und Technologie (BMWi): Benchmark Internationale Telekommunikationsmärkte – BMWi-Untersuchung in Zusammenarbeit mit dem Wissenschaftlichen Institut für Kommunikationsdienste, 2001b.

Bundesministerium für Wirtschaft und Technologie (BMWi): Einführung des digitalen Rundfunks in Deutschland. Startszenario 2000 – Dokumentation Nr. 481: Sachstandsbericht und Empfehlungen der Initiative „Digitaler Rundfunk“ (IDR), 2001c.

Cooke, J.C.; **Brewster**, R.L.: Cyptographic Security Techniques for Digital Mobile Telephones, Proceedings of the IEEE International Conference on Selected Topics in Wireless Communications, Vancouver, B.C., Canada 1992.

CSC Ploenzke: Wie verändert UMTS die Versicherungswirtschaft ?. (Studie), September 2000.

Demmelhuber, S.: Application Service Providing. DV-Kahlschlagmodell oder Chance für IT-Abteilungen ?. In: Funkschau, Ausgabe 24, WEKA Fachzeitschriften-Verlag GmbH, Poing 2000.

Detourn, N.; **Fischer**, J.; **Larson**, P.: Branchenanalyse – Mobiles Internet, hrsg. v. The Motley Fool, Inc., Berlin, 25.10.2000.

Diederich, B. et al.: Mobile Business – Märkte, Techniken, Geschäftsmodelle. Wiesbaden 2001.

Dornseif, M., **Schumann**, K.H., **Klein**, Ch.: Tatsächliche und rechtliche Risiken drahtloser Computernetzwerke. In: DuD, Bd. 26, S. 226-230, April 2002.

Eckert, Prof. Dr. C.: Sicheres mobiles Arbeiten mit mobilen Endgeräten: Zwischen Wunsch und Wirklichkeit, Universität Bremen, FB Informatik

Eckert, G.: Miniherzen schlagen höher. In: Computer Zeitung, Nr. 8, Konradin Verlag, Leinfelden, 22.02.01.

Eierle, M.: WAP-Anwendungen im Test. In: TeleTalk, Nr. 3, S. 20-22, telepublic Verlag, 2001.

Elmasri, R.; **Navathe**, S.: Fundamentals of database systems, 2. Auflage. Redwood City 1997.

eMarketer (Hrsg.): The eWireless Report, eMarketer, Inc., 2001.

Endres, J.: Surfer on the Road. Die Zukunft des mobilen Internet hat längst begonnen. In: c't, Nr. 4, Verlag Heinz Heise GmbH & Co.KG, Hannover 2001a.

Endres, G.: Mehr Software für PDAs. In: Computer Zeitung, Nr. 13, Konradin Verlag, Leinfelden, 29.03.2001b.

Ericsson: Die Infrastruktur von Mobilfunknetzen. Funktion und Elemente (Studie), Düsseldorf, März 2001c.

Ericsson Consulting: UMTS-Studie – Perspectives and Potentials Network Operators and Service Providers (Studie), Düsseldorf, Dezember 2000.

ETSI. GSM recommendations 02.03 – Teleservices: ETSI Secretariat, Sophia Antipolis 1991.

ETSI. TETRA Voice + Data, Part 10-12, (Res06) – European telecommunication standard: ETSI Secretariat, Sophia Antipolis 1994.

ETSI. GSM recommendations 01.02 – General Description: ETSI Secretariat, Sophia Antipolis 1996a.

ETSI. HIPERLAN Type 1. Functional specification – European Telecommunication Standard: ETSI Secretariat, Sophia Antipolis 1996b.

ETSI. GSM Technical Specification 03.34 (V 5.0.1) – Digital cellular telecommunications system (Phase 2+). High Speed Circuit Switched Data: Stage 2: ETSI Secretariat, Sophia Antipolis 1997.

ETSI. GSM Technical Specification 02.60 (V 5.2.0) – Digital cellular telecommunications system (Phase 2+). General Packet Radio Service: Stage 1: ETSI Secretariat, Sophia Antipolis 1998.

ETSI. 3GPP Technical Specification 25.401 (V 3.5.0, R 1999) – UMTS – UTRAN Overall Description: ETSI Secretariat, Sophia Antipolis 2000.

Feldt, S.: Location based services. In: TeleTalk, Ausgabe 11, S. 30, telepublic Verlag, 2000.

Finkenzeller, K.: RFID-Handbuch. 2. Aufl., München 2000.

Forum Mobilkommunikation: Weissbuch Mobilkommunikation, 2.Aufl., Wien, August 2000.

Furuskär, A., **Näslund**, J., **Olofsson**, H.: Edge, Enhanced Data Rates for GSM and TDMA/136 Evolution. In: Ericsson Review, Ausgabe 1, S. 28-37, 1999b.

Gabriel, R.: Datenbanksysteme: konzeptionelle Datenmodellierung und Datenarchitekturen, 2. Auflage. Heidelberg, New York 1995.

Geissler, J.: Mobile Commerce im Mediengeschäft, BeMobile, Gütersloh 2001.

Gentner A., **Legler**: Einstieg in die mobile Datenwelt des UMTS. Arthur Andersen Consulting, Stuttgart 2000.

Gneiting, S.: Mit dem Handy ins Internet. In: Funkschau, Ausgabe 24, S. 28-31, WEKA Fachzeitschriften-Verlag, Poing 1999.

Gneiting, S.: Location Based Services. In: Funkschau, Ausgabe 9, WEKA Fachzeitschriften-Verlag, Poing 2000a.

Gneiting, S.: i-mode – das Pendent zu WAP. In: Funkschau, Ausgabe 16, S.48-49, WEKA Fachzeitschriften-Verlag, Poing 2000b.

Göttgens, O. Dr.; **Zweigle**, T. Dr.: mCommerce mit UMTS - UMTS und seine Bedeutung für Brand Management und CRM (Studie). BBDO Consulting GmbH, Düsseldorf, 20.02.2001.

Götz, A.; **Bäter**, S.: WAP für Profis. In: Funkschau, Ausgabe 6, S. 32-39, WEKA Fachzeitschiften-Verlag, Poing 2001.

Graeve, C.: M-Commerce-Mobilität, Machbarkeit und Manie. In: HMD, Heft 220, S. 5-14, 2001.

Greenspun, P.: Datenbankgestützte Websites. München 1998.

Gupta, P.: The M-Commerce Revolution. In: Business Communications Review International, S. 12-17, BCRI, October 2001.

Häckelmann, H., **Petzold**, H.J., **Strahringer**, S.: Kommunikationssysteme – Technik und Anwendungen. Springer Verlag, Berlin 2000.

Hahn, J.: Wenn Bits und Bytes fliegen lernen. In: Elektronik, Ausgabe 20, S. 94 – 101, 1998.

Hansen, H. R.: Wirtschaftsinformatik 1 – Grundlagen betrieblicher Informationsverarbeitung. 7. Aufl., Lucius & Lucius Verlag, Stuttgart 1996.

Hansen, H.R.: Wirtschaftsinformatik 1, 7. Auflage. Stuttgart 1998.

Hansmann, U., **Merk**, L., **Niklous**, M., **Stober**, Th.: Pervasive Computing Handbook. Springer 2001.

Harms, F.: Das große Buch (X)HTML & XML. Düsseldorf 2000.

Heijden, M.; **Tylor**, M.: Understandig WAP: wireless applications, devices and services. Norwood 2000.

Heinrich, L.J.; **Lehner**, F.; **Roithmayr**, F.: Informations- und Kommunikationstechnik für Betriebswirte und Wirtschaftsinformatiker. 4. verb. Aufl., R. Oldenbourg Verlag, München, Wien 1994.

Heinrich, W.: Trendanalyse. Unternehmen zeigen Mobile Computing die kalte Schulter. In: Computer Zeitung, Nr. 1+2, Konradin Verlag, Leinfelden 2001.

Helal A. et.al.: Any time, anywhere computing: mobile computing concepts and technology. 2. Auflage. Norwell 2000.

Helal, A. et al.: Any Time, Anywhere Computing. Mobile Computing Concepts and Technology. Boston et al. 1999.

Hendricks, B.: Kamera-Organizer. Optischer Zuckerwürfel. In: Wirtschaftswoche, Nr. 13, Verlagsgruppe Handelsblatt GmbH, Düsseldorf, 22.03.2001.

Hinrichs, C., **Lippert**, I.: Kosten und Wirkungen mobiler Werbung. In: Silberer, G. et al. (Hrsg.): Mobile Commerce – Grundlagen, Geschäftsmodelle, Erfolgsfaktoren. S. 265-278, Wiesbaden 2001.

Horn, T.: Home Networking. Hannover, 2002

Jäntsch, A.: Von GSM zu UMTS – Strategien bei der Einführung von WCDMA-basierenden Mobilfunksystemen der 3. Generation. In: ITG-Fachbericht, Mobilfunk-Stand der Technik und Zukunftsperspektiven, S. 7-21, 2000.

Jodeleit, B.: Die 4. Generation. In: Connect, Ausgabe 10, S. 16-22, 2001.

Jungbluth, T.: Taschencomputer. In: Mobile Solutions 2001, S. 78-82, Sonderheft des telepublic Verlages zur Systems in München, 2000a.

Jungbluth, T.: Personal Digital Assistents – Taschencomputer. In: Teletalk Sonderausgabe Mobile Solutions Nr. 2/2000, Telepublic Verlag, Hannover 2000b.

Kaiser, N.: Mobilkommunikation als Integrationsplattform (Seminararbeit), Universität Dresden, 03.07.2000.

Karg, D.; **Kuhn**, T.: Gameboys für Grosse. In: Wirtschaftswoche, Nr. 12, Verlagsgruppe Handelsblatt GmbH, Düsseldorf, 15.03.2001.

Klieber, M.: Chipkarten-Systeme erfolgreich realisieren. Braunschweig/Wiesbaden 1996.

Knisely, D.N., **Li**, Q., **Ramesh**, N.S.: cdma2000. A Third-Generation Radio Transmission Technology. In: Bell Labs Technical Journal, Ausgabe July-Sep, S. 63-78, 1998.

KPMG Germany (Hrsg.): e- goes m-, Starting the Mobile Future 2001, KPMG Deutschland, 2001.

Krück, U. ; **Heng**, S.: mCommerce: Mega Business oder Mickey Mouse?. Deutsche Bank Research, Nr. 8, Economics Internet-Revolution und "New Economy", 20. Oktober 2000.

Lehman Brothers: siehe Skiba et al. 2000.

Lehner, F.: Mobile Business und mobile Dienste – Eine Positionsbestimmung. Schriftenreihe des Lehrstuhls für Informatik III, Universität Regensburg, Mai 2001c.

Lehner, F.; **Watson**, R.: From E-Commerce to M-Commerce: Research Directions. Regensburg – Athen 2000.

Lehner, F., **Watson**, R.: From E-Commerce to M-Commerce: Research Directions. Department of Business Informatics, Universität Regensburg, 2001a.

Lehner, F.: MobiLex – Lexikon und Abkürzungsverzeichnis für Mobile Computing und mobile Internetanwendungen. Universität Regensburg. Forschungsbericht Nr. 51, Schriftenreihe des Lehrstuhls für Wirtschaftsinformatik III, Universität Regensburg, 5. Auflage, August 2002a.

Lehner, F., **Berger**, St.: Mobile Knowledge Management. Forschungsbericht Nr. 50, Schriftenreihe des Lehrstuhls für Wirtschaftsinformatik III, Universität Regensburg,, Juni 2001, 2. Auflage, März 2002b.

Lehner, F., **Nösekabel**, H.: The Role of Mobile Devices in E-Learning – Survey of Projects and First Experiences with a Wireless E-Learning Environment. In: Proceeding WMTE 2002, IEEE International Workshop on Wireless and Mobile Technolgies in Education, 2002c (in Druck).

Lehner, F., **Nösekabel**, H., **Lehmann**, H.: Wireless E-Learning and Communication Environment: WELCOME at the University of Regensburg, In: Proceedings of the M-Service Workshop, Lyon 2002d (in Druck).

Lehner, F., **Schäfer**, K.: Voice Portale und Sprachdienste für mobile Anwendungen. Forschungsbericht, Schriftenreihe des Lehrstuhls für Wirtschaftsinformatik III, Regensburg, Universität Regensburg, Juli 2002e.

Lehner, F., Nösekabel, H., Bremen, G..: M-Learning. Forschungsbericht, Schriftenreihe des Lehrstuhls für Wirtschaftsinformatik III, Regensburg, Universität Regensburg, September 2002f.

Lescuyer, P.: UMTS. Grundlagen, Architektur und Standard. Heidelberg 2002.

Lin, Y., **Chlamtac**, I.: Wireless and Mobile Network Architectures: New York, Wiley Verlag, 2000.

Link, J., **Schmidt**, S.: Erfolgsplanung und –kontrolle im Mobile Commerce. In: Silberer, G. et al. (Hrsg.): Mobile Commerce – Grundlagen, Geschäftsmodelle, Erfolgsfaktoren, S. 131-152, Wiesbaden 2001.

Linke, A.: Hacks unter Palm OS 5 programmieren. In: c't, Heft 16, 2002, 168-171.

Linke, A.: Palm die Fünfte. Was bringt die neue Palm OS Version? In: c't, Heft 14, 2002, 194.

Loos, A.: Alma mater macht mobil. In: Computer Zeitung, Nr. 14, S. 8, Konradin Verlag, Leinfelden 2001.

Lüders, D.: Die großen Kleinen. In: c't, Nr. 25, Verlag Heinz Heise GmbH&Co.KG, Hannover 2001.

Mahler, G.: Hardwareaktien – Die Handheld-Riege bleibt auf in diesem Jahr auf Wachstumskurs. In: Computer Zeitung, Nr. 5, Konradin Verlag, Leinfelden, 2001a.

Mahler, G.: Kommunikationsgeräte – Höhenflug der Mobilfunkaktien an den Börsen ist vorerst gestoppt. In: Computer Zeitung, Nr. 6, Konradin Verlag, Leinfelden, 2001b.

Malbrich, T., **Ungerer**, B.: Stationäre drahtlose Netze: Lockere Bindung. In: I'X, Ausgabe 12, Verlag Heinz Heise GmbH & Co KG, Hannover 2001.

Manhart, K.: Turbolader für Java-Applets. In: Funkschau, Ausgabe 1, S. 36-38, WEKA Fachzeitschriften-Verlag, Poing 2001a.

Manhart, K.: Mobil im Web mit i-mode. In: Funkschau, Ausgabe 8, S. 32-34, WEKA Fachzeitschriften-Verlag, Poing 2001b.

Manhart, K.: Mobile Payment auf Erfolgskurs. In: Funkschau, Ausgabe 11, S. 56-58, WEKA Fachzeitschriften-Verlag, Poing 2001c.

Manhart, K. Dr.: Sicherheit mit WAP. In: Funkschau, Ausgabe 11, WEKA Fachzeitschriften-Verlag, Poing 2001d.

Manhart, K. Dr.: Sicherheit in drahtlosen Infrastrukturen. In: Funkschau, Ausgabe 11, WEKA Fachzeitschriften-Verlag, Poing 2001e.

Manhart, K. Dr.: Personal Area Network: Sicherheit bei Bluetooth. In: Funkschau, Ausgabe 24, WEKA Fachzeitschriften-Verlag, Poing 2001f.

Manhart, K. Dr.: Hacker entdecken den Mobilfunk. In Funkschau, Ausgabe 16, WEKA Fachzeitschriften-Verlag, Poing 2001g.

Mertens, P., **Faisst**, W.: Virtuelle Unternehmen nutzen weltweite Netze. In: DSWR 25, S. 4, 93-98, 1996.

Mettala, R.: Bluetooth Protocol Architecture. In: SIGnal-Newsletter of Bluetooth Special Interest Group, Ausgabe 3, S. 5-6, 1999.

Milojicic, D.; **Douglis**, F.; **Wheeler**, R.: Mobility: processes, computers, and agents. Reading 1999.

MobilCom: Der Geschäftsbericht 2000 der MobilCom AG, Schleswig, Februar 2001d.

Möhlenbruch, D., **Schmieder**, U.-M.: Gestaltungsmöglichkeiten und Entwicklungspotenziale des Mobile Marketing. In: HMD, Heft 220, S. 15-26, August 2001.

Muller-Veerse, N. J.: IP Convercence: The Next Revolution in Telecommunications. Artech House, Boston/London 2000.

Mühlbacher, J.: Mobile Datenerfassung und -verarbeitung. In: Mertens, P. (Hrsg.): Lexikon der Wirtschaftsinformatik, 3. Auflage, S. 268-269, Berlin u.a. 1997.

Münz, S.; **Nefzger**, W.: HTML 4.0 Handbuch: HTML, JavaScript, DHTML, Perl. 2. Auflage, Poing 1999.

Nicolai, A.T., **Petersmann**, Th.: Unternehmensgründungen im Mobile Business. In: DBW, S. 95-110, Bd. 62, Januar 2002.

Nourouzi, A.: Ovum: Mobile Location Services, Ovum 2001.

NTT DoCoMo: The Path to 4G Mobile. In: International Telecommunications, 26-29, April 2001.

o.V.: Nokia und Ericsson wählen Epoc – Handy-Hersteller entscheiden sich gegen Windows CE. In: Computerwoche, Nr.27, Computerwoche Verlag GmbH, München 1998.

o.V.: Content. Wettkampf um Inhalte. In: Teletalk Sonderausgabe Mobile Solutions Nr. 2, Telepublic Verlag, Hannover 2000a.

o.V.: DoCoMo. Mobil – Made in Japan. In: Teletalk Sonderausgabe Mobile Solutions Nr. 2, Telepublic Verlag, Hannover 2000b.

o.V.: Kommunikation. Mietsoftware. In: c't, Nr. 23, Verlag Heinz Heise GmbH & Co KG, Hannover 2000c.

o.V.: Palm will Microsoft mit einer neuen Strategie in Schach halten. In: Computer Zeitung, Nr. 51+52, Konradin Verlag, Leinfelden 2000d.

o.V.: Psion will Symbian an die Börse bringen. In: Computerwoche, Nr.34, Computerwoche Verlag GmbH, München 2000e.

o.V.: Systemintegratoren. Marktübersicht Consultants. In: Teletalk Sonderausgabe Mobile Solutions Nr. 2, Telepublic Verlag, Hannover 2000f.

o.V.: Technische Standards. Content-Firmen gründen Verband. In: Computer Zeitung, Nr. 50, Konradin Verlag, Leinfelden, 2000g.

o.V.: Wireless Car. In: Computerzeitung, Nr. 38, S. 12, Konradin Verlag, Leinfelden, 2000h.

o.V.: Das drahtlose Lokalnetz gibt dem Nutzer Freiheit. In: Computer Zeitung, Ausgabe 13, S. 18, Konradin Verlag, Leinfelden, 2001a.

o.V.: Fit fürs WAP-Web. In: Mobile Solutions 2001, S. 68-77, Sonderheft des telepublic Verlag, Hannover 2001b.

o.V.: Forrester Studie. Fünf Mobilfunker werden überleben. In: Computer Zeitung, Nr. 1+2, Konradin Verlag, Leinfelden 2001c.

o.V.: Gewinnwarnung – Jetzt lässt auch Palm die Blätter hängen. In: Computer Zeitung, Nr. 5, Konradin Verlag, Leinfelden, 2001d.

o.V.: Grenzenloser Datenfunk. In: Connect, Ausgabe 10, S. 67, 2001e.

o.V.: 3GSM-Weltkongress. Mobilfunkbranche setzt auf Wachstum bei den PDA-Handys. In: Computer Zeitung, Nr. 10, Konradin Verlag, Leinfelden, 2001f.

o.V.: Handhelds – Palm kämpft um Business-Kunden. In: Computer Zeitung, Nr. 11, Konradin Verlag, Leinfelden, 2001g.

o.V.: Handygewinne nehmen ab. In: Computer Zeitung, Nr. 6, Konradin Verlag, Leinfelden, 2001h.

o.V.: Ist analog gesünder?. In: Connect, Ausgabe 9, S. 93, 2001i.

o.V.: Marktprognosen. Bitkom sagt rasantes Wachstum für das Mobile Internet vorher. In: Computer Zeitung, Nr. 7, Konradin Verlag, Leinfelden, 2001j.

o.V.: Mobilfunkausrüster . Finanzierungswünsche trüben die Freude über UMTS Geschäft. In: Computer Zeitung, Nr. 8, Konradin Verlag, Leinfelden, 2001k.

o.V. : Mobilität. Server-Software für PDAs boomt. In: Computer Zeitung, Nr. 11, Konradin Verlag, Leinfelden, 2001l.

o.V.: Netzwerker-Krise: Bei Ericsson und Lucent hängt der Telecom-Haussegen schief. In: Computer Zeitung, Nr. 5, Konradin Verlag, Leinfelden, 2001m.

o.V.: Paketdatenfunk intern. In: Connect, Ausgabe 7, S. 86, 2001n.

o.V.: So funken GSM und DECT. In: Connect, Ausgabe 4, S. 122-123, 2001o.

o.V.: Telekomsektor – Trotz Netzwerk-Krise will Siemens in USA wachsen. In: Computer Zeitung, Nr. 12, Konradin Verlag, Leinfelden, 2001p.

o.V.: Telekommunikation. Ericsson, Siemens & Co. Müssen sich auf härtere Zeiten einstellen. In: VDI Nachrichten, Nr. 11, VDI Verlag GmbH, Düsseldorf 2001q.

o.V.: UMTSler feilschen mit dem Regulierer um Netzaufbau. In: Computer Zeitung, Nr. 10, Konradin Verlag, Leinfelden, 2001r.

o.V.: Über 70 Prozent setzen auf Epoc. Weltweite Marktanteile der Smartphone-Hersteller in Prozent. In: Computer Zeitung, Nr. 15, Konradin Verlag, Leinfelden, 2001s.

o.V.: Von GSM zu GPRS. In: Connect, Ausgabe 8, S. 80, 2001t.

Padgett, J., **Günther**, C.G., **Hattori**, T.: Overview of Wireless Personal Communications. In: IEEE Communications Magazine, Ausgabe Jan., S. 28-41, 1995.

Palen, L., **Salzman**, M., **Youngs**, E.: Going Wireless: Behavior & Practice of New Mobile Phone Users. In: Proceedings of the Conference on CSCW 2000, S. 201-210, Philadelphia 2000.

Podbielski, D.: WASP. M-Commerce ist WASP-Country. In: Teletalk Sonderausgabe Mobile Solutions Nr. 2/2000, Telepublic Verlag, Hannover, 2000.

Pomberger, G.; **Blaschek**, G.: Software-Engineering: Prototyping und objektorientierte Software-Entwicklung, 2. Auflage. München, Wien 1996.

Prasad, R., **Ojanperä**, T.: An Overview of CDMA Evolution toward Wideband CDMA. In: IEEE Communications Surveys, Bd. 1, Nr. 1, 1998.

Rankl, W., **Effing**, W.: Handbuch der Chipkarten. Aufbau-Funktionsweise-Einsatz von Smartcards. Carl Hanser Verlag, München, Wien, 1999

Rauch, Ch.: Das vernetzte Haus gewinnt Profil. In: Funkschau, Ausgabe 4, S. 50-52, WEKA-Fachzeitschriften-Verlag, Poing 2001a.

Rauch, Ch.: Zukunft von 3G. In: Funkschau, Ausgabe 12, S. 18-20, WEKA-Fachzeitschriften-Verlag, Poing 2001b.

RegTP: Marktbeobachtungsdaten der Regulierungsbehörde für Telekommunikation und Post: Halbjahresbericht 2000. Referat für Presse und Öffentlichkeitsarbeit, Verantwortlich im Sinne des Pressegesetzes: Dörr, Harald, Bonn 2000b.

RegTP: Marktbeobachtungsdaten der Regulierungsbehörde für Telekommunikation und Post: Jahresbericht 2000. Referat für Presse und Öffentlichkeitsarbeit, Verantwortlich im Sinne des Pressegesetzes: Dörr, Harald, Bonn 2001.

Reinema, R. et al.: Cooperative Buildings - Workspaces of the Future. In: Proceedings of the World Multiconference on Systenics, Cybernetics and Informatics (SCI'98), Orlando, Florida, July 1998.

Reinema, R., **Thielmann**, H.: RoomComputer - Ubiquitous Computing in Cooperative Rooms. In: thema FORSCHUNG (Schwerpunktheft "Eingebettete Systeme"), S. 118-124, TU Darmstadt, 1/2002.

Reiter, M.: Schulungen. Middleware-Entwickler finden im Web gute Bildungsmöglichkeiten. In: Computer Zeitung, Nr. 10, Konradin Verlag, Leinfelden, 2001a.

Reiter, M.: Mobile Software boomt. In: Computer Zeitung, Nr. 13, Konradin Verlag, Leinfelden, 2001b.

Reppesgaard, L.: Mobile Lösungen. Mietsoftwerker machen auch vor Handys und Handhelds nicht Halt. In: Computer Zeitung, Nr. 11, S. 32, Konradin Verlag, Leinfelden, 2001.

Rink, J.: Mobile Internet überall. In: c't, Nr. 4, S. 124-138, Verlag Heinz Heise GmbH&Co.KG, Hannover, 2001a.

Rink, J.: Eine ganze Hand voll. In: c't, Nr. 25, Verlag Heinz Heise GmbH&Co.KG, Hannover, 2001b.

Rischpater, R.: WAP und WML: Wireless Web - Das neue Internet. Bonn 2000.

Ritzer, W.: Mobile Data. Die Suche nach Killerapplikationen. In: Funkschau, Ausgabe 2, S. 46-48, WEKA Fachzeitschriften-Verlag, Poing 2001.

Rohrbacher, K.; **Götz**, A.: IMT-2000: Der Traum vom 3G-Weltstandard. In: Funkschau, Ausgabe 3, S. 16-18, WEKA Fachzeitschriften-Verlag, Poing 2001.

Rossbach, G.: Mobile Internet, dpunkt-Verlag, Heidelberg 2001.

Roth, J.: Mobile Computing. Grundlagen, Technik, Konzepte. dpunkt-Verlag, Heidelberg 2002.

Rüdiger, A.: Drahtlose Netzwerktechnik. Der Massenmarkt rückt näher. In: Network World, Ausgabe 11, 2000.

Rügheimer, H.: UMTS – die dritte Mobilfunk-Generation. In: PC Professionell, Ausgabe 8, S. 210ff., 2000.

Salkintzis, A. K.: A Survey of Mobile Data Networks. In: IEEE-Communications Surveys, Bd. 2 , Nr. 3, 1999.

Sam, Mark A. Hugh et al.: Global Wireless Industry Report: Part 1. The changing economics of the wireless Industry (Studie), Toronto, 16.11.2000.

SAP (Hrsg.): Pervasive Computing – mySAP.com mobile – anytime and anyplace. Walldorf 2000a.

SAP (Hrsg.): CRM Lösungen auf Handhelds-Szenarien für Field Sales und Service, Düsseldorf 2000b.

Schäfer, K-J.: Eine Plattform für Learning on Demand im Internet. Forschungsbericht Nr. 42 aus der Schriftenreihe des Lehrstuhls für Wirtschaftsinformatik III. Regensburg 2000.

Schäfer, K-J.; Teleteaching-Plattform für eine virtuelle Universität, Dissertationsschrift in Vorbereitung. Lehrstuhl für Wirtschaftsinformatik III. Regensburg 2001.

Scheele, P.: Mobilfunk in Europa. Decker-Verlag, Heidelberg 1991.

Schicker, E.: Datenbanken und SQL: eine praxisorientierte Einführung. Stuttgart 1996.

Schiller, J.: Mobilkommunikation – Techniken für das allgegenwärtige Internet. Addison-Wesley Verlag, München 2000.

Schlabach, Th.: UMTS löst eine Branchenimplosion aus, in: Computer Zeitung Ausgabe 3, S. 19, Konradin Verlag, Leinfelden, 2001.

Schmidt, M.: Luft-Löcher: Sicherheitslücken bei Funk-LANs stopfen. In: c't, Nr. 15, Verlag Heinz Heise GmbH&Co.KG, Hannover, 2001.

Schmitzer, B., **Butterwegge**, G.: M-Commerce. In: Wirtschaftsinformatik, Bd. 42, S. 355-358, April 2000.

Schoblick, R.: Das Remote-Access-Protokoll Radius. In: Funkschau, Ausgabe 25, WEKA Fachzeitschriften-Verlag, Poing 2001.

Schwarz Da Silva, J.: From GSM to UMTS and Beyond – UMTS-2000 Conference Lisbon, 2000.

Shah, N.J., **Sawkar**; A.S., et al.: Wireless Data Networking, Standards, and Applications. In: Bell Labs Technical Journal, Ausgabe Jan-März, S. 130-148, 2000.

Siau, K. et al.: Mobile Commerce: Promises, Challenges and Research Agenda. In: Journal of Database Management, Vol. 12, S. 4-13, 3/2001.

Sietmann, R.: UMTS aufs Abstellgleis? - Legende um 18-jährigen 'Jugend forscht'-Preisträger. In: c't, Nr. 17, Verlag Heinz Heise GmbH&Co.KG, Hannover, 2000.

Silberer, G., **Magerhans**, A., **Wohlfahrt**, J.: Kundenzufriedenheit und Kundenbindung im Mobile Commerce. In: Silberer, G. et al. (Hrsg.): Mobile Commerce – Grundlagen, Geschäftsmodelle, Erfolgsfaktoren. S. 309-324, Wiesbaden 2001.

Swedberg, G.: Ericsson's mobile location solution. In: Ericsson Review 4/1999.

Tanenbaum, A.S.: Moderne Betriebssysteme (2.Auflage). Prentice Hall International Inc., London; Carl Hanser Verlag, München, Wien 1995.

Tanenbaum, A.S.: Computernetzwerke, 3. Auflage. München, London, New York 1997.

Telecommunications Industry Association (TIA): TR-45.5 Subcommittee: The CDMA2000 ITU-R RTT Candidate Submission (V. 0.18), 1998.

Telecommunications Industry Association (TIA): TIA/EIA-136-290: TDMA Third Generation Wireless. RF Minimum Performance für 136 HS Outdoor and 136 HS Indoor Bearers, 2000a.

Telecommunications Industry Association. TIA/EIA-136-330: TDMA Third Generation Wireless. Packet-Data Service Overview, 2000b.

Teletalks: Betriebssysteme: Motoren für die Minis, Teletalk Sonderausgabe Mobile Solutions, Nr. 2/2000, Telepublic Verlag, Hannover, 2000.

Thorne, M.: Sicherheit in drahtlosen Netzen. In: Funkschau, Ausgabe 18, WEKA Fachzeitschriften-Verlag, Poing 2001.

UMTS-Forum: Minimum spectrum demand per public terrestrial UMTS operator in the initial phase – UMTS-Forums-Report Nr. 5, 1998a.

UMTS-Forum: UMTS/IMT-2000 Spectrum – UMTS-Forums-Report Nr. 6, 1998b.

Vossen, G.: Datenmodelle, Datenbanksprachen und Datenbank-Management-Systeme, 3. Auflage. München, Wien 1999.

Waidenmaier, St.: Multimedia im Auto der Zukunft. In: Funkschau, Ausgabe 8, S. 36-38, WEKA Fachzeitschriften-Verlag, Poing 2001.

Walke, B.: Mobilfunknetze und ihre Protokolle: Bd. 1, 1. Auflage, Stuttgart, Teubner-Verlag, 1998a.

Walke, B.: Mobilfunknetze und ihre Protokolle: Bd. 1, 2. Auflage, Stuttgart, Teubner-Verlag, 2000a.

Wedekind, H.: Datenbanksysteme. In: Mertens, P. (Hrsg.): Lexikon der Wirtschaftsinformatik, 3. Auflage, S. 115-116, Berlin u.a. 1997.

Weissmann, O., **Ruland**, Ch.: Sicherheit bei Bluetooth. In: Funkschau, Ausgabe 10, WEKA Fachzeitschriften-Verlag, Poing 2001.

Wenz, C.; **Hauser**, T.: WAP: Architektur - Programmierung - Referenz. München, Wien 2001.

West, J.: Deploying Location Based Services with Oracle9i AS Wireless Edition and Oracle Spacial. In: Oracle Magazine, Januar/Februar 2001.

Wiedmann, K.-P., **Buckler**, F., **Buxel**, H.: Chancenpotentiale und Gestaltungsperspektiven des M-Commerce. In: der Markt, 39. Jg., Nr. 153, S. 84-96, Februar 2000.

Wiesmann,R.: Mehrwertdienste durch Positionsbestimmung. In: Funkschau, Ausgabe 26, WEKA Fachzeitschriften-Verlag, Poing 2000.

Wilhelm, Th., **Wohlfahrt**, J.: Wireless Sponsoring – Formen und Ansätze einer Erfolgskontrolle. In: Silberer, G. et al. (Hrsg.): Mobile Commerce – Grundlagen, Geschäftsmodelle, Erfolgsfaktoren, S. 279-287, Wiesbaden 2001.

Wohlfart, J.: Wireless Advertising. In: Silberer, G. et al. (Hrsg.): Mobile Commerce – Grundlagen, Geschäftsmodelle, Erfolgsfaktoren, S. 245-263, Wiesbaden 2001.

Wurm, M. Dr.: Mobile Services made in Japan: i-mode startet in Deutschland. In: Computer Reseller News, Ausgabe 47, 2001a.

Wurm, M. Dr.: Handys wieder auf dem Wunschzettel. In: Computer Reseller News, Ausgabe 47, 2001b.

Zivadinovic´, D.: Drahtlose Mehrspur-Infobahn – Schneller Surfen per HSCSD-Technik. In: c't, Nr. 22, Verlag Heinz Heise GmbH&Co.KG, Hannover, 2000.

Zobel, J.: Mobile Business und M-Commerce. München 2001.

Zysman, G.I., **Tarallo**, J.A. et al.: Technology Evolution for Mobile and Personal Communications. In: Bell Labs Technical Journal, Ausgabe Jan-März, S. 107-129, 2000.

Internet-Quellen

3GPP: Third Generation Partnership Project Agreement, 04.12.1998a
http://www.3gpp.org/About_3GPP/3gppagre.pdf, 03.03.01.

3GPP: 3GPP Description, 04.12.1998b
http://www.3gpp.org/About_3GPP/3GPPdesc_copenhagen.ppt, 03.03.01,

airslide (Hrsg.): The Challenge of Explosive SMS growth: Why Choose SMS over IP? Airslide Systems, 2001
http://www.airslide.com

Alcatel: Herausforderungen für die dritte Generation, 2000
http://www.alcatel.de/telecom/mobilfunk/3gen/p_1.htm, 09.03.01.

Althoff, M.P., **Seidenberg**, P.: Dienstekonzept und Spektrumsbedarf für UMTS – VDG/ITG-Fachausschuss (7.2), Öffentliche Diskussionssitzung, Düsseldorf 1999
http://www.imst.de/mobile/itg/itg_umts.htm vom 16.04.2001.

AnywhereYouGo.com:
http://www.ayg.com/

Arthur Andersen (Hrsg.): Digital Content for global mobile services, Report für die EU, Februar 2002
http://www.arthurandersen.com/website.nsf/content/CountriesBelgiumResourcesGlobalMobileServices

Arbaugh, W.A., **Shankar**, N., **Wan**, Y.C.: Your 802.11Wireless Network has No Clothes. University of Maryland, 2001
http://www.sss-mag.com/pdf/wireless.pdf

ASP Industry: ASP Industry Consortium launches new wireless Initiative. Industry group formed to "champion" $3 billion industry. London, 07.02.2001
http://www.aspindustry.com/pr-07feb01.cfm, 18.04.01.

ASP Konsortium: Definition von ASP, ASP-Konsortium e.V., 2001
http://www.asp-konsortium.de/de/seiten/3.htm, 17.04.01.

BeMobile: Neues von BeMobile zur CeBIT 2001: BeMobile entwickelt M-Commerce-Plattform für Internet-Medienshop BOL – Neue Applikation wird auf der CeBIT 2001 in Hannover präsentiert, 19.03.2001a
http://www.bemobile.com/deutsch/presse/index_de.htm, 22.04.01.

BeMobile: Referenzen. Lokale und regionale Portale – Pilotversuch mit der „Neuen Westfälischen" setzt Maßstäbe, 2001b
http://www.bemobile.com/deutsch/firmenportrait/referenzen_de.htm, 22.04.01.

BeMobile: Über uns. Setzen Sie alles auf eine Karte, 2001c
http://www.bemobile.com/deutsch/firmenportrait/ueberuns_de.htm#top, 22.04.01.

Berck, J.: A Brief History of PCS (Digital Cellular) Technology Development in the United States. 1998
http://www.gsmdata.com/es53060/history.htm vom 16.03.2001.

Berlecon (Hrsg.): Studie "Internet Mobil? Eine Bestandsaufnahme Mobiler Datendienste in Deutschland", 13.12.2000 http://www.berlecon.de/studien/mobile/index.html;

Berke, J.: D2 Vodafone gibt Kampf um Marktanteile auf 14.03.2001a. http://www.wiwo.de/WirtschaftsWoche/Wiwo_CDA/0,1702,11157_58399,00. 16.03.01.

Berke, J.: Interview: D2-Vodafone-Chef Jürgen von Kuczkowsi, 14.03.2001b, http://www.wiwo.de, 16.03.01.

Bettstetter, C., **Vögel**, H., **Eberspächer**, J.: GSM Phase 2+ General Packet Radio Service GPRS: Architecture, Protocols, and Air Interface. IEEE, 1999 http://www.comsoc.org/pubs/surveys/3q99issue/bettstetter.html

Bluetooth Website: Bluetooth Special Interest Group, http://www.bluetooth.com/sig/sig/sig.asp, 5.03.01.

Boer, J.: Direct Sequence Spread Spectrum – PHY of the 802.11 WLAN Standard – IEEE-802.11 Tutorial, 1996 http://grouper.ieee.org/groups/802/11/Tutorials vom 10.04.2001.

Borisov, N., **Goldberg**, I., **Wagner**, D.: Security of the WEP Algorithm. Universtät Berkeley, 2001, http://www.isaac.cs.berkeley.edu/isaac/wep-faq.html

Brokat: CeBIT 2001: Brokat zeigt die Zukunft des Mobile Business, Stuttgart, 16.02.2001 http://www.brokat.com/de/news/pr_de20010216.html, 22.04.01.

Brookson, Ch.: GSM (and PCN) Security and Encryption, 1994 http://www.brookson.com/gsm/gsmdoc.pdf

Brookson, Ch.: GPRS Security, 2001 http://www.brookson.com/gsm/gprs.pdf

Buckingham, S.: Success 4 SMS Whitepaper. Mobile Livestreams, 2001 http://www.success4sms.com

Buckler, F., **Buxel**, H.: Mobile Commerce Report. Metafacts Research, 2000 http://www.profit-station.de/metafacts/presse/M-Commerce.htm

Bundesministerium für Wirtschaft und Technologie (BMWi): Glossar. Key Player, 2001d http://www.bmwi.de/textonly/Homepage/Service/Glossar/Glossark.jsp, 26.04.01.

CASIO: Pocket Viewer. http://www.casio.de/pocketviewer/index.php3

Certicom: The Elliptic Curve Cryptosystem, 2000 http://www.certicom.com/resources/download/EccWhite2ps.zip

CCC: Karten, die die Welt bedeuten, Köln 1999 http://koeln.ccc.de/projekte/curriculum/nachlese1.html

CCC: CCC klont D2 Kundekarte, 2001a http://www.ccc.de/gsm/index

CCC: Drahtlose Netzwerke, 2001b http://www.ccc.de/wlan

CCC: WLAN, Berlin 2002 https://wiki.ash.de/cgi-bin/wiki.pl?Wlan

Chayat, N.: Frequency Hopping Spread Spectrum – PHY of the 802.11 WLAN Standard – IEEE-802.11 Tutorial, 1996
http://grouper.ieee.org/groups/802/11/Tutorials vom 10.04.2001.

Computer Welt Online/apa/reu/jök : Palm pilotiert an die Börse, 03.03.2000
http://www.cwonline.at/idgneu-cgi/on_meldung2?ID=20000303013&stichwort=Palm, 09.04.01.

Computer Welt Online/Idg: Windows-CE-Nachfolger geht in Beta, 10.04.2001a
http://www.cwonline.at/idgneu-cgi/nm_meldung?ID=20010410026, 12.04.01.

Computer Welt Online/Idg: Palm kauft Extended Systems, 08.03.2001b
http://www.cwonline.at/idgneu-cgi/on_meldung2?ID=20010308004&stichwort=Palm, 09.04.01.

Computer Welt Online: Palm verbucht sinkende Nachfrage, 29.03.2001c
http://www.cwonline.at/idgneu-cgi/on_meldung2?ID=20010329001&stichwort=Palm, 09.04.01.

Computer Welt Online: Rote Zeiten für TK-Unternehmen, 12.02.2001d
http://www.cwonline.at/idgneu-cgi/nm_meldung?ID=20010212002, 01.04.01.

Connect Online: Basiszahlen der Telekommunikation 1/2000, 20.03.2000
http://www.netedition.de/sixcms/detail.php3?id=9468, 16.03.01.

Consors: MobileBroking
http://www.consors.de/broking/mobilebroking/):

c't/adb: Microsoft bringt SQL Server für Windows CE, 27.10.2000
http://www.heise.de/newsticker/result.xhtml?url=/newsticker/data/adb-27.10.00-000/default.shtml&words=Microsoft%20SQL%207, 21.04.01.

c't/chr: Der lange Marsch von France Telecom, 23.03.2000
http://www.heise.de/newsticker/data/chr-23.03.00-002/, 29.04.01.

c't/dal: Nortel Nummer Eins bei Telecom-Equipment, 08.03.2001a
http://www.heise.de/newsticker/result.xhtml?url=/newsticker/data/dal-08.03.01-000/default.shtml&words=Nortel, 25.04.01.

c't/dal: Pocket PC gewinnt in Europa an Boden, 15.03.2001b
http://www.heise.de/newsticker/result.xhtml?url=/newsticker/data/dal-15.03.01-000/default.shtml&words=Organizer, 08.04.01.

c't/dz: Marktanalyse: Mobile Explorer wird dominieren, 11.01.2000a
http://www.heise.de/newsticker/result.xhtml?url=/newsticker/data/dz-11.01.00-003/default.shtml&words=Phone%20com, 20.04.01.

c't/dz: Talkline baut Glasfasernetz, 13.01.2000b
http://www.heise.de/newsticker/result.xhtml?url=/newsticker/data/dz-13.01.00-002/default.shtml&words=Talkline, 30.04.01.

c't/jk: Zulieferer sollen für UMTS-Netze mitzahlen, 16.11.2000
http://www.heise.de/newsticker/data/jk-15.11.00-005/, 02.04.01.

c't/jk: MobilCom übernimmt Hutchison Telecom, 20.04.2001
http://www.heise.de/newsticker/result.xhtml?url=/newsticker/data/jk-20.04.01-001/default.shtml&words=Mobilcom%20Hutchison, 29.04.01.

c't/jr, c't/jk: Palm OS 4.0 in den Startlöchern, 13.12.2000
http://www.heise.de/newsticker/result.xhtml?url=/newsticker/data/jk-13.12.00-001/default.shtml&words=Palm%20OS, 13.04.01.

c't/hod: VIAG öffnet E2-Netz für andere Anbieter, 21.03.2001
http://www.heise.de/newsticker/result.xhtml?url=/newsticker/data/hod-21.03.01-000/default.shtml&words=Infrastruktur, 25.04.01.

D2 Vodafone: Daten und Fakten zu D2 privat, 01.07.2000a
http://www.d2mannesmann.de/1432.html, 05.03.01.

D2 Vodafone: D2 bestimmt UMTS-Systemlieferanten, 23.11.2000b
http://www.d2mannesmann.de/1392.html, 07.04.01.

D2 Vodafone: Schallmauer durchbrochen: 20 Millionen Kunden bei D2 Vodafone!. 05.02.2001a
http://www.d2vodafone.de/2747.html, 07.04.01.

D2 Vodafone: Mannesman Mobilfunk Stiftungslehrstuhl Mobile Nachrichtensysteme, 2001b
http://www.d2vodafone.de/2775.html, 07.04.01.

D2 Vodafone: Unternehmen. Wir über uns, 2001c
http://www.d2mannesmann.de/unternehmen/1173.html, 05.03.01.

D2 Vodafone: Wissenschafts-Sponsoring: Visionen werden wahr, 2001d
http://www.d2vodafone.de/2777.html, 07.04.01.

Danet IS: Tore in die Welt der Informationen. WAP-Portale, Stuttgart 2000a
http://www.danet.de/alias/_s183/ackdownload_content.de/node.0/cexzlt5cf?contentID=2825, 24.04.01.

Danet IS: Danet Internet Solutions GmbH, 10.01.2000b
http://www.pi.danet.de/danetis.html, 23.04.01.

Danet IS: Jahrespressekonferenz. Danet peilt im Jubiläumsjahr weitere deutliche Steigerung ihres Umsatzes an, 06.04.2001a
http://www.danet.de/servlet/KNetShell/_-pfp4/browse.de/node.0/cftpi083z, 23.04.01.

Danet IS: WAP Business Lösungen der Danet Internet Solutions GmbH, 01.02.2001b
http://wap.danet.de/wap/german/produkte.html, 23.04.01.

Danet IS: Projekte, 2001c
http://www.danet.de/alias/_-r61b/browse.de/node.0/ce8nhq9yn?projectnode=node.0/cebckp4m6&browsemode=, 24.04.01.

Debitel: debitel und Mannesmann Mobilfunk werden UMTS-Partner. Erfolgreiche Zusammenarbeit auf UMTS-Dienste ausgedehnt. Stuttgart/Düsseldorf, 08.11.2000a
http://www.debitel.de/unternehmen/presse/pm/detail.php?id=1169313, 22.01.01.

Debitel: Jamba! bringt das Internet aufs Handy, 24.10.2000b
http://www.debitel.de/unternehmen/presse/pm/detail.php?id=1169227, 22.01.01.

Debitel: Airtime, 2001a
http://www.debitel.de/einsteigerforum/lexikon/airtime.php, 22.01.01.

Debitel: Auf einen Blick, 2001b
http://www.debitel.de/unternehmen/company/aufeinenblick/index.html, 16.03.01.

Debitel: Die Konzernstruktur 2001, 2001c
http://www.debitel.de/unternehmen/company/konzernstruktur/index.html, 22.01.01.

Debitel: Service Provider, 2001d
http://www.debitel.de/einsteigerforum/lexikon/serviceprovider.php, 22.01.01.

Dect-Forum: DECT - The Standard explained ,1997
http://www.dect.ch vom 25.04.2001.

Deutsche Telekom:
http://www.telekom.de/

Deutsche Telekom: Deutsche Telekom bündelt Mobilfunk-Aktivitäten in der T-Mobile International AG, 19.01.2000
http://www.telekom.de/dtag/presse/artikel/0,1018,x496,00.html, 15.03.01.

Deutsche Telekom: T-Online by Call.
http://www.t-versand.de/cgi-in/tversand.filereader?563903518+DE/products/180003

Diepstraten, W., **Belanger**, P.: 802.11 MAC Entity. MAC Basic Access Mechanism Privacy and Access Control – IEEE-802.11 Tutorial, 1996
http://grouper.ieee.org/groups/802/11/Tutorials vom 10.04.2001.

Diercks, R.S.: 3G Technology as a Fixed Wireless Solution – Cahners In-Stat Group, 2000
http://www.instat.com vom 14.03.2001.

Dpa: Palm: Neue Produktreihe zur Cebit, 19.3.2001
http://www.ftd.de/tm/hs/FTDV2WRCIKC.html?nv=se, 09.04.01.

Durlacher (Hrsg.): Mobile Commerce Report. Durlacher Research Ltd., 1999, sowie aktualisierte Version 2001b
http://www.durlacher.com

Durlacher (Hrsg.) : UMTS Report – An Investment Perspective , 2001a
http://www.durlacher.com/fr-research-reps.htm vom 24.04.2001.

EdgeMatrix Ltd.:
http://www.edgematrix.com/

Edge Matrix Ltd.: Wapman.
http://www.edgematrix.com/products/index_wapman_palm.htm

Eisinger, J.: Exploiting known security holes in Microsoft's PPTP Authentication Extensions (MS-CHAPv2). Universität Freiburg, 2001,
http://mopo.informatik.uni-freiburg.de/pptp_mschapv2/

Engel-Flechsig, St.: CEO Radicchio, Sicherheit in der mobilen Kommunikation - Main Security Functions,
http://www.radicchio.org

E-Plus:
http://www.eplus.de/

E-Plus: E-Plus Mobilfunk GmbH, 06.11.2000a
http://www2.eplus.de/unternehmen/presse.asp?id=156, 19.03.01.

E-Plus: Unternehmensporträt: E-Plus baut die mobile Datenkommunikation weiter aus, 06.11.2000b
http://www2.eplus.de/unternehmen/presse.asp?id=146, 19.03.01.

E-Plus: E-Plus startet mit sprachgesteuertem Portal „E.V.A." in die Zukunft, Düsseldorf 26.01.2001a
http://www2.eplus.de/unternehmen/presse.asp?id=172, 19.03.01.

E-Plus: KPN Mobile, TIM UND NTT DoCoMo führen gemeinsam europäisches mobiles Internet-Portal ein. 18.01.2001b
http://www2.eplus.de/presse/presse.asp?id=170, 19.03.01.

E-Plus: E-Plus in 2000 mit wirtschaftlich gesundem Wachstum. Düsseldorf 29.01.2001c http://www2.eplus.de/presse/presse.asp?id=210, 19.03.01.

Ericsson: http://www.ericsson.com/

Ericsson: R380s. http://cwsp-de.ericsson.net/spg.jsp?page=W3.1.1&CatID=54&ProdID=9496&CLP=H2.3.1&CLM=MD_menu&G_link=Back

Ericsson: Mobiler E-Commerce, 5.10.2000 http://www.ericsson.de/ecc/presse/backgroundnews.html?id=30, 14.12.00.

Ericsson: Pressemeldung. Ericsson und Sony gründen Gemeinschaftsunternehmen für Mobiltelefone, 24.04.2001a http://www.ericsson.de/presse/pressenews.html?id=298, 24.04.01.

Ericsson: Ericsson-Tutorial: Bluetooth Summary , 2001b http://www.ericsson.com/bluetooth/bluetoothf/beginnersg/ vom 25.04.2001.

ESIGN: Konsortium für Mobile Commerce gegründet - Führende Unternehmen aus dem Mobilfunk- und Informationstechnologiemarkt definieren einheitlichen Standard, 1999 http://www.brokat.com/de/press/1999/esign-consortium.html, 12.01.01.

ESIGN: Neue Mitglieder im eSign-Konsortium - Mobile Digitale Signatur ermöglicht Bezahlen mit dem Handy, 2000 http://www.brokat.com/de/press/2000/cebit-esign.html, 12.01.01.

ESIGN: Radicchio und mSign schließen strategische Partnerschaft - Konsortien planen Fusion zur größten M-Commerce-Initiative / Führende Technologien unter einem Dach vereint, 2001. http://www.msign.org/content/press/radicchio_d.html, 28.02.01.

ETSI: Technical Activities, 20.03.2001 http://www.etsi.org/technicalactiv/home.htm, 20.03.01.

Federrath, H: Sicherheit in der Mobilkommunikation, 2001 http://www.inf.tu-dresden.de/~hf2/mobil/

Feiler, K.-U.: M-Commerce Boom: Strategische Allianzen für den Markt von Morgen. 2000 http://www.it-tv.de/material/docs/systems2000/mobilesolution/rolandberger.ppt

Fern-Uni Hagen: SSL-Zertifizierungsinstanz, http://www.fernuni-hagen.de/URZ/Projekt/cert/sslinfos.html

Fleischer, W.: UMTS – Backbone Network Architecture, Interfaces and Standardization – VDG/ITG-Fachausschuss (7.2), Öffentliche Diskussionssitzung, Düsseldorf, 1999: http://www.imst.de/mobile/itg/itg_umts.htm vom 16.04.2001.

Forum Mobilkommunikation: Weißbuch Mobilkommunikation, 2000: http://www.fmk.at/mobilkom/ vom 24.01.2001.

F-Secure : Virus Information Pages - Phage, 2000a http://www.europe.F-Secure.com/v-descs/phage.shtml,

F-Secure: Virus Information Pages – Liberty, 2000b http://www.europe.F-Secure.com/v-descs/lib-palm.shtm

F-Secure: Virus Information Pages – Vapor, 2000c http://www.europe.f-secure.com/v-descs/vapor.shtml

Fujii, K.: i-Mode, 2001
http://www.fujii.org/biz/csom/imode.html

Funkschau: Aktuell-Märkte und Trends, Ausgabe 3, 2001a
http://www.funkschau.de/heftarchiv/pdf/2001/fs0301/fs0103006.pdf

Funkschau: Einkaufsführer Wireless ASP, 2001b
http://www.telko-net.de/einkaufsfuehrer/010602a.htm#1, 19.04.01.

Furuskär, A., **Mazur**, S., **Müller**, F., **Olofsson**, H.: Edge, Enhanced Data Rates for GSM and TDMA/136 Evolution,
http://www.uwcc.org/pdfs/ieee_edge_a.pdf vom 24.04.2001, 1999a

Garmin: GPS Guide for beginners, 2000
http://www.garmin.com/aboutGPS/manual.html vom 2.3.2001.

Gartner Dataquest: Gartner Dataquest Updates Telecom Equipment Manufacturer Ranking for 2000, März 2001
http://www3.gartner.com/5_about/press_room/pr20010307b.html, 24.04.01.

Geißler, J.: Mobile Commerce im Mediengeschäft. Bertelsmann Mobile Solutions Group, 2001
http://www.bemobile.com

Goldberg, J., **Briceno**, M.: GSM Cloning, Universität Berkeley, 1998,
http://www.isaac.cs.berkeley.edu/isaac/gsm-faq.html

Golem: Palm Computing - Börsengang im Februar, 14.12.1999
http://www.golem.de/showhigh.php?file=/9912/5526.html&wort[]=palm, 09.04.01.

Golem/J.I.: BeMobile - Bertelsmann setzt auf Mobile Solutions, 2.11.2000a
http://www.golem.de/0011/10620.html, 22.04.01.

Golem/Ad: debitel und Mannesmann Mobilfunk werden UMTS-Partner, 08.11.2000b
http://www.golem.de/0011/10720.html, 22.01.01.

Golem: E-Plus schließt sich UMTS-Konsortium an, 12.07.2000c
http://www.golem.de/0007/8682.html, 19.03.01.

Golem: E-Plus Mobile Data Application Award 2000, 21.07.2000d
http://www.golem.de/0007/8870.html, 19.03.01.

Golem: mSign stellt Schnittstelle für mobilen E-Commerce vor - Erste Version einer Standard-Schnittstelle vorgestellt, 17.10.2000e
http://www.golem.de/0010/10335.html, 01.03.01.

Golem: Orange nimmt an deutscher UMTS-Versteigerung teil, 29.04.2000f
http://www.golem.de/0004/7491.html, 30.04.01.

Golem: Talkline mit neuen Mobilfunk-Partnern, 25.01.2000g
http://www.golem.de/0001/5949.html, 30.04.01.

Golem: Nach herben Verlusten: Lucent entlässt 10.000 Mitarbeiter, 25.01.2001a
http://www.golem.de/showhigh.php?file=/0101/11921.html&wort[]=lucent, 25.04.01.

Golem: Banken kämpfen um Vormachtstellung beim Mobile Business, 15.03.2001b
http://www.golem.de/showhigh.php?file=/0103/12946.html&wort[]=mobile&wort[]=payment, 22.04.01.

Golem: Microsoft zeigt erstes Stinger-Smartphone, 19.02.2001c
http://www.golem.de/0102/12440.html, 12.04.01.

Golem: MobilCom legt kräftig zu, 13.02.2001d
http://www.golem.de/0102/12298.html, 29.04.01.

Google Suchmaschine: http://www.google.de/

GSA (Hrsg.): Usability Review of mobile portals. GSA, März 2001
http://www.gsacom.com

GSM World: Member Statistics http://www.gsmworld.com/membership/mem_stats.html vom 27.03.2001.

GSM World: History
http://www.gsmworld.com/about/history_gsm.html vom 27.03.2001.

GSM World: GSM MoU Association Profile, 8.10.1999
http://www.gsmworld.com/about/history_page2.html, 6.03.2001.

Gundersen, H.; **Dohmen**, J.: GSM Authentification and Key Agreement.
http://www.siving.hia.no/ikt01/gundersen/ikt2315/ abgerufen am 11.05.01.

Hall, M., **Maillet**, S.: A Taste of Talisker, 2001
http://msdn.microsoft.com/library/default.asp?url=/library/en-us/dnembedded/html/embedded11062001.asp

Hansen, E.: New email virus bombards mobile phone users, Cnet.com 2000
http://news.cnet.com/news/0-1005-200-2026192.html

Heidenreich, A.: Smartcard-Technologie, (Seminararbeit), Universität Stuttgart,
http://www.informatik.uni-stuttgart.de/ipvr/vs/lehre/ss01/Seminare/Hauptseminar/material/A_Smartcards.pdf

Helios Software Solutions: Texteditor Textpad
http://www.textpad.com/

HomeRF Working Group: Introduction to the HomeRF Technical Specification, 2000b
http://www.homerf.org vom 15.04.2001.

HomeRF Working Group: Wireless@Home - HomeRF Overview, 2001a
http://www.homerf.org vom 15.04.2001.

HomeRF Working Group: Wireless Networking Choices for the Broadband Internet, 2001b
http://www.homerf.org vom 15.04.2001.

Hutchison: Fakten und Daten zu Hutchison Telecom, 01.11.2000a
http://195.253.21.77/presse/news/daten.htm, 30.04.01.

Hutchison: Hutchison Telecom entwickelt individuelle Telematiklösungen. Kompetenz-Center berät Kunden bei maßgeschneiderten Telematikanwendungen, Münster 09.03.2000b
http://195.253.21.77/presse/news/telematik.htm, 30.04.01.

Hutchison: Steigende Teilnehmerzahlen, erhöhter Umsatz, Mitarbeiterzuwachs. Hutchison Telecom auf Erfolgskurs, Münster, 01.09.2000c
http://195.253.21.77/presse/news/erfolgskurs.htm, 30.04.01.

Hutchison: Hutchsion Telecom bietet Mobilfunkkunden Zufriedenheitsgarantie an. Startschuss für phone & smile, 01.04.2000d
http://195.253.21.77/presse/news/phosmile.htm, 30.04.01.

Hutchison: Hutchison Telecom eröffnet eigenes Sales Support Center für Vertriebspartner. Hutchison Telecom mit innovativer Händlerbetreuung, Münster 15.02.2001a http://195.253.21.77/presse/news/innov.htm, 30.04.01.

Hutchison: Alles über Hutchison Telecom, 2001b http://195.253.21.77/hutchison/intro_profil.htm, 30.04.01.

Hutchison: Full-Service für das Flotten- und Facilitymanagement. Hutchison Telecom schließt neue Telematik-Partnerschaften, Münster, März 2001c http://195.253.21.77/presse/news/flotten.htm, 30.04.01.

Hutchison: Unternehmensinformationen, 2001d http://195.253.21.77/hutchison/infos/infos.htm, 30.04.01.

Hutchison: Unternehmenskennzahlen. Hutchison Telecom GmbH Deutschland, 2001e http://195.253.21.77/hutchison/kennzahlen/kennz.htm, 30.04.01.

Hutchison: Zahlen und Fakten. Entwicklung Hutchison Telecom, 2001f http://195.253.21.77/hutchison/zahlen/zahlen.htm, 30.04.01.

ICL (Hrsg.): Japanese Lessons for European Mobile operators. ICL, 2001 http://www.icl.com

IHK Braunschweig: Lexikon der Telekommunikation – ITU, 2001 http://www.braunschweig.ihk.de/t_lexikon/t_lex_i.htm, 01.03.01.

Initiative Mobiles Netz: Offener Brief, 18.07.2000a http://www.i-m-n.de/offenerbrief.html, 30.03.01.

Initiative Mobiles Netz: IMN begrüßt Lehrstuhl für Mobilkommunikation, 12.12.2000b http://www.i-m-n.de/pm20001212.html, 04.03.01.

Initiative Mobiles Netz: Was ist die IMN?, 2001 http://www.i-m-n.de, 30.03.01.

Interest: http://www.interest.de/

Interest: Glossar Telekommunikation – Bluetooth, 2001a http://www.interest.de/online/tkglossar/bluetooth.html, 09.03.01.

Interest: Glossar Telekommunikation – MSISDN, 2001b http://www.interest.de/online/tkglossar/msisdn.html

Interest: Glossar Telekommunikation - SIM-Karte, 2001c http://www.interest.de/online/tkglossar/sim_karte.html

Internet.com Corporation: http://www.internet.com/

Internet.com Corporation:allNetDevices. http://allnetdevices.com/

Internet.com Corporation: Wireless FAQ. http://allnetdevices.com/faq/

Internet.com Corporation: Cyberatlas. http://cyberatlas.internet.com/

Internet Engineering Task Force: http://www.ietf.org/

Internet Engineering Task Force: Request for Comments. http://www.ietf.org/rfc.html

ITU: ITU's History, 11.02.1999a
http://www.itu.int/aboutitu/history/history.html, 01.03.01.

ITU: Global Directory - Country/geographical area Allemagne, 1999b
http://www.itu.int/cgi-bin/htsh/mm/scripts/mm.list?_search=1&_languageid=1&_search_countryid=67&_country=Allemagne%20%28R%E9publique%20f%E9d%E9rale%20d%27%29, 01.03.01.

Jamba: Presseinformationen
http://www.jamba.de

Jobmann, K.: Kommunikationsnetze/Mobilfunknetze – Vorlesungsmaterialien am Institut für Allgemeine Nachrichtentechnik (IANT) der Uni Hannover, 1999
http://www.ant.uni-hannover.de vom 22.01.2001.

Kingpin: Security Advisory, Atstake.com, 2000
http://www.atstake.com/research/advisories/2000/a092600-1.txt

Kingpin, Mudge: SecurityAnalysis of thePalm Operating System and its Weaknesses Against Malicious Code Threats, 2001
http://www.atstake.com/research/reports/security_analysis_palm_os.pdf

Klingenberg, W., **Siegle**, G.: Mobilität und Kommunikation sind wesentliche Bestandteile der modernen Gesellschaft:
http://www.futur.de/futur/magazine.nsf/WebMagazines/9C8E5B669D5918BB4125692E0032F245?OpenDocument&Page=0 vom 28.04.2001.

Koeppel, I.: What are Location Services? – From a GIS Perspective, ESRI 2001
http://www.jlocationservices.com/company/esri/What%20are%20Location%20Services.html

Langnes, R.: Security in UMTS – Integrity, Telenor R&D 2001
http://www.telenor.no/fou/publisering/Not01/sec_UMTS.PDF

Lexikom: Organizer, 2000a
http://www.lexikom.de/db/main/DRequest.asp?WHAT=Organizer&ID=NCXHHWTOLVRMQLKVITXMDZKNSOXVRBNUQUMMXIFOZJOIPAKXZZNTDKPOURRCBLQOYGACOBDOXZLMXUZLNWJMDGUWLGHEGRLNVHDD, 05.04.01.

Lexikom: Smartphone, 2000b
http://www.lexikom.de/db/main/DRequest.asp?WHAT=Smartphone&ID=PHBUYHDJEBQNRUCUQFDULKUHOMUBGTBCYINHRMJBRSELMVPHAIDWBCGNCFTWZDFULEYFKZBSOMRQQCRGGCJJQESZEKMMNJARNOZO, 05.04.01.

Lucent: Lucent Enterprise Networks Group geht mit neuem Namen an den Start: Avaya – weltweite strategische Allianz mit Siebel – Bekanntgabe des kompletten Führungsteams, München, 27.06.2000
http://www.lucent.de/index.cfm?PAGE_ID=498, 01.04.01.

Lucks, S.: Vorlesungsskript Kryptographie, WS 00/01, Universität Mannheim 2000
http://th.informatik.uni-mannheim.de/m/lucks/Vorl/vorl00.html

Manhart, K. Dr.: Bürodienste für unterwegs, 2001h
http://www.telko-net.de/einkaufsfuehrer/010602.htm, 18.04.01.

Mannesmann Mobilfunk GmbH, D2 Vodafone:
http://www.d2privat.de/

MediaSystems: Facts & Figures, 2001
http://www.mediasystems.bertelsmann.de/internet/index.html, 24.04.01.

Meier, M.: Smartcards, (Seminararbeit),Universität Stuttgart 2001
http://www.ra.informatik.uni-stuttgart.de/~rainer/Lehre/SOCfCA01/Presentation11 /Smartcard_V1.pdf

Mery, D.: Symbian OS Version 6.x Detailed operating system overview, Symbian Ltd. 2001
http://www.symbian.com/technology/symbos-v6x-det.html#index.index-007

Microsoft:
http://www.microsoft.com/

Microsoft: WindowsCE.
http://www.microsoft.com/windows/embedded/ce/default.asp

Microsoft: Windows98.
http://www.microsoft.com/windows98/

Microsoft: Windows CE Product Overview, 2001a
http://www.microsoft.com/windows/Embedded/evaluation/overview/default.asp

Microsoft: Embeded Development - Security Services, 2001b
http://msdn.microsoft.com/library/default.asp?url=/library/en-us/wcesecur/htm/overview.asp

Microsoft: Microsoft Embedded Family, 2002
http://www.microsoft.com/embedded/

MochaSoft:
http://www.mochasoft.com/

MochaSoft: Moch W32 PPP.
http://www.mochasoft.dk/palm.html#palmppp

MobilCom: Kompetent und zuverlässig, 2000a
http://www.mobilcom.de/gk_157.html?shop_id=&vp_nummer=&w_code=, 29.04.01.

MobilCom: Produkte und Shopping, 2000b
http://mcshop.mobilcom.de/is-bin/INTERSHOP.enfinity/eCS/Store/de/-/DEM/Shop-Start?shop_id=&vp_nummer=&w_code=, 29.04.01.

MobilCom: MobilCom und Landesbank Baden-Württemberg beabsichtigen die Gründung der MobilBank, 12.01.2001a
http://www.mobilcom.de/p_pm_presse_1355.html?shop_id=&vp_nummer=&w_code=, 29.04.01.

MobilCom: MobilCom stellt mstreet vor: Volle Information per Handy, 22.03.2001b
http://www.mobilcom.de/p_pm_presse_1468.html?shop_id=5oX3IQAAApL1hhxJW5 SD7r9p1yUEtfIR&vp_nummer=&w_code=, 29.04.01.

MobilCom: Handy für Maschinen: MobilCom präsentiert Telematik auf der CEBIT, 20.03.2001c
http://www.mobilcom.de/p_pm_presse_1462.html?shop_id=&vp_nummer=&w_code=, 29.04.01.

Mobileinf: Wireless Application Service Protocol – WASP, Key Players, 1999-2001, http://www.mobileinfo.com/WASP/key_players.htm, 19.04.01.

Morich, R.: Bluetooth – TU Berlin, Telecommunication Networks Group, 2000
http://www-tkn.ee.tu-berlin.de/curricula/ss00/kts/ vom 23.4.2001.

Motorola: CDMA Technology & Benefits. An Introduction to the Benefits of CDMA for Wireless Telephony, 1996
http://www.motorola.com/NSS/Technology/cdma.html vom 13.04.2001.

Motta, M.: Teledesic and ICO to Merge Within a Week, 2000
http://www.space.com/businesstechnology/Teledesic_ICO_writethrough.html vom 28.04.2001.

MSign Consortium: mSign Protocol, 2001
http://www.msign.org/content/protocol.html, 01.03.01.

MySQL AB:
http://www.mysql.com/

Naßhan, M.M.: UTRAN TDD – VDG/ITG-Fachausschuss (7.2), Öffentliche Diskussionssitzung, Düsseldorf, 1999
http://www.imst.de/mobile/itg/itg_umts.htm vom 16.04.2001.

Netscape Communication Corporation:
http://www.netscape.com/

Netscape: Introduction to SSL.
http://developer.netscape.com/docs/manuals/security/sslin/contents.htm
Javascript. http://developer.netscape.com/tech/javascript/

Neubauer, T.: UMTS - Universal Mobile Telecommunications System, 2001
http://www.nt.tuwien.ac.at/mobile/projects/UMTS/de/, 09.03.01.

Nokia:
http://www.nokia.com/

Nokia: Der Konzern, 2000a
http://www.nokia.de/unternehmen/konzerninfos/index.html, 06.04.01.

Nokia: Führende Online-Finanzinstitute und Mobiltelefonhersteller gründen das Mobey Forum zur Förderung des M-Commerce im Bereich der Finanzdienstleistungen, Frankfurt, 10.05.2000b
http://www.nokia.de/presse/pressemitteilungen/pm_inhalt/pm_cc_2000_05_10_mobey.html, 22.04.01.

Nokia: Nokia und RealNetworks – Partnerschaft für mobile Audio- und Videoübertragung, Helsinki, 28.06.2000c
http://www.nokia.de/presse/pressemitteilungen/pm_inhalt/pm_nmp_2000_06_29_realnetworks.html, 08.04.01.

Nokia: Nokia 9210 communicator – Begegnung mit der nächsten Generation, 2001a
http://www.nokia.de/mobile_phones/produkte/9210/index.html

Nokia: Nokia 6210 – Mehr mobile Möglichkeiten, 2001b
http://www.nokia.de/mobile_phones/produkte/6210/index.html

Nokia: Nokia WAP Toolkit 2.1, 2001c
http://www.nokia.com/corporate/wap/sdk.html

Nokia: Nokia 8310 - Eine Frage des sicheren Stils, 2001d
http://www.nokia.de/mobile_phones/produkte/8310/index.html, 06.04.01.

Nokia: Nokia 9210 - Begegnung mit der nächsten Generation, 2001e
http://www.nokia.de/mobile_phones/produkte/9210/index.html, 06.04.01.

Nokia: Die dritte Generation der Mobiltelefone, 2001f
http://www.nokia.de/mobile_phones/3_generation/index.html, 06.04.01.

Nokia: America Online und Nokia schließen Lizenzabkommen für Microbrowser, 18.01.2001g
http://www.nokia.de/presse/pressemitteilungen/pm_inhalt/pm_nmp_2000_22_01_microbrowser.html, 20.04.01.

Nokia: Daten und Fakten 2000, 2001h
http://www.nokia.de/unternehmen/konzerninfos/daten_fakten/index.html, 06.04.01

Nokia: Nokia in Deutschland, 2001i
http://www.nokia.de/unternehmen/nokia_deutschland/index.html, 06.04.01.

Nokia: Geschäftsentwicklung, 2001j
http://www.nokia.de/unternehmen/nokia_deutschland/bereiche.html, 06.04.01.

Nokia: Vom Papier zum Telefon, 2001k
http://www.nokia.de/unternehmen/konzerninfos/geschichte/index.html, 06.04.01.

Nokia: Nokia fördert branchenweite Initiative für multifunktionale Mobiltelefonie, 2001l
http://www.nokia.de/presse/pressemitteilungen/pm_inhalt/pm_nmp_2001_02_21_Nokia_foerdert.html, 06.04.01.

Nokia: Nokia festigt Führungsposition und gibt hervorragende Ergebnisse für das vierte Quartal und das Jahr 2000 bekannt, 2001m
http://www.nokia.de/presse/pressemitteilungen/pm_inhalt/pm_cc_2001_01_30_nokia_in_2000.html, 06.05.01

Nokia: Nokia festigt Führungsposition und gibt hervorragende Ergebnisse für das vierte Quartal und das Jahr 2000 bekannt, 2001.
http://www.nokia.de/presse/pressemitteilungen/pm_inhalt/pm_cc_2001_01_30_nokia_in_2000.html, 06.05.01.

Nordan, M., **Schmidt**, C., **Lussanet**, M.: The Forrester Brief: Mobile Game Deal Shifts Handset Balance Of Power. Forrester Research Inc., 2001
http://www.forrester.com

Nortel Networks: What do you want the internet to be ?, 2000
http://www.nortelnetworks.com/corporate/investor/collateral/2q00factsheet.pdf, 25.04.01.

Nortel Networks: Nortel Networks festigt beim 3GSM Weltkongress führende Position auf internationalem Mobilfunkmarkt, 21.02.2001a
http://www.nortelnetworks.com/corporate/news/newsreleases/2001a/02_21_0101117_3gsm_umbrella_de.html, 25.04.01.

Nortel Networks: Nortel Networks gibt Ergebnisse für das erste Quartal 2001 bekannt, 20.04.2001b
http://www.nortelnetworks.com/corporate/news/newsreleases/2001b/04_19_0101253_1q_earnings_de.html, 25.04.01.

Nortel Networks: Corporate & Investor Information, 2001c
http://www.nortelnetworks.com/corporate/, 25.04.01.

Nortel Networks: Nortel Networks und PacketVideo geben Abkommen über die gemeinsame Vermarktung drahtloser Streaming Media-Lösungen bekannt, 07.03.2001d
http://www.nortelnetworks.com/corporate/news/newsreleases/2001a/03_06_0101120_packetvideo_alliance_de.html, 25.04.01.

Ojala, K., **Laamanen**, H.: Advanced Wireless Communication Systems - Vorlesungsmaterialien der University of Helsinki/Department of Computer Science,

2000
http://www.cs.helsinki.fi/u/kraatika/Courses/awcs00s/contents.html vom 23.04.2000.

o.V.: Basistechnologien (Synchronisation, Mobile Datenbanken), 04.12.2000i http://www.rn.inf.tu-dresden.de/scripts_lsrn/lehre/mobile/print/17_Basistechnologien .pdf, 21.04.01.

o.V.: Understanding security on the Wireless Internet. Redwood City CA, 2000j http://www.phone.com/pub/Security_WP.pdf abgerufen am 10.04.2001

o.V.: Writing Device Drivers for Microsoft Windows CE 3.0, 2001aa http://msdn.microsoft.com/library/en-us/dnce30/html/devicedr.asp?frame=true

o.V.: What's New in Windows CE 3.0, 2001bb http://www.msdn.microsoft.com/library/en-us/wceintro/htm/ov-wince_2.asp?frame =true

o.V.: Communication and Mobility by Cellular Advanced Radio, 2001u http://www.comcar.de/

o.V.: Cebit. Mieten statt kaufen, Hamburg, 19.03.2001v http://www.manager-magazin.de/ebusiness/artikel/0,2828,120365,00.html, 18.04.01.

o.V.: Studie: Marktführerschaft bei UMTS-Lizenzen, 10.04.2001w http://www.wiwo.de/WirtschaftsWoche/Wiwo_CDA/0,1702,10692_60710,00.html, 17.04.01.

o.V.: Swisscom übernimmt Aktienpaket von DaimlerCrysler - Das Mobilfunkunternehmen verleibt sich Debitel zu immer weiteren Teilen ein, 19.01.2001x http://www.manager-magazin.de/unternehmen/artikel/0,2828,112991,00.html, 22.03.01.

o.V.: UMTS - Eine Vision wird Wirklichkeit. Broschüre der Deutschen Telekom MobilNet GmbH, Bonn 2001y http://www.t-mobil.de/anzeige_download/0,1082,185,00.umts_d.pdf abgerufen am 20.04.01.

o.V.: Microsoft Windows CE 3.0 Kernel Services: Multiprocessing and Thread Handling, 2001z http://msdn.microsoft.com/library/en-us/dnce30/html/threads30.asp?frame=true

Ovum Research (Hrsg.): Mobile Location Services: The Business Opportunity, London 2000 http://www.ovum.com

PacketVideo: PacketVideo Technology Overview. o.O, 2001 http://www.packetvideo.com

Palm: Palm OS Memory Architecture, 2000 http://oasis.palm.com/dev/kb/papers/1145.cfm

Palm: Palm Platform Achitektur, 2001 http://www.palmos.com/platform/architecture.html

Palm: Palm OS 4.0 Features, 2002 http://www.palmos.com/platform/palmos4.html

Palm Inc.: http://www.palm.com/

Palm Inc.: Palm Source Forum Europe 2001- dritte europäische Entwicklerkonferenz für die Palm OS Plattform, München, 27.11.2000a http://www.palm.com/europe/de_german/newspromo/pressreleases/de/001127.html, 13.04.01.

Palm Inc.: Palm gründet PalmVenturesGroup, 06.09.2000b http://www.palm.com/europe/de_german/newspromo/pressreleases/de/000906.html, 13.04.01.

Palm Inc.: Berichte aus der Praxis, Santa Clara, 27.03.2001 http://www.palm.com/europe/de_german/newspromo/pressreleases/de/010327.html, 09.04.01.

Palm Inc.: Palm VIIx, 2002a http://www.palm.com/products/palmviix/

Palm Inc.: Palm IIIx, 2002b http://www.palm.com/products/palmiiix/

Palm Inc.: Produktübersicht, 2002c http://www.palm.com/products/handhelds/

Palm Inc.: Betriebssystem PalmOS, 2002d http://www.palmos.com/

Paybox: http://www.paybox.de/353.html

Paybox: Integrationspartner, http://www.paybox.net/general.php3?fr=int_partner& pathto=8

Paybox 2: http://www.paybox.net/general.php3?fr= ihaendler&pathto=3

Paybox 3: http://www.paybox.net/general.php3?fr= mhaendler&pathto=4

PC Welt: News in aller Kürze, 16.09.1999 http://h-62.96.227.80.host.de.colt.net/Ausgabe/99_09/n160999001.HTM, 21.04.01.

Pesonen, L.: GSM Interception, 2000 http://www.dia.unisa.it/ads.dir/corso-security/www/CORSO-9900/a5/Netsec/netsec .html

PHS MoU Group: Will PHS Survive? - übersetzter Reprint von Nikkei Communications, Ausgabe Sep. 1999 http://www.phsmou.or.jp/articles/survival.html vom 18.04.2001.

PHS MoU Group: PHS Picture and Music Download Services via High Speed Data transmission - übersetzter Reprint von Nikkei Communications, Ausgabe Okt.2000 http://www.phsmou.or.jp/articles/downloadservice.html vom 18.04.2001.

Posegga, J.: Mobile Security – Intro, 2000a http://www.teco.edu/lehre/mobile/Intro_1.pdf

Posegga, J.: Mobile Sicherheit, 2000b http://www.teco.edu/lehre/mobile/Zusammenfassungen.pdf

Posegga, J.: Ubiquitous Computing Security, 2001a, http://www.inf.ethz.ch/vs/events/dag2001/slides/joachim.pdf

Psion GmbH: http://www.psion-gmbh.de/

Psion: Produktübersicht. http://www.psion-gmbh.com/produkte/index.html

Psion: History & Business – Evolution, 2000a
http://psion.investor-relations.co.uk/invest/psion/history.html, 28.12.00.

Psion: Symbian erhält Auszeichnung vom Weltwirtschaftsforum, 2000b
http://www.psion-gmbh.com/news/2000/symbian1.html, 23.11.2000.

Pumatech Inc.:
http://www.pumatech.com/

Pumatech Inc.: BrowseIt WML Browser.
http://www.intellisync.com/

PyWeb.com:
http://www.pyweb.com/

PyWeg.com: WML-Browser DeckIt.
http://www.pyweb.com/php/test_adapt.php3?lg=en

Rausch, U.: So funktionieren die GSM-Netze. Dem Funksignal auf der Spur. 2001
http://www.xonio.com/channels/channelC/features/W_GSM_Netz/0Index.html, 02.04.01.

RealWOW Oy, WAP – Gateway:
http://www.realwow.com/
(seit April 2001 Vega Unwired Oy. http://www.vegaunwired.com/)

REGTP: UMTS – Regeln zur Lizenzvergabe und Versteigerungsverfahren, 2000a
http://www.regtp.de/reg_tele/start/fs_05.html vom 19.04.2001.

Reuters: Aether Systems und Reuters gründen Sila Communications. Unternehmen soll führender Anbieter für mobile Datendienst in Europa werden, London, 05.05.2000
http://about.reuters.de/presse/presse.php?u=5&id=34&lan=de, 14.04.01.

Reuters: Studie - Mobiles Bezahlen wird wichtigste Dienstleistung, 14.03.2001
http://193.26.250.8/deutsch/press/2001/01yahoo1403_2.html, 26.04.01.

Riemer, K.: Netzübergreifende Dienste und Anwendungen: Kommunikationssysteme. Münster 2000
http://www-wi.uni-muenster.de/wi/lehre/ks/ws00-01/m-commerce.pdf abgerufen am 11.05.01.

Röckelein, W.: Technologische Grundlagen des Mobile Computings. Universität Regensburg, SS2001
http://www-vur.uni-regensburg.de

Roxen Internet Software:
http://www.roxen.com/

Roxen: Roxen WebServer.
http://www.roxen.com/products/webserver/

Roxen: Dokumentation zu Roxen WebServer 2.1.
http://docs.roxen.com/roxen/2.1/

RSA Security Inc.:
http://www.rsasecurity.com/

RSA: What is SSL.
http://www.rsasecurity.com/rsalabs/faq/5-1-2.html

Sarc: Symantec Security Response: Timofonica, 2000
http://www.sarc.com/avcenter/venc/data/vbs.timofonica.html

Schill, Prof.; **Hochmuth**, Prof.: Mobile Kommunikation und Mobile Computing Wintersemester , 26. Januar 2000
http://www.rn.inf.tu-dresden.de/scripts_lsrn/lehre/mobile/print/14_WAP.pdf, 20.12.2000.

Scourias, J.: Overview of the Global System for Mobile Communications, 1999
http://ccnga.uwaterloo.ca/~jscouria/GSM/gsmreport.html#2, 28.03.01.

Secartis: Mobile Security,
http://www.ti.fhg.de/trierer_symposien/mobile_commerce/vortrage/Oliver_Zeller_secartis.pdf

Secude: Sicherheitstechnologie. Kryptographie und Public-Key-Infrastrukturen, 2001
http://www.bridge-ca.org/deutsch/pdf/bridgeca_crypt_and_pki_guide_d.pdf

Securiteam: PalmOS Password Retrieval and Decoding, 2000
http://www.securiteam.com/securitynews/PalmOS_Password_Retrieval_and_Decoding.html

Seltzer, M., **Olson**, M.: Challenges in Embedded Database System Administration
http://www.sleepycat.com/docs/ref/refs/embedded.html

Siemens:
http://www.siemens.de/

Siemens: S35i.
http://www.my-siemens.com/MySiemens/CDA/Standard/Frameset/0,1649,2_S35I_0_0_61_0,FF.html

Siemens: IC35.
http://www.my-siemens.com/MySiemens/CDA/Standard/Frameset/0,1649,2_IC35_0_0_61_0,FF.html

Siemens: Information and Communication Network Glossar: Authentisierung, 2001a
http://w3.siemens.de/solutionprovider/_online_lexikon/5/f009705.htm, 28.03.01.

Siemens: Information and Communication Network Glossar: Bluetooth, 2001b
http://w3.siemens.de/solutionprovider/_online_lexikon/8/f010308.htm, 09.03.01.

Siemens: Information and Communication Network Glossar: Betriebssystem, 2001c
http://w3.siemens.de/solutionprovider/_online_lexikon/5/ f005055.htm

Siemens: Siemens Information and Communication Network: Digitale Signatur, 2001d
http://w3.siemens.de/solutionprovider/_online_lexikon/3/f010413.htm, 30.03.01.

Siemens: Siemens Information and Communication Network: International Telecommunication Union (ITU), 2001e
http://w3.siemens.de/solutionprovider/_online_lexikon/9/f005519.htm, 01.03.01.

Siemens: Siemens Information and Communication Network: PGP, 2001f
http://w3.siemens.de/solutionprovider/_online_lexikon/5/f007445.htm

Siemens: Siemens Information and Communication Network: PIN, 2001g
http://w3.siemens.de/solutionprovider/_online_lexikon/4/f002794.htm, 28.03.01.

Siemens: Siemens Information and Communication Networks: WAP Protokoll - wireless application protocol (Mobilfunk) (WAP), 2001h
http://w3.siemens.de/solutionprovider/_online_lexikon/6/f009956.htm.

Skiba, B., **Johnson**, M., **Dillon**, M : Moving In Mobile Media Mode. Lehman Brothers, 2000
http://www.entsoftware.com

Sköld, J.: The UTRA FDD Mode – Wideband CDMA Radio Access Technology – VDG/ITG-Fachausschuss (7.2), Öffentliche Diskussionssitzung, Düsseldorf, 1999 http://www.imst.de/mobile/itg/itg_umts.htm vom 16.04.2001.

Skywire.de: Meldungen. Phone.com, 9.10.2000 http://www.wap-magazin.de/investments/empfehlungen/, 20.04.01.

Sorger, U.: Mobile Kommunikation – Vorlesungsmaterialien TU Darmstadt am Institut für Nachrichtentechnik, 2001 http://www.nesi.e-technik.tu-darmstadt.de/vorlesungen.html vom 21.01.2001.

Steuer, H.: Handy-Branche erlebt schwierige Zeiten. Mobile Wende, 22.04.2001 http://www.handelsblatt.com/hbiwwwangebot/fn/relhbi/sfn/buildhbi/cn/GoArt!200104, 201197,410996/SH/0/depot/0/index.html, 25.04.01.

Strategis Group (Telecom market research and consulting): http://www.strategisgroup.com/

Sung Ha: UMTS – Die 100 Mrd. DM Falle. Mit innovativen Geschäftsmodellen zum Pay-Back – INFO in Potsdam, 2000 http://www.uviev.de/info2000_neu/info2000_ref_f.htm vom 13.04.2001

Sun Microsystems Inc.: http://www.sun.com

Sun: Programmiersprache Java. http://java.sun.com/

Sybase: http://www.sybase.com/

Sybase: Mobile Datenbank von Sybase Marktführer, 31.03.1999 http://www.sybase.de/pdynamo/SybaseSite/press/detail.stm?presse_id=454, 21.04.01.

Sybase: Mobile&Wireless, 2001a http://www.sybase.de/pdynamo/SybaseSite/produkte/mobwire.stm, 19.04.01.

Sybase: Mobile&Wireless - Lösungen im Fokus, 2001b http://www.sybase.de/pdynamo/SybaseSite/iAnywhere/index.stm, 19.04.01.

Sybase: m-Business Plattform iAnywhere, 2002 http://www.sybase.com/products/mobilewireless/

Symbian: Übersicht über Geräte mit Symbian http://www.symbian.com/News/featured/devices-feat.html

Symbian: About us – Corporate fact sheet, 2000a http://www.symbian.com/About/corpfacts.html, 28.12.00.

Symbian: Partners & Licensees – Strategic partners, 2000b http://www.symbian.com/partners/strategic.html, 28.12.00.

Symbian: Quartz, 2001 http://www.symbian.com/news/featured/quartz_feat.html, 30.03.01.

Symbian: Symbian OS v6, http://www.symbian.com/developer/techlib/papers/v6/v6/index.html

Symbian: 999 http://www.symbian.com/technology/symbos-v6x-det.html

SyncML: SyncML Sync Protocol Specification., 2000 http://www.syncml.org/docs/ syncml_protocol_v10_20001207.pdf

SyncML: The Industry Needs a Common Mobile Data Synchronization Protocol, 2001a
http://www.syncml.org/technical_1.html

SyncML: Characteristics of a Common Synchronization Protocol, 2001b
http://www.sync-ml.org/technical_2.html

SyncML: Representation Protocol, 2001c
http://www.syncml.org/docs/ syncml_represent_v101_20010615.pdf

Talkline: Talkline und Nokia kooperieren für Datensicherheit im Netz, München, 06.11.2000a
http://www.talkline.de/cgi-bin/presse/presse_meldung.cgi?action=130&adtraction=0H0H0H0&session=4484962224571085810l, 30.04.01.

Talkline: Unternehmen allgemein, 2001a
http://www.talkline.de/unternehmen/unternehmen_auswahl.html?adtraction=0H0H0H0&session=44731013219932241101, 25.03.01.

Talkline: Unternehmen. Auskunft, 2001b
http://www.talkline.de/unternehmen/unternehmen_auskunft.html?adtraction=0H0H0H0&session=21119141931594121634101, 30.04.01.

Talkline: Unternehmen. Infodienste, 2001c
http://www.talkline.de/unternehmen/unternehmen_info.html?%20adtraction=0H0H0H0&session=48492178866841710l, 30.04.01.

Talkline: CeBIT News: Mobile Office erleichtert Arbeit und Alltag, Elmshorn/Hannover, 21.03.2001d
http://www.talkline.de/cgi-bin/presse/presse_meldung.cgi?action=143&adtraction=0H0H0H0&session=32119142178868735410l, 30.04.01.

Talkline: Unternehmen. Mobilfunk, 2001e
http://www.talkline.de/unternehmen/unternehmen_mobilfunk.html?adtraction=0H0H0H0&session=21119141931594121634101, 30.04.01.

Talkline: Willkommen beim Multimessagepool, dem UMS Service von Talkline!, 2001f
http://www.talkline.de/multimessagepool/funktionen.html?adtraction=0H0H0H0&session%20=1884921788661646101, 30.04.01.

Talkline: CeBIT News: Talkline wandelt sich vom Service-Provider zum Netzbetreiber und verstärkt das Geschäftskunden-Segment, Elmshorn/Hannover, den 23. März 2001g
http://www.talkline.de/cgi-bin/presse/presse_meldung.cgi?action=155&adtraction=0H0H0H0&session=4484962224571085810l, 30.04.01.

Talkline: CeBIT News: Talkline steigert Umsatz um 40 Prozent, Elmshorn/Hannover, den 23.03.2001h
http://www.talkline.de/cgi-bin/presse/presse_meldung.cgi?action=156&adtraction=0H0H0H0&session=5783186222454817101, 30.04.01.

Talkline: CeBIT News: Talkline wandelt sich vom Service-Provider zum Netzbetreiber und verstärkt das Geschäftskunden-Segment, Elmshorn/Hannover, 23.03.2001i
http://www.talkline.de/cgi-bin/presse/presse_meldung.cgi?action=155&adtraction=0H0H0H0&session=4311914217886810336101, 30.04.01.

T-D1: Connect-Leser wählen T-D1 zum Netz des Jahres, 15.03.2000
http://www.t-d1.de/cgi-bin/index.pl, 18.03.01.

Telecom Austria: Mitgliedschaften der Telekom Austria – ITU International Telecommunication Union, 2001
http://www.telekom.at/unternehmen/mg_itu.html, 02.03.01.

Telecom Channel/Afp: Hintergrund: Abschied von der Marke Mannesmann, 13.12.2000a http://www.telecom-channel.de/news/976690156.html, 05.01.01.

Telecom Channel: Neue Vertriebspartner gesucht. In: Telecom Handel Special, Ausgabe 17, 2000b http://www.telecom-channel.de/th/special/17-2000/serviceprovider/index.html, 29.04.01.

Telecom Channel: Teilnehmerstatistik für Ende 2000c http://www.telecom-channel.de/mobilfunk/datenfakten/statistik/index.html vom 5.1.2001.

Telecom Channel: Organizer-Marktübersicht. EPOC-Organizer, 2001a http://www.telecom-channel.de/organizer/marktuebersicht/epoc/index.html, 11.04.01.

Telecom Channel: Power für die Hemdtasche, 2001b http://www.telecom-channel.de/magazin/thema/2001/kw12/index.html, 09.04.01.

Telecom Channel/Afp: Orange-Aktien bald in Paris und London an der Börse, 08.01.2001a http://www.telecom-channel.de/news/978944291.html, 30.04.01.

Telecom Channel/Dpa: British Telecom darf Viag Interkom allein besitzen, 16.02.2001b http://www.telecom-channel.de/news/982342979.html, 18.02.01.

Telecom Channel/Pb: MobilCom und Hutchison soll Orange werden, 20.04.2001c http://www.telecom-channel.de/news/987767493.html, 30.04.01.

TIMElabs/Diebold (Hrsg.): Winning in Mobile eMarkets. Zukunftslabor TIMElabs, Diebold Deutschland GmbH, Eschborn, http://www.timelabs.de/Projects/Mobile_eMarkets/The_Study/the_study.html

T-Mobil: http://www.t-mobil.de/, http://www.t-d1.de/

T-Mobil: Neu bei T-D1: Minicomputer für die Westentasche, Bonn, 26.10.2000a http://www.t-mobil.de/index/0,1064,95d-pmid$194,00.html, 15.03.01.

T-Mobil: T-Mobil und Technisches Hilfswerk vereinbaren Zusammenarbeit, Berlin, 11.09.2000b http://www.t-mobil/index/0,1064,95d-pmid$182,00.html, 15.03.01.

T-Mobil: T-D1 und T-Motion präsentieren neues WAP-Portal, Bonn, 20.10.2000c http://www.t-mobil.de/index/0,1064,95d-pmid$192,00.html, 15.03.01.

T-Mobil: T-Mobil und Deutsche Umwelthilfe: Telefonieren für die Umwelt, Bonn, 25.10.2000d http://www.t-mobil.de/index/0,1064,95d-pmid$193,00.html, 15.03.01.

T-Mobil: Unternehmen, 2000e http://www.tmobil.de/index/0,1064,103d,00.html, 15.03.01.

T-Mobil: Zukunft wird aus Ideen gemacht, Bonn, 17.01.2001a http://www.tmobil.de/index/0,1064,95d-pmid$204,00.html, 15.03.01.

T-Mobile: UMTS: Investition in die Zukunft. http://www.t-mobil.de/index/0,1064,237d,00.html

T-Mobile: T-D1 GPRS Preistabelle. http://www.t-d1.de/handys-tarife-leistungen/tarife/1,2003,3301-_,00.html

T-Mobile: T-D1 Fax- und Datenservice.
http://www.t-d1.de/handys-tarife-leistungen/tarife/1,2003,3285-_,00.html

Trintech (Hrsg.): Mobile Commerce White Paper. Trintech Inc, 2000
http://www.trintech.com

UMTS-Forum: The UMTS Forum ... shaping the mobile future, Oktober 2000
http://www.e-global.es/012_umtsforum_umts.pdf, 07.03.2001.

UMTS-Forum: IMT-2000 Licensing Conditions & Status – a selected regional overview, 2001
http:// www.umts-forum.org am 30.04.2001.

UMTS-World: UMTS Security, 2001
http://www.umtsworld.com/technology/security.htm

Vaino, J.T.: Bluetooth Security, Helsinki University of Technologie, 2000
http://www.niksula.cs.hut.fi/~jiitv/bluesec.html

Venner, K.: GPRS-Netze ohne Endgeräte, in: Computerworld, 2000
http://www.computerworld.de/c402ac22f5a246a2412569920043342c.html, 27.10.2000

VeriSign: Public-Key Infrastructure (PKI) - The VeriSign Difference, 1999
http://www.verisign.com/whitepaper/enterprise/difference/difference.html

Viag Interkom:
http://www.viaginterkom.de/

Viag Interkom: WAP – Wireless Application Protocol, 2000
http://www.viaginterkom.de/21/c_210703_p.html, 15.03.01.

Viag Interkom: Zahlen, Fakten, Hintergründe – Ergebnisse machen den Unterschied, 2001a
http://www.viagintercom.de/22/c_220200.html#01, 05.03.01.

Viag Interkom: e-nfrastruktur – das Komplettangebot für den Mittelstand, 2001b
http://www.viaginterkom.de/21/c_210603_p.html, 15.03.01

Viag Interkom: Viag Euro Plattform AG wird 100-prozentige Tochter von Viag Interkom, 22.01.2001c
http://www.viaginterkom.de/21/pu_20010122a.html, 15.03.01.

Viag Interkom: Referenzen von Viag Interkom. Gute Namen setzen auf eine gute Partnerschaft, 2001d
http://www.viagintercom.de/22/c_220600_p.html, 05.03.01.

Viag Interkom: VIAG Interkom verdoppelt Umsatz. Durchbruch "Mobile Multimedia", München, 30.01.2001e
http://www.viagintercom.de/21/pu_20010130a.html, 30.01.01.

Virtuelle Universität Regensburg (VUR): http://www-vur.uni-regensburg.de/

WAP: Netzwerk-Ausrüster Nortel Networks will 20.000 Beschäftigte entlassen, 20.4.2001a
http://www.wap.de/News/Archiv/2001/04/N010420nortel,version=1.html, 25.04.01.

WAP: Wie sieht die Architektur von WAP aus?, 2001b
http://www.wap.de/Wissen/Grundlagen/WAP-Grundlagen/ Basic7.html, 08.03.01.

WAP Forum: Frequently Asked Questions, 2001
http://www.wapforum.org/faqs/index.htm, 5.03.01.

WAP Forum: WAP Architecture - Wireless Application Protocol Architecture Specification, Version 30.04.1998 http://www1.wapforum.org/tech/documents/WAP-100-WAPArch-19980430-a.pdf, 08.03.2001.

WAP Forum: WAP 2.0 Technical White Paper, 2002
http://www.wapforum.org/what/WAPWhite_Paper1.pdf

WapWeb: WAP-Infos-Mobile Browser, 2000a
http://www.wapweb.de/wapinfos/mobilbrowser.html, 21.04.01.

WapWeb: WAP-Infos-Java Browser, 2000b
http://www.wapweb.de/wapinfos/javabrowser.html, 21.04.01.

WapWeb: WAP-Infos-PDA Browser, 2000c
http://www.wapweb.de/wapinfos/pdabrowser.html, 21.04.01.

WAP Wissen: WAP History, 2000
http://www.wap-wissen.de/WAP_History/wap_history.html, 29.03.01.

Werner, M.: Mobilkommunikation am Beispiel von GSM, Fulda, November 1997
http://www.fh-fulda.de/~werner/gsm1.htm, 06.03.2001.

WAP-Forums (Dokumente des)
http://www1.wapforum.org/tech/terms.asp?doc=Technical_June2000-20010108.zip, abgerufen am 05.12.00

WAP-100, Architecture Specification. 30-Apr-1998
WAP-100-WAPArch-19980430-a.pdf

WAP-133, Wireless Transaction Protocol Specification

WAP-145, Push Message Specification. 16-Aug-1999
WAP-145-PushMessage-19990816-a.pdf

WAP-152, Wireless Application Environment Overview

WAP-153, Wireless Application Environment Specification

WAP-153_100, Wireless Application Environment SIN

WAP-154, Binary XML Content Format Specification

WAP-155, Wireless Markup Language Specification

WAP-158, Wireless Datagram Protocol Specification

WAP-162, Wireless Session Protocol Specification;

WAP-163, Wireless Transport Layer Security Specification

WAP-164, Push Access Protocol Specification. 08-Nov-1999.
WAP-164-PAP-19991108-a.pdf

WAP-165, Push Architectural Overview. 08-Nov-1999.
WAP-165-PushArchOverview-19991108-a.pdf

WAP-167, WAP Service Indication Specification;

WAP-167_100, WAP Service Indication SIN;

WAP-169, Wireless Telephony Application Specification. 07-Jul-2000.
WAP-169-WTA-20000707-a.pdf

WAP-170, Wireless Telephony Application Interface Specification. 07-Jul-2000.
WAP-170-WTAI-20000707-a.pdf

WAP-191, Wireless Markup Language Specification Version 1.3. 19-Feb-2000.
WAP-191-WML-20000219-a.pdf

WAP-195, Wireless Application Environment Overview Version 1.3. 29-March-2000. WAP-195-WAEOverview-20000329-a.pdf

WAP-199, Wireless Transport Layer Security Specification. 18-Feb-2000. WAP-199-WTLS-20000218-a.pdf

WAP-201, Wireless Transaction Protocol Specification. Version 19-Feb-2000. WAP-201-WTP-20000219-a.pdf

WAP-203, Wireless Session Protocol Specification. Approved Version 4-May-2000. WAP-203-WSP-20000504-a.pdf

WAP-210, Architecture Specification. Proposed Version 17-Oct-2000. WAP-210-WAPArch-20001017-p.pdf

WildID: Public Key Kryptography Overview, http://www.wildid.com/pdf/publickeyov.pdf

Willimowski, I.: UTRAN – UMTS Terrestrial Radio Access Network – VDG/ITG-Fachausschuss (7.2), Öffentliche Diskussionssitzung, Düsseldorf, 1999 http://www.imst.de/mobile/itg/itg_umts.htm vom 16.04.2001.

Winblad, M. , **Hegnsvang**, J.: Trends im 21.Jahrhundert. Nokia, 2000 http://WWW.nokia.at/, 7.11.2000.

Wireless Application Protocol Forum Ltd, 2000 http://www.wapforum.org/what/technical_1_2.htm

WLAN Alllicance: Introduction to WLANs, 1999 http://www.wlana.com vom 23.04.2001.

World Wide Web Konsortium (W3C) http://www.w3.org/

W3C: SGML. http://www.w3.org/MarkUp/SGML/

W3C: XML. http://www.w3.org/XML/

Ziegler, T.: cHTML http://www.thozie.de/chtml/index.htm abgerufen am 15.02.2001